인물한국선종사

인물한국 선종사

김호귀 지음

한국학술정보(주)

머리말

　고구려에 불교가 전래된 것은 4세기 후반으로 알려져 있다. 이로부터 고구려는 물론 백제와 신라에서 다양한 교리의 연구 및 종파가 형성되어 갔다. 그러나 선법의 전래는 불교의 전래보다 약 350여 년 이후에 법랑을 통하여 8세기 중반에 전래되었다. 그러나 본격적으로 선법이 수용되고 이해되기까지는 약 80여 년 이후에나 가능하였다. 선법의 초전시대에는 신라에 이미 활발한 교학적 토대가 구축되어 있었다. 따라서 선법이 신라에 뿌리를 내리기 위해서는 선법이 지니고 있는 특유한 사상 및 방식을 강조하지 않을 수 없었다. 그것이 곧 선교차별(禪敎差別)의 출현으로서 선법의 우위를 강조한 내용들이었다. 이와 같은 모습은 다양하게 나타났다. 이미 교학을 공부한 이후에 보다 새로운 선법을 추구했다는 내용으로 나타나기도 하고, 교법보다는 선법이 뛰어나다는 내용을 전개하기도 하였으며, 나아가 선법에서도 조사선(祖師禪)이 여래선(如來禪)보다 뛰어나다는 것을 강조하였다.

　이와 같은 초기 선법의 전래는 당(唐)에서 소위 선종오가(禪宗五家)가 형성되기 직전인 9세기 초반부터 본격적으로 시작되었다. 이후 지속적으로 전래되어 선종오가의 형성 직후에 해당하는 10세기 후반에는 오가의 다양한 선법으로 전래되었다. 특히 오가 가운데는 조동종(曹洞宗)의 선법이 비교적 이른 시기부터 많은 사람들에 의하여 전래되었고, 위앙종(潙仰宗)의 선법은 순지를 통하여 고스란히 전래되었다. 이로써 고려 초기에는 운문종(雲門宗)과 임제종(臨濟宗)과 법안종(法眼宗) 등 오가의 선풍이 모두 고려에 전승되었다.

이와 같은 선풍이 꾸준하게 전개되어 가면서 그 사상적인 면모를 직접적으로 엿볼 수 있는 선어록의 등장도 더불어 출현하였다. 특히 본격적인 어록의 형태는 아닐지라도 『조당집』에 수록되어 있는 요오순지(了悟順之)의 법어는 『순지어록(順之語錄)』으로 불러도 아무런 손색이 없다. 때문에 우리나라에서 본격적으로 등장하는 선이록은 상당히 늦은 시기인 보소지눌(普照知訥)에 와서야 가능했지만 그 선구는 이미 순지로부터 찾아볼 수가 있다. 순지의 법어 곧 어록을 통하여 당(唐)으로부터 전래된 선법뿐만 아니라 해동선법에서 계승되고 발전된 원상선법과 화엄선법의 면모를 파악할 수가 있다.

고려시대 중기에는 소위 거사선(居士禪)으로 대표되는 선법의 등장과 더불어 교양으로서 수양법으로 수용되어 선법 내부에서의 종파의식은 미미하였다. 그러나 무신정권 이후부터 선법이 크게 발전하면서 고려시대를 통하여 화엄교학과 그 주도권 다툼의 모습으로까지 전개되어 갔다. 또한 고려 후기에는 기존 오가선법의 바탕과 더불어 원(元)으로부터 새롭게 수입된 임제선법의 출현으로 말미암아 법맥에 대한 자각이 크게 강조되었다. 때문에 해동의 선법이 고려 후기부터는 사상적인 전개보다는 오히려 법맥의 전승에 따라 좌우되는 모습으로 전개되어 갔다. 이 점은 조선시대 배불정책의 상황에서 한편으로는 법통의 계승이라는 긍정적인 역할로도 작용했지만, 다른 한편으로는 그만 초종월격(超宗越格)의 종지를 강조하는 개별적인 선법의 특수성을 발휘하지 못하고 그대로 기존의 전통에 매몰되어 오히려 생기발랄했던 선법의 본래정신이 심히 위축되는 결과로 나타났다.

특히 태고보우(太古普愚)와 나옹혜근(懶翁慧勤)의 법맥으로부터 전개된 조선시대의 선법은 부휴선수(浮休善修)와 청허휴정(淸虛休靜)을 거치면서 더욱더 임제선법의 틀에 갇혀서 이전의 선종오가 내지 오가를 뛰어넘는 선법을 전개하지 못하였다. 이와 같은 결과는 환성지안(喚醒志安)의 『선문오종강요(禪門五宗綱要)』에서 볼 수 있듯이 오가에 대하여 그 중심이 도그마적인 사상의 인식으로 흘러갔다. 가령 조선시대 후기에 백파긍선(白坡亘璇)으로부터 촉발된 임제선법의 교의에 근거하여 나타난 선론의 전개는 그 일례였다. 따라서 이와 같은 선법의 한계를 극복하기 위해서는 법맥과 문중의 범주를 벗어나서 선사 개인의 어록 및 문집을 통하여 개별적이고 독특한 사상 및 그 실천의 조명이 필요했다. 이런 문제를 겨냥해서 여기에서는 우선 한국선의 시대를 네 시기로 구분하였다.

첫째, 한국선법의 원류에 대해서는 그에 대한 직접적인 자료가 극히 빈한한 까닭에 몇 가지 비문을 통하여 드러난 구절에 의거하였다. 이로써 한국선의 발원이 달마로부터 전승되어 내려온 중국선법의 정통에 해당한다는 점을 동산법문에서 찾으려고 하였다.

둘째, 한국선법의 태동에 대해서는 한국이라는 지역 및 남종과 북종이라는 법맥을 떠나서 한국 사람에 의한 선법의 전개 및 그 전승에 주안점을 두었다. 단순히 법맥으로만 보자면 한국선법의 근거를 법랑(法朗)으로부터 전승된 동산법문에서 찾아야 하겠지만 실제적인 발전과 전개는 이후에 활약한 정중무상(淨衆無相)과 설악도의(雪岳道義)와 요오순지(了悟順之) 등으로부터 가능했기 때문이다.

셋째, 한국선법의 발전은 소위 구산선문(九山禪門)으로 대표되는 나말·여초의 선법이 고려에서 뿌리내린 것을 바탕으로 고려시대에 본격적으로 전개된 소위 한국적인 선법에서 찾을 수가 있다. 그것은 중국에서 수입된 선법을 재해석하고 정리하여 이 땅에 새롭게 뿌리내린 진각혜심(眞覺慧諶)과 보각일연(普覺一然) 등을 통해서 이루어졌다.

　넷째, 한국선법의 계승은 사상과 수행의 두 가지 측면에서 기존의 전통적인 역사와 중국으로부터 다시 수입된 역사 사이에서 나름대로 사상과 수행을 계승한 선사들을 조명해 보았다. 이들에게서 비록 법맥과 문중이라는 틀을 안고 출발했지만 그와 같은 한계를 극복하려고 했던 편린들을 엿볼 수가 있었다.

　선법의 사상과 실천은 불교에서 발원하여 인도와 중국이라는 지역과 그 시대적인 문화를 고스란히 담은 채 우리나라에 들어왔다. 그러나 그 선법을 각자의 안목에 의거하여 선별적으로 받아들이고 이해하며 새롭게 창출하고 전승하여 이 땅에 정착시킨 것은 결국 이들 사람들이었다. 곧 선법의 전래와 태동과 발전 및 그 전개는 거기에 직접 참여했던 사람들의 행적이었다.

김호귀 씀

차 례

I
한국선법의 원류

1. 한국불교와 선법

한국불교 초전은 고구려 제17대 소수림왕 2년(372) 전진(前秦)의 왕 부견(符堅)이 사자(使者)와 승려 순도(順道)를 시켜 불상과 경권을 보낸 것으로부터 시작된다. 이후 소수림왕 4년(374) 아도(阿道)가 와서 이듬해 초문사(肖門寺)를 건립하여 아도(阿頭)를 머물게 하고, 이불란사(伊弗蘭寺)를 지어 역시 아도를 머물게 하였다.[1] 백제는 제15대 침류왕 원년(385) 인도사문 마라난타(摩羅難陀)가 동진(東晋)으로부터 도래하였다.[2] 신라는 고구려로부터 불교를 전수하여 제19대 눌지왕 때부터 민간에 유포되었다.[3] 이후 제23대 법흥왕 15년(528)에 이차돈(異次頓)의 순교를 계기로 공인되었다.[4]

---

1) 『三國史記』 卷18; 『東國通鑑』 卷4. 고구려는 말기에 도교의 수입과 더불어 국가의 쇠망을 재촉하는 원인이 되었다. 그러나 고구려의 불교는 한국불교의 초전이라는 데에 큰 의의가 있다. 한편 유명한 승려로 惠亮은 신라에 가서 僧統이 되었고, 僧朗은 梁에 가서 武帝의 숭앙을 받았다. 惠慈는 일본에 건너가 聖德太子의 스승이 되었고, 曇徵은 일본의 문화를 크게 개화시켰으며, 慧觀은 僧正이 되었다.

2) 백제에 있어서는 律學이 흥성하여 謙益·惠聰 등이 있었다. 觀勒의 三論 그리고 道藏의 成實은 초기 일본불교의 발전에 크게 기여하였다.

3) 『海東高僧傳』 卷1. (大正藏50, pp.1015下 – 1016上) "若我海東 則高句麗解味留王時 順道至平壤城 繼有摩羅難陀從晉來千百濟國 則枕流王代也 後於新羅第二十三法興王踐 祚·梁大通元年丁未三月十一日 阿道來止一善縣 因信士毛禮隱焉 …… 自摩騰入後漢 至此二百餘年·後四年 神僧阿道至自魏(存古文) 始創省門寺 以置順道 記云以省門爲寺 今興國寺是也 後訛寫爲肖門 又刱伊弗蘭寺 以置阿道 古記云興福寺是也 此海東佛敎之 始" 기타 『三國史記』 卷4 및 『東國通鑑』 卷5. 참조.

4) 신라의 불교는 眞興王 이후 크게 발전하였다. 중국과 인도까지 유학하는 승려도 많았다. 玄光은 陳에 가서 天台敎觀을 傳受하였고, 圓光은 隋에 가서 成實·涅槃·般若·四含을

이와 같은 불교의 역사에서 보면 선법의 전래는 비교적 늦은 시기에 해당한다.5) 그 최초의 기록에 의하면 해동의 선법은 중국선종의 제4조 대의도신(大醫道信)의 제자였던 법랑(法朗)으로부터 시작되었다.6) 최치원이 찬술한 도헌국사 지선국사의『비문』에 '쌍봉의 자(子)는 법랑, 손(孫)은 신행7), 증손(曾孫)은 준범, 현손(玄孫)은 혜은, 말손(末孫)은 도헌(지선)'8)이라는 기록이 있다. 법랑은 신라 선덕왕대에 중국에 유학하여 도신의 심요를 얻었다고 한다. 그러나 그에 대한 법랑의 어록 내지 행장이 전해지지 않고 또 귀국한 연대도 불분명하다. 때문에 도신의 선법을 통하여 법랑이 계승한 선법의 성격과 특징을 살펴 법랑이 전래했을 선법에 대하여 추정해 볼 수 있을 것이다.9)

이처럼 한국선법 최초의 전래는 중국선종의 제4조 대의도신(580~651)의 법을 받고 귀국한 법랑 및 그 제자10)인 신행(信行, 愼行, 神行: 704~779)이 입당하여 소위 북종선 계통의 지공(志空)의

받았으며, 元曉는 경론의 疏釋에 義湘은 華嚴一乘의 鼻祖였다. 慈藏은 율의 軌儀를 밝혀 한국직인 계난을 형성하였다. 明朗과 惠通은 밀교를 전하였다.

5) 한국에 불교가 전래된 것은 붓다의 시대로부터 800여 년 이후였고, 선법의 전래는 700년대 중반 法朗을 그 시작으로 본다면 붓다의 시대로부터 1300여 년 이후였다.

6) 法朗의 선법은 信行-遵範-惠隱-道憲(智詵)으로 계승되었다. 崔致遠 撰,『大唐新羅國故鳳岩山寺敎謐智證大師寂照之塔碑銘幷序』, (『朝鮮金石總覽』卷上, p.91).

7) 信行은 기록에 따라서 愼行 혹은 神行으로 기록되어 있어 본고에서는 이들 모두 동일인으로 간주한다.

8) 법랑의 기록은 겨우 최치원이 찬술한 위의『智證大師寂照塔碑』(893)에서 智證大師道憲(824 -882)의 법계에 대하여 언급한 것에 불과하다. 곧 道信大醫-法朗-信行-遵範-惠隱-道憲『朝鮮金石總覽』卷上 pp.90-91.

9) 大醫道信(580-651)의 전기는『續高僧傳』卷26, (大正藏50, p.606中)에 전한다. 성이 司馬로서 舒州 皖空山의 吉州寺, 廬山의 大林寺, 蘄州의 雙峰山 등에 주석하였다. 永徽 2년(651) 72세에 입적하였다.

10) 신행은 南岳 곧 智異山 斷俗寺를 중심으로 선법을 전개하였다.

법을 받고 귀국하여 펼친 것에서 찾아볼 수 있다.[11] 때문에 현재 법랑에 대한 전기 및 자료가 거의 전무한 상태에서 그가 전래한 선법의 특징과 사상을 살펴보는 방법은 법랑의 스승이었던 도신 이외에 당시의 일반적인 선풍을 통하여 추정할 수밖에 없다.[12]

초기 선종시대에 하나의 흐름을 형성해 온 견불성(見佛性)에 대한 선종의 입장은 제4조 대의도신의 수일불이(守一不移) 및 좌선간심(坐禪看心)의 선법[13]과 결부되어 당시 해동에까지 전승되었다.

---

11) 이 점은 법랑과 신행의 시대에 선법이 당시의 사회에 본격적으로 수용되지 못했다는 점에서는 몇 가지 문제점을 안고 있다. 첫째는 보편적으로 전개되지 못한 선법을 한국선법 전래의 시작으로 간주할 수 있는 것인가 하는 것이다. 둘째는 오늘날 조계종의 종조로 추앙되는 도의 이전 선법이라는 점에서 그 법맥의 전승과 관련된 문제이다. 그러나 여기에서는 적어도 선법의 최초 전래라는 점을 중시하여 한국선법의 시작으로 간주하고자 한다.

12) 특히 중국선종의 역사는 보리달마의 후손들에 의하여 기록되어 온 까닭에 달마를 중국선종의 초조로 자리매김하였다. 이런 점에서 제4조 대의도신의 법맥을 계승한 법랑의 선법이 정통이라는 점은 당연하다. 이로써 신라에 전승된 법랑의 선법은 그 정통성에 조금의 하자도 없다.

13) 道信의 선풍 및 그것을 계승한 弘忍의 선풍을 東山法門이라 불렀다. 東山法門이라는 용어는 『景德傳燈錄』 卷5, (大正藏51, p.235下) "至正月十五日 會諸名德爲之剃髮 二月八日就法性寺智光律師受滿分戒 其戒壇卽宋朝求那跋陀三藏之所置也 三藏記云 後當有肉身菩薩在此壇受戒 又梁末眞諦三藏 於壇之側手植二菩提樹 謂衆曰 卻後一百二十年有大開士 於此樹下演無上乘度無量衆 師具戒已 於此樹下開東山法門宛如宿契" 참조.

2. 동산법문의 견불성(見佛性)

『열반경』에서 설한 불성이 가장 실천적으로 전개된 것은 선종에 서이다.[14] 특히 『능가사자기(楞伽師資記)』에 여실하게 나타나 있는 데, "승찬은 도신이 분명하게 불성을 본 것에 대해 인가하였다."[15] 라고 말한다. 스승이 제자를 인가한다는 것은 사자(師資) 간의 계증 (契証)을 의미한다. 여기에서 도신이 불성을 분명히 보았다는 것은 도신의 견성체험이고, 이것이 스승인 승찬으로부터 인가받았다는 것은 이전의 교의에서 말하는 견불성과는 다른 내용으로 보아야 한 다. 왜냐하면 인가란 본인이 불성을 본 것에 그치지 않고 스승으로 부터 보증받는 깨침의 추체험(追體驗)이기 때문이다. 그리하여 그 깨침인 견(見)이라는 것은 우리들의 인식을 떠나지 않으면서 상존 (常存)하는 우리 자신을 보는 것이다.

대품경(大品經)에 다음과 같이 말한다.

---

14) 특히 선종의 전적 가운데 견성을 강조하고 있는 자료로는 우선 달마대사의 『血脈論』(다만 달마의 이름에 가탁하여 출현한 자료라는 그 진위여부는 논외로 간주한다)을 들 수가 있다. 여기에서는 '만약 견성하지 못하면 선지식이라 할 수 없다', '견성하지 못하면 윤회를 벗어 나지 못한다', '만약 부처를 찾고자 할진대 모름지기 견성을 해야 하니, 性이 바로 佛이다. 부처는 곧 자재인이며 無事 無作인이다. 만약 견성하지 못하면 종일토록 밖을 향해 부처를 찾아도 구할 수가 없다.'고 하여 見佛은 見性과 동일시되어 있어 결국 見佛과 見性 그리 고 佛과 佛性이 동의어로 다루어져 있다. 惠菴 編譯, 『禪門撮要』 p.16. "若不見性 卽 不名善知識. 不免輪廻 只爲不見性. 若要覓佛 直須見性 性卽是佛 佛卽自在人 無事無 作人 若不見性 終日茫茫 向外馳求 覓佛 元來不得"

15) 『楞伽師資記』「僧璨禪師章」, (大正藏85, p.1286中) "粲印道信了了見佛性處"

생각하는 바 없는 것이 부처를 염하는 것이다. 그러면 생각하는 바 없는 것이란 무엇인가. 즉 부처를 염하는 마음이 곧 생각하는 바 없는 것이다. 마음을 떠나서 달리 부처가 없다. 부처를 떠나 달리 마음이 없다. 부처를 염하는 것은 곧 마음을 염하는 것이다. 마음을 구하는 것이 바로 부처를 구하는 것이다. 왜냐하면 심식에 형체가 없듯이 부처는 형체가 없고 부처는 모양도 없기 때문이다. 이 도리를 안다면, 곧 그것이 안심으로서 항상 부처를 억념하여 반연을 일으키지 않고 민연(泯然)하고 무상(無相)하여 평등불이(平等不二)하다. …… 곧 이러한 마음을 간(看)하면 이것이 바로 여래의 진실한 법성의 몸이고 정법이며, 불성이고 제법실성의 실제이며, 정토이고 보리이며, 금강삼매이고 본각이며, 열반의 경계이고 반야이다. 명칭은 한량없으나 다 동일한 체이고 능관과 소관의 뜻이 없다. 이러한 마음은 청정하여 항상 현전하고 있으나 일체 반연에 간섭받지 않는다.[16]

또한 『능가사자기』에서는 "무량수경에 다음과 같이 말한다. 제불의 법신이 일체중생의 심상(心想)에 들어가 그 심(心)이 부처를 짓는다. 그러니 마땅히 알라. 부처는 곧 이 마음이어서 마음 밖에 달리 부처가 없다는 것을."[17]이라고 말한다. 따라서 마음의 작용 내지는 존재방식과 불성을 본다는 것이 결부되어 있다. 더욱 구체적으로는 다음과 같이 말하고 있다.

불성을 보는 자는 영원히 생사를 떠난다. 이러한 사람을 출세인이라 한다. 그러므로 유마경에서는 활연히 돌이켜 본심을 얻는다고 했는데 이 말을 믿어야 한다.[18]

---

16) 『楞伽師資記』, (大正藏85, p.1287上) "大品經云 無所念者 是名念佛 何等名無所念 卽念佛心名無所念 離心無別有佛 離佛無別有心 念佛卽是念心 求心卽是求佛 所以者 何 識無形佛無形 佛無相貌 若也知此道理 卽是安心 常憶念佛 攀緣不起 則泯然無相 平等不二 …… 卽看此等心 卽是如來眞身法性之身 亦名正法 亦名佛性 亦名諸法實 性實際 亦名淨土 亦名菩提 金剛三昧 本覺等 亦名涅槃界 般若等 名雖無量 皆同一體 亦無能觀所觀之意 如是等心 要令淸淨 常現在前 一切諸緣 不能干亂"

17) 『楞伽師資記』, (大正藏85, p.1288上) "無量壽經云 諸佛法身 入一切衆生心想 是心作 佛 當知 佛卽是心 心外更無別佛也"

18) 『楞伽師資記』, (大正藏85, p.1289上) "見佛性者 永離生死 名出世人 是故維摩經云 豁然還得本心 信其言也"

본심을 얻는다는 것은 본래의 자기를 자각하는 것이다. 이처럼 마음은 여래법성의 체로서 그 마음을 깨친다는 것은 각기 구족한 우리들 자신의 몸을 깨치는 것이다. 그래서 불성의 체득은 자신의 체득이다. 그 체득이야말로 견(見)의 활용태를 가리키는 말이다. 여기에서 비로소 견(見)은 오(悟)로서 불성과 동일한 양태를 나타내는 동체이명(同體異名)이다. 이것이 홍인의 『수심요론(修心要論)』에서는 진심(眞心) 및 수진심(守眞心)으로 강조된다.

홍인은 "대저 수도의 본체는 마땅히 자기의 마음이 본래 청정하고 불생불멸하며 분별이 없음을 알아야 한다. 자성은 원만하고 청정한 마음이다. 이것을 바로 본사라고 간주하는 것이 이에 시방제불을 염하는 것보다 낫다."[19]라고 하여 본래 청정한 자성으로 자신의 기본적인 입장을 나타내고 있다. 이러한 바탕에서 달마선의 기본인 벽관(壁觀)을 수심(守心)이라 하면서 자신의 법요인 성품을 다음과 같이 심(心)으로 표현하고 있다.

> 법의 요체를 알고자 한다면 수심(守心)이 제일이다. 이 수심(守心)은 열반의 본성이고 도에 들어가는 중요로운 문이며 십이부경의 종(宗)이고 삼세제불의 조(祖)이다.[20]

이로 보자면 홍인의 심은 바로 청정한 본심이고 자심이며 불심으로서 자성이었다. 그래서 성불코자 한다면 무위(無爲)하게 진심(眞心)을 지켜야 하고, 바로 그 진심을 지킨 연후에 성불하기 때문에 수심(守心)이 삼세제불의 조(祖)임을 알아야 한다는 것이다. 따라서 진

---

19) 『修心要論』. (『鈴木大拙全集』卷二. pp.303 - 304. 岩波書店. 1968) "夫修道之體 自識當身本來清淨 不生不滅 無有分別 自性圓滿 清淨之心 此見本師 乃勝念十方諸佛"
20) 『修心要論』. (『鈴木大拙全集』卷二. p.305. 岩波書店. 1968) "欲知法要 守心第一 此守心者 乃是涅槃之根本 入道之要門 十二部經之宗 三世諸佛之祖"

심(眞心)은 본래심·본성·불성으로 통하고 수진심(守眞心)은 견성과 견불성에 통한다.

특히 여기에서는 견성(見性)이라는 말에 대해 '성(性)을 본다.'는 것이 아니라 바로 '견성한다.'라고 해석되어 있는 데 주의해야 한다. 이것은 종래의 불성을 본다든가 성(性)을 본다는 견(見)의 체험과 사실(事實)의 중시를 초월하여 보는 것과 보이는 것이라는 상대를 떠난 입장이다. 본다는 것도 자기의 본심 이외에 불성이라는 견(見)의 대상을 보는 것이 아니다.

이 경우 본다는 것은 불성을 본다든가 성(性)을 본다는 표현이 아니라 곧 견성(見性)의 당체가 바로 불성 내지 불(佛)임을 말한 것이다. 따라서 성즉시심(性卽是心) 및 심즉시불(心卽是佛)과 같은 견본성(見本性)이 견불성(見佛性)과 동일한 의미를 지니고 있다. 이와 같은 양미순목(揚眉瞬目) 및 운수동족(運手動足)이 다 불성의 현현이라는 입장은 도본원성(道本圓成)이라든가 불용수증(不用修証)의 본각적(本覺的)인 사상으로 이후 조사선의 가풍으로 유출되어 간다.

3. 동산법문의 일행삼매(一行三昧)

일행삼매(一行三昧)는 일반적으로 진여평등의 도리를 관찰하는 삼매의 뜻을 지니고 있다.[21] 이에 대해서는 『문수설반야경』에서 세존은 일행삼매야말로 속히 아뇩다라삼먁삼보리를 얻는 삼매라고 말한다. 이에 대하여 문수가 그 의미를 묻자 세존은 "법계는 일상(一相)이다. 이 법계와 서로 이어져 있는 것을 일행삼매라 한다. …… 이 삼매에 들려거든 조용한 곳에서 모든 어지러움을 버리고 상(相)을 취하지 말며 마음을 일불(一佛)에 두어 부처님의 명호를 불러야 한다. …… 이 삼매에 들면 불가사의한 공덕을 얻는다."[22]라고 답한다. 이 일상(一相)은 곧 부사의상(不思議相)이고 무차별상(無差別相)으로서 제불공덕을 구비하고 있는 법계의 진여성(眞如相)이다. 이것이 일행삼매를 통하여 구현된다는 것이다.

선종의 제4조 대의도신은 『보살계법(菩薩戒法)』과 『입도안심요방

---

21) 一行三昧는 도신선법의 중심이다. 『文殊說般若經』과 『大乘起信論』의 설명으로 천태의 四種三昧 가운데 常坐三昧의 내용이기도 하다. 다만 혜능은 일행삼매를 『유마경』의 直心에 비추어서 일상적인 선법의 실천으로 간주하고 있다. 宗寶 編, 『六祖大師法寶壇經』, (大正藏48, pp.352下-353上) "一行三昧者 於一切處行住坐臥 常行一直心是也 淨名云 直心是道場 直心是淨土 莫心行諂曲 口但說直 口說一行三昧 不行直心 但行直心 於一切法 勿有執著 迷人著法相 執一行三昧 直言常坐不動 妄不起心 卽是一行三昧 作此解者 卽同無情 卻是障道因緣"

22) 曼陀羅仙本, 『文殊說般若經』 卷下, (大正藏8, p.731上-中) "法界一相 繫緣法界是名一行三昧 …… 欲入一行三昧 應處空閑捨諸亂意 不取相貌繫心一佛稱名字 …… 則能得一行三昧 不可思議功德作證"

편법문(入道安心要方便法門)』을 지은 것이 인언이 닿는 자들을 위해서였다고 말하면서 "내 이 법요는 『능가경』의 제불심제일(諸佛心第一)이라는 데에 의지하고, 또 『문수설반야경』의 일행삼매에 의지하고 있다. 곧 불(佛)을 염하는 이 마음이 곧 불이고, 망(妄)을 염하면 곧 범부다."23)라고 하여 스스로 앞의 경전에 입각하고 있음을 말한다. 그리고 도신은 천태지의(天台智顗)의 저술로 간주되는 『징심론(澄心論)』24)을 중시한 것으로 보인다.25)

이와 더불어 도신에게 있어서 일행삼매는 수일불이(守一不移)와 더불어 도신 선풍의 특색이 되어 있다.26) 그런데 수일(守一)과 관련하여 말한 것으로는 『능가사자기(楞伽師資記)』에 도신이 학도의 용심으로 보여 준 다섯 가지의 마지막 부분 "다섯째 수일불이(守一不移)이다. 이것은 동정에 상주하면서 학자로 하여금 밝게 견불성(見佛性)케 하여 곧 정(定)에 들게 한다."27)라는 것을 보면 수일불이(守一不移)의 근본은 견불성의 발현에 근거하고 있음을 알 수 있다.

---

23) 『楞伽師資記』, (大正藏85, p.1286下) "我此法要 依楞伽經諸佛心第一 又依文殊說般若經一行三昧 卽念佛 心是佛妄念是凡夫"

24) 『澄心論』의 내용에 대해서는 關口眞大, 『印度學佛教學研究』 제2권 제1호 참조.

25) 도신의 『入道安心要方便法門』에는 『澄心論』의 처음 부분에 해당하는 다음과 같은 말이 인용되어 있다. "대저 학도의 법은 반드시 먼저 근원을 알아야 한다. 도를 구하는 것은 마음을 말미암는 것이므로 또한 모름지기 마음의 본성을 알아야 한다. 그래서 분명하게 미혹을 없애야 공업이 성취된다. 하나를 알면 천 가지가 밝아지지만 하나에 미혹하면 만 가지가 미혹된다. 夫學道之法 必須先知根源 求道由心 又須識心之本性 分明無惑 功業可成 一了千明 一迷萬惑"

26) 아울러 "도신은 선의 근본 교의와 더불어 實修를 강하게 강조하였다. 이러한 禪修의 중요성은 『능가사자기』에 그 어느 누구보다도 도신의 禪旨에 대해 더 많이 할당되어 구체적으로 그의 본지를 드러낸 것으로도 짐작할 수 있을 것이다. …… 도신은 본령을 守一不移 坐禪看心으로 하지만 이를 전제로 하여 五門의 禪要를 보이면서 근기를 行 解 證의 유무에 관련하여 네 가지로 나누어 설명해 보인다."(慧源, 『北宗禪』 운주사. 2008. pp.123-124)는 대목을 참조할 수 있다.

27) 『楞伽師資記』, (大正藏85, p.1288上) "五者守一不移 動靜常住 能令學者明見佛性 早入定門"

이 수일(守一)은 『능가경』에서 말한 제불심제일(諸佛心第一)에 대한 실천적인 파악의 도로서 나타나 있다. 흔히 동산법문이라 불리는 선종의 제5조 홍인의 선풍은 측천무후의 질문에 대한 신수의 답변[28]에서 알 수 있듯이 수심(守心)보다는 반야의 지혜가 잘 나타나 있다.

이 반야의 입장이 혜능에게 이어져 남종선에서 말하는 소위 무념(無念)과 무심(無心)으로 전개해 간다. 이와 아울러 수일(守一)에 근거한 도신의 선풍은 오조홍인의 수심(守心)·수본진심(守本眞心)과 『금강삼매경』의 수일심여(守一心如)·존삼수일(存三守一)과 관련해 가면서 북종선의 관심사상(觀心思想)으로 발전해 나아간 것으로 보인다.[29]

그런데 이것이 도신 이전에 이미 천태지의의 『마하지관(摩訶止觀)』에서 사종삼매 가운데 제일상좌삼매(第一常坐三昧)로서 언급되어 있고,[30] 『대승기신론(大乘起信論)』에서는 그 실천문의 오행 가운데 마지막의 지관문에서 진여삼매를 일행삼매라는 이름으로 인용하고 있으며,[31] 『안락집(安樂集)』에서는 염불삼매를 설명하는 여덟 번째 가운데 그 제이에 인용되어 있다.[32] 이러한 것을 볼 때에 좌선수행의 유형으로서 널리 알려져 있음을 알 수 있다.

이에 대해 혜능은 『단경』에서 "일행삼매란 모든 곳에서 행·주·좌·와에 있어서 항상 행직심(行直心)하는 것이다."[33]라고 말한다. 여기에서 일행삼매는 곧 행직심 곧 직심의 실천이다. 그런데 이 직

---

28) 柳田聖山, 『初期の禪史』 I, p.225. (筑摩書房. 1971).

29) 田中良昭, 『敦煌禪宗文獻の硏究』, p.288. (大東出版社. 1983).

30) 『摩訶止觀』 卷二之上. (大正藏46. p.11上).

31) 『大乘起信論』. (大正藏32. p.582中).

32) 道綽, 『安樂集』 卷下. (大正藏47. p.14下).

33) 『興聖寺本壇經』. (『慧能硏究』 p.294) "一行三昧者 於一切處 行住坐臥 常行一直心是也"

24 인물 한국 선종사

심에 대하여 앉아서 움직이지 않으며 함부로 마음을 일으키지 않는 것이라고 해석하는 것은 또 다른 입장이다.

이것은 감각적인 생활에 기초한 것으로 직심을 대상화해서 본 것이다. 그러나 직심은 그처럼 능소(能所) 관계의 감각적인 존재가 아니다. 왜냐하면 직심은 무위에 바탕하고 있는 실태로서 자기의식 이전의 본래 자기이며 본성이기 때문이다. 이 본자성(本自性)은 대상화될 수가 없는 것이어서 행으로 옮겨질 수 있는 것이 아니다. 그래서 직심을 행한다는 구조가 될 수 없다. 직심은 곧 본심이고 수행하는 주체는 자기 자신이다. 그 본심의 주체인 자신이 곧 직심이므로 직심이 곧 행의 당체이다.

이것은 『유마경』 보살품 광엄동자에 관련된 조항과 불국품의 내용을 인용한 "직심이 곧 도량이고 정토이다."라는 직심과 동일한 것임은 혜능의 말을 통해서도 나타나고 있다.[34] 이처럼 행이 곧 직심이라는 사실은 혜능의 일행삼매 실천이 좌선에 근거하고 있음을 상기한다면 보다 분명해진다. 안팎의 대립이 없는 본래 심념(心念) 작용으로서의 양태인 좌선에 대하여 다음과 같이 말한다.

> 선지식들이여, 무엇을 좌선이라 하는가. 이 법문 가운데 걸림이 없어 밖으로는 일체 선악의 경계에 대하여 심념(心念)이 일어나지 않는 것을 좌(坐)라 하고, 안으로는 견본성(見本性)하여 어지럽지 않는 것을 선(禪)이라 한다. 선지식들이여, 무엇을 선정이라 하는가. 밖으로는 상(相)을 여읜 것이 선(禪)이고, 안으로는 어지럽지 않는 것이 정(定)이다. 밖으로 상(相)에 집착하면 안으로 마음이 어지러울 것이고, 밖으로 상을 여의면 마음이 어지럽지 않다. 본성은 본래 깨끗하고 안정되어 있으나, 경계를 보고 경계를 생각한즉 어지럽게 된다. 만약 모든 경계를 보고도 마음이 어지럽지 않아야 참된 정(定)이라 한다. 선지식들이여, 밖으로 상(相)을 여읜 것이 곧 선(禪)이고, 안으로 어지럽지 않

---

34) 『興聖寺本壇經』, (『慧能研究』 p.294) "直心是道場, 直心是淨土"

은 것이 곧 정(定)이다. 따라서 밖으로는 선(禪)이고 안으로는 정(定)이어야 진정한 선정(禪定)이라 할 수 있다.35)

여기에서 혜능의 좌는 행·주·좌·와 하나로서의 좌가 아니라 본래 심념(心念)이 일어나지 않는 좌이다. 그러므로 일상의 사상(事象)에 의해 교란되지 않는 본래불란(本來不亂)의 좌(坐)이고 자기 본심의 좌(坐)이다. 그리고 이 좌(坐)는 동시에 선(禪)으로서 좌선일체(坐禪一體)다.

마치 정혜일등(定慧一等)과 같은 입장이다. 이리하여 일행삼매는 수행의 입장으로는 무장무애(無障無碍)한 좌선이고, 증득의 입장으로는 견자본성(見自本性)·견자본심(見自本心)의 부사의공덕이다. 그러나 『단경』의 입장으로는 좌선이 바로 견자본성(見自本性)·견자본심(見自本心)의 당체이므로 좌선이 바로 깨침이다.

혜능은 이 견자본성의 당태인 좌선의 수행이야말로 그 활용태로서 "무념을 종지로 삼고, 무상을 본체로 삼으며, 무주를 근본으로 삼는다."36)라고 말한다. 무념을 보자면 여기에서 말하는 무(無)는 주관과 객관이 분별싱이 없어서 삶을 현혹시키는 번뇌의 마음이 없음[無念]을 말하고, 염(念)은 진여의 본성이다. 그래서 진여는 곧 염(念)의 체이고 염(念)은 진여의 용(用)이다. 또한 분별상이 없다[無相]는 것은 지각분별이 존재하지 않는다는 말이다.

이것을 혜능은 "선도 생각하지 말고 악도 생각하지 말라. 바로 그

---

35) 『大乘寺本壇經』, (『慧能研究』, pp.298 - 299) "善知識 何名坐禪 此法門中 無障無碍 外於一切善惡境界 心念不起 名爲坐 內見本性 不亂爲禪 善知識 何名禪定 外離相爲禪 內不亂爲定 外若著相 內心卽亂 外若離相 心卽不亂 本性自淨自定 只爲見境思境 卽亂 若見諸境 心不亂者 是眞定也 善知識 外離相卽禪 內不亂卽定 外禪內定 是爲禪定"
36) 『大乘寺本壇經』, (『慧能研究』, p.295) "無念爲宗 無相爲體 無住爲本"

러한 때 어떤 것이 혜명 그대의 본래면목인가."[37]라고 하였다. 이 말은 후에 부모미생전본래면목(父母未生前本來面目)이라는 공안으로 널리 알려졌다. 그러나 여기에서의 부모는 단순히 육체적인 부모를 나타내는 것이 아니다. 남녀노소(男女老少)·빈부귀천(貧富貴賤)·상하좌우(上下左右)·대소장단(大小長短)·선악시비(善惡是非)·진위미추(眞僞美醜) 등 일체의 상대적인 분별을 부모라는 말로 표현했을 뿐이다.

우리가 살아가는 현실의 세계는 모두 이러한 상대적인 세계이다. 이 상대의 세계가 분화되기 이전, 즉 주객미분의 절대세계를 부모미생전(父母未生前)이라 한 것이다. 그러한 일체의 대립을 초월한 세계에서의 진실한 자기의 본래면목을 묻고 있다. 여기에서의 진실한 자기란 단순한 지식이나 개념으로써 알 수 있는 것이 아니라 체험적으로 자각하게끔 하는 공안이다. 이것을 불성(佛性)이라 불러왔다. 본래면목과 불성이란 이명동체(異名同體)이다. 이것에 대하여 임제의현(臨濟義玄: ?~867)은 몸뚱이에 있는 무위진인(無位眞人)이라 표현하였다.[38]

이처럼 갖가지 양상을 드러내기 이전의 본래 자기 곧 자성청정심의 실태가 바로 혜능의 무(無)였다. 그 무(無)를 일상의 활동으로 전개시키는 계기가 된 것은 염(念)이라는 매개를 통해서이다. 『단경』에서 "선지식들이여, 지혜로 관조하여 내외가 명철해야 곧 자기의

---

37) 『德異本壇經』, (『慧能研究』, p.289) "不思善 不思惡 正與麼時 那箇是明上座本來面目"

38) 『鎭州臨濟慧照禪師語錄』, (大正藏47, p.496上) "上堂云 赤肉團上有一無位眞人 常從汝等諸人面門出入 未證據者看看" 이것은 본래면목을 철견하기 위해서는 직접 절대계에 들어가는 수밖에 없다. 그 유일한 방법이 "선정삼매를 행하여 부모미생전의 세계에 들어가 거기에서 진실한 자기를 철견하여 그것을 스승의 면전에 내보여라." 하는 본래면목의 공안이었다.

본심을 아는 것이다. 만약 본심을 알면 그것이 곧 본래의 해탈이다. 만약 해탈을 터득하면 그것이 곧 반야삼매이고 그것이 곧 무념이다. 무엇을 무념이라 하는가. 만약 일체법을 보아도 마음에 염착이 없으면 그것이 곧 무념이다. 무념의 작용은 곧 일체처에 편만하고 또한 일체처에 집착이 없다. 그러므로 무릇 본심을 청정하게 지니면 육식(六識)이 육문(六門)에 나타나도 육진(六塵)에 물들지 않고 뒤섞이지 않아 거래(去來)에 자유롭고 통용(通用)에 걸림이 없다. 곧 반야삼매로 자재하고 해탈하는 것을 무념행이라 말한다. 그러나 만약 온갖 대상에 대하여 애써 사려하지 않으려 한다거나 반대로 애써 망념을 단절시키려 하는 것은 곧 법박(法縛)으로서 변견(邊見)일 뿐이다. 선지식들이여, 무념법을 깨치는 자는 만법에 다 통하고, 무념법을 깨치는 자는 제불의 경계를 보며, 무념법을 깨치는 자는 불지에 도달한다."[39]라고 말한 것도 같은 맥락에서이다.

---

39) 『六祖大師法寶壇經』, (大正藏48, p.351上-中) "善知識 智慧觀照 內外明徹 識自本心 若識本心 卽本解脫 若得解脫 卽是般若三昧 卽是無念 何名無念 若見一切法 心不染著 是爲無念 用卽遍一切處 亦不著一切處 但淨本心 使六識出六門於六塵中 無染無雜 來去自由 通用無滯 卽是般若三昧 自在解脫 名無念行 若百物不思 當令念絕 卽是法縛 卽名邊見 善知識 悟無念法者 萬法盡通 悟無念法者 見諸佛境界 悟無念法者 至佛地位"

4. 도신의 제불심제일(諸佛心第一)

　도신의 선법은 『능가경』의 제불심제일(諸佛心第一)과 『문수설반야경』의 일행삼매(一行三昧)가 중시되었다. 일행삼매에 들어가서는 고요한 곳에서 산란심을 버리고 형상에 집착이 없으며 마음을 일불(一佛)에 모아 그 명자(名字)를 부르고 정신단좌(正身端坐)하여 항사의 제불과 법계가 차별이 없음을 아는 것이었다. 도신의 선법은 특히 『입도안심요방편법문』 및 『능가사자기』에서 엿볼 수 있다.

　이에 의하면 도신은 제불의 마음을 근본으로 하여 일행삼매의 경지에 있는 수행자에게 예시하여 "대저 신심방촌(身心方寸)과 거족하족(擧足下足)이 항상 도량에 머문다."라고 서술하고 있다. 이어서 도신은 이 일거수일투족이 도를 행하는 경지에 이르는 수행을 보여주는 데에서 『보현관경(普賢觀經)』을 인용해서 단좌하여 실상을 염하고 부처를 염하며 심심상속(心心相續)하여 마음을 징적(澄寂)하게 해서 대상에 대한 분별의식이 없는 곳에 이르게 되면 그것이야말로 "염하는 바가 없는 바로 그것을 부처를 염한다고 말한다."는 것이다. 이것은 곧 부처를 염하는 마음 그 자체를 염하는 바 없음을 보여주는 것으로, 부처를 염하는 것은 곧 마음을 염하는 것이며 마음을 구하는 것은 즉 부처를 구하는 것이라고 본 것이다.

　나아가서 지관(止觀)에 대한 중요성도 말하였다. 이것은 도신이 대림사(大林寺)에서 10년 동안 머물렀을 때 좌선을 다시 자세하게 나누어 설명하고 지도한 것이기도 하다.

아울러 『관무량수불경』의 "제불여래의 법계신이 일체중생의 마음에 들어 있다. 그러므로 그대들이 마음으로 불을 생각할 때 그 마음은 곧 32상 80종호이다. 시심작불(是心作佛)이요 시심시불(是心是佛)이므로 제불의 정편지해(正遍知海)가 마음에서 생겨난다."40)라는 말에 기초하여 부처는 곧 마음으로서 마음 밖에 달리 부처가 없다는 줄을 알아야 할 것을 강조하였다. 이것은 『능가경』의 제불심제일(諸佛心第一)의 경지를 설명하여 그것이 만인에게 가능함을 보여준 것인데 그 방법을 다섯 가지로 설하였다.

간략하게 말하면 무릇 5종이 있다. 첫째는 마음의 바탕을 아는 것이다. 마음의 바탕과 성품은 청정하다. 그 바탕이 부처와 동일하다. 둘째는 마음의 작용을 아는 것이다. 마음의 작용에서 법보가 생겨난다. 일체의 행위가 항상 고요하고 일체의 미혹도 다 그러하다. 셋째는 항상 깨어 있어 어디에도 집착이 없다. 깨어 있는 마음이 늘 목전에 있지만 자각된 제법은 차별상이 없다. 넷째는 늘 몸이 공적한 줄을 관찰한다. 내외에 통철하므로 자신의 몸이 법계에 들어가는 것도 전혀 장애가 없다. 다섯째는 일심을 지켜 흔들림이 없다. 동정에 늘 일여하게 작용하므로 학도자로 하여금 명견 불성케 한다.41)

또한 임종에 이르러서는 "어떻게 관심 수행해야 하는가."라는 물음에는 다만 자연에 맡기라고 답변한다. 또한 서방을 향할 필요가 있겠는가 하는 질문에는 "만약 자심(自心)이 불생불멸하여 청정함을

---

40) 畺良耶舍 譯, 『佛說觀無量壽佛經』, (大正藏12, p.343上) "諸佛如來是法界身 遍入一切衆生心想中 是故汝等心想佛時 是心卽是三十二相八十隨形好 是心作佛是心是佛 諸佛正遍知海從心想生"

41) 『鈴木大拙全集』 제2권, p.239. "略而言之凡有五種 一者 知心體 體性淸淨 體如佛同 二者 知心用 用生法寶 起作恒寂 萬惑皆如 三者 常覺不停 覺心在前 覺法無相 四者 常觀身空寂 內外通同 入身於法界之中 未曾有礙 五者 守一不移 動靜常住 能令學者 明見佛性"

알아차리면 곧 그곳이 부처님 나라이니 굳이 서방을 향할 필요가 있겠는가."라고 답한다. 또한 깨침의 차례에 대하여 다음과 같이 말한다.

초지보살의 경우 우선 모든 것이 공한 줄을 실증하고 그 연후에 모든 것은 단순한 공이 아님을 깨치는 것이다. 곧 이것이 분별을 초월한 지혜이다. 그래서 역시 색은 그대로 공이지 색이 멸하여 공이 되는 것이 아니다. 색의 성품이 바로 이렇다. 이것이 곧 보살이 공을 닦아 공을 증득하는 경우이다. 그러나 초학자가 공을 직견(直見)하는 것은 단지 공을 보는 것일 뿐 진정한 공은 아니다. 수행하여 진실한 공을 파악한 사람은 공과 불공을 구별하지도 않고 갖가지 분별적인 관념도 가지지 않는다. 그러므로 모름지기 색과 공의 뜻을 잘 이해해야 한다.[42]

이처럼 간절하게 중생이 그대로 공임을 가르치고 있다. 나아가서 "마음의 수행을 배우는 사람은 법리(法理)를 분명히 하여 교의(教義)의 강목을 분명히 하지 않으면 안 된다. 그래야만 비로소 남의 스승이 될 수 있다. 또한 반드시 내외가 일치하고 이해와 실천이 일치하지 않으면 안 된다. 절대 문자와 언어의 형태에 얽매이지 말아야 한다. 깨침의 길은 홀로 세속을 떠나 청정한 곳에 머물러 스스로가 궁극의 경지에 도달하는 것이다."라고 고구정녕하게 가르치고 있다.

계속하여 "남의 스승노릇을 하면서도 진실로 도를 얻지 못한 사람은 갖가지 법에서 잘못을 범하게 된다."라는 것을 예시하고, 이어서 "진실한 불교도의 입장은 마음 그 자체가 없어진다고 생각하지 않고 항상 남을 구제하면서도 애정에 빠지지 않으며, 항상 깨침을 배우면서도 어리석은 사람과 지혜로운 사람을 평등하게 취급하고, 항상 선정 가운데 있어서 고요함은 고요함으로 그리고 혼란함은 혼란함으

---

42) 『鈴木大拙全集』 제2권, p.263. "所初地菩薩 初證一切空 後證得一切不空 卽是無分別智 亦是色 色卽是空 非色滅空 色性是 所菩薩脩學空爲證空 新學之人 直見空者 此是見空 非眞空也 脩道卽眞空者 不見空與不空 無有諸見也 善須解色空義"

로 똑같은 마음으로 대처해 간다. 항상 사람들을 보면서도 그 존재에 얽매이지 않고 생멸이 없는 진리를 알면서도 어디에서나 모습을 나타내며, 달리 견문(見聞)하는 것이 없으면서도 모든 것을 알아 일찍이 그것을 취사(取捨)하지 않고, 분신(分身)한다는 것은 아니지만 신체가 존재의 세계에 두루한다."고 하여 불제자로서 남의 스승이 되어야 할 사람의 본연의 자세를 간절하게 말하고 있다.[43]

이것은 제자들을 위한 가르침의 말로 삼기 위하여 특히 해행(解行)의 중요성을 부가한 것이다. 다시 『유교경(遺敎經)』을 인용하여 "그때는 마치 한밤중과 같다. 전혀 아무런 소리도 없다."고 말한다. 이것은 절대의 고요함을 중시한 것이다. 여섯 가지의 감각기관이 절대 고요하다는 것을 항상 반성하면 항상 한밤중과 같다.

하루 중에 보고 듣는 것은 모두 외계의 것으로 몸속은 항상 아주 청정하다. 이어서 수일불이(守一不移)의 방법을 보여 그것이 섭심의 가르침임을 알게 하는 것이다. 또한 『법화경』에서 말하는 바와 같이 잠잘 때의 바깥은 항상 섭심하는 마음으로 있어야 한다. 또한 『유교경』에서 말하는 바와 같이 "다섯 가지의 감각기관은 심(心)이 중심이므로 그것을 하나로 모으면 어떤 일이라도 할 수 있다."고 서술하여, 앞에서 서술한 다섯 가지는 대승의 정리(正理)로서 바로 보살도

---

43) 위에서 남의 스승이 되어야 할 사람의 주의사항을 든 글은 마치 예전에 도신이 젊어서 廬山의 大林寺라는 천태의 절에서 머무르고 있을 때 도반으로부터 얻어 본 智顗가 上書한 훌륭한 가르침을 보는 듯하다. 그래서 후학들에게 좋은 교훈이 되므로 다음에 인용해 본다. "옛적에 지민삼장의 다음과 같은 말이 있다. 학도의 방법은 반드시 이해와 실천이 相扶해야 한다. 먼저 마음의 근원과 모든 체용을 알고 도리를 살피는 것이 명정하여 분명히 알아 미혹이 없어야만 비로소 공업이 성취된다. 한 가지를 알면 천 가지가 더불어 따르지만 한 가지에 미혹하면 만 가지가 미혹하다. 그러므로 학도의 방법에 자칫 어긋나면 도에서 천리 만리나 멀어진다. 이 말은 거짓이 아니다. 古時智敏禪師訓曰 學道之法 必須解行相扶 先知心之根源及諸體用 見理明淨 了了分明無惑 然後功業可成 一解千從 一迷萬惑 失之毫釐 差之千里 此非虛言" 田中良昭, 『敦煌禪宗文獻の研究』 p.45.

에 나아가는 것이므로 마땅히 수행해야 한다고 말한다.

또한 그 염념에 게으름이 없는 노력을 궁술의 배움에 비유하고 부싯돌로 불을 일으키는 것에 비유하며, 독 묻은 화살이 몸에 맞았을 때 고통스러운 마음의 상태를 보이고, 또한 법을 보일 때는 사람을 가려서 보여 줘야 함을 가르치고 있다.

다음에는 초학자들에 대한 좌선의 방법을 설명하고 그에 따라 믿음을 내어 수행하는 사람은 반드시 무생(無生)의 올바른 이치를 깨달을 수 있다고 말한다. 또한 미혹함이 일어날 때에 그것을 대치하는 방법을 자세히 설하여 엄격하게 수행해야 할 것을 격려하고 있다. 이어서 초학자로서 좌선간심(坐禪看心)하려는 사람들에 대하여 그 다음 단계로 나아가는 경지의 좌선방법을 보여 준다.

이와 같이 철저하게 수행할 때에 거기에 성심(聖心)이 드러난다. 성심은 형태가 없지만 내면적인 절조(節操)는 항상 엄연히 확립되어 있어서 영묘한 작용을 드러내는 데 그치지 않고 끝까지 유지되는 것을 부처의 본질이라고 한다. 부처의 본질을 자각한 사람은 영원히 생사의 흐름을 여의고 세간을 벗어난 사람이다. 때문에 불성을 깨친 사람은 대승의 수행자·도를 깨달은 사람·진리를 안 사람·달인·본성을 알아차린 사람이라고 말하여 사람이 본래 갖추고 있는 성스러운 마음에 의해서 불성이 자각되는 차례를 간절하게 보여 주고 있다.

도신은 이어서 사신(捨身)의 법을 설하는데 이에 대하여 선학(先學)은 다음과 같이 설명을 가하고 있다.

사신(捨身)의 법은 첫째로 공을 관하고 그에 의해서 식심(識心)을 관하는 것이다. 심과 그 대상의 경계를 완전한 정적의 상태로 가라앉혀 상념을 고요의 틀 속에 집어넣어 심이 하나로부터 다른 것으로 옮겨가지 않게 하는 것이다. 심이 그 깊숙한 곳에서 고요하게 되면 갖가지 잡된 것들은 모두 단절되어 버린다. 그것은 실로 불가지(不可知) 불가측(不可測)한 현경(玄境)이다. 절대청정의 마음은 공 그 자체이다. 고요히 안정되어 평화로운 것이다. 죽음과 같이 멈추어 버린 것이 아니다. 법신의 절대청정성 가운데 머물러 이후의 존재형태를 받는 일이 없다. 식심(識心)이 동하여 혼란이 그 가운데서 일어나면 이후의 존재형태를 받지 않으면 안 된다. 그래서 우선 무엇보다도 먼저 심과 그 대상경계를 완전한 정적의 상태로 가라앉히는 것을 수행하지 않으면 안 된다. 이것이 진실로 닦아야 할 수행이다. 아울러 이 수행에는 이러한 것이 그 성과라고 파악해야 할 일정한 것이 실제로는 아무것도 없는 것이다. 그리고 또한 그 성과가 없다는 것도 바로 수행에 의해서 달성되는 것이다. 왜냐하면 진실로 짓는다는 것도 없고, 짓는다는 것이 없다는 것이 진실의 존재방식이어서, 경전에서도 공(空)·무작(無作)·무원(無願)·무상(無相) 등을 진실한 해탈이라고 설하고 있다. 이러한 까닭에서 진실한 법은 무작(無作)이다.[44]

도신의 법요는 본문의 최초에서 선언하고 있는 바와 같이『능가경』의 제불심제일(諸佛心第一) 곧 제불의 마음을 근본으로 하는 경지로부터 설해져 있어서『능가경』의 "보살마하살은 독일정처(獨一靜處)하여 자각관찰(自覺觀察)하고, 타(他)에 말미암지 않으며, 견(見)과 망견(妄見)을 떠나 상상승진(上上昇進)하여 여래지에 들어간다. 이것을 자각성지(自覺聖智)의 상(相)이라고 이름한다."[45]라는 구절은 도신의 "홀로 청정하게 참구하는 공에 마음이 저절로 깨끗해진다."라는 자각의 체험을 가져오는 근원으로 간주되었다.

동시에 도신은『문수설반야경』의 일행삼매에 의한 염념상속의 수행을 설하고 있지만, 이것은 이후에 육조혜능의 "일행삼매라는 것은 일체처의 행·주·좌·와에서 항상 일직심(一直心)을 행하는 것이

---

44)『鈴木大拙全集』제5, p.153. 이에 해당하는 원문은 다음과 같다. "凡捨身之法 先定空空心 使心境寂靜鑄想玄寂 令心不移 心性寂定 卽斷攀緣 窈窈冥冥 凝靜心虛 則幾泊恬乎 泯然氣盡 住淸淨法身 不受後有 若起心失念 不免受生也 此是前定心境 法應如是"『楞伽師資記』, (大正藏85, p.1289上).

45) 求那跋陀羅 譯,『楞伽阿跋多羅寶經』卷2, (大正藏16, p.497上) "菩薩摩訶薩 獨一靜處自覺觀察不由於他 離見妄想上上昇進入如來地 是名自覺聖智相"

며 ……."로 이어지고, "마음이 법에 住한다면 도가 곧 통한다."라
고 하여 일체처에서 항상 일직심을 실천하는 일행삼매로 전개되어
간다.『능가경』의 가르침은『육조단경』의 경우 신수가 쓴 게송 때문
에 마침내 그려지지 못했던 능가변상(楞伽變相)이라는 명칭으로만
나타나 있듯이 '환(幻)의 능가'로만 등장할 뿐이지 더 이상 그 명칭
을 볼 수가 없다. 그 자리를 대신하여 새롭게『금강반야경』이 그 명
칭을 드러내게 된다.

5. 동산법문의 중국적 전승

홍인으로부터 법을 전수한 혜능의 사상은 『단경』에 가장 잘 나타나 있다. 위에서 살펴본 견성의 의미가 혜능에 와서는 어떻게 전개되고 있는지를 살펴보기 전에 우선 『불성론(佛性論)』의 설명을 보면 불성에 대한 중생의 두 가지 과실을 설명하는 부분에서 다음과 같이 말한다.

> 불성이란 진여가 인공(人空)과 법공(法空)으로 드러난 것이다. 진여를 말미암은 까닭에 능매(能罵)도 없고 소매(所罵)도 없다. 바로 이 도리를 통달할 때 허망의 집착을 여의게 된다.[46]

이것은 인법이공(人法二空)의 사실인 진여가 바로 불성이라는 말이다. 불성이란 모든 존재가 성립하는 진실태이다. 따라서 불성의 입장에서 보자면 모든 존재가 진실하여 거기에는 능과 소의 관계가 따로 없다.

이것은 『불성론』의 저자인 세친(世親)의 경우 자성청정심의 근본 입장이기에 앞서 대승불교의 원칙론이다. 모든 존재를 성립시키는 진실태인 불성은 우리의 경험적인 사상(事象)이 아니다. 곧 그것은

---

46) 『佛性論』 卷1, (大正藏31, p.787中) "佛性者 卽是人法二空 所顯眞如 由眞如故 無能罵所罵 通達此理 離虛妄執"

존재 이전의 실태이며, 모든 존재의 근거이다. 그래서 그것을 능소의 관계로 파악한다면 위에서 살펴본 대로 성품을 본다, 불성을 본다, 불을 본다, 본성을 본다, 자성을 본다와 같이 성(性)은 목적어가 되고 견(見)은 서술어가 되고 만다.

그래서 성품을 보는 주체와 보이는 객체가 분리되어 존재한다. 분리되어 있는 주체와 객체가 하나가 된다는 것은 교의(敎義)에서 충분히 가능하지만 실천적인 수증(修證)의 입장에서는 성립할 수가 없다. 각기 주체는 주체로서 그리고 객체는 객체로서 존재할 뿐이다. 이러한 견해로는 "마음을 아는 것이 바로 견성이다[識心見性]."라는 『단경』의 뜻과는 다소 거리가 있다. 그래서 일체시중(一切時中)에서 항상 만법이 무체(無滯)함을 안다면 일진일체진(一眞一切眞)한 만법여여(萬法如如)의 경계가 현성한다는 돈오적 입장인 혜능의 해석을 빌리자면 견자본성(見自本性)은 다음과 같이 해석된다.

견자본성을 "자기의 본성을 본다."고 해석하는 것은 자기의 본성이라는 것이 감각적인 대상만이 이해되고 만다. 보는 주체와 보이는 본성이라는 객체가 달리 있는 입장에서 자신의 본성을 본다는 것이 되어 버린다. 그러나 자신은 곧 자신의 본성이다. 이미 구족되어 있는 본성은 그대로 자기임에도 불구하고 본다는 인식과정이 개입되어 있다. 모름지기 "무념법(無念法)을 바탕으로 하여 만법에 두루 통하고 제불의 경계를 터득하며 불지(佛地)에 이른다."[47]라고 한 것은 바로 이것을 경계한 말이다.

그러나 "견(見)은 자기의 본성이다."라고 해석하는 경우는 견(見)

---

47) 『敦煌本壇經』, (『慧能硏究』 pp.318 - 319. 大修館書店. 1978) "悟無念法者 萬法盡通 悟無念法者 見諸佛境界 悟無念法者 至佛位地"

이 자기의 존재방식으로 부각되어 온다. 이 경우에 견(見)은 바로 본성(本性)으로 다가오기 때문에 견(見)과 본성(本性)이 다름이 아니다. 그리하여 견(見)이라는 행위가 그대로 본성이라는 존재의 양태를 나타내는 돈오적인 입장에 위배되지 않는다.

여기에서 돈오적인 견(見)의 행위 자체가 본성으로 현성하는 것은 감각적으로 경험되는 것이 아니다. 왜냐하면 자기의 본성은 인간의 경험을 초탈한 것이어서 인간적인 행위로는 경험 내지 파악할 수가 없기 때문이다. 그래서 대상으로 파악하기 이전에 그대로가 자신에게 구비되어 있는 본성의 현현임을 스스로 깨치는 것이다. 여기에는 견(見)이 본성의 작용으로 현성되어 있어서 견(見) 자체가 본성과 동일시되어 있다.

따라서 『단경』의 입장은 자성을 스스로 제도하는 것이 기준이고 그것이야말로 진정한 제도라 할 수 있다.

> 각기 모름지기 자성을 스스로 제도해야 한다. 이것을 진정한 제도라 한다. 그러면 무엇을 가리켜 자성을 스스로 제도한다고 하는가. 자기 마음속의 사견과 번뇌와 우치를 지니고 있는 중생을 정견으로 제도하는 것이다. 그리하여 이미 정견을 지니고 반야를 사용하여 우치와 미망을 타파하면 그것을 스스로 제도한다고 하는 것이다. 사(邪)가 오면 정(正)으로 제도하고, 미(迷)가 오면 오(悟)로 제도하며, 우(愚)가 오면 지(智)로 제도하고, 악(惡)이 오면 선(善)으로 제도한다. 이렇게 제도하는 것을 진실로 제도한다고 말한다.[48]

여기에서 자성을 스스로 제도한다는 것은 바로 본래의 자성청정심을 말하며 이 자성청정심의 작용이 바로 정견(正見)이다. 그래서 정견(正見)은 단순히 올바른 견해로서만이 아니라 자상청정심 그 자

---

48) 『大乘寺本壇經』, (『慧能研究』p.305) "各須自性自度 是名眞度 何名自性自度 卽自心中 邪見煩惱愚癡衆生 將正見度 旣有正見 使般若智 打破愚癡迷妄 衆生各各自度 邪來正度 迷來悟度 愚來智度 惡來善度 如是度者 名爲眞度"

체이기 때문에 그 작용이 다름 아닌 반야지혜인 것이다. 때문에 이러한 정견을 가리켜 『돈오입도요문론』에서는 다음과 같이 말한다.

> 묻는다: 무엇이 정견인가. 답한다: 보되 보는 바가 없음을 정견이라 한다. 묻는다: 무엇을 가리켜 보되 보는 바가 없다고 하는가. 답한다: 일체의 색을 보고도 싫음과 집착을 일으키지 않는다. 싫음과 집착이 없다는 것은 사랑과 증오의 마음을 일으키지 않는 것이다. 이것을 바로 보되 보는 바가 없다고 한다.[49]

정견은 바로 견무소견(見無所見)의 불안(佛眼)으로서 일체 대상에서 애증을 일으키지 않으나 중생견(衆生眼)은 유소견(有所見)으로 분별을 일으킨다. 그리하여 정견은 "본성에 반야의 지혜가 갖추어져 있음을 안다."[50]는 것으로서 감각적 사유적인 것이 아닐 뿐만 아니라 직관적인 것도 아니다. 이러한 모든 사견·번뇌·우치와 같은 유위(有爲) 이전의 무위(無爲)의 실태이다.

이것이 본래의 자성청정심이며 자기 자신의 제도이다. 이 자기 자신의 제도가 다름 아닌 본래성불의 정견이다. 이 정견이 돈오적인 수행에 의해 현성하는 것이 바로 견성이다. 자성을 스스로 제도한다는 것은 달리 진실을 구한다든가 제도를 추구하는 일이 없는 견자본성(見自本性)이다.

그래서 본래의 자성청정심에 대한 정견이 바로 자기의 본성이다. 견(見)＝자본성(自本性)의 관계로 성립한다. 종래의 '불성을 본다.'는 감각적이고 대상적이며 구체적인 대상으로부터 '견(見)은 곧 불

---

49) 大珠慧海, 『頓悟入道要門論』 卷上, (卍續藏110, p.842下) "問云何是正見 答見無所見 卽名正見 問云何名見無所見 答見一切色時 不起染著 不染著者 不起愛憎心 卽名見無所見也"
50) 『大乘寺本壇經』, (『慧能研究』 p.314) "知本性自有般若之智"

성이다.'는 본래적인 묘수묘증(妙修妙證)에로의 전환구조가 이루어
진 것이다. 이러한 구조로부터 식자본심(識自本心)과 견자본성불생
불멸(見自本性不生不滅)은 각각 식(識)은 자본심(自本心)이라는 것
과 견(見)은 자본성(自本性)의 불생불멸이라는 해석이 가능하다.

  이러한 수행논리에 의거하여 돈법(頓法)이 돈법으로서의 규준(規
準)을 가능하게 한다. 그러면 이와 같은 돈법이 지속될 수 있는 근거
가 되는 것은 무엇인가. 그것은 방편으로써만이 가능하다. 그와 같
은 방편의 방식은 당시에 소위 북종선법의 전통으로 자리매김하였
다. 그것을 가장 잘 충실하게 계승한 것 가운데 하나가 일찍이 법랑
을 통하여 전승된 신행의 선법이었다.

6. 동산법문의 해동의 계승 및 그 성격

법랑의 귀국연대는 불분명하다.[51] 그러나 최치원이 기록에 의하면 도신의 선법을 계승했다는 사실, 선법을 신행에게 전수했다는 사실만큼은 인정할 수 있다. 신행(704~779)은 『지증대사적조탑비(智證大師寂照塔碑)』에 의하면 법랑에게서 심인(心印)을 받았지만 이후에 입당하여 신수(神秀) − 보적(普寂)의 문인이었던 지공(志空)에게서 관정수기(灌頂授記)를 받고 귀국하여 단속사(斷俗寺)에서 입적하였다.[52] 이후 신행의 선법은 준범(遵範) − 혜은(惠隱) − 지증대사(智證大師) 도헌(道憲)으로 계승되었다. 곧 신행에 대해서는 위의 도헌국사(道憲國師) 지선(智詵)의 『비문』에 의하면 다음과 같다.

> 당나라 제4조의 정통 선법은 지선국사에게 제5세의 선조(先祖)가 되는데 이로부터 동점하여 바다를 건너 전승되어 몇 대를 거쳤다. 곧 쌍봉의 자(子)는 법랑이고 손(孫)은 신행이며 증손(曾孫)은 준범이고 현손(玄孫)은 혜은이며 내손(來孫)이 곧 지선국사이다. 법랑대사는 대의도신의 깨침을 계승하였다. 도신의 법을 받은 법랑에 대하여 중서령 두정윤이 찬술한 도신의 비문에 의하면 "먼 곳으로부터 온 기사(奇士)이고 이역의 고인(高人)으로서 험난한 길을 마다하지 않고 도신의 보배를 얻어갔다."고 하니 그 사람

---

51) 다만 스승이었던 도신의 생몰 연대가 580 − 651이고, 제자였던 신행의 생몰 연대가 704 − 779였음은 밝혀져 있다. 그리고 신행이 당에 들어가 입문한 지공대사의 스승인 보적의 생몰연대는 651 − 739였다. 때문에 이를 여러모로 감안한다면 적어도 법랑의 생몰연대는 630년을 전후하여 출생하고 730년을 전후하여 입적한 것으로 추측할 수 있어야 한다. 그래도 100여 세를 살았다는 추산이 되기 때문에 이와 같은 추정도 그리 녹록하지는 않다.

52) 『朝鮮金石總覽』卷上, p.91.

이 지선대사가 아니고 누구이겠는가. 법을 아는 자는 말을 필요로 하지 않았기에 은밀하게 감추어 두었는데 오직 신행선사만은 더듬어 그것을 찾아내었다. 그러나 시절인연이 불리하여 선도가 크게 홍포되지는 못하였다. 이에 다시 바다를 건넜는데 천자가 그 소식을 듣고는 몸소 시를 내렸다. "용은 바다를 건넘에 뗏목을 의지하지 않고 봉은 하늘을 나는 데 달빛이 필요하지 않네." 이에 신행은 "산이 새를 택하는 것이 아니라 새가 산을 택하고, 바다가 용을 택하는 것이 아니라 용이 바다를 택한다."라는 새와 용의 두 구절로 응대하였는데 깊은 뜻이 들어 있었다. 해동으로 돌아와 3전하여 지선대사에 이르렀다. 그러니 이후 만대의 증험이 되었다.53)

신행의 선법을 엿볼 수 있는 대목이다. 용과 봉은 신행을 가리킨다. 말하자면 신행선사는 세상의 방편에 집착하지 말고 자유롭게 사는 선자임을 찬탄한 것이다. 그리고 곧 산이 새를 택하는 것이 아니라 새가 산을 택하고 바다가 용을 택하는 것이 아니라 용이 바다를 택한다54)는 것은 새와 용을 신행 자신에게 비유하여 어떤 교학과 선풍에조차 개의치 않고 널리 자유롭게 선법을 수용한다는 것을 가리킨 것이다.55) 때문에 신행은 신라에 국한하지 않고 당에 유학하여 보다 폭넓은 선법을 신라에 전승할 수가 있었다. 그 이력을 보면 다음과 같다.

---

53) 신행은 신라 제36대 慧恭王代에 지리산에서 교화를 폈다. 그의 전기는 지리산 斷俗寺에 세운 金憲貞이 찬한 『神行碑』에 부분적으로 남아 있다. 『朝鮮金石總覽』卷上, p.90; 『海東金石苑』 卷2, p.7. "法胤唐四祖爲五世父 東漸于海 遡遊數之 雙峰子法朗 孫愼行 曾孫遵範 玄孫慧隱 來孫大師也 朗大師從大醫之大證 按杜中書正倫 纂銘叙云 遠方奇士 異域高人 無憚險途 來至珍所 則掬寶歸止 非師而誰 第知者不言 復藏于密 能撢秘藏 唯行(신행)大師 然時不利兮 道未亨也 乃浮于海 仍聞于天 肅宗皇帝 躬胎天什曰 龍兒渡海不憑筏 鳳子沖虛無認月 師以山鳥海龍 二句爲對 有深旨哉 東還三傳 至大師(智詵) 畢萬之後斯諼矣"

54) 淨光 編集, 『智證大師碑銘小考』 p.451. "山不擇鳥 鳥能擇山 海不擇龍 龍能擇海"

55) 이것은 곧 신행의 경우 당시에 일반적으로 칭해지고 있던 소위 북종계통의 선법에만 치우친 것이 아니었음을 잘 드러낸 주고 있는 구절이다. 다만 후대 도의선사의 법을 계승한 것으로 전승된 법맥에서는 소위 남종계통의 선법을 정통으로 간주한 바탕에서 신행의 선법을 북종계통의 선법으로 폄하한 것은 신행의 당시에는 관계없는 일이다.

신행은 경주 사람이고 성은 김씨다. 장년에 이르러 율을 배워 힘써 수련을 쌓은 지 2년, 다시 호거산에 올라 법랑을 뵙고 깊은 뜻을 터득하였다. 이에 법랑이 감탄하여 "기특하구나. 심법이 모두 그대에게 있구나."라고 하였다. 이후 그 밑에서 3년 동안 부지런히 수행하였다. 그리고 멀리 바다를 건너 불조의 혜명을 구하고자 배를 타고 당나라에 이르렀다. 공교롭게도 흉년이 든 해여서 도적이 변방을 어지럽게 하였다. 이로 인하여 관군에 붙들려 구속된 지 240일 만에 풀려났다. 후에 지공(志空)에게 참례하였다. 지공은 대조선사(大照禪師, 崇山普寂: 651－739)에게 입실한 문인이다. 그 밑에서 조석으로 3년 동안 열심히 수행하여 인가를 받았다. 지공이 멸도에 임하여 신행에게 다음과 같이 말하고 입적하였다. "그대는 본국으로 돌아가서 미혹한 자들을 깨우쳐 주어 깨침의 빛을 널리 드러내거라." 신행이 계림으로 돌아와 삼매의 밝은 등불을 전하였다. 제36대 혜공왕 15년에 단속사에서 입적하였는데 세수 760이었다.[56]

그의 비문 가운데 특히 그의 수행 및 법맥과 관련된 부분은 다음과 같다.

숙세의 인연이 발흥하여 나이 30쯤에 출가하였다. 운정율사(運精律師)를 모시면서 일의일발(一衣一鉢)로써 2년 동안 열심히 수행에 힘썼다. 법랑선사가 호거산에서 지혜의 등불을 전한다는 말을 듣고는 그곳에 나아가 곧 오지(奧旨)를 배울 수 있었다. 그로부터 7일도 되지 않아 법거랑에서 몇 마디의 말로 곧바로 즉심과 무심에 통하였다. 법랑화상이 찬탄하였다. "훌륭하구나. 심법의 등불이 모두 그대에게 있구나." 이후로 3년 동안 곁에서 뫼셨다. 법랑스승이 입적하자 몸을 부수듯 통곡하였는데 연모의 마음이 끝이 없었다. 마침내 삶이 바람 앞의 등불과 같고 죽음은 물거품과 같은 줄을 알았다.[57]

본 『비문』은 김헌정(金獻貞)이 쓴 것으로 알려져 있다. 신행은 급간의 벼슬을 지낸 집안의 자제였고, 불연과도 깊은 인연이 있는 집안이었다.[58] 그리고 비문의 찬술자인 김헌정은 시중의 벼슬을 지낸

---

56) 『丹城斷俗寺信行禪師碑文』, (이지관, 『역주역대고승비문』 신라편. pp.54－58) 내용 요약.

57) 『丹城斷俗寺信行禪師碑文』, (이지관, 『역주역대고승비문』 신라편. pp.54－55) "夙因感性 年方壯室 趣於非家 奉事運精律師 五綴一納 苦練二年 更聞法朗禪師 在虎踞山 傳智慧燈 則詣其所 頓受奧旨 未經七日 試問之曲直 微言冥應 以卽心無心 和上歎曰 善哉 心燈之法盡在於汝矣 勤求三歲 禪伯登眞 慟哭粉身 戀慕那極 遂以知生風燭 解滅水泡"

사람이었다. 이로써 보면 신행이 전승한 선법에 대하여 귀족의 계층에서도 어느 정도의 이해는 있었던 것으로 보인다.

때문에 계림에 돌아와서 도의 성품이 아직 덜 익은 자들에게는 간심(看心)으로 가르쳐 이끌어 주었고, 이미 성품이 익은 자들에게는 갖가지 방편으로 이끌어 주어 각각 선법의 비전을 통하게 하였고 삼매의 밝은 등불을 전할 수 있었다.[59] 그래서 불일(佛日)을 다시 밝힐 수 있었고 심법을 불러일으킬 수 있었다.[60] 이것은 신행이 전승한 선법은 일찍이 법랑의 심법에 근거하였고 그것을 계승하여 지공선사의 교학에 근거한 것이었음을 말해 주고 있다.

달마를 비롯한 선종의 형성기부터 교학의 중시는 일관된 입장이었다. 달마는 모든 중생이 동일진성(同一眞性)을 지니고 있음을 믿고, 그것을 밝히기 위해서는 달리 언어문자의 가르침을 방편 삼아 종지를 깨치는 것일 뿐 그것에 얽매이지 말며 벽관(壁觀)을 통해 진리에 계합해야 한다고 말했다.[61]

---

58) 『丹城斷俗寺信行禪師碑文』, (이지관, 『역주역대고승비문』 신라편. p.54) "禪師俗姓金氏 東京御里人也 級干常勤之子 先師安弘之兄曾孫"

59) 신수는 本有의 覺性을 信認하고 있었지만 현실적으로 그것을 자각하기 위한 방법으로 看心看淨을 주장하였다. 이것이 수행의 행위에서 어디까지나 점수가 근본이 되는 이유이다. 그것은 곧 신수의 선풍이 화엄사상과 내면적으로 관련되어 있었다는 것에서도 발견할 수 있는데 『宗鏡錄』 卷98에 기록되어 있다. 곧 화엄의 染淨隨心을 설명하고, 自他相卽 하며, 覺性妄念의 圓融을 보여 주고 있다. 신수를 중심으로 하는 북종은 일반적으로 五方便을 설하고 있다고 한다. 오방편은 첫째 『起信論』에 기초하여 佛本을 해명하고, 둘째 『法華經』에 의하여 佛知見을 개시하며, 셋째 『維摩經』을 따라서 불가사의해탈을 설명하고, 넷째 『思益經』에 의거하여 제법의 正性을 명료하게 하며, 다섯째 『華嚴經』에 기초하여 無異를 요달하여 자연의 無碍解脫을 실시하는 것이다. 이만큼 본유의 각성을 인정한 바탕에서 그 자각을 위한 차제적이고 점수적인 수행이었음을 잘 보여 주고 있다.

60) 『丹城斷俗寺信行禪師碑文』, (이지관, 『역주역대고승비문』 신라편. p.55) "然後還到雞林 倡導群蒙爲道根者 誨以看心一言 爲熟器者 示以方便多聞 通一代之秘傳 傳三昧之明 燈 寔可謂佛日再杲自暘谷 法達更起率扶桑"

61) 『少室六門』, (大正藏48. p.369下) "夫入道多途 要而言之 不出二種 一是理入 二是行入 理入者 謂藉敎悟宗 深信咸生同一眞性 俱爲客塵 妄想所覆 不能顯了 若也捨妄歸

2조 혜가는 출가 이전부터 세간의 전적과 『장자(莊子)』·『주역(周易)』 등에 통하였고, 출가해서는 갖가지 교학을 공부하였다. 제2조가 된 이후에도 『열반경』과 『반야경』을 중시한 것은 널리 알려져 있다.[62)

3조 승찬은 『보림전(寶林傳)』 권8에 기록되어 있는 방관(房琯)의 『비문』이 참조가 된다. 특히 『신심명』을 남기고 있는 점은 주목할 가치가 있다.[63)

4조 도신(580~651)은 승찬을 따라 수행하기를 10년 내지 12년, 후에 출가하여 수(隋) 대업 년간에 길주(吉州)에 이르러 형산(衡山)에 가고자 하여 강주(江州)를 거쳐 여산(廬山)의 대림사(大林寺)에 10년을 머물렀다. 마침내 도속의 간청을 받아들여 그로부터 그다지 멀지 않은 파두산(破頭山)으로 옮겼다. 이때가 무덕(618~626) 초기였다. 『역대법보기(歷代法寶記)』에 의하면 도예가 높아 칙명에 의하여 입내(入內)를 권청받았지만 응하지 않았다고 한다.[64)

오조홍인(601~674)은 속성이 주(周)씨이고 기주(蘄州) 황매현(黃梅縣) 출신으로 대업 3년(607) 7세 때 당시 여산에 머무르고 있던

眞 凝住壁觀 無自無他 凡聖等一 堅住不移 更不隨於文敎 此卽與理冥符 無有分別 寂然無爲 名之理入"

62) 『조당집』의 혜가장에는 辯和法師의 『열반경』의 강석과 관련된 이야기와 승천에게 전법한 일화에서는 성품이 空한 것에 관한 대화가 엿보인다. 『祖堂集』 卷2, (高麗大藏經 45, pp.245下－246上).

63) 『寶林傳』의 본명은 『大唐韶州雙峰山曹侯溪寶林傳』으로 10권 가운데 7·9·10권은 결실되었고, 권6은 京都의 靑蓮院, 나머지는 山西省趙城縣廣勝寺所藏의 『金版大藏經』으로부터 발견되었다. 다만 卷2는 후에 서술하는 『聖胄集』에 따라 補充된 것이다. 『宋藏遺珍』 수록본 참조.

64) 당나라 정관에 태종황제가 대사를 초청하였으나 세 차례 모두 사양하였다. 태종황제는 조칙을 내려 초청에 응하지 않으면 목을 베어 오라고 하였다. 사자가 당도하니 대사는 목을 내밀어 잘라 가라 하였다. 이에 황제가 크게 흠모하였다. 고종의 영휘 3년에 열반에 드시니 수명은 72세였다. 대종황제는 大醫禪師라는 시호를 내리시고 탑호를 慈雲이라 하였다. 杜正倫은 도신대사의 비문을 지었다. 도신의 사상은 『楞伽師資記』와 『宗鏡錄』의 기록이 주목된다.

도신을 참문하고 30년 동안 隨行하였다. 『역대법보기』에 의하면 현경 5년(660) 황매현 빙무산(憑茂山)에 칙사가 와서 경사(京師)로 와 달라는 황명을 전했지만 그에 응하지 않았다고 한다. 칙사를 보내서 다시 청했으나 그것마저 고사하였기 때문에 칙사를 시켜서 홍인에게 의약(衣藥)을 보냈다고 한다. 홍인의 선은 자성청정심에 계증하는 것을 주로 삼아 정심(定心)을 중시하고 즉심즉불의 이(理)를 고조시켰으며 『수심요론(修心要論)』이라는 저술을 남겼다.

이후 대통신수(大通神秀: 606~706) - 보적(普寂)65)으로 계승되는 소위 북종선의 계통이 경론을 중시했다는 것은 주지하는 바와 같다.

위의 기록들에 의해서 보면 신행은 홍인(弘忍) - 신수(神秀) - 보적(普寂) - 지공(志空) - 신행(神行)의 법맥으로 계승되었다. 이후 신행의 선법은 다시 준범(遵範) - 혜은(慧隱) - 지선(智詵)으로 계승되어 소위 희양산문(曦陽山門)의 일파를 이루었다.

이로써 판단하면 신행은 동산법문을 계승하였고 동시에 당시의 북종 계통의 법맥까지 계승하였다. 그러나 당시에는 신수를 계승한 의복과 보적 등은 국사의 지위에 있었을 뿐만 아니라 천하의 선법은 거의 이들을 중심으로 한 동산법문의 계승자들에 의하여 전개되고 있었다. 따라서 신행은 당시로서는 최고의 권위와 법맥을 계승한 것이었다.66)

---

65) 『釋氏稽古略』卷3. "京都唐興寺 普寂禪師 舊唐史云 寂生河東馬氏 少時徧參高僧 學經律 師事神秀 凡六年 秀奇之 盡以道授之 秀入京 因薦之於則天 得度爲僧 秀沒天下 好釋氏者 咸師事之 中宗聞其高行 特下制令 代神秀 統其法衆 玄宗開元十三年 有旨移居都城 時王公士庶 爭來禮謁 寂 嚴重少言 難見其和悅之容 遠近口以此重之 至是開元十八年入寂 有勅賜號 大照禪師 …… 師嗣秀 秀嗣五祖 嗣子 惟政一行"

66) 이에 대하여 훗날 소위 남종 계통의 선법이 정통으로 부각된 이후의 관점을 가지고 이전 신행 당시 선법의 정통과 방계의 문제를 적용해서는 안 된다. 게다가 신행은 이미 도신의 정통을 계승하고 있었다. 이 점은 최초기 신라에 전래된 선법과 그 계승이 정통선법이라는

이와 같은 신행의 선법은 바로 법랑을 통한 동산법문의 견불성(見佛性) 사상과 수일불이(守一不移) 사상의 계승이었으며, 지공(志空)을 통한 북종의 간심(看心)과 방편법문의 계승이었다. 이것은 소위 남종 계통의 선법과는 다른 차원의 입장이었다.[67] 때문에 이것은 초기 한국선법의 성격을 살펴보는 중요한 단서로 간주할 수 있다. 왜냐하면 이후에 남종계통의 선법을 계승한 도의선사의 다음과 같은 선법과는 차별되는 것이기 때문이다.

> 처음 도의대사가 심인을 서당지장에게서 받아 귀국하여 선리를 설하였다. 그러나 당시 사람들은 경교(經敎)를 숭상하고 존신(存神)의 법을 습관(習觀)하고 있었다. 때문에 도의가 설하는 무위임운(無爲任運)의 종지를 알아듣지 못하고 허설(虛說)이라 하여 소중히 숭상하지 않았다. 이것은 마치 달마와 양 무제와의 만남과 같았다. 이에 도의는 시절인연이 도래하지 않았음을 알고 산림에 은거하여 염거선사(廉居禪師)에게 부법하였다. 염거는 설악산 억성사(億聖寺)에서 조사의 마음을 전하고 스승의 가르침을 여니 우리 체징(體澄)선사가 거기에 가서 그를 섬겼다.[68]

이와 같은 상황에서 보조체징은 당시의 교학불교에 대하여 "공을

점에서 조금도 벗어나지 않다는 것을 보여 준다.

67) 鈴木大拙, 『禪思想史硏究』 제3, p.150. 반야의 3단식은 제1 佛說般若, 제2 卽非般若, 제3 是名般若이다. 남종은 이 3단식에 反하여 3단으로 나누지 않고 否定卽肯定 肯定卽否定으로 간주하여 모순이 그대로 자기동일로 간주한다. 북종은 이에 반하여 어디까지나 대상적이고 이원적인 입장으로부터 心不動·身不動 그리하여 身心俱不動으로 우선 나눈 후에 그것을 합일 또는 俱擧한다. 그래서 『思益經』의 인용의 경우에도 離自性을 한 항목으로 잡고 또 離欲際를 한 항목으로 잡으며 마지막으로 이 둘을 一合하여 諸法正性을 만들어 낸다. 그로부터 『維摩經』의 "維摩詰言 善來 文殊師利"에 주석을 가하여 "維摩詰是淨體 文殊師利是妙慧 淨體妙慧相應時 心不起(卽不動)"이라 말하고, "善來"에 별도로 주석을 가하여 "心不起是善是定 識不生是來是慧 故名善來"라고 말한다. 이것을 남종에서는 常行直心이라 간주한다든가 "於念而不念"을 無念이라 간주한다. 그러므로 이것을 비교하자면 양자 사이에는 그 思潮가 출발점에서부터 상이하다는 것을 알 수가 있다.

68) 金穎, 『長興寶林寺普照禪師彰聖塔碑』, (『朝鮮金石總覽』 卷上, 아세아문화사, 1976, p.62) "我道義儀[義]大師者, 受心印於西堂, 後歸我國, 說其神[禪]理, 時人雅尚經敎, 與習觀存神之法, 未臻其無爲任運之宗, 以爲虛誕, 不之崇重, 有若達摩不遇梁武也. 由是知時未集, 隱於山林, 付法於廉居禪師, 居雪山億聖寺, 傳祖心闡師敎"

터득한 사람은 곧바로 저 삿된 산을 넘지만 유위에 얽힌 사람은 영겁도록 흑암지옥의 업에 머물러 있다. 말법시대에는 상법(像法)이 분분하여 진종(眞宗)에 부합하지 못하고 서로 편견을 가져 물속에서 달을 찾으려고 하고 새끼줄로 바람을 묶어두려는 것과 같다. 그러니 이것은 헛되이 육정(六情)만 피곤하게 할 뿐이다. 어찌 지리(至理)에 도달하겠는가."라고 평가를 내리기도 하였다.[69] 그리고 당시 유행하던 화엄교학과 조사선법을 비교해 볼 수 있는 내용으로 『선문보장록(禪門寶藏錄)』에서 도의의 답변을 찾아볼 수 있다.[70]

나아가서 또한 몰종적(沒蹤跡)의 선법에 대하여 도의(道義)와 홍척(洪陟)이 전한 것을 『지증대사적조탑비』에서는 다음과 같이 언급하고 있다.

> 시험 삼아 그 종취를 살펴보면 다음과 같다. 수행은 있지만 그 수행은 닦음이 없는 몰수(沒修)이다. 깨침은 있지만 그 깨침은 깨침이 없는 몰증(沒證)이다. 그리하여 고요하기로는 산처럼 고요하고 움직이기로는 골짜기가 울리는 것과 같다. 선법에서 내세우는 무위(無爲)의 이익은 다툼이 없이도 빼어났다. 이에 신라인의 마음을 비우게 해 주니 고요한 이익으로 해외를 이롭게 하되 그 이롭게 함을 자랑하지 않으니 참으로 위대하도다.[71]

이처럼 조사선법의 몰종적한 내용은 초기선법의 전래부터 신라선의 특징이 되었다.[72] 그러나 최초기 선법의 전승이라는 관점[73]에서

---

69) 『朝鮮金石總覽』 卷上, p.60.

69) 『朝鮮金石總覽』 卷上, p.60.

70) 天頙, 『禪門寶藏錄』 卷中, (韓國佛敎全書 6, pp.478下－479上).

71) 『朝鮮金石總覽』 卷上, p.90.

72) 신라 선사상의 기본 자료는 『祖堂集』 卷17 및 卷20; 天頙, 『禪門寶藏錄』의 道義와 智遠僧統과의 문답, 無染의 『無舌土論』, 梵日의 禪敎敎判 등을 통하여 이와 같은 선교차별의 주장에서도 나타나 있다.

73) 신라시대에 전래된 선법이 한국선의 원류라는 측면은 부정할 수 없는 역사적인 사실이다.

보자면 적어도 이것은 법랑과 신행의 선법은 아니었다.

따라서 본유(本有)의 각성(覺性)과 무념무수(無念無修)의 몰종적한 선법[74]이 오교(五敎) 이외에 따로 조사의 심인법을 전하였다[75]고 말한다. 그리고 부처의 형상을 나타내는 까닭은 조사의 바른 도리를 알기 어려운 사람들을 위해 짐짓 방편의 몸을 임시로 빌려 나타낸 것일 뿐이라고도 말한다.[76] 그러나 정작 그 경지를 터득하는 데에는 부득불 방편과 언설을 말미암지 않을 수가 없다. 때문에 자연의 석가가 없고 천연의 문수가 없다고 말한다.

그것은 이미 그 이전 100여 년 전에 활동했던 동산법문의 전승을 무시한 것이다. 따라서 한국선법의 시작은 도신의 정통법을 계승한

여기에서 바로 그에 대한 몇 가지 유형을 제시할 수가 있다. 하나는 말 그대로 최초의 전래라는 시기적인 입장이고, 둘은 본격적인 선법의 수용과 전래라는 교의적인 입장이며, 셋은 비록 신라에까지는 전승되지 못했지만 당시 분명히 신라인에 의한 선법의 전개라는 인물적인 입장이다. 이 가운데 첫째 전래시기의 입장은 역사적으로 살펴볼 수 있는 근거 있는 경우로 한정해야 한다. 비록 신라선법의 전래를 이전 元曉의 『金剛三昧經論』과 같은 경우 선사상에 관련된 몇 가지 단편적인 기록을 불교의 논서에서 찾아볼 수는 있다. 그러나 그것을 선법의 전래로 보는 데에는 무리가 따른다. 왜냐하면 어느 경전 치고 불교수행에 관한 내용, 선 수행에 관한 내용이 없는 것이 없기 때문이다. 따라서 신라에 전래된 최초의 선법은 중국 선종의 제4조 道信의 곁가지로 치부되고 있는 法朗에게서 찾을 수가 있다.

74) 無念無修는 분별념이 없고 조작이 없는 妙修로서 이와 같은 本來成佛의 전통은 보리달마의 深信咸生同一眞性, 『열반경』과 『능가경』에 근거한 혜가 심법의 覺性, 승찬의 信과 心, 도신의 守一不移, 홍인의 修心, 혜능의 但用此心, 남악의 但莫染汚, 마조의 道不用修, 백장의 體露眞常, 황벽의 大機大用, 임제의 隨處作主 立處皆眞으로 계승되는 조사선의 일반적인 전개였다.

75) 『楞伽經』 卷3. (大正藏16, pp.498下 - 499上) "大慧復白佛言 如世尊所說 …… 不說一字 …… 不說卽佛說"; 『楞伽經』 卷4. (大正藏16, p.507上) "眞實者 離文字……."; (p.510下) "如愚見指月 ……."; 『楞伽經』 卷4. (大正藏16, p.513下); 『首楞嚴經』 卷2. (大正藏19, p.111上); 『圓覺經』 淸淨慧菩薩章(大正藏17, p.917上); 『大品般若經』 卷7. (大正藏8, p.275中); 『像法決疑經』. (大正藏85, p.1338中); 『摩訶止觀』 卷第五下. (大正藏46, p.61上).

76) 이에 의하면 도의의 선풍은 홍주종 계통을 直傳한 것이었다. 여기에서 보여 주고 있는 내용은 經敎의 교학주의를 물리치고 문자를 세우지 않으며 별도로 심인을 전한다는 것으로 곧 無念無修를 심요로 삼고 있다. 이것은 마조문하의 선법에 충실한 것이었음을 말해 주는 것이다.

법랑의 선법과 신행 선법의 바탕이 되었음은 분명하다. 이것은 곧 어디까지나 교학을 바탕으로 하여 형성된 중국 조사선 전통선법의 정통적인 계승이었다.[77]

뿐만 아니라 그와 같은 교학에 바탕을 둔 선법이 바로 이후 신라 사회에 선법이 뿌리를 내릴 수 있었던 기반이었다. 때문에 이를 바탕으로 후대에 도의 및 홍척의 몰종적한 선법이 구축되는 토대였음을 파악할 필요가 있다. 이로써 최초기 한국선법의 전래 및 그 성격은 혈맥으로는 보리달마 법맥의 정통인 대의도신의 법맥이었고, 사상 및 실천적으로는 불립문자와 교외별전의 전통을 강조한 혜능의 계통과는 달리 도신의 교학적인 바탕 및 북종선 계통의 자교오종(籍敎悟宗)의 전통을 전승했음을 알 수 있다.

---

77) 도신이 제시한 5종의 가르침도 역시 대승경전의 가르침에 근거한 것이었다. 『楞伽師資記』. (大正藏85. p.1288中) "前所說五事 便是大乘正理 皆依經文所陳 非是理外妄說 此是無漏業 亦是究竟義 超過聲聞地 直趣菩薩道 聞者宜修行 不須致疑惑"

II
한국선법의 태동

1. 정중무상(淨衆無相: 684~762)의
무념선(無念禪)

무상은 신라의 서울 경주에서 제33대 성덕왕의 셋째 아들로 태어
났다.[78] 무상은 어려서 머리가 총명하고 성질이 강직하였다. 그는
차차 나이가 들고 자라서 성년이 되었다. 그때 그의 막내 여동생이
결혼을 마다하고 출가하자 무상은 "연약한 아녀자도 출가를 하여 자
기 뜻을 이루려고 하는데 사내대장부로 태어난 내가 어찌 무심히 세
상을 보내랴." 하고 왕족출신의 귀족 가문을 떠나 군남사에 들어가
출가하였다. 군남사에 들어가서부터 불교경전의 연구에 힘썼다. 그
러나 본국에서 배운 지식에 만족하지 않았다. 그리하여 당에 들어가
유명한 사원들을 순례 방문하고 고승을 찾아 배우며 불교경전을 깊
이 연구하였다.[79]

무상은 728년 장안에 이르러 현종을 알현하고 선정사(禪定寺)에
가서 불경을 연구하였다. 그 후 더 깊이 불법을 연구하고자 성도(成
都) 지방에 들어가 자주(資州) 덕순사(德純寺)를 찾아갔다. 덕순사
에는 처적(處寂: 665~732, 648~734)이 있었다. 처적은 무상을 반

---

78) 『宋高僧傳』 卷19. (大正藏50, p.832中) 그러나 『歷代法寶記』, (大正藏51, p.184下)에
   의하면 신라의 왕족출신이다.
79) 無相의 전기에 대해서는 『歷代法寶記』, (大正藏51 수록)의 내용이 가장 구체적이다. 『歷
   代法寶記』는 달리 『師資衆脈傳』, 『定是非摧邪顯正破壞一切心傳』, 『最上乘頓悟法門』
   이라고도 불린다.

가이 맞아들였다. 그 밑에서 무상은 2년 동안 공부하고 여기에서 무상(無相)이라는 이름을 얻었다. 그 후 천곡산(天谷山)에 거처를 잡고 있다가 다시 덕순사로 돌아와서 처적의 휘하에서 공부하였다.

그때 무상은 달마 이래로 전해진 가사신의(袈裟信衣)를 받았다. 이 가사신의는 홍인을 거쳐 혜능에게 전해졌다가 지선이 물려받았다. 그 후 처적과 무상으로 전해지고 나중에 무주에게까지 이어졌다. 무상은 처적으로부터 가사를 받은 후 바위 아래서 불도를 닦았다.[80]

무상은 매 5일을 기한으로 하여 정신을 집중하여 불도를 닦곤 하였는데 맹수마저 그에게 감복하여 그를 해치지 않고 도리어 주변에서 보호해 주었다. 옷은 걸레처럼 떨어지고 머리카락은 한없이 자라서 사냥꾼들이 짐승으로 오인하여 활을 겨누려고 하였다. 때로는 낮에 무덤 사이에 앉고 밤에 나무 아래에 앉아 깊은 생각에 잠겼다. 이 무렵 무상의 명성은 원근에 널리 알려졌다. 그리하여 주변의 불교신도나 불법을 연구하려는 사람들은 자주 그를 찾아가 선법을 청하기도 하였다. 하루는 장사(長史) 장구대부(章仇大夫)가 찾아와서 무상에게 선법을 청하였다. 무상은 그를 반가이 맞아 정성껏 선법을 가르쳐 주었다. 중원지구에서 안록산(安祿山)의 난이 일어났을 때 당 현종은 성도로 난리를 피하였다. 그때 현종은 무상의 명성을 듣고 그를 내전으로 불러 접견하고 불법을 널리 전하도록 격려하였다.

무상의 명성이 세상에 알려지게 되자 당시 성도의 현령은 무상이

---

80) 이때의 상황에 대하여 『宋高僧傳』 卷19, (大正藏50, p.832中) "後入蜀資中謁智詵禪師 有處寂者 異人也 則天曾召入宮賜磨納九條衣 事必懸知且無差跌 相未至之前 寂曰 外來之賓明當見矣 汝曹宜洒掃以待 間一日果至 寂公與號曰無相 中夜授與摩納衣";『歷代法寶記』, (大正藏51, p.184下) "唐和上遣家人王鍠 密付袈裟信衣 此衣是達摩祖師 傳衣 則天賜與詵和上 詵和上與吾 吾今付囑汝 金和上得付法及信衣" 등에 전한다.

사람을 요사스럽게 현혹한다고 모함하여 옥에 가두었다. 그때 이상하게도 세상에 기이한 일들이 많이 일어나자 무상을 옥에 가둔 것이 동티가 생긴 것이라 하여 방면하였다. 뿐만 아니라 그를 위해서 정중사(淨衆寺)·대자사(大慈寺)·보리사(菩提寺)·영국사(寧國寺) 등 많은 절을 세웠다. 이 시기에 무상은 성도의 각 지역을 다니면서 절과 종탑을 많이 건립하고 불법을 널리 전도하였다. 이리하여 무상은 성도지방의 불교계를 지도하는 최고의 고승으로 존중받았다.

후에 무상은 정중사에 있으면서 많은 제자들을 양성하였다. 이로 말미암아 정중종(淨衆宗)이라는 선종의 한 파가 형성되었다. 이때 무상은 정중사 김화상이라는 존칭을 받았다. 그는 매년 정월과 12월에 법회도량을 베풀고 설법을 하였다. 무상의 설법은 염불선(念佛禪)으로만 유명한 것이 아니라 무억(無憶)·무념(無念)·막망(莫妄)이라는 삼구설로 더 유명했다.[81]

무상의 문하에는 무주(無住), 신회(神會), 마조(馬祖), 융(融), 왕두타(王頭陀), 신청(神清), 안승(安僧), 양승(梁僧), 안수제(安樹提) 등이 있었다. 무주는 원래 숭산혜안(嵩山慧安)-진초장(陳楚章)의 후계자에 속하였으나 무상을 찾아와 법을 들은 이후로 무상의 교의에 감화되어 무상의 후계자가 되었다. 그 후 무주(714-774)는 익주 보당사의 주지로 있으면서 보당종(保唐宗)이라는 종파를 형성하였다. 그는 그곳에서 무상의 선법을 대대적으로 전파하였다. 정중신회

---

81) 삼구설이란 불교의 계와 혜에 구속되지 않고 무념에 의해서 깨치도록 가르쳤다는 점에서 종래의 교학불교와는 다른 것이었다. 한편 무상은 교학불교와 선의 차이에 대해서도 말하였다. 교학불교는 문자와 경전에 치우친다고 하면서 불효자에 비유하고 선은 효자에 비유하였다. 곧 술에 취한 사람이 정신없이 누워 있을 때 어머니가 나타나 집으로 데려가려고 하는데 이를 받아들이지 않고 욕설을 퍼붓는 자가 있는데 욕설을 퍼붓는 자는 교학불교이고 집으로 데려가려는 자는 선이라는 것이다.

(720 - 794)는 무상의 뒤를 이어 정중사에 있으면서 무상의 교의를 그대로 전도하였고 무상의 훌륭한 계승자가 되었다.[82]

당시 당나라에는 선종에 여러 개의 종파가 있었다. 제1은 혜능의 남종이고, 그 가운데 제2는 무상의 정중종이며, 제3은 무주의 보당종이고, 제4는 마조의 강서종이며, 제5는 석두의 호남종이고, 제6은 신회의 하택종이며, 제7은 우두의 우두종이다. 이로 보면 이들 가운데 적어도 3개 파 이상이 직간접으로 무상과 관련을 지니고 있었다.

무상의 선법을 계승한 종파의 세력이 강해지고 그의 명성이 높아가자 반대세력은 터무니없이 무상을 비난하고 중상 모략하였다. 무상은 이런 반대파를 물리치면서 자신의 교의를 더욱 널리 전파하였다. 무상에 의해 창시된 교의는 그 후 약 80년 동안 성도를 중심으로 매우 번창하였다. 그러나 회창 2년~5년(842~845)에 무종의 법난으로 큰 타격을 입었다. 전국적인 규모로서 그해 11월 4만여 개의 사원이 파괴되었다. 성도지방도 예외가 없이 대자사(大慈寺) 하나만 남기고 모두 파괴되었다. 무상이 주석하던 정중사도 파괴되고 정중사에 설치한 대종도 대자사로 옮겨졌다. 그 후 선종 때에 불교가 다시 흥성하자 정중사도 복구되고 대자사에 있던 대종을 정중사로 옮겼다. 그리고 무상의 탑은 동해대사탑(東海大師塔)이라 불렸다.

무상은 정중사에서 20여 년 동안 불도를 널리 전하고 많은 제자를 양성하다가 그곳에서 열반하였다.[83] 당에서 명성을 떨쳤던 무상이

---

82) 그 외 성도지방 출신이며 불교계에서 명성이 높았던 마조도 무상의 선법과 무관하지 않은 사람이었다. 이 점에 대해서는 논란의 여지가 남아 있다. 이후 마조는 형주 명월산에 가서 오랫동안 거주하다가 다시 그곳을 떠나 남악으로 가서 혜능의 법계를 계승하여 크게 명성을 얻었다.

83) 그의 입적 연대에 대해서 하나는 762년, 또 하나는 756년이다. 여기에서는 762년의 기록에 의한다.

신라의 왕자임에도 불구하고 끝내 고국으로 돌아가지 않은 것은 원인이 있었다.

첫째는 무상이 당시 성도를 중심으로 불교계에서 크게 명성을 떨치고 있을 때 신라에서는 그의 아우가 왕이 되었는데 이가 경덕왕이다. 경덕왕은 자기의 형 무상이 귀국하여 왕위를 빼앗을까 염려되어 자객을 당에 파견하여 무상을 암살하려고 하였다. 암살계획은 실패하였지만 이런 형편에서 무상이 귀국한다는 것은 어려운 일이었다. 무상은 왕위를 빼앗기 위한 정권쟁탈전의 희생양이 되고 싶지 않았다.

둘째는 당시 신라에 교학불교가 성하였던 반면 선은 아직 전혀 생소한 입장이었다. 때문에 무상이 만약 신라로 귀국한다 해도 교학불교의 반대를 받으며 불교계에서 이단으로 몰리기 쉬운 입장이었다.[84)]

무상의 사상으로 가장 특색 있는 삼구법문은 다음과 같다.

> 김화상은 매년 섣달과 정월에 사부대중 백천만 인을 모아서 수계를 하였다. 수계를 할 때에 도량을 깨끗이 장엄하고 고좌(高座)에서 설법을 하였다. 이때 먼저 인성염불(引聲念佛)을 하는데 염불소리를 다 내쉬어 그 소리가 끊어질 때까지 계속한다. 그리고 나서 무억(無憶, 일체의 상을 떠나는 것), 무념(無念, 일체의 망념을 여의는 것), 막망(莫妄, 일체의 것을 올바르게 사유하는 것)할 것을 말한다. 여기에서 무억은 계(戒)이고, 무념은 정(定)이며, 막망은 혜(慧)이다. 이 삼구가 곧 총지문(總持門)이다.[85)]

이 삼구법문에 대하여 규봉종밀(圭峯宗密: 780~841)은 다음과 같

---

84) 無相은 당조의 불교에 크게 이름을 떨치고 명성이 후대까지 오래도록 전하였다. 최치원은 『지증대사비문』에서 일찍이 당조에서 명성을 떨치던 신라의 승려를 열거하면서 무상을 으뜸으로 삼았다. 『지증대사비문』은 진성여왕 7년(895)에 작성된 것이다. 현대 중국의 학자 胡適은 무상이야말로 신라 승려들 가운데서 가장 특색 있는 승려였다고 평가하였다.

85) 『歷代法寶記』, (大正藏51, p.185上) "金和上每年十二月正月 與四衆百千萬人受緣嚴 設道場處 高座說法 先敎引聲念佛 盡一氣念 絕聲停念訖云 無憶無念莫妄 無憶是戒 無念是定 莫妄是惠 此三句語即 是總持門"

이 말한다.

> 삼구라는 것은 무억(無憶)·무념(無念)·막망(莫忘)이다. 생각에는 이미 지나간 경계에
> 대해서 그것을 추억하지 않는 것이 무억이고, 미래의 일에 대해서는 영쇄성고에 대하
> 여 염려하지 하는 것이 무념이며, 현재의 일에 대해서는 지혜에 상응하여 혼착이 없는
> 것이 막망이다. 혹은 외경에 대하여 억념이 없고, 내심에 대하여 망념이 없으며, 수연
> 에 대해서 의지함이 없는 것을 각각 계·정·혜의 순서에 따라 배열한 것이다. 비록
> 종지를 연설하는 방편은 다양하지만 모든 종지는 이 삼구에 귀속된다.[86]

또한 『역대법보기(歷代法寶記)』에서는 삼구를 삼학에 배대하여
다음과 같이 설명한다.

> 이 삼구는 곧 총지문이다. 상(相)에 대한 억념이 일어나지 않는 것이 계문(戒門)이고,
> 분별에 대한 망념이 일어나지 않는 것이 정문(定門)이며, 인연법에 대한 분별념이 일어
> 나지 않는 것이 혜문(慧門)이다. 그리하여 이와 같은 갖가지 염(念)이 일어나지 않는 것
> 이 곧 계·정·혜이다. 과거 미래 현재의 항사와 같이 많은 제불도 바로 이 가르침에
> 서 출현하였다. 그러니 이 밖에 따로 가르침이란 있을 수가 없다.[87]

또한 인성염불(引聲念佛)은 삼구 가운데 무념의 구체적인 실천법
이다. 종밀은 수계법회를 시설하여 대중교화에 힘쓴 무상의 활동에
대하여 다음과 같이 말한다.

> 그의 수계설법은 미리 날짜를 정하여 널리 공시하고 출가와 재가자를 소집하여 방등경
> 의 참법을 3.7일 혹은 5.7일 동안 시행한다. 이러한 행위는 주로 밤에 시행한다. 그것
> 은 소란스럽지 않기 때문이다. 수계가 끝나면 곧 잡념을 물리치는 좌선을 한다. 멀리서
> 오거나 비구니 재가인들은 오랫동안 시키지 않았다. 모두에게 1.7일 혹은 2.7일 동안

---

86) 宗密, 『圓覺經大疏抄』 卷3. (卍續藏 14, p.278).

87) 『歷代法寶記』, (大正藏51, p.185中) "此三句語是總持門 念不起是戒門 念不起是定門
念不起惠門 無念卽是戒定惠具足 過去未來現在恒沙諸佛 皆從此門入 若更有別門 無
有是處"

만 시켰다. 후에는 율종에 명시되는 것을 따라 했으며 모두 문첩을 주었는데 이것을 개연(開緣)이라 하였다. 이와 같은 행사는 1년 혹은 2년 혹은 3년에 한 차례씩 있었다.[88]

이와 같은 수계법회 때 한 번 호흡을 크게 내쉬면서 염불소리를 내는데 그 소리가 멈추어 고요해지면 일체의 상(相)에 대한 억념을 없애고, 분별에 대한 망념을 없애며, 일체의 것을 올바르게 사유하여 잊지 않도록 하는 삼구의 가르침을 설한 것이다. 곧 일자염불(一字念佛)을 하였다.

일자염불은 처음에 어떤 한 글자를 선택하여 목소리를 길게 뽑으면서 부처님을 염하는 실천법이다. 그 목소리를 점차 약하게 하고, 나아가서 종국에는 무성(無聲)이 되어 소리가 부처님을 대신하여 생각하는 말 그대로 염불이 된다. 이리하여 소리로 시작하여 그것이 마침내 부처님을 염하는 것이 된다. 만약 이것이 한 번으로 제대로 되지 않으면 반복하여 염불이 잘될 때까지 계속한다. 이와 같이 한 번의 소리를 길게 끌어 염불의 경지에 들어가는 방식으로 하기 때문에 인성염불이라 한다.

---

88) 宗密, 『圓覺經大疏抄』 卷3, (卍續藏 14, p.278).

2. 설악도의(雪嶽道義: 연대 미상)의 무위선(無爲禪)

설악도의 선사는 현재 대한불교 조계종의 종조로 추앙받고 있는 스님이다. 그런데 도의에 관한 구체적인 자료는 극히 한정되어 있어 그 전모를 밝히기 어려운 것이 안타깝다. 그러나 당시 중국에 유학한 많은 입당구법승들에 관한 단편적인 자료를 통해서 그나마 도의 국사의 선법이 어떤 것인지를 살펴볼 수 있는 것은 다행이다. 『조당집』의 내용을 보면 당시에 도의국사의 비문이 있었던 것으로 보이지만 지금은 전하지 않는다. 다만 고려시대 천태종 법계에 속한 천책이 찬술한 『선문보장록』에는 86칙의 단편적인 글이 수록되어 있는데 그 가운데 도의국사에 관한 짤막한 내용의 글이 전하고 있다. 도의의 선법은 주로 이에 의거하여 살펴볼 수 있다.

해동에 최초로 선법을 전한 사람은 법랑이다. 최치원이 찬술한 『지증대사적조탑비』에 의하면 법랑은 중국 선종의 제4조 대의도신의 선법을 전하였다고 한다. 법랑이 전한 도신의 선법은 중국 선종에서 동산법문으로 알려져 있다. 법랑은 신라에 귀국하여 선법을 홍포하였으나 그 뜻을 알아주는 사람이 없었다. 그래서 호거산(운문산)에 들어가 정진하고 있을 때 신행이라는 스님이 법랑을 참문하여 3년 동안 사사하고 마침내 깨침을 인가받았다. 이리하여 법랑의 선법을 계승한 신행은 신라에서 선법을 홍포하였지만 아직은 시절인연이 도래하지 않았음을 알고서 입당하여 구법하였다. 입당하여 이른바 중국선종의 북종계통에 속하는 신수-보적-지공의 선법을 이어 778년에 귀국하였다. 그러나 아직도 신라사회에서는 신행의 선법을 수용할 만한 여건이 갖추어지지 않았다. 때문에 신행은 선법을 펼치지 못한 채 779년에 지리산 단속사(斷俗寺)에서 입적하였다.

이후에 도의선사는 785년에 입당하여 서당지장으로부터 이른바 중국선종의 남종선법을 터득하고 37년 만인 821년에 귀국하였다. 이것이 오늘날 조계선풍으로 전승되고 있는 최초의 선법이다. 법랑과 신행이 전래한 동산법문과 북종의 선법 이후 실로 43년 이후였다. 그렇지만 아직도 신라사회에서는 선법을 수용할 만한 토대가 구축되지 못한 까닭에 도의는 설악산의 진전사(陳田寺)에 칩거하여 선법이 홍포될 시절인연을 기다리게 되었다. 마치 보리달마가 소림사에서 9년 동안 면벽하면서 시절인연을 기다리는 바와 같았다. 도의는 끝내 선법의 홍포를 실현하지 못한 채 설악산에서 입적하였다. 『지증대사적조탑비』에 의하면 신라사회에서는 "이미 교학에만 마음을 기울이고 있어서 도의의 가르침에 대하여 비웃으며 마설이라 하였다. 그래서 도의는 선법의 빛을 접어두고 설악산에 종적을 감추었다."는 것이다. 그러나 도의가 전래한 선법의 씨앗은 헛되지 않았다. 이후 가지산문의 실질적인 개창자인 보조체징(普照體澄: 804~884)에 대하여 김영(金穎)이 찬술한 『무주가지산보림사보조선사탑명(武州迦智山寶林寺普照禪師塔銘)』에 다음과 같은 기록이 있다.

처음 도의대사가 심인을 서당지장에게서 받아 귀국하여 선리를 설하였다. 그러나 당시 사람들은 경교(經敎)를 숭상하고 존신(存神)의 법을 습관(習觀)하고 있었다. 때문에 도의가 설하는 무위임운(無爲任運)의 종지를 알아듣지 못하고 허설(虛說)이라 하여 소중히 숭상하지 않았다. 이것은 마치 달마와 양 무제와의 만남과 같았다. 이에 도의는 시절인연이 도래하지 않았음을 알고 산림에 은거하여 염거선사(廉居禪師)에게 부법하였다. 염거는 설악산 억성사(億聖寺)에서 조사의 마음을 전하고 스승의 가르침을 여니 우리 보조체징선사가 거기에 가서 그를 섬겼다.

이와 같은 상황에서 보조체징은 당시의 교학불교에 대하여 "공을 터득한 사람은 곧바로 저 삿된 산을 넘지만, 유위에 얽힌 사람은 영겁도록 흑암지옥의 업에 머물러 있다. 말법시대에는 상법(像法)이 분분하여 진종(眞宗)에 부합하지 못하고 서로 편견을 가져 물속에서 달을 찾으려고 하고 새끼줄로 바람을 묶어두려는 것과 같다. 그러니 이것은 헛되이 육정(六情)만 피곤하게 할 뿐이다. 어찌 지리(至理)에 도달하겠는가."라고 평가하고 있다.

이처럼 도의가 전래한 선법은 후대에는 점차 그 역량을 발휘하여 마침내 소위 구산선문의 형성으로 나타났다. 이 무렵에는 새롭게 수입된 선법은 이미 깊이 뿌리를 내리고 있던 교학불교와는 다른 어떤 점을 강조하여 선법의 우수성을 의도적으로 드러내지 않으면 안 되는 상황이었다. 그런 와중에서 등장한 것이 소위 선교차별의 주장들이었다.

선교차별을 주장한 내용 가운데는 구산선문(九山禪門)의 개창자들이 주를 형성하였다. 성주산문의 개창자인 무염국사의 『무설토론(無舌土論)』은 유설토(有舌土) 곧 교학이 중생의 근기에 따른 방편법문인 응기문(應機門)이라면 무설토(無舌土) 곧 선법은 조사의 심인을 곧바로 전하는 정전문(正傳門)이라 주장하였다. 또한 사굴산문의 개창자인 범일국사는 『진귀조사설(眞歸祖師說)』을 주장하여 소위 조사선이 여래선보다 우위임을 강조하기도 하였다. 곧 여래선을 상징하는 석가여래가 깨침을 얻은 이후에 설산에 들어가 다시 조사선을 상징하는 진귀조사에게 깨침을 인가받는다는 내용이다. 이와 더불어 도의국사에게는 교학불교보다 선법의 우위성을 강조한 다음과 같은 내용이 전하고 있다.

지원승통(교학의 입장)이 도의국사(선법의 입장)에게 물었다. "화엄의 4종 법계 이외에 다시 어떤 법계가 있으며, 55선지식의 항포법문 이외에 다시 어떤 법문이 있습니까. 즉 화엄 교설 이외에 달리 조사선의 도라는 것이 있다고 할 수 있습니까?" 도의가 답했다. "그대 승통께서 들은 바와 같은 4종 법계는 조사문중에서 정당히 그 이치를 곧바로 들어서 일체의 바른 이치가 얼음 녹듯 하여 주먹 속에 법계의 모양도 오히려 얻을 수 없으며, 수행과 증지가 본래 없는 조사의 선심 가운데는 문수와 보현의 모양도 오히려 볼 수 없으니, 55선지식의 항포법문은 정말로 물속의 거품과 같은 것입니다. 그리고 네 가지 지혜와 깨달음 등의 도는 마치 금광과 같은 것일 뿐이어서 모든 교설 안에 혼잡되어 있어서 아무것도 얻지 못합니다. 그래서 당나라의 귀종화상이 '일대장교에서 밝힌 것이 무엇입니까?'라는 질문에 다만 주먹[拳中]만을 들어 보인 것입니다." 지원승통이 다시 물었다. "그러면 교리에서 믿음과 이해와 닦음과 깨달음을 실행한다는 것은 어떤 것이 정당한 것이며, 어떤 부처의 세계를 성취할 수 있습니까?" 도의국사가 답했다. "분별이 없는[無念] 도리와 조작이 없는 [無修] 성품으로 믿고 알고 닦고 깨달을 따름입니다. 조사문중에서 보이는 법은 부처와 중생을 얻을 수 없으며 도의 본성을 곧바로 드러낼[直現] 뿐입니다. 그러므로 오교(五敎) 이외에 따로 조사의 심인법을 전하였을 뿐입니다. 부처의 형상을 나타내는 까닭은 조사의 바른 도리를 알기 어려운 사람들을 위해 짐짓 방편의 몸을 임시로 빌려 나타낸 것일 뿐입니다. 비록 다년간 불경을 읽었다고 할지라도 이것으로 조사의 심인법을 증득하고자 한다면 겁이 다하더라도 얻기 어려울 것입니다." 지원은 일어나 예를 드리며 말했다. "종래 잠시 불장엄[佛莊嚴. 華嚴]의 교훈을 잠깐 들었지만 불심인(佛心印)의 법은 들어보질 못했습니다."[89]

---

89) 『禪門寶藏錄』 卷中. (韓國佛敎全書 6, pp.478下 - 479上) "智遠僧統 問道義國師云 華嚴四種法界外 更有何等法界 五十五善知識 行布法門外 更有何等法門 卽此敎以外 謂別有祖師禪道云者乎 道義答曰 如僧統所擧四種法界 則於祖師門下 直擧正當理體 氷消一切之正理 拳中法界之相 尙不可得 於本無行智祖師心禪中 文殊普賢之相 尙不可見 五十五智行布法門 正如水中泡耳 四智菩提等道 亦猶金之鑛耳 則諸敎內混雜不得 故唐朝歸宗和尙 對一大藏明得箇什麼之問 但擧拳頭 智遠又問 然則敎理行信解修

이처럼 도의선사가 전한 선법에 대한 당시 사람들의 몰이해는 당시에 오교(五敎)로 알려져 있는 교학불교 가운데 대표적인 화엄종의 최고위직인 지원승통마저도 아직 들어본 적이 없을 정도로 낯선 가르침이었다. 도의의 가르침에 대하여 최치원은 "시험 삼아 그 종취를 살펴보면 다음과 같다. 수행은 있지만 그 수행은 닦음이 없는 몰수(沒修)이다. 깨침은 있지만 그 깨침은 깨침이 없는 몰증(沒證)이다. 그리하여 고요하기로는 산처럼 고요하고, 움직이기로는 골짜기가 울리는 것과 같다. 선법 무위(無爲)의 이익은 다툼이 없이도 뛰어났다. 이에 신라인의 마음을 비우게 해 주니 고요한 이익으로 해외를 이롭게 하되 그 이롭게 함을 자랑하지 않으니 참으로 위대하도다."라고 말하였다. 이와 같은 상황에서 교학과는 다른 선법의 특수성을 부각시키는 것은 선법의 홍포를 위한 하나의 전략이기도 하였다. 이러한 노력에 힘입어 점차 선법에 대한 이해가 넓어지면서 구산선문의 개창과 기타 많은 선법이 신라사회에 토대를 구축할 수 있었다. 도의선사가 처음 남종의 선법을 전래한 이후로 이와 같은 시대가 도래하기까지는 실로 100여 년의 세월을 더 기다려야만 했다.

證 於何定當 何等佛果得成就乎 義答曰 無念無修理性 信解修證耳 祖宗示法 佛衆生不可得 道性直現耳 故五敎以外 別傳祖師心印法耳 所以現不形像者 爲對難解祖師正理之機 借現方便身耳 縱多年傳讀佛經 以此欲證心忍法 終劫難得耳 智遠禮曰 素來暫聞佛莊嚴敎訓耳 佛心印法 窺覰不得來 內投師禮謁云"

3. 요오순지(了悟順之: 807~883)의
원상선(圓相禪)

1) 요오순지(了悟順之)

고려 초기 개경의 부근에 있는 오관산(五冠山) 서운사(瑞雲寺)에 주석했던 순지(順支, 順之, 807~883)는 당나라 때 형성된 선종오가 가운데 위앙종의 선법을 전승하여 원상(圓相)[90]이라는 나름대로 독특한 방편을 통하여 해동에 선풍을 진작한 인물이다. 순지선사의 휘는 순지(順之)이고 속성은 박(朴)씨이며 패강(浿江) 사람이었다. 약관이 되자 적묵한 환경에 왕래하기를 좋아하더니 마침내 양친에게 출가할 뜻을 밝히고 오대산으로 가서 머리를 깎고 이어 속리산에 가서 구족계를 받았다. 그의 계율행은 철저하여 마치 그 행동은 결초(結草) 비구와 같고 마음은 호아(護餓) 비구에 견줄 만하였다. 헌안왕 2년(858)에 사신을 따라 입당하여 앙산혜적에게 참문하여 선지를 이어받고 귀국하였다. 귀국한 후에 단월인 원창왕후(元昌王后)와 그의 아들 위무대왕(威茂大王)이 용화사(龍華寺, 龍岩寺)를 희사하

---

90) 圓相에 대한 기초 자료는 다음과 같다. 睦庵善卿, 『祖庭事苑』 卷2; 晦巖智昭, 『人天眼目』 卷4. (大正藏48, p.321中 이하); 三山燈來, 『五家宗旨纂要』 卷下, 潙仰宗 부분; 고려 志謙(1145 - 1229)『宗門圓相集』, (韓國佛敎全書 6) 수록.

여(874) 만년에 여기에서 주석하였는데 후에 서운사(瑞雲寺)로 개칭되었다. 77세에 입적하였는데 시호는 요오선사(了悟禪師)이고 탑호는 진원(眞原)이다. 제자는 증현(曾玄), 낭허(朗虛), 영광(令光) 등이 있다.

2) 표상현법(表相現法)

나말 여초 중국의 선법을 수입한 사람들 가운데 중국 선종오가의 위앙종풍을 수입한 사람으로 오관산 서운사(瑞雲寺)의 요오순지가 있다. 순지화상은 중국 위앙종의 앙산혜적(仰山慧寂) 선사의 법을 이었다. 이로써 중국의 남양혜충 국사로부터 비롯되는 표상현법(表相現法)을 전승하고 더욱 발전시켜 선법의 대중화에 크게 기여하였다.

순지화상의 표상현법에 첫째는 사대팔상(四對八相), 둘째는 양대사상(兩大四相), 셋째는 사대오상(四對五相) 등이 있다.

첫째의 사대팔상은 소의열반상 대 우식인초상(所依涅槃相 對 牛食忍草相), 삼승구공상 대 노지백우상(三乘求空相 對 露地白牛相), 계과수인상 대 인과원만상(契果修因相 對 因果圓滿相), 구공정행상 대 점증실제상(求空精行相 對 漸證實際相)이다.

둘째의 양대사상은 상해견교상 대 식본환원상(想解遣敎想 對 識本還源相), 미두인영상 대 배영인두상(迷頭認影相 對 背影認頭相)이다.

셋째의 사대오상은 거함색개상(擧函索蓋相), 파옥멱계상(把玉覓契相), 조입색속상(釣入索續相), 이성보기상(已成寶器相), 현인지상(玄印旨相)이다.

이와 같은 총 17개의 형상은 온갖 부호와 상징과 기호 등을 통하여 선법의 도리를 표현한 것이다. 중생들을 위한 갖가지 방편으로 구사한 것으로 보살도의 실천을 신라에 전하여 더욱 발전시킨 것으로 순지화상의 독창적인 면모가 엿보인다.

순지는 수행과 교화에서 위앙종의 표상현법(表相現法, 圖相現法)과 화엄의 도리에 입각한 증리성불법(證理成佛法)으로서 『삼편성불론(三遍成佛論)』이라는 독특한 방식을 전승하였다. 표상현법은 달리 방원묵계(方圓黙契)라고도 한다. 곧 온갖 기호와 부호 및 상징적인 원상(圓相)을 통하여 선법의 의의를 설명하고 수행의 방편으로 내세운 것이다. 이와 같은 방식은 처음에 육조혜능의 제자 남양혜충이 96종의 형상을 통하여 전승한 이후로 그의 제자인 탐원응진(耽源應眞)―앙산혜적(仰山慧寂)―요오순지(了悟順之)로 계승되었다. 순지는 이것을 바탕으로 하여 나름대로 표상현법을 창안하였는데 『조당집』을 통하여 지금도 17종이 전해지고 있다.

선사께서 언젠가 형상을 표현하여 그것으로 법을 나타내어 중생에게 진리를 증득하는 것에 빠르고 더딤이 있음을 보였는데 여기에 사대팔상(四對八相)·양대사상(兩對四相)·사대오상(四對五相)   등이 있다.

사대팔상(四對八相)은 다음과 같다.

◯ 이 모습은 열반에 의지하는 형상[所依涅槃相] 또는 근본불성[理佛性相]이다. 이 형상을 아는 이는 성인이라 하고 이 형상에 미혹한 이는 범부라 한다.

（牛） 월륜상 안에 보통의 소를 의미하는 우 자(牛字)가 들어 있는 이 모습은 소가 비니초를 먹는 형상[牛食忍草相] 또는 자성을 깨친 형상[見性成佛相]이다. 풀은 묘한 법에다 견주었고 소는 뛰어난 근기에다 견주었고 제호는 부처에다 견주었다. 곧 소가 풀을 먹으면 제호를 내고 사람이 법을 알면 정각을 이룬다는 것이다.

◯犇 월륜상 오른쪽에 우 자(牛字) 세 개가 원이삼점(圓伊三點)의 모습으로 놓여 있는 이 모습은 삼승이 모두 공하다는 것을 나타내는 형상[三乘求空相]이다. 삼승인들은 진공(眞空)이란 말을 들으면 진공이라는 것이 실제로 있다고 잘못 생각하므로 진공을 깨치지 못한다는 것을 나타낸다.

（牛） 월륜상 안에 하얗고 큰 소를 의미하는 우 자(牛字)가 놓여 있는 이 모습은 일승의 형상[露地白牛相]이다. 노지(露地)는 불지(佛地)이면서 제일의공(第一義空)이다. 흰 소는 모든 법신의 묘혜(妙慧)이다.

牛◯ 월륜상 왼쪽에 보통의 소를 의미하는 우 자(牛字)가 놓여 있는 이 모습은 결과에 계합하게 원인을 닦는 형상[契果修因相]이다. 초발심주(初發心住)에서 곧 정각을 이루었으면서도 온갖 보현행에 장애가 없고 지혜가 불지(佛地)와 동등하다.

（卍） 월륜상 안에 만 자(卍字)가 들어 있는 이 모습은 인과가 원만한 형상[因圓果滿相]이다. 이것은 인(因)을 들어서 과(果)가 원만함을 나타낸 것이다.

◯牛 월륜상의 오른쪽에 우 자(牛字) 하나가 놓여 있는 이 모습은 공을 추구하여 부지런히 수행하는 형상[求空精行相]이다. 삼아승

지겁 동안 쉬지 않고 보살행을 닦아서 참기 어려운 것을 참고 행하기 어려운 것을 행한다는 것이다.

㊣ 월륜상 가운데 왕 자(王字)가 들어 있는 이 모습은 점교를 통해 깨침에 이르는 형상[漸證實際相]이다. 보살이 오랜 겁에 걸쳐 번뇌를 끊고 참지혜를 얻어 불지(佛地)에 드는 것을 나타낸다.

양대사상(兩對四相)은 다음과 같다.

牛 ㉯ 월륜상 안에는 인 자(人字)가 들어 있고 월륜상 왼쪽에는 우 자(牛字)가 놓여 있는 이 모습은 망상과 지해를 일으키는 교를 버리는 형상[想解遣敎相]이다. 일승보법(一乘普法)을 알지 못하고 자기 깜냥으로 헤아려 잘못되는 것을 부정한 것이다.

牛
㉯ 월륜상 안에 인 자(人字)가 들어 있고 월륜상 위에 우 자(牛字)가 놓여 있는 이 모습은 근본을 알아 근원에 돌아가는 형상[識本還源相]이다. 월륜 안의 인 자(人字)는 이지(理智)를 표현하고, 월륜 위의 우 자(牛字)는 『금강경』에서 말하는 인상(人相, 人想)이다.

㉯ 牛 월륜상 안에는 인 자(人字)가 들어 있고 월륜상 오른쪽에는 우 자(牛字)가 놓여 있는 이 모습은 머리를 잘못 알고 그림자에 홀리는 형상[迷頭認影相]이다. 마음이 곧 부처임을 알지 못하는 것은 마치 나귀를 타고 나귀를 찾는 것과 같은 어리석음이다.

㉯ 월륜상 안에 인 자(人字)가 들어 있는 이 모습은 그림자를 물리치고 머리를 바로 아는 형상[背影認頭相]이다. 중생이 진지(眞智)와 진공(眞空)을 모르고 다른 세계의 정토와 부처만 구하여 그 정토

에 태어나서 부처를 뵙고 법을 들으려 하는데 만일 중생들이 안으로 살펴 지혜와 공을 터득하면 마음 밖의 정토와 부처를 구하지 않게 된다.

사대오상(四對五相)은 다음과 같다.

◯ 월륜상 안에 ⌣이 위쪽으로 붙어 있는 이 모습은 그릇을 두고 그 뚜껑을 찾는 형상[擧函索盖相]이다. 보름달이 둥글기를 기다리는 형상이다. 이는 함과 뚜껑이 서로 맞았으므로 보름달이 둥실 나타난 것이다. 둥근 모습은 모든 부처님의 본체를 표현한 것으로서 뚜껑으로 그릇을 덮는 모습은 모든 불체(佛體)와 합일됨을 나타낸다.

◯ 월륜상 안에)이 왼쪽으로 붙어 있는 이 모습은 옥을 들고 그에 걸맞은 무언가를 찾는[把玉覓契相] 것이다. 옥의 가치를 알고 그에 걸맞은 대우를 해 주는 것이다.

◯ 이 모습은 갈고리를 안에 집어넣어서 무언가를 찾는 형상[釣入索續相]이다. 추구하는 역량에 맞게 결과를 얻는 것이다.

佛 월륜상 안에 불 자(佛字)가 들어 있는 이 모습은 이미 깨침을 얻은 형상[已成寶器相]이다.

土 월륜상 안에 사 자(土字)가 들어 있는 이 모습은 [玄印旨相]이다. 이미 이전에 행해 온 온갖 보현행에 집착이 교의에도 얽매이지 않는 것이다.

3) 표상현법(表相現法)의 실제

선사께서 언젠가 형상을 표현하여 법을 나타내어 무리들에게 진리를 증득하는 것에 빠르고 더딤이 있음을 보였는데 이에 사대팔상(四對八相)·양대사상(兩對四相)·사대오상(四對五相)이 있다.

사대팔상(四對八相): 불성과 깨침, 교화방편

① 소의열반상(所依涅槃相) 대(對) 우식인초상(牛食忍草相)

①-1 소의열반상(所依涅槃相: 理佛性相)

○ 이 모습은 열반으로 의지를 삼는 형상[理佛性相]이라 하며 또는 불성을 다스리는 형상이라고도 하나니, 뭇 중생과 여러 성인들이 모두가 이 형상에 의지하고 있다. 형상은 비록 다르지 않으나 미혹과 깨달음은 같지 않나니, 그러므로 범부도 있고 성인도 있다. 이 형상을 아는 이는 성인이라 하고 이 형상에 미혹한 이는 범부라 한다. 그러므로 용수(龍樹)가 인도에서 설법할 때 대중에게 이 형상을 나타내어 보이니, 마치 달이 자리 위에 뜬 것 같았는데 그 설법 소리만 들리고 그의 형상은 볼 수 없었다.

그 무리 가운데 한 장자가 있었으니, 제바(提婆)라 하였다. 대중에게 말했다. "이 상서를 알겠는가." 대중이 대답하였다. "성인이 아니거니 어찌 능히 알겠습니까." 그때 제바는 마음 바탕이 미리부터 고요해졌으므로 그 형상을 보자마자 잠잠히 깨치고 대중에게 말했다. "지금의 이 상서는 스승께서 불성을 나타낸 것이요 스승의 몸 모습이 아니다. 무상(無相)삼매는 형상이 보름달 같나니 이것이 불성의 뜻이다."

그 말을 마치기도 전에 스승이 자리 위에 본래의 몸을 나타내고 게송을 읊었다.

> 몸으로 보름달 모습을 나타내어
> 모든 부처님의 바탕을 보시하네
> 설법은 형체가 본래부터 없어서
> 언설도 색상도 소리도 아니라네

만일 어떤 사람이 이 달 모습으로써 형상 가운데의 마음을 묻는 이가 있다면 우 자(牛字)의 상대가 된다.

①-2 우식인초상(牛食忍草相: 見性成佛相)

牛 이 모습은 소가 비니초를 먹는 형상이라고도 하며 또는 성품을 보아 부처를 이루는 형상이라고도 하나니, 무슨 까닭인가. 경에 말씀하시기를 "설산에 비니라는 풀이 있는데 소가 먹으면 제호를 낸다." 하였고, 또 말씀하기를 "중생이 대열반의 법을 듣거나 물어 배우면 불성을 본다." 하였으니 풀은 묘한 법에다 견주었고 소는 뛰어난 근기에다 견주었고 제호는 부처에다 견주었다. 그렇다면 소가 풀을 먹으면 제호를 내고 사람이 법을 알면 정각을 이룬다. 그러므로 소가 비니초를 먹는 형상이라고도 하고 불성을 보아 부처를 성취하는 형상이라고도 한다.

② 삼승구공상(三乘求空相) 대(對) 노지백우상(露地白牛相)

②-1 삼승구공상(三乘求空相)

○

犇 (圓相 아래에 피라미드 형상의 牛字) 이 모습은 삼승이 공함을 구하는 형상인데, 무슨 까닭인가. 삼승들은 진공(眞空)이란 말을 들으면 있다는 생각으로 찾으려 하므로 진공에 깨달아 들어가지 못한다. 그러므로 원상 밑에다 우 자(牛字) 셋을 쓰는 것이다. 만일 이 성상으로써 묻는 이가 있다면 차츰차츰 불성을 보아 성불하리라고 대답한다.

②-2 노지백우상(露地白牛相)

牛 (圓內에 牛字) 이 모습은 한 곳에 드러난 흰 소의 형상인데, 한 곳이라 함은 부처의 바탕이며 또는 제일의공(第一義空)이고, 흰 소라 함은 법신(法身)을 이루는 묘한 지혜이다. 그러므로 한 마리의 소가 안에 들어 있음을 표시한 것이다(三乘求空相을 가지고 질문하면 견성성불상〈圓內에 牛字〉을 가지고 상대한다.).

어째서 월륜상 아래에 세 짐승을 붙였으며 월륜상 안에 우자(牛字)를 붙여서 대하였는가.

"월륜상 밑의 짐승은 삼승을 뜻하는 것이고, 월륜상 내의 한 마리 소는 일승을 뜻한다. 그러므로 권승(權乘)을 들어 실(實)을 나타내고 또 깨쳐 들어감을 표현하는 것이다."

"저 위에서는 월륜상 내(內)에다 우 자(牛字)를 쓴 것을 말하고서 그것을 소가 비니처를 먹는 형상이라 했는데 어째서 또 여기에서 월륜상 내에 우 자(牛字)를 쓴 것은 노지백우상이라 하는가. 두 곳에서 똑같은 형상과 똑같은 우 자(牛字)인데 어째서 설명하는 글은 같지 않는가."

"설명하는 글은 다르나 형상과 소는 다르지 않다."

"다르지 않다면 어째서 두 곳에서 같은 형상과 같은 소를 나타내는가. 만일 견성의 빠르고 더딘 것이 각각 다름을 논한다면 비니초를 먹는 소[頓悟]와 노지백우[漸悟] 가운데에서 어느 것이 빠르고 어느 것이 더딘가."

"비니초를 먹는 소는 화엄회상에서 진실한 성품을 활짝 깨치는 도리를 밝히는 소로서 빠르고, 노지백우는 법화회상에서 삼승을 모아 일승으로 돌아가는 도리를 밝힌 것이다. 그러므로 설명하는 글은 다르나 진리를 증득하는 것은 같다. 그러기에 같은 형상과 같은 소를 들어서 이치와 지혜가 다르지 않음을 밝혔을지언정 그 근본이 전적으로 같다고 하는 것은 아니다."

③ 계과수인상(契果修因相) 대(對) 인과원만상(因果圓滿相)

③-1 계과수인상(契果修因相)

牛
◯ (圓相 위에 牛字) 이 모습은 결과에 계합하게 원인을 닦는 형상인데, 무슨 까닭인가. 초발심주에 곧 정각을 이루기는 하나 중생들의 지혜 따위에 걸림이 없으며, 불지행이 이 지위를 벗어나지 않기 때문이다. 그러므로 이 형상으로 표현하는 것이다. 옛사람이 말하기를 "여래께서 행하던 자취를 따라 행한다."[91] 한 것이 이 형상이다. 누군가가 이 형상으로써 질문을 한다면 다시 월륜 가운데 만자(卍字 또는 圓相 內의 卍字)를 넣은 형상으로써 대답한다.

---

91) 『景德傳燈錄』 卷9 「京兆大薦福寺弘辯禪師」, (大正藏51, p.269下) "帝曰 禪師旣會祖意 還禮佛轉經否 對曰 沙門釋子禮佛轉經 蓋是住持常法有四報焉 然依佛戒修身 參尋知識漸修梵行 履踐如來所行之跡"

③-2 인과원만상(因果圓滿相)

(圓相 內의 卍字) 이 모습은 인도 과도 모두가 원만한 형상이다.

묻는다: 무슨 까닭으로 위에서는 월륜 위에다 우 자(牛字)를 붙이더니 여기에서는 월륜 안에다 만 자(卍字)를 붙여서 짝을 짓는가.

답한다: 월륜 위에다 우 자(牛字)를 붙인 것은 과에 계합하도록 인을 닦는 것이고, 월륜상 가운데 만 자를 넣은 것은 인과 과가 원만한 형상이니 인을 들어서 과가 나타난다는 뜻으로 대답했다.

④ 구공정행상(求空精行相) 대(對) 점증실제상(漸證實際相)

○

牛 (圓相 아래 牛字) 이 모습은 공을 구하여 부지런히 행하는 형상이니 문 앞의 초암(草庵)에서 보살이 공(空)의 이치를 구하기 때문이다. 경에서는 삼아승지겁 동안 보살행을 닦아서 참기 어려운 것을 참고 행하기 어려운 것을 행한다[92]고 말하였다. 이렇게 구하는 마음을 쉬지 않기 때문에 이 모습으로 표현하였다. 누군가 이 형상의 뜻을 묻는다면 월륜 안에다 왕 자(王字)를 붙여서 대답한다.

王 (圓相 內에 王字) 이 모습은 실제(實際)를 점차 증득하는 형상이니, 무슨 까닭인가. 어떤 보살이 다겁 동안 수행하여 마(魔)의 도적을 무찔러야 비로소 무루의 참지혜를 얻고 불지(佛地)로 깨달아 들어 다시는 남은 습성에 얽매이지 않게 되는 것과 같다. 그러므로 이 형상으로 표현하였다.

---

92) 『修行本起經』 卷上, (大正藏3, p.463上) "菩薩勤苦 經歷三阿僧祇劫 劫垂欲盡 愍傷一切 輪轉無際 爲生故 投身餧餓虎 勇猛精進 超踰九劫" 참조.

양대사상(兩對四相): 원상과 사람과의 관계이다. 이 양대사상은 허를 버리고 실을 가리키는 것이다[遺虛指實].

① 상해견교상(想解遣教相) 대(對) 식본환원상(識本還源相)

①-1 상해견교상(想解遣教相)

牛
人 (圓相 內에 人字, 圓相 위에 牛字) 이 모습은 상(想)과 해(解)를 일으키는 교(教)를 버리는 형상이니, 어떤 사람이 부처님께 말씀하신 일승의 평등한 법에 의하여 잘 연구하고 잘 해석하면 실로 잘 못 아는 일이 없겠지만 만일 자기의 이지(理智)를 알지 못하면 전혀 다른 사람의 말에만 의존하기 때문에 이 형상으로 표현하는 것이다. 누군가가 이 형상의 뜻을 묻는다면 원상 위의 우 자(牛字)를 제거하고 대답해야 한다.

①-2 식본환원상(識本還源相)

牛
○ (圓相 위에 牛字) 이 모습은 근본[本]을 알아 근원[源]에 돌아가는 형상이다. 경에 말씀하시기를 "정신을 차려서 공리[空窟]에 거주하면 다스리기 어려운 것을 다스리고 번뇌의 속박에서 해탈하여 초연히 노지에 앉고 식음이 열반에 들어간다."[93]고 한 것이 이 형상이다.

묻는다: 무슨 까닭에 원상 위의 우 자(牛字)만 없애 버리고 원상 내의 인 자(人字)는 버리지 않는가.

---

93) 『金剛三昧經』 卷4. (大正藏9. p.368下) "迴神住空窟 降伏難調伏 解脫魔所縛 超然露地坐 識陰般涅槃"

답한다: 원상 내의 인 자(人字)는 이지(理智)를 표현하고, 원상 위의 우 자(牛字)는 인상해(人想解 곧 四相 가운데 人相이라는 見解)이다. 어떤 사람이 비록 교법에 의하여 삼장을 분석해서 아니 자기의 이지가 드러나지 않으면 모두가 상해(想解)이다. 이 상해가 나지 않아야 이지(理智)가 나타나니, 원상 위의 우 자(牛字)를 떼어 버리고 원상 내의 우 자(牛字)는 버리지 않는다. 그러므로 경에 말씀하시기를 "병만 제거할지언정 그 법은 제거하지 않는다."[94] 하였다.

묻는다: 무슨 까닭으로 범부들에게는 교법에 의하여 법 배우기를 허락하지 않는가.

답한다: 만일 지혜가 있는 사람이라면 교법에 의존한들 어찌 식심(識心)을 빌려 쓰겠는가. 그러나 범부들은 교법에 의존한다 해도 아무런 이익이 없다.

묻는다: 부처님들이 말씀하신 삼장의 경전은 쓸모가 있는 것인가.

답한다: 교법에 의하여 깨달아 들어가는 것을 허락하지 않는 것이 아니다. 교법에 의하여 상해(想解)를 일으키는 일이 허망할 뿐이기 때문이다. 그러므로 부처님이 아난에게 말씀하시기를 "네가 비록 시방여래의 십이부경의 청정하고 미묘한 진리를 항하의 모래 수만큼 많이 기억한다 하여도 다만 희론만 더할 뿐이다."[95] 하였으니 교법에 의하여 상해를 일으키는 것은 이익이 없는 것임을 알 수 있다.

묻는다: 어찌하여 경에서 말씀하시기를 "부처님의 교법을 들은 이는 모두가 성과(聖果)를 이루리라." 하셨으며 또 말씀하시기를

---

94) 鳩摩羅什 譯, 『維摩詰所說經』 [文殊師利問疾品], (大正藏14, p.545上) "但除其病而不除法"

95) 『首楞嚴經』 卷4, (大正藏19, p.121下) "雖復憶持十方如來 十二部經淸淨妙理 如恒河沙祇益戲論"

"터럭 하나만 한 선(善)이라도 행하기만 하면 곧 부처의 경지에 머무른다." 하셨는가.

답한다: 이는 상근기인 경법에 의하여 당장 깨달아 이지가 곧장 나타나서 결정하고 분명한 편을 잡아 말한 것이거니와 만일 하근기인을 기준하면 상해(想解)를 깨닫지 못해서 이익이 없을 것이니, 이러한 하근의 사람은 교법에 의해 종자를 익혀 후세를 기약한다면 어찌 이익이 없다고 하겠는가. 교법을 듣기만 하여도 성과를 이룰 것이요, 터럭 하나만 한 선을 행하고도 부처의 경지에 머무르거늘 하물며 경전을 널리 배우고 또 법문 묻기를 청하는 일이겠는가.

② 미두인영상(迷頭認影相) 대(對) 배영인두상(背影認頭相)

②-1 미두인영상(迷頭認影相)

人
牛 (圓相 內에 人字, 圓相 아래 牛字) 이 모습은 머리를 잘못 알고, 그림자에 홀리는 형상인데, 무슨 까닭인가. 어떤 사람은 자기의 부처와 정토를 알지 못하고, 딴 세계의 부처와 정토만을 믿어 일심으로 정토에 태어나서 부처를 뵙고 법을 구하기 위해 선행을 부지런히 쌓고, 부처님의 명호와 정토의 명호를 부지런히 외운다. 그러므로 이 형상으로 표시한다. 보지공(寶誌公)이 비웃어 말하였다. "마음이 곧 부처임을 알지 못하는 것은 흡사 나귀를 타고 나귀를 찾는 것 같다."[96] 이것이 바로 그 형상이다.

어떤 사람이 이 형상을 뜻으로 묻는다면 원상 아래의 우 자(牛字)

---

96) 『景德傳燈錄』 卷29, 「梁寶誌和尚大乘讚十首」. (大正藏51, p.449下) "不解卽心卽佛 眞似騎驢覓驢"

를 없애 버린 것으로 대답한다.

②-2 배영인두상(背影認頭相)

(人) (圓相 內에 人字) 이 모습은 그림자를 물리치고, 머리를 바로 안 형상이다.

묻는다: 어찌하여 원상 아래의 우 자(牛字)만 버리고 원상 내의 인 자(人字)는 버리지 않는가.

답한다: 중생들이 참지혜가 열리지 않고 진공을 깨닫지 못했으므로 오로지 딴 세계의 정토와 부처만 구하여 그 정토에 태어나서 부처를 뵙고 법을 들으려 하거니와 만일 중생들이 광채를 돌이키고 지혜를 일으켜 진공과 자기의 부처와 정토를 깨닫는다면 일시에 가지런히 나타나서 마음 밖의 정토와 부처를 구하지 않게 되리라. 그러므로 원상 내의 인 자(人字)는 없애지 않고 아래의 우 자(牛字)만 버리는 것이다.

묻는다: 어떤 것이 자기의 부처이며, 자기의 정토인가.

답한다: 어떤 중생이 참지혜를 일으켜 진공을 깨달으면 참지혜 그대로가 부처요, 진공 그대로가 정토이리라. 만일 이렇게 깨달아 일면 어디에서 딴 부처와 딴 정토를 구하랴. 그러므로 경에 말씀하시기를 "문(聞)을 가지고 부처님의 불법만을 지니고서 어찌하여 스스로가 듣는 것을 듣지 못하는가."[97]라 하였다.

---

97) 『首楞嚴經』 卷6, (大正藏19, p.131上) "欲漏不先除 畜聞成過誤 將聞持佛佛 何不自聞聞"

사대오상(四對五相): 사상(四相)은 대(對)가 있지만 마지막 상(相)은 대(對)가 없다.[98]

① ☾ (左의 半圓) 거함색개상(擧函索蓋相) 대(對) ○(圓相)

☾ (左의 半圓) 이 모습은 함을 만들어 놓고 뚜껑을 기다리는 형상[擧函索蓋相]이라 하고 또는 반달이 보름달처럼 둥글게 되기를 기다리는 형상[半月待圓相]이라고도 한다. 어떤 사람이 이 모습의 뜻을 묻는다면 반원을 보름달로 완성시켜 대답하리라. 이는 묻는 이가 함을 들어 뚜껑을 찾기 시작하는 이가 뚜껑으로 함에 씌운다 한 것이다. 이는 함과 뚜껑이 서로 맞았으므로 보름달이 둥실 나타난 것이다. 둥근 모습은 모든 부처님의 본체를 표현한 것이다.

② ○(圓相) 파옥멱계상(把玉覓契相) 대(對) 모(某 곧 圓相 內의 某字)

○ (圓相) 이 모습은 옥(玉)을 가지고 계합을 찾는 형상이다. 어떤 사람이 이 모습의 뜻을 묻는다면 월륜 안에 아무것이나 붙여서 대답한다. 그 이유는 묻는 이가 옥을 가지고 계합을 찾았으므로 대답하는 이는 구슬임을 알고 얼른 손을 놓기 때문이다.

③ 厶(圓相 內의 厶字) 조입색속상(釣入索續相) 대(對) ○(圓相)

厶 (圓相 內의 厶字) 이 모습은 갈고리가 끈에 들어간 형상이니, 어떤 사람이 이 모습의 뜻을 묻는다면 어떤 글자 옆에다 인 자(人字)를 붙여서(가령 弗의 경우는 佛, 厶의 경우는 仏 등등) 대답하리라. 이에 대한 답변은 낚싯대를 드리우고 물고기를 찾는 것처럼 묻는 이

---

98) 이 四對五相의 내용은 『人天眼目』 卷4. (大正藏 48권 수록)에 「五冠山了悟和尙與仰山立玄問玄答」과 유사하다.

를 향하여 방편수단으로 자신의 뒤를 잇는 제자를 찾는 모습으로서 보배로운 그릇을 이룬 것이다.

④ 佛(圓相 內의 佛字) 이성보기상(已成寶器相) 대(對)

　　토(土 곧 圓相 內의 土字)

(佛) (圓相 內의 佛字) 이 모습은 이미 보배그릇을 성취한 것이다. 어떤 사람이 이 모습의 뜻을 묻는다면 또 월륜 내에다 토 자(土字)를 붙여서 대답한다.

⑤ (土) (圓相 內의 土字) 현인지상(玄印旨相) 대(對)

　　∅(아무것도 없는 모습)

(土) (圓相 內의 土字) 이 모습은 현현(玄玄)한 취지에 은밀히 계합하는 형상이다. 종전의 여러 가지로 나타난 형상을 멀리 뛰어나서 다시는 교의에 속하지 않는다. 어떤 사람은 이러한 경지를 눈앞에 보여 주어도 전연 알지 못하나니, 그러므로 3조께서 말씀하시기를 "털끝만치라도 어긋남이 있으면 하늘과 땅 사이로 어긋난다."[99] 하였다.

그러나 현현하게 아는 이가 없는 것도 아니다. 이런 형상을 아는 이는 누구인가. 만일 그런 사람이라면 보자마자 가만히 알아차리는 것이 마치 종자기(鍾子期)가 백아(伯牙)의 거문고 소리를 아는 것 같고, 제바가 용수의 작태를 아는 것과 같으려니와 그런 사람이 아니라면 마주 보면서도 알지 못하는 것이 마치 파인(巴人)이 백설곡(白雪曲)을 듣는 것과 같고, 사리불이 유마의 법회에 참석한 것과 같다.

---

99) 『信心銘』, (大正藏48, p.376中); 『景德傳燈錄』 卷30, (大正藏51, p.457上一中) "至道無難 唯嫌揀擇 但莫憎愛 洞然明白 豪釐有差 天地懸隔 欲得現前 莫存順逆"

가령 후학들이 근기가 영리한 자라면 이로 인해 활짝 깨닫기를 닭이
알을 품고 있다가 쪼고 쪼이는 것이 동시인 듯하겠지만 성정이 둔한
이는 배워도 깨닫기 어려운 것이 마치 소경이 물체를 보는 것 같아
서 더욱 알기 어렵다.

4. 요오순지(了悟順之: 807~883)의
화엄선(華嚴禪)

1) 『삼편성불론(三遍成佛論)』의 원리

요오순지는 또한 화엄의 도리에 입각하여 증리성불(證理成佛)·
행만성불(行滿成佛)·시현성불(示顯成佛) 등 『삼편성불론』이라는
독특한 이론과 실천이 결부된 가르침을 제시하였다.

증리성불이란 선지식의 말을 듣고 일념(一念)에 자기의 마음 바탕
에 본래의 일물(一物)도 없음을 활짝 깨치는 성불이다. 만행을 차례
로 닦아서 얻는 것이 아니기 때문에 증리성불이라 한다. 이에 대해
서는 "처음 발심한 그 순간에 정각을 이룬다[初發心時便成正覺]."는
것에 근거를 두었다.

행만성불이란 이미 진리의 근원을 끝까지 구명한 이후에 다시 보
현의 행원을 따라 보살도를 두루 닦아 수행이 골고루 갖추어지고 지
혜와 자비가 원만해지기 때문에 행만성불이라 한다. 이에 대해서는
"수행하여 다다른 그곳이 곧 본래처이다[行到處卽從來處]."는 환지
본처(還至本處)의 사상에 근거하였다.

시현성불이란 앞의 증리성불과 행만성불로 자행성불(自行成佛)을

마친 때 중생이 바꾸어 성불한다는 뜻이니, 곧 석가가 팔상성도를 행한 것을 말한다. 팔상이란 도솔천에서 나오고, 태중에 들어가며 [入胎], 태에 머물고[住胎], 태를 벗어나며[出胎], 출가하고, 성도하며, 전법륜하고, 입열반하는 등 여덟 가지 모습인데 이것이 곧 시현 성불이다. 팔상성도의 의미는 보신·화신에 있지 않고 무량세계 공 겁전에 법륜을 굴리는 능력 곧 법신에 의미가 있다고 본 것이다.

이와 같은 『삼편성불론』에 대하여 그것을 실제로 증득해 나아가는 방법을 3가지로 제시하였는데 이것이 곧 삼중실제설(三證實際說)이다. 이것은 화엄사상을 선가의 입장에 서서 깨친 이후에 실천해야 할 방향을 구체적으로 세 가지로 제시한 것이다. 특히 이 사상의 중심 문제는 돈오한 수행인이 지구력으로 계속 정진하는 수행자가 되면 근기의 차이는 있으나 언제나 동귀일미(同歸一味)하는 때가 올 것으로 신념을 불어넣어 주고 있다. 또한 선인과 은사의 문답으로 선리를 이끌어 가는 형식은 선리에 대한 대화의 모범이 되고 있다. 이 같은 방법을 삼종문 체계로 발전시킨 선사가 고려 의종 때의 보조국사 지눌이었다.

삼중실제란 첫째는 돈증실제(頓證實際)이고, 둘째는 회점증실제 (廻漸證實際)이며, 셋째는 점증실제(漸證實際)이다.

돈증실제라는 것은 중생이 무시이래로 성품을 깨닫지 못하여 인연 따라 삼계에 윤회하다가 홀연히 선지식을 만나 성품을 깨치므로 어느 단계적인 점수에 의지하지 않고 정각을 이루는 것을 말한다.

회점증실제란 무시이래로 자신의 성품을 깨치지 못하여 윤회하다 가 점차 삼승의 점교를 듣고 삼승법을 알아 가는데 홀연히 진교(眞 敎)를 듣고서 묘혜를 터득하여 실제를 증득하는 것을 말한다. 그러므로 회점증실제는 삼승법을 익히고 나서 비로소 돈증으로 나아가는 점에서 돈증실제와 다르다.

점증실제라는 것은 어떤 중생이 끝없는 옛적부터 성품의 바탕을 깨닫지 못하고 삼계에 윤회하면서 인연 따라 과보를 받다가 갑자기 점교(漸敎)를 듣고서 믿음과 이해가 차츰 생기면 수행은 여섯 가지 지위에 의탁하고 삼아승지겁을 지내면서 참기 어려운 일을 능히 행하여 미혹을 끊고 덕을 이루면 비로소 무루의 참지혜를 얻고 법신을 성취하는 것이다. 믿음의 싹이 돋으면 부처님들이 모두 다 아는데 이것을 바탕으로 삼아 닦으면 오는 세상에 결과를 증득한다는 것이다. 삼아승지겁 동안 육도수행(六度修行)을 통하여 무루의 종자를 익혀 불가사의한 과보를 성취하기 때문이다.

이에 보현의 온갖 보현행에 대하여 출전보현(出纏普賢)·입전보현(入纏普賢)·과후보현(果後普賢)의 세 가지로 나눈다.

출전보현(出纏普賢)은 견성한 이후에 보현행을 하는데 모든 경계 앞에서 한 생각 일어나더라도 이미 심원(心源)에 도달하여 그로부터 환화(幻化)의 경계에 얽매이지 않는 것이다. 그것은 소단(所斷)의 업장이 없지 않지만 능단(能斷)의 지혜가 있기 때문이다. 그러므로 보현은 출전(出纏)의 도리를 알아서 중행비지(衆行悲智)로 보살행을 한다. 그와 같은 보현행은 항포원융하여 본래부터 구비한 성품과 덕성으로 자리이타를 쌍수하고 지문(智門)과 비문(悲門)을 아우른 언행을 이룬다. 이리하여 위(位)가 높으면 습기가 점점 엷어지고 행이 넓으면 비지(悲智)가 증가하고 깊어져 십주에서 십지에 이르도록 출전(出纏)으로 보리가 이미 충만해짐을 이룬다.

입전보현(入纏普賢)이란 일체중생 가운데서 동류대비 하는 것이다. 이는 앞의 출전보현위(出纏普賢位) 가운데 비지(悲智)를 널리 행하여 중생 속에서 자리이타행을 하는 것이다.

과후보현(果後普賢)이란 두루 삼매를 행하는 것이다. 말하자면 묘각 위에서 출전보현의 대지(大智)와 대비(大悲)를 취하지도 않고 거기에 주하지도 않으면서 출전보현위와 입전보현위를 향해서 대지와 대비를 역순으로 종횡하면서 집착하지 않는다. 이것을 화광동진(和光同塵) 또는 이류중행(異類中行)이라고도 한다. 이『삼편성불론(三遍成佛論)』에는 수행에 대한 이론적인 측면과 실천적인 측면이 자세하게 제시되어 있다.

2)『삼편성불론(三遍成佛論)』의 실제

삼편성불이란 세 가지 성불에 도달하는 방식을 말하는 것으로 각각의 근기에 따른 행상을 설해 놓은 것이다. 첫째는 증리성불(證理成佛)이고, 둘째는 행만성불(行滿成佛)이며, 셋째는 시현성불(示顯成佛)이다. 이것은 수행의 이론적인 측면에 대하여 설한 세 양상으로서 증리성불이란 선지식의 말을 듣고 일념(一念)에 자기의 마음바탕에는 본래의 일물(一物)도 없음을 활짝 깨닫는 성불이다. 만행(萬行)을 차례로 닦아서 얻는 것이 아니기 때문에 증리성불이라 한다. 그러므로 경에서 초발심시변성정각(初發心時便成正覺)이라 하였다. 또 옛사람은 불도가 멀리 있는 것이 아니라 마음을 돌이키면 된다고 하였는데 이것이 바로 그것이다. 이 증리성불은 안에서 체성(體性)을 말한다면 물건도 전혀 없지만 삼신(三身)을 통틀어 말한다면 한 부처와 두 보살[一佛二菩薩]이 없지 않다. 비록 세 사람이 있으나 지금 당장에 성품을 보아 부처를 이루었으므로 부처가 되었다고 말하지만 그 공은 문수에게 있다. 그러므로 옛사람은 문수를 제불의 어머니라고 말하였는데 이 뜻은 부처님들이 문수에 의해서 생겼기 때문이다.

문수는 실지(實智)를 나타내는데 모든 부처님이 그 실제에 의하여 보리를 증득하기 때문에 문수를 부처님들의 어머니라 한다.

행만성불이란 이미 진리의 근원을 끝까지 구명(究明)했으니 다시 보현의 행원을 따라 보살도를 두루 닦아 수행이 골고루 갖추어지고 지혜와 자비가 원만해지기 때문에 행만성불이라 한다. 그러므로 옛사람은 행하여 이른 곳이 곧 본래처[行到處卽從來處]라고 하였다. 또한 행한 바가 이미 원만한 줄 분명히 알면 그곳이 곧 환지본처라고 말한다. 본래처라는 것은 곧 이치[理]이다. 이 행만성불을 증득하는 이치는 앞의 증리성불 이치와 다르지 않다. 비록 이치는 다르지 않으나 행(行)이 과(果)에 이르기 때문에 행만성불이라 한다. 이 행만성불 안에서 과덕(果德)을 말한다면 다만 보현행으로 불도를 이루는 것 뿐이다. 삼신(三身)을 이야기하는 데에도 한 부처와 두 보살이 있다. 비록 세 사람이 있으나 지금에는 행이 원만하여 부처를 이루는 것만을 취했으므로 부처를 이루게 되었는데, 공은 보현에게 있다. 그러므로 옛사람은 보현을 부처님들의 아버지라 하였는데 이것은 이른바 부처님들이 보현에서 나왔기 때문이다. 한 부처와 두 보살이라는 것은 비로자나는 이(理)이고, 문수는 지(智)이며, 보현은 행(行)이다. 이 이(理)와 지(智)와 행(行)의 3인이 동체(同體)이기 때문에 어느 것 하나도 버릴 수 있는 것이 아니다. 또한 한 부처와 두

보살은 주(主)와 반(伴)이 따로 없다. 본체무상(本體無上)으로는 비로자나가 주(主)가 되고, 견성지공(見性智功)으로는 문수가 주(主)가 되며, 만행복력(萬行福力)으로는 보현이 주(主)가 된다. 이 때문에 이통현은 "일체제불은 모두 문수와 보현이 제불을 위하여 젊은 남자와 장자가 되었다."고 말했다. 그러므로 3인은 주반(主伴)의 몸이 아닌 줄을 알아야 한다.

시현성불이란 앞의 증리성불과 행만성불로 자행성불(自行成佛)을 마친 때 중생이 바꾸어 성불한다는 뜻으로 곧 석가가 팔상성도를 행한 것을 말한다. 팔상이란 도솔천에서 나오고[出兜率天], 태중에 들어가며[入胎], 태에 머무르고[住胎], 태에서 나오며[出胎], 출가하고[出家], 성도하며[成道], 전법륜하고[轉法輪], 열반에 들어가는[入涅槃] 등 팔상성불이 곧 시현성불이다. 팔상성도의 의미는 보신, 화신에 있지 않고 무량세계의 공겁전에 법륜을 굴리는 능력 곧 법신에 의미가 있다고 본 것이다. 그래서 경전에서는 "여래께서 세상에 나타나지도 않았으며 열반에 들어가지도 않았건만 본원력으로 인하여 자재하게 법을 드러낸다."[100]고 하였다. 이 경문은 보신과 화신 가운데서 참부처를 나타낸 것이다. 또 경전에서 "내가 성불한 이후로 이미 무량겁이 지났다."[101]고 말한다. 이것으로 보아 석가여래는 이미 무량겁 이전에 수행이 원만한 대각을 이루었으나 중생을 위하는 까닭에 비로소 이 세상에 와서 정각을 이루는 모습을 보인 것이다.

---

100) 實叉難陀 譯, 『大方廣佛華嚴經』 卷23, (大正藏10, p.121下) "如來不出世 亦無有涅槃 以本大願力 示現自在法"

101) 『妙法蓮華經』 卷2, (大正藏9, p.11下) "舍利弗來世 成佛普智尊 號名曰華光 當度無量衆 供養無數佛 具足菩薩行 十力等功德 證於無上道 過無量劫已 劫名大寶嚴 世界名離垢" 참조.

지금의 석가여래는 현재 현겁 1,000불 가운데 네 번째 부처님으로 과거장엄겁의 1,000불과 미래 성수겁의 1,000불이 그렇듯이 천겁 동안의 제불이 세상에 나타나 중생을 교화하고 차례로 수기를 주는 데 털끝만치도 어김이 없다. 경전을 즐겨 읽고 고인의 자취를 두루 살펴 한 사람이 성불하는 과정을 살펴보면 이처럼 삼편성불하는 도리를 알 수 있을 것이다.

이에 실천적인 양상으로는 돈증실제편(頓證實際篇), 회점증실제편(廻漸證實際篇), 점증실제편(漸證實際篇)이 있다. 이것은 위의 삼편성불 가운데 첫째에 해당하는 증리성불에 대하여 그 실천적인 행위를 세 가지로 구분한 것이다.

돈증실제라는 것은 중생이 무시이래로 성품을 깨닫지 못하여 인연 따라 삼계에 윤회하다가 홀연히 선지식을 만나 성품을 깨치는데 어느 누구에게도 의지하지 않고 정각을 이루는 것이다. 그러므로 돈증실제라 한다.

회점증실제라는 것은 중생이 삼계를 윤회하다가 3승의 점교를 듣고 3승인이 되었다가 다시 진교(眞敎)를 듣고서 묘지(妙智)를 터득하고 실제의 경지를 증득하는 것이다.

지통은사가 해통선인에게 물었다.

"이 회점증실제를 얻은 사람과 위에서 돈증실제를 얻은 사람은 같습니까 다릅니까?"

해통선인이 답했다.

"비록 위의 것은 이미 삼승에 떨어졌으나 삼승에 있지 않기 때문에 온 곳은 까마득히 달랐지만 이제는 점교를 돌이켜 실제를 증득했으므로 저 돈증실제를 얻은 사람과 다를 바가 없다. 그러므로 고인은 백 가닥의 개울물이 바다에 이르러서는 그 백 가닥의 이름이 사라지듯 삼승이 일승으로 돌아가면 삼승이라는 이름은 사라진다고 말했다. 이로써 회점증실제의 사람이 돈증실제의 사람과 다르지 않다는 것을 알 수 있을 것이다. 그러므로 회점증실제가 돈증실제와 같은가 다른가를 걱정하지 말고 인연에 따르는 마음을 스스로 되돌려 실제의 이치를 돌이켜 비추어야 한다."

점증실제라는 것은 중생이 삼계에 윤회하다가 점교를 듣고서 점차 믿음과 이해가 생기면서 육바라밀수행을 하고 삼아승지겁 동안 난행을 하면서 미혹을 끊어 무루지혜를 얻는 것이다. 그러므로 고인이 "믿음의 싹이 돋으면 부처님들이 모두 다 아신다. 이 바탕을 바탕 삼아 닦으면 오는 세상에 결과를 증득한다. 삼대아승지겁에 걸쳐 오랫동안 육바라밀을 닦아서 무루의 종자를 익히어 이루면 비로소 불가사의라 부른다."고 말하였다.

이때에 지통은사가 해통선인에게 물었다.

"지금의 이 점증실제를 얻은 이와 위에서 돈오실제를 얻은 사람의 같고 다름이 어떠합니까?"

해통선인이 은사에게 말했다.

"점과 돈이 같지 않으나 마침내는 하나로 돌아가니 그 까닭이 무엇이겠는가. 증득하는 이와 증득할 법과 인연 따라 행하는 사람의 이름이 없지 않으니, 이른바 증득하는 이라 함은 곧 무루의 참지혜이니 보신불이요, 증득할 법이라 함은 곧 실제이니 법신불이요, 수행하는 사람이라 함은 곧 무루의 참지혜가 자기의 자리를 지키지 않고 인연 따라 중생을 이롭게 하는 것이니, 이를 수행하는 사람이라고도 하며 화신불이라고 한다."

이 가운데 돈증실제편에는 다시 출전보현(出纏普賢)·입전보현(入纏普賢)·과후보현(果後普賢)의 세 가지가 있어 보현행을 구체적으로 제시하고 있다.

출전보현이란 견성 후에 중행(衆行)을 하되 모든 경계 앞에 일념(一念)이 일어나더라도 이미 심원(心源)에 도달하였기에 환화(幻化)의 경계에 막히지 않고 그로부터 벗어나는 것이다.

입전보현이란 일체중생과 더불어 동류대비 하는 것이다. 곧 출전보현을 성취한 뒤에 사생육도에서 대비를 행하고 중생을 교화하는 것이다.

과후보현이란 출전보현과 입전보현의 대비를 행하면서 역순과 종횡으로 모든 지위에서 인연을 따라서 널리 중생과 화광동진하면서 그로부터 초연해 있는 보살행을 말한다.

순지는 위앙종(潙仰宗)의 종지를 해동에 널리 홍포하였다. 『조당집』에 다음과 같은 기록이 있다.[102]

오관산(五冠山)의 서운사(瑞雲寺, 애초의 용암사를 서운사로 개칭) 화상

앙산혜적 선사의 법을 이었다. 선사의 휘는 순지(順之)요 속성은 박(朴)씨이며 패강(浿江, 대동강) 출신이다. 조부 때부터 가업이 융성하여 대대로 변방의 장수로서 충성스럽고 근엄하다는 영예가 향리에 퍼져 있었고, 어머니 소(昭)씨는 부드럽고 모범스러워서 어머니로서의 위의를 구족하고 명예가 이웃에 자자했다.

---

102) 『祖堂集』 卷20. (高麗大藏經45. pp.356上 – 360上) 『조당집』의 이 기록은 『요오순지어록』의 성격을 지닌 것으로 간주된다.

태기가 있을 때에 가끔 길상한 꿈을 꾸었고, 탄생할 때엔 이상한 상서가 있었으니, 옛 현인들도 그러했는데 지금 또 나타난 것이다. 죽마놀이를 할 때에 벌써 우거(牛車)의 도량이 있어 무릇 장난을 하면 항상 예사롭지 않은 표현이 있었고, 열 살이 되자 학문을 좋아하고 애써서 입을 열면 큰 뜻을 읊어 청운(靑雲)을 능가하는 기개를 보였고 사리를 쪼개어 현현한 진리를 이야기할 때엔 거울을 마주 비치는 것 같았다. 약관이 되자 도의 싹이 벌써 발생하여 시끄러운 곳에 있기를 싫어하고 적묵한 환경에 왕래하기를 좋아하더니 마침내 양친에게 출가할 뜻을 밝혔다. 그의 뜻을 꺾을 수가 없어서 마침내 허락하니, 곧 오대산으로 가서 머리를 깎고 이어 속리산에 가서 구족계를 받은 뒤에 그의 행동은 결초(結草) 비구와 같고 마음은 호아(護鵝) 비구에 견줄 정도였다. 이어 공악(公岳)에 갔다가 갑자기 신인(神人)이 나타나서 법 설하기를 청하고 궁궐을 변화해 내니 갑자기 없어져 버린 것을 보았다. 만일 덕이 지극하고 행이 원만한 이가 아니면 그 어찌 이럴 수 있으랴!

대중(大中) 20년[103]에 이르러 사사로이 서원을 세워 중국에 가기를 원하여 사신을 따라 바다를 건너되, 한 척의 배를 타고 만경의 파도를 건너는 데 조금도 두려운 생각이 없이 까딱하지 않고 선정에 들어 있었다. 끝내는 앙산의 혜적화상께 가서 발 앞에 절을 하고 제자가 되기를 원하니, 화상이 관대하게 웃으면서 말했다.

"찾아온 것이 어찌 그리 늦었으며 인연이 어찌 그리 늦었는가. 이미 뜻한 바가 있으니 그대 마음대로 머물러라."

---

103) 宣宗의 大中 年間은 14년(860)으로 끝난다. 따라서 실제로 대중 20년은 懿宗의 咸通 7년 곧 866년에 해당한다.

선사께서 그의 곁을 떠나지 않고 현현한 종지를 물은 것이 마치 안회가 공자 곁에 있던 것과 같고, 가섭이 부처님의 앞에 있는 것과 같이 하니, 그때에 모였던 대중들이 더욱 감탄하였다. 건부(乾符) 연간 첫 무렵에 송악군(松岳郡)의 청신녀 원창(元唱) 왕후와 그의 아들 위무(威茂) 대왕이 오관산 용암사(龍岩寺)를 희사하여 곧 가서 살았는데 지금은 서운사(瑞雲寺)라 하였다.

선사께서 어느 때에 『삼편성불론(三遍成佛論)』을 말씀하셨는데 삼편(三遍)은 다음과 같다. 첫째는 증리성불(證理成佛, 體性)이고, 둘째는 행만성불(行滿成佛, 果德)이며, 셋째는 시현성불(示顯成佛)이다.

(1) 증리성불이란 선지식의 말을 듣고 일념(一念)에 자기의 마음 바탕에 본래의 일물(一物)도 없음을 활짝 깨닫는 성불이다. 만행을 차례로 닦아서 얻는 것이 아니기 때문에 증리성불이라 한다. 그러므로 경에서 초발심시변성정각이라 하였다. 또 옛사람은 말하기를 "불도가 멀리 있는 것이 아니라 마음을 돌이키면 된다." 하였는데 이것이 바로 그것이다. 이 증리성불은 안에서 체성(體性)을 말한다면 물건도 전혀 없지만 삼신(三身)을 통틀어 말한다면 일불(一佛)과 이보살(二菩薩)이 없지 않다.

이처럼 비록 세 사람이 있으나 지금 당장에 성품을 보아 부처를 이루었으므로 부처가 되었다 하거니와 그 공은 문수에게 있다. 그러므로 옛사람이 "문수는 제불의 어머니다."고 말하는데 이 뜻은 부처님들이 문수에 의해서 생겼기 때문이다. 문수는 실지(實智)를 나타내는데 모든 부처님이 그 실제에 의하여 보리를 증득하기 때문에 문수를 부처님들의 어머니라고 한다.

(2) 행만성불이란 이미 진리의 근원을 끝까지 구명(究明)했으니 다시 보현(普賢)의 행원(行願)을 따라 보살도를 두루 닦아 수행이 골고루 갖추어지고 지혜와 자비가 원만해지기 때문에 행만성불이라 한다. 그러므로 옛사람이 말하기를 "행하여 다다른 곳이 곧 본래처이다[行到處卽從來處]."고 하였다. 때문에 옛사람이 "행한 바가 이미 원만한 줄 분명히 알면 환지본처이다."라고 말하였다.

본래처는 곧 이치[理]이다. 이 행만성불을 증득하는 이치는 앞의 증리성불 이치와 다르지 않다. 비록 이치는 다르지 않으나 행(行)이 과(果)에 이르기 때문에 행만성불이라 한다. 이 행만성불 안에서 과덕을 말한다면 다만 보현행으로써 불도를 이루는 것 뿐이다.

삼신(三身)을 이야기하는 데에도 일불(一佛)과 이보살(二菩薩)이 있다. 비록 삼인(三人)이 있으나 지금에는 행이 원만하여 부처를 이루는 것만을 취했으므로 부처를 이루게 되었으니, 공은 보현에게 있다. 그러므로 옛사람이 "보현은 부처님들의 아버지이다."고 말하였는데 그것은 이른바 제불이 보현에서 나왔기 때문이다.

일불(一佛)과 이보살(二菩薩)이란 것은 비로자나는 이(理)요, 문수는 지(智)이며 보현은 행(行)이다. 이 이(理)와 지(智)와 행(行)의 3인이 동체이기 때문에 어느 것 하나도 버릴 수 있는 것이 아니다. 또한 한 부처와 두 보살은 주(主)와 반(伴)이 없다. 본체무상(本體無上)으로는 비로자나가 주(主)가 되고, 견성지공(見性智功)으로는 문수가 주(主)가 되며, 만행복력(萬行福力)으로는 보현이 주(主)가 된다. 이 때문에 이통현은 "문수와 보현을 일체제불의 어머니라고도 말한다."104)고 하였다. 그러므로 3인은 주반(主伴)의 몸이 아닌 줄

---

104) 李通玄 撰, 『新華嚴經論』 卷3, (大正藏36, p.739中)

을 알아야 한다.

　(3) 시현성불이란 앞의 증리성불(證理成佛)과 행만성불(行滿成佛)
로 자행성불(自行成佛)을 마친 때 중생이 바꾸어 성불한다는 뜻이
니, 곧 석가가 팔성성도(八相成道)를 행한 것을 말한다. 팔상(八相)
이란 도솔천에서 나와 입태(入胎)하고 주태(住胎)하여 출태(出胎)하
고 출가(出家)하여 성도하고 전법륜(轉法輪)하여 입열반하는 팔상성
불이 곧 시현성불(示顯成佛)이다. 팔상성도의 의미는 보신(報身),
화신(化身)에 있지 않고 무량세계 공겁전에 법륜을 굴리는 능력 곧
법신에 의미가 있다고 본 것이다.
　그러므로 경전에서 "여래는 세상에 출현하지 않았고/ 또한 열반
도 증득하지 않았건만/ 과거의 본래 원력으로 말미암아/ 자유자재
한 법을 널리 나타낸다.//"[105]고 하였다. 이 경문은 보신과 화신 가
운데서 참부처를 말한 것이다. 또 경전에서 "내가 성불한 뒤로 이미
무량겁이 지났다."[106]고 하였다. 이것으로 석가여래는 이미 무량겁
이전에 행이 원만한 대각을 이루셨으나 중생을 위하는 까닭에 비로
소 정각을 이루시는 모습을 나타내 보인 것이다.
　지금의 이 석가모니 부처님은 현재현겁의 천 불 가운데서 넷째 부
처님으로 과거 장엄겁의 천 불과 미래성수겁의 천 불이 이렇듯 천
겁 동안의 제불이 세상에 나타나셔서 중생을 교화하고 차례로 수기
를 주기를 털끝만치도 어김이 없다.

---

105) 實叉難陀 譯, 『大方廣佛華嚴經』 卷23, (大正藏10, p.121下) "如來不出世 亦無有涅
　　槃 以本大願力 示現自在法"
106) 實叉難陀 譯, 『大方廣佛華嚴經』 卷6, (大正藏10, p.32下) "毘盧遮那佛 願力周法界
　　一切國土中 恒轉無上輪 一毛現神變 一切佛同說 經於無量劫 不得其邊際" 참조.

경전을 즐겨 보고 고인의 자취를 두루 살펴서 한 사람이 성불하는 과정을 관찰하면 삼편성불의 도리를 알 것이다. 바라건대 불지를 연마하려는 이는 먼저 제전(蹄筌)[107]을 살핀 뒤에 다시 이전의 부처와 나중의 부처가 모두 같은 길이므로 오늘날 사람이 따라야 할 길이라는 것을 생각하라. 그러므로 이에 기록해 두는 것이다.

선사께서는 언젠가 삼편의 법을 말씀하셨는데 거기에는 세 가지 뜻이 있다. 첫째는 돈증실제편이고, 둘째는 회점증실제편이며, 셋째는 점증실제편이다.[108]

(1) - ① 돈증실제(頓證實際: 실제의 진리를 몰록 증득함)

광야에 해통(該通)이라는 선인이 있어 대중에게 다음과 같이 설법하였다.

"중생은 무시이래로 성품을 깨닫지 못하여 인연 따라 삼계에 윤회하다가 홀연히 선지식을 만나 성품을 깨칠 새 어느 누구에게도 의지하지 않고 정각을 이루므로 돈증실제(頓證實際)라 한다고 했다. 그러므로 경전에서 '설산에 인욕초라는 풀이 있는데 소가 그것을 먹으면 바로 제호를 낸다.'[109]고 하였다."

---

107) 蹄筌은 짐승을 잡는 도구인 올무로서 곧 문자언설을 의미한다.
108) 순지의 『三遍成佛論』은 이론의 측면이고, 돈증실제·회점증실제·점증실제의 셋은 실천의 측면이다. 그 상호관계는 다음과 같다.

```
┌ 表相現法: 四對八相·兩對四相·四對五相
│
└ 三遍成佛論 ─┬ 證理成佛論 ─┬ 頓證實際篇 ───── 出纏普賢 ┐
   (이론)      ├ 行滿成佛論  ├ 迴漸證實際篇 ├ 入纏普賢 ┤(실천)
               └ 示顯成佛論  └ 漸證實際篇   └ 果後普賢 ┘
```

109) 曇無讖 譯, 『大般涅槃經』 卷27, (大正藏12, p.525下) "善男子 雪山有草名爲忍辱牛若食者則出醍醐"

이때 대중 가운데 지통계선인(智通啓仙人)이라는 은사가 있다가 해통선인에게 사뢰었다.

"모든 중생에게는 원래 중생의 성품의 바탕이 있음을 진실로 알겠습니다. 그리고 일체지자(一切智者)께서 진교(眞教)를 연설하신 뜻은 한 사람만을 위한 것은 아닙니다. 왜냐하면 진교를 다 같이 듣고서도 오(悟)와 불오(不悟)가 같지 않기 때문입니다."

해통선인이 은사에게 말했다.

"중생이 비록 자성이 청정하고 원명(圓明)한 체성을 지니고 있지만 근본을 등지고 지말을 좇아 다겁생래로 윤회하는 까닭에 성품의 이근기와 둔근기가 같을 수 없으며, 그 근기에 따라 달라진다. 때문에 함께 진교를 들어도 오(悟)와 불오(不悟)가 각각 다르다. 이것은 진교의 허물이 아니다. 그래서 경전에서는 '마치 밝고 맑은 태양을 소경은 다 볼 수 있어도 지혜가 없는 자는 끝내 볼 수가 없다.'고 말했다."

은사인 지통계선인이 말씀드렸다.

"고명하신 가르침을 자세히 살피고 가르쳐 주신 말씀을 생각해 보건대 지혜로운 이가 설법하는 것은 한 사람만을 위함이 아니니 오(悟)와 불오(不悟)는 오직 미오(迷悟)에 달려 있는 것입니다. 그렇다면 어리석고 지혜로움이 본래 각각 다르니 설법이 무슨 소용이 있겠습니까."

해통선인이 지통계선인 은사에게 말했다.

"그대는 자세히 들거라. 내가 말해 주겠다. 설령 지인(智人)이라 해도 본래 깨친 것도 아니고 설령 우인(愚人)이라 해도 오랫동안 미혹한 것도 아니다. 우인(愚人)이 홀연히 진설(眞說)을 깨치면 그것이

지인(智人)이지 지인(智人)이 밖에서 따로 오는 것은 아니다. 만약 진교를 쓰지 않으면 우인(愚人)이 어찌 지인(智人)이 될 것이며, 만약 진교를 쓰지 않으면 어느 곳에서 이둔(利鈍)을 분별하리요. 그러므로 이근자는 진교를 듣고 성품의 본연을 깨닫게 되어 지인이 되는 것이니 어찌 우와 지의 차별이 있을 것인가. 그러므로 본질적으로 범성의 차이는 없으나 근기에 이둔(利鈍)의 차이는 있으니 지자(智者)는 한 사람만을 위해 설법하지 않지만 받는 이에 따라 다른 것이 마치 모계포란(母鷄抱卵)과 같아서 보통의 알은 모두 깨어나지만 혹시 깨어나지 못한 것이 있음은 어미 닭이 잘못 품은 결과가 아닌 것과 같다. 어미 닭은 알을 분별하지 아니하고 포용하지만 알 속에 있는 것 자체가 분별하는 것이다. 지자(智者)는 묘법을 상설(常說)하지만 오(悟)와 불오(不悟)는 학인에 달려 있을 뿐 지자(智者)에 있는 것은 아니다."

지통계선인 은사가 여쭈었다.

"중생이 만약 이근기라면 진교를 듣고 당장에 지혜가 생기겠지만, 돈오성지(頓悟性地)하는 자는 누구인가요?"

해통선인이 말했다

"이는 지혜로 비추어 보는 문수를 가리킨다."

지통계선인 은사가 여쭈었다.

"문수가 지혜로 비추어 보는 도리는 무엇입니까?"

해통선인이 말했다.

"문수가 지혜로 비추어 보는 것은 성품이다."

지통계선인 은사가 여쭈었다.

"지혜로 비추어 보는 것과 성품은 같습니까, 다릅니까?"

해통선인이 말했다.

"지혜로 비추어 보는 것과 성품은 같지도 않고 다르지도 않다."

지통계선인 은사가 여쭈었다.

"지혜로 비추어 보는 것과 성품은 같지도 않고 다르지도 않다는 것은 무슨 뜻입니까?"

해통선인이 말했다.

"지혜로 비추어 보는 것은 능증(能證)의 인(人)이고, 성품은 소증(所證)의 법(法)이다. 그러므로 능소가 없지 않다. 이런 까닭에 고인은 '이 무지(無知)의 반야로써 저 무상(無相)의 진제를 증득한다.'110)고 말하였다. 이런 점에서 지(智)와 성(性)은 같지가 않다. 또 능증(能證)의 지조(智照)와 무지(無知)의 소증(所證)인 성지(性地)는 체성이 없어 능과 소가 양립하지 않는다. 이런 까닭에 고인은 '지혜가 진여의 경지를 다하면 능소가 다 없어진다.'고 말하였다. 이런 점에서 지조(智照)와 성지(性地)는 다르지 않다."

지통계선인 은사는 해통선인의 말을 듣고 고명한 가르침을 받들어 의심의 그물이 사라졌다. 그때 해통선인이 대중에게 다음과 같이 설법하였다.

"먼저 지통계선인 은사에게 견성법을 설하였다. 그렇지만 만약 중행(衆行)을 말한다면 그렇지 않다."

그때 대중 가운데 행통계선인(行通啓仙人)이라는 이름을 가진 유자(遊者)가 있다가 해통선인에게 여쭈었다.

"견성법이 그와 같다면 중행은 어떻습니까?"

---

110) 『肇論』, 「般若無知論」, (大正藏45, p.153下) "是以聖人以無知之般若 照彼無相之眞諦 眞諦無兎馬之遺 般若無不窮之鑒"

해통선인이 행통계선인(行通啓仙人)이라는 유자(遊者)에게 말했다.

"만약 어떤 중생이 홀연히 진교를 듣고 문득 견성하여 그 견성에 조차 주함이 없이 수연행으로 자리이타의 비지(悲智)가 있으면 그것을 중행(衆行)이라 말한다."

유자인 행통계선인이 해통선인에게 말씀드렸다.

"저희가 아까 전에 선인의 설법을 들건대 홀연히 진교를 듣고 성품을 돈오하면 지혜로 비추는 문수라 말한다고 하였습니다. 그런데 지금 선인께서 설하신 것은 성품을 돈오하여 그 돈오에조차 주함이 없이 수연행으로 자리이타의 비지(悲智)가 있으면 그것을 중행(衆行)이라 말한다고 했습니다. 그러면 그 중행을 행하는 자는 누구입니까?"

해통선인이 말했다.

"그 중행을 행하는 자는 보현의 지위에 해당한다."

유자인 행통계선인이 해통선인에게 여쭈었다.

"그러면 보현대사는 어떤 지위에 속합니까?"

해통선인이 말하였다.

"인위(因位)인 오위(五位)에만 속해 있을 뿐 과위(果位)에는 다가서지 않는다. 비록 그 지위에 속해 있을 뿐이지 그 지위에 머물지는 않는다. 다만 그 지위에서 중행을 행할 때 세 등급의 보현이 있을 뿐이다."

유자인 행통계선인이 여쭈었다.

"그렇다면 인위에서 과위에 이르는 데에는 세 등급의 보현이 각각 하는 겁니까?"

해통선인이 말했다.

"그렇다. 첫째는 출전보현(出纏普賢)이고, 둘째는 입전보현(入纏普賢)이며, 셋째는 과후보현(果後普賢)이다."

유자인 행통계선인이 여쭈었다.

"이 등급의 보현 가운데 있는 우열의 등급이란 어떤 뜻입니까?"

해통선인이 말했다.

"세 등급의 보현 가운데 있는 우열의 등급이란 그 뜻이 같지가 않다. 말하자면 다음과 같다.

①-1 출전보현(出纏普賢)

이른바 출전보현은 견성 후에 중행을 행할 때 눈앞에 만 가지 경계를 대하면 깜빡 일어나는 마음이 없지 않지만 이미 심원(心源)에 도달하였으므로 환화의 경계에 걸리지 않는다. 그러므로 고인은 '끊어야 할 장애가 없는 것은 아니지만 그 장애를 끊는 능단(能斷)의 지혜가 있다.'고 말했다."

유자인 행통계선인이 여쭈었다.

"고인이 말한 '능증의 지혜를 일으키면 소단(所斷)의 장애가 없다.'는 뜻은 무엇입니까?"

해통선인이 말했다.

"능증의 지혜를 일으키면 소단의 장애가 없다는 말은 문수가 미혹을 끊는 것이다. 왜냐하면 문수는 성품을 상대할 때에도 본체 안에 딴 모습이 없기 때문이다. 그런데 지금 '끊어야 할 장애가 없는 것은 아니지만 그 장애를 끊는 능단의 지혜가 있다.'는 말은 보현이 미혹을 끊는 것이다. 왜냐하면 보현은 여러 가지 지위를 겪을 때 미혹을 끊어 덕을 성취함이 없지 않기 때문이다. 이런 까닭에 문수와 보현이 미혹을 끊어 덕을 성취함이 같지 않다. 그런데 문수와 보현이 미혹을 끊어 덕을 성취하는 모습을 모른다면 미혹을 끊어 덕을 성취하는 뜻을 두고 다투게 될 것이다."

유자인 행통계선인이 여쭈었다.

"문수가 미혹을 끊는 것은 이제 그런 줄 알았습니다. 그러나 보현이 미혹을 끊는 것을 논한다면 현행번뇌를 끊는 겁니까, 습기번뇌를 끊는 겁니까?"

해통선인이 말했다.

"만약 보현의 지위로 말하자면 현행번뇌가 전혀 없다. 그런데도 보현이 번뇌를 끊는 것에 주한다는 것은 습기번뇌의 경우이다."

유자인 행통계선인이 여쭈었다.

"현행번뇌와 습기번뇌가 어떤 것이기에 보현에게 현행번뇌는 전혀 없고 오직 습기번뇌만 있다는 겁니까."

해통선인이 말했다.

"범부는 경계를 대하여 마음을 일으키되 앞뒤의 경계를 알지 못하여 업을 짓는데 이것이 현행번뇌이다. 그러나 지혜로운 자는 경계를 대하여 마음이 일어나더라도 그 경계가 허망한 줄을 알아 이전의 경계에 막히지 않는데 그것은 습기번뇌이기 때문이다. 보현은 견성한 후에 만행한 사람이기 때문에 현행번뇌는 전혀 없고 오직 습기번뇌만 있을 뿐이다. 만약 끊을 습기가 전혀 없다면 난인(難忍)을 능인(能忍)할 필요가 어디 있겠으며, 지혜와 자비로 성불한 법이 없다면 난행(難行)을 능행(能行)할 필요가 어디 있겠는가. 비록 자비와 지혜의 이문(二門)을 행하지만 짓는 바는 본체에 의하여 행을 성취한다. 그러므로 고인은 다음과 같이 말했다.

행위는 모두 자기의 성품에 의하여
수행을 통해 공덕의 숲을 성취한다
궁극의 적멸에조차 나아갈 뜻 없이
오직 중생의 제도에만 힘쓸 뿐이다
곧 자비를 행하니 자비가 광대하고
지혜를 활용하니 지혜 또 깊어진다
이타를 하고 자리를 모르는 도리를
소승의 성인들이 그 어찌 헤아리랴

이로써 출전보현의 중행은 지혜와 자비로 본체에 의하여 수행하는 것임을 알 것이다. 또 자세하게 말하자면 보현의 중행은 항포와 원융을 나란히 드러내고[齊現], 단혹(斷惑)과 성덕(成德)을 함께 지니며[俱有], 자리와 이타를 쌍수(雙修)하고, 지문(智門)과 비문(悲門)을 함께 성취한다[並成]. 이처럼 수행 자체를 말하자면 대용(大用)을 번흥(繁興)하는 데 그 일으키는 대용은 반드시 완전한 진리[全眞]이고, 수행의 행상을 말하자면 지위에 의하여 번뇌를 끊음이 없지는 않지만 지위가 높을수록 습기가 엷어지고 수행이 광대할수록 자비와 지혜가 증장하고 깊어지니[增深] 십주부터 십지에 이르면 출전보리(出纏菩提)가 원만해진다.

①-2 입전보현(入纏普賢)

또한 입전보현은 일체군품(一切群品) 중에 동류대비(同類大悲)하는 것이다. 이는 앞의 출전보현위(出纏普賢位) 중에 비지(悲智)를 널리 행하여 자리이타행을 하기 때문에 단혹성덕(斷惑性德)의 공이 없을 수 없다. 비록 단혹성덕(斷惑性德)의 공일지라도 출전(出纏)이 이미 원만해진 후에는 출전(出纏)의 무환지처(無患之處)만 믿고 있는 것이 아니다. 때문에 사생육취(四生六趣)에서 대비를 널리 행하여 중생의 번뇌를 함께 끊어 교화하는 것을 입전보현이라 말한다. 이로써 입전하여 중생을 교화하는 덕과 앞에서 출전하여 공을 이루는 덕에서 두 가지 마음의 공이 나란하고 평등하므로 등각이라 말하고 자비와 지혜가 원만하므로 등각이라 말하며, 출전과 입전을 취하지 않고 대지(大智)와 대비(大悲)를 취하지 않으므로 묘각이라 말한다. 비록 지혜와 자비 그리고 입전과 출전을 취하지 않더라도 그 과덕을 말하자면 취하지 않는 행이 없고 거두지 않는 지위가 없다.

①-3 과후보현(果後普賢)

말한 바 과후보현이란 편행삼매(遍行三昧)를 말한다. 이른바 묘각위에서 출전(出纏)의 대비(大悲)와 대지(大智)를 취하지 않아 거기에 주하지 않는다. 그러면서 도리어 출전과 입전의 대지와 대비를 향하여 역순으로 종횡하면서 모든 지위에서 중생과 함께 어울리고[同類] 같은 마음을 지닌다[同心]. 또한 어느 일정한 지위만 지키는 것이 아니라 인연 따라 자유롭게 널리 대비를 지으며 모든 부류 가운데 어느 특정한 지위를 고수하지 않고 능작(能作)이면서 부작(不作)하고 능수(能受)이면서 불수(不受)한다. 이런 까닭에 과후보현이라 말한다. 만약 그 사람의 소행을 정취(定取)하려 해도 그 사람의 행처는 알 수가 없다.

말한 바 세 등급의 보현이란 세 사람이 아니라 한 사람이 수행하는 것들이다. 그 수행의 수승과 열등에 의하여 대의를 세 등급의 보현으로 나눈 것이다. 말한바 한 사람이란 처음의 돈증실제 때를 가리킨 것으로 곧 문수를 의미한다. 그러나 여기에서 수연행으로 그것을 행할 때는 보현을 의미한다. 그러므로 한 사람이라 말한다. 이것은 내증(內證)과 외화(外化)를 통틀어 취한 것이다. 만약 내증과 외화가 같지 않다면 문수와 보현은 두 사람이 될 것이다. 그리고 만약 능증과 소증 및 중행(衆行)의 부동(不同)을 통틀어 취한다면 세 사람이 된다. 이것이 화엄의 가르침[大敎]의 뜻과 설명[意說]이다. 『화엄경』의 제목에서 말하는 '대방광(大方廣)'은 소설(所說)의 법이므로 곧 비로자나이고, '불(佛)'은 능증(能證)의 인(人)이므로 곧 문수이며, 화엄(華嚴)은 수연(隨緣)의 행(行)이므로 곧 보현이다. 이 일불(一佛)과 이보살(二菩薩)이 곧 세 사람이다. 만약 보현행을 수행코자 한다면 먼저 진리를 궁구하고 나서 수연행을 행해야 한다. 그런즉 금행(今行)과 고적(古跡)이 상응하여 마치 문을 닫고서는 수레를 만들고 문을 나서서는 수레를 모는 것과 같다."

② 회점증실제편(廻漸證實際篇)[111]

이때에 해통선인이 대중에게 말했다.

"어떤 중생은 끝없는 옛적부터 성품을 깨치지 못하고 삼계에 윤회하다가 삼승의 점교를 듣고는 삼승법과 삼계의 고뇌를 깨친다. 그 삼승인이 홀연히 진교를 듣고 돌이켜[廻] 묘혜를 성취하고 실제를 궁증(窮證)하므로 회점증실제라 말한다. 이런 까닭에 고인이 말한 "문 앞의 세 가지 수레는 권승(權乘)이다. 그와는 달리 노지백우(露地白牛)이어야 비로소 실제를 밝힌다."는 것이 그 뜻이다."

그러자 은사인 지통계선인이 말씀드렸다.

"이 회점증실제를 얻은 사람과 앞에서 점증실제를 얻은 사람은 같

---

111) 회점증실제는 방편수행이고 상구보리하화중생이다. 四對八相 가운데 三乘求空相에 해당된다. 곧 방편의 점교로 삼승의 진리를 증득하는 것이다.

습니까, 다릅니까?"

해통선인이 말했다.

"비록 이전에는 삼승에 떨어져 있었지만 지금은 삼승에 있지 않기 때문에 내처(來處)는 까마득히 다르지만 지금은 회점증실제했기 때문에 저 돈증실제자와 더불어 다르지 않다. 그래서 고인은 "백 갈래의 개울이 바다에 이르러서는 백 갈래의 이름이 사라지고, 삼승이 일승으로 돌아가면 삼승이라는 이름은 사라진다."[112]고 말했다. 그런즉 이 회점증실제인은 저 돈증실제인과 더불어 다름이 없다. 회점증실제와 돈증실제가 같은가 다른가를 걱정하지 말고 스스로 수연심을 돌이켜 실제의 도리를 비추어 보아야 한다."

지통계선인 은사는 진설(眞說)을 깨치고 잠자코 아무런 말도 없었다. 이때 행통계선인(行通啓仙人) 유자가 말씀드렸다.

"저희들은 아까 전에 해통선인께서 말씀하신 바를 들건대 어떤 중생이 성품을 몰록 증오(證悟)하고서 그 경지에 머물지 않고 수연행을 행하면 중행(衆行)이라 말하고 그러한 수행을 행하는 사람을 보현이라 말할 것입니다. 그러면 지금 회점증실제를 얻은 후에도 중행을 하는 사람이 있습니까, 중행을 하는 사람이 없습니까?"

해통선인이 말했다.

"중행을 행함이 없는 것은 아니다. 왜냐하면 회점증실제를 얻는 자는 노지백우이다. 노지백우는 길을 가는데 노지에 주함이 없기 때문에 중행을 행하지 않는 사람이 없다. 말한 바 노지백우란 노지는 소증(所證)의 법이므로 비로자나이고, 백우는 능증(能證)의 사람이므로 문수이며, 백우가 길을 가는데 그 자리에 주함이 없으므로 그

---

112) 李通玄 撰, 『新華嚴經論』 卷1, (大正藏36, p.725上) 참조.

것은 보현이다. 보현이 행하는 바가 곧 중행이다. 돈증실제와 회점증실제의 두 가지 대의는 이와 같다. 그러므로 그대들 스스로 잘 그 동이(同異)를 관찰해 보고 스스로 알아차려야 한다.

③ 점증실제편(漸證實際篇)[113]

점증실제편이란 다음과 같다.

그때 다시 해통선인이 대중에게 설하였다.

"어떤 중생이 무시이래로 성품을 깨치지 못하고 삼계를 윤회하면서 인연을 따라 과보를 받다가 홀연히 점교를 듣고서 신해(信解)가 점차 발생하여 육바라밀 수행에 의지하면서 삼아승지겁이 지나도록 난인(難忍)을 능인(能忍)하고 난행(難行)을 능행(能行)하며 번뇌를 끊고 공덕을 성취하여 비로소 무루진지(無漏眞智)를 얻어 법신이 드러난다. 때문에 점증실제라 말한다. 그러므로 고인이 '신근(信根)이 일념이라도 생기면 제불은 다 그것을 안다. 그것을 인(忉)으로 삼아 수행하면 미래 시에 과를 증득한다. 삼대아승지겁에 육바라밀을 오랫동안 베풀고 닦아서 무루종자를 익혀야 바야흐로 부사의라 일컫는다.'고 말한 것이다."

이때 지통계선인 은사가 해통선인에게 사뢰었다.

"지금의 이 점증실제를 얻은 이와 아까 전의 돈오실제를 얻은 사람의 같고 다름이 어떠합니까?"

해통선인이 지통계선인 은사에게 말했다.

"점과 돈이 같지 않지만 마침내는 하나로 돌아가니 그 까닭이 무엇이겠는가. 작은 개울이 바다로 돌아가면 동일한 일미가 되듯이 점

---

113) 점교로 진리를 증득하는 것으로 수행 후에 깨치는 것이다.

문의 견해가 근원에 돌아가면 어찌 두 갈래가 있겠는가. 이런 까닭에 점과 돈이 비록 다르지만 근원에 돌아가면 다름이 없다."

지통계선인 은사가 해통선인의 가르침을 받들어 다른 견해를 내지 않고 물러나 잠자코 있었다. 그때 유자인 행통계선인이 말했다.

"전편(前遍)에서 해통선인의 말씀을 듣잡건대 돈증실제를 얻은 후에 수행인이 있다고 하였습니다. 그러면 지금 이 편(遍)에서 설명한 점증실제를 얻은 자가 점증실제 이후에도 수행인이 있겠습니까?"

해통선인이 말했다.

"비록 수행하는 사람이 없지는 않지만 수행이 전편과 같지는 않다. 설명한 바 돈증실제 한 이후에 지위를 따라 행할 때는 출전과 입전 내지 과후 세 등급의 보현행이었다. 그러나 지금 이 점증실제편에서의 뜻은 점교방편에 의하여 삼아승지겁의 보살행을 닦아야 바야흐로 무루진지(無漏眞智)를 얻는다는 것이다. 이 무루진지로써 법신을 드러내므로 점증실제라 한다. 점증실제 이후에는 비록 수행을 행함이 없지는 않지만 온전히 지위의 등급에 의한다. 이런 까닭에 전편(前篇)에서 설명한 것과는 다르다."

행통계선인 유자가 물었다.

"아까 전에 듣잡건대 앞의 두 편에서는 능증인과 소증법 내지 수연행인 등 각각의 이름이 있다는 것을 두루 설명하였습니다. 그러면 지금 이 점증실제편에서도 능증인과 소증법과 수연행인 등 각각의 이름이 있습니까. 바라건대 가르쳐 주시기 바랍니다."

해통선인이 행통계선인 유자에게 말했다.

"능증인과 소증법 내지 수연행인의 이름이 없지는 않다. 그러나 여기에서 능증인은 무루진지로서 역시 보신불이고, 소증법은 곧 실제로서 법신불이며, 수연행인은 무루진지가 자기의 자리를 고수하지 않고 수연으로 중생을 이롭게 하는 것으로서 행인(行人)이라고도 말하고 또 화신불이라고도 말한다."114)

순지화상은 향년 65세에 천화하였다. 시호는 요오선사(了悟禪師)이고 탑호는 진원(眞原)이다.

이상의 삼증실제설(三證實際說)은 화엄사상을 오득(悟得)한 이후에 실천해야 할 방향을 선가의 입장에서 구체적으로 제시한 것이다. 특히 이 사상의 중심 문제는 돈오한 수행인이 지구력으로 계속 정진하는 수행자가 되면 근기의 차이는 있으나 언제나 동귀일미(同歸一味)하는 때가 올 것으로 신념을 불어넣어 주고 있다. 또한 주목해야 할 문제는 선인과 은사의 문답을 통하여 선리를 이끌어 가는 모습으로 교학에 근거한 선리의 전개가 한국선의 기반에 깔려 있다는 것이다. 이 같은 방법을 더욱더 발전시킨 선사는 고려 의종(毅宗)시대의 보조국사 지눌이었다.

---

114) 순지의 三身佛觀은 법신은 증득되는 法이고, 보신은 법을 증득하는 주체로서의 人이며, 화신은 수행의 주체로서의 行人을 가리킨다.

III
한국선법의 발전

1. 청평거사(清平居士: 1061~1125)의
능엄선(楞嚴禪)

 나말 여초에 선법이 전래되면서 소위 구산문(九山門)을 비롯한 많은 선풍이 점차 기반을 형성하기 시작한 것은 고려 중기였다. 천태종의 개창과 더불어 이에 자극을 받아 선종계통에서도 기존 산문의 성격을 벗어나 하나의 종파로서 면모를 갖추어 가기 시작한 것이다. 그것이 고려 무인정권시대와 함께 보조지눌(普照知訥)의 출현으로 말미암아 한국적인 선사상의 정립과 더불어 새로운 결사운동을 통한 선종의 기반을 탄탄하게 구축하였다. 나아가서 지눌에 의한 송대 간화선의 도입은 진각혜심(眞覺慧諶)에 이르러 본격적인 간화선 위주의 선풍을 진작하게 되었다. 이런 즈음에 약간 앞서 점차 일반화되고 보편화되어 가는 선법은 일반 지식인들뿐만 아니라 귀족계층에서도 교학불교와 더불어 수양과목으로서 선수행은 필수적인 교양으로 수용되고 있었다. 이와 같은 고려 중기의 선법은 소위 거사선(居士禪)이라는 일군의 선풍을 불러일으켰다. 그 거사선의 한가운데는 이자현이라는 인물이 있었다.

 진락공(眞樂公) 청평거사(淸平居士)로 불렸던 이자현은 당시 가지산문의 계승자였던 학일(學一: 1052~1144) 및 탄연(坦然: 1070~1159)을 비롯한 당시의 선승들과 교유하면서 상호 간에 영향을 주고받으면서 나름대로 독자적인 선풍을 다져 나갔다. 그것은『능엄경』을 중심으로 하는 소위 능엄선의 흥기와 송대 선종의 영향으로 수입된 간화선의 등장이었다. 더욱이『금강경』을 애독하여 금강거사로 불렸던 이오(李顗: 1050~1110)를 비롯하여 설당거사(雪堂居士)라 불렸던 김부식(金富軾: 1075~1151)과 그의 동생인 김부철(金富轍) 등은 그 선구적인 사람들이었다.

이와 같은 분위기 속에서 등장한 청평거사로 불렸던 이자현(李資玄: 1061~1125)은 일찍이 벼슬을 그만두고 청평산 문수원에 은거하면서 참선과 경전의 공부로 일관하였다. 이자현은 일찍이『설봉어록(雪峰語錄)』을 읽다가 그 가운데에 "온 우주법계가 그대로 모두가 눈[眼]인데 그대는 어디에 웅크리고 앉아 있겠는가." 하는 부분에 이르러 크게 깨침을 경험하였다.

이후로 운문문언의 어록 등 여러 가지 어록과 경전을 즐겨 애독하였다. 경전 가운데는 특히『능엄경』을 중시하여 그 제자들에게도 널리 권장하였다. 이자현은『능엄경』의 지(地)·수(水)·화(火)·풍(風)·공(空)·근(根)·식(識) 등 칠대오입(七大悟入)을 통한 망념의 타파를 중시하여 그것을 통한 깨침을 강조하였다.

나아가서 일체 존재가 여래장(如來藏) 아님이 없음을 설명하는 내용에도 깊이 탐구하였다. 구체적인 수행의 방법으로는 25가지 원통을 제시하였다. 그 가운데서도 관음보살이 수행한 이근원통(耳根圓通)은 이자현에게 특별한 것이었다. 그 이근원통은 반문문자성(反聞聞自性)으로서 소위 듣고 있는 자신의 성품을 다시 돌이켜 관찰하는 것으로 귀결된다.

이근원통이란 25성인이 각기 자신이 깨친 원통방편을 설명하자 부처님은 문수에게 그 시비를 가려 보라고 말한다. 이에 문수는 차례로 25성인의 견해에 대하여 평가하면서 마지막에 해당하는 관세음의 이근원통이야말로 최상의 방편임을 찬탄한다. 25원통은 6진과 6근과 6식과 7대가 원통한 것을 말한다. 이자현이 늘 곁에 두고서 좌선의 수행으로 닦았던 25가지 원통수행은 다음과 같다.

육진오입(六塵悟入)은 다음과 같다.

성진오입(聲塵悟入)은 교진여가 부처님의 음성을 듣고 사성제를 깨친 것이다. 색진오입(色塵悟入)은 우파니샤타 곧 진성(塵性)이라는 수행자가 부정관을 관찰하여 무학도를 성취하는 것이다. 향진오입(香塵悟入)은 향엄동자가 두루 유위(有爲)를 관찰하다가 침수향이 타는 냄새를 통하여 무루지를 얻은 것이다. 미진오입(味塵悟入)은 약왕과 약상이 약초의 맛을 통하여 보살지를 얻은 것이다. 촉진오입(觸塵悟入)은 발타파라 곧 현호(賢護)가 때를 씻는 물을 통하여 무소유경지를 얻은 것이다. 법진오입(法塵悟入)은 마하가섭과 자금광 비구니 등이 육진이 모두 공적한 줄을 터득하여 멸진정을 얻은 것이다.

육근오입(六根悟入)은 다음과 같다.

안근오입(眼根悟入)은 아나율다 곧 무빈(無貧)이 요견조명(樂見照明)의 금강삼매를 통하여 얻은 지혜이다. 비근오입(鼻根悟入)은 주리반특가 곧 단도(繼道)가 출입식을 통하여 무학위(無學位)를 얻은 것이다. 설근오입(舌根悟入)은 교범바제 곧 우가(牛呵)가 혀를 통하여 무학위를 얻은 것이다. 신근오입(身根悟入)은 필릉가바차 곧 여습(餘習)이 촉각을 통하여 무학위를 얻은 것이다. 의근오입(意根悟入)은 수보리 곧 공생(空生)이 공성(空性)을 통하여 무학위를 얻은 것이다.

육식오입(六識悟入)은 다음과 같다.

안식오입(眼識悟入)은 사리불이 심견(心見)을 통하여 아라한을 얻은 것이다. 이식오입(耳識悟入)은 보현보살이 심문(心聞)을 통하여 지혜를 터득한 것이다. 비근오입(鼻識悟入)은 손타라난타가 출입식을 통하여 수기(授記)를 받은 것이다. 설식오입(舌識悟入)은 부루나 미다라니자가 대변재(大辯才)의 음성을 통하여 아라한을 얻은 것이다. 신식오입(身識悟入)은 우파리가 청정계율을 통하여 아라한을 얻은 것이다. 의식오입(意識悟入)은 대목건련이 신통력을 통하여 아라한을 얻은 것이다.

칠대오입(七大悟入)은 다음과 같다.

화대오입(火大悟入)은 오추슬마 곧 화두(火頭)가 화광삼매를 통하여 아라한을 얻은 것이다. 지대오입(地大悟入)은 지지보살이 비사사불을 위하여 땅을 평탄하게 한 수행으로 무생법인을 얻은 것이다. 수대오입(水大悟入)은 월광동자 곧 수천(水天)이 수성관법(水性觀法)을 통하여 동진(童眞)이란 이름을 얻은 것이다. 풍대오입(風大悟入)은 유리광보살 곧 무량성(無量聲)이 시공을 관찰하여 무생법인을 얻은 것이다. 공대오입(空大悟入)은 허공장보살이 정광불(定光佛) 밑에서 무변신(無邊身)을 통하여 무생법인을 얻은 것이다. 식대오입(識大悟入)은 미륵보살 곧 자씨(慈氏)가 식심삼매(識心三昧)를 통하여 무생법인을 얻은 것이다. 근대오입(根大悟入, 見大悟入)은 대세지 법왕자 곧 무량광(無量光)이 육근을 통하여 삼매를 터득하는 것이다.

마지막으로 이근원통(耳根圓通)의 구체적인 수행은 다음과 같다.

대중과 아난이여, 그대들이 전도하여 듣는 바탕을 돌이켜서 듣는 자성을 되돌이켜 듣는다면 그 성품은 최상의 도를 이루게 될 것이니 원통의 진실이 그와 같다. 이것이 바로 미진불(微塵佛)이 열반에 들어간 하나의 길이었다. 과거의 모든 여래도 이 반문자성(反聞自性)의 수행으로 여래를 성취하였고 현재의 모든 보살도 지금 각자 원명(圓明)한 수행문에 들어가며 미래의 수행자들도 마땅히 이 수행법에 의지해야 할 것이다. 나도 이 수행법에 의지하였듯이 관세음만 그런 것이 아니다.

이처럼『능엄경』의 경문에서도 이근원통의 중요성을 부각시켜 육근오입 가운데서 이근오입에 대한 설명은 생략하고 경전을 따로 할애하여 설명을 하고 있다. 이로써 보면 중생의 육근 가운데 이근방편(耳根方便)이 가장 뛰어남을 말하여 관세음보살이 원통대사(圓通大士)라 불렸다는 것은 쉽게 수긍할 만하다. 이자현은 바로 이 25원통의 하나하나에 대하여 스스로 수행을 통하여 몸소 깨침을 맛보고서 그에 대하여 크게 확신을 지녔다.

이리하여 스스로『능엄경』에 근거하여 스스로뿐만 아니라 제자들이게도 또한 선문에 몸담고 있는 사람들에게까지도 널리『능엄경』과 그 수행법을 권장하였다. 그리하여 그는 직접 입적하는 날까지『능엄경』을 강의하였다. 특히 왕명을 받들어 행한『능엄경』법회에는 늘 많은 사람들이 남녀노소 구분이 없이 몰려들었다고 한다.『능엄경』은 일찍부터 우리나라에 전래되었던 것으로 보인다.

그러나『능엄경』이 우리나라에서 하나의 경전으로서 그 권위를 확보하게 된 것은 대각국사 의천(義天: 1055－1101) 이후로 간주된다. 의천은 1085년에 입송하여 화엄종의 대가인 정원(淨源)을 만났다고 한다. 송대에『화엄경』과『반야경』과『능엄경』등 다방면에 조예가 깊었기에 능엄대사(楞嚴大師)라 불렸던 장수자선에게서『능엄경』을 배운 정원은『능엄경』에 대하여 주석서를 남긴 사람이기도 하다. 이로써 『능엄경』의 위상이 부각되면서 의천은 그 주석서까지도 널리 수집하였다.

이와 같은 상황에서 수행의 구체적인 방법을 제시하고 있는 경전으로서 『능엄경』은 귀족계층 및 식자층으로로터 크게 호응을 얻을 수가 있었다. 특히 『능엄경』이 지니고 있는 구성의 치밀함과 바른 수행으로부터 나타나는 경지 및 잘못된 수행으로부터 나타나는 선병(禪病)과 그 퇴치방법 등은 어느 경전 못지않게 자세하고 효과적으로 제시되어 있다. 때문에 마음을 다스리는 지침서로서 『능엄경』은 선사들뿐만 아니라 교학을 공부하는 승려 및 사대부 계층에서 넓게 의용되어 사상적인 영역을 확대해 가고 있었다.

또한 구체적인 이론과 실천이라는 두 측면에서 제기된 문성(聞性)과 견성(見性)의 문제는 조금이라도 수행에 관심을 두고 있는 사람에게는 충분히 매력 있는 내용이기도 하였다. 곧 견성은 망심(妄心)을 타파하고 깨침을 얻어가는 입장과 반대로 진심(眞心)을 일깨워 확대해 나아가는 입장은 법계 모두가 그대로 깨침의 완성이라는 송대 조사선의 전개와도 부합되는 것이었다. 그것이 일반 중생들에게는 널리 일체 존재가 여래장 아님이 없음을 설명하는 것으로 수용되기에 충분하였다.

실제로 불성 및 여래장의 사상까지도 폭넓게 제시하고 있는 『능엄경』의 입장은 더할 나위 없이 좋은 지남이었다. 이자현은 이와 같은 『능엄경』 사상의 이론적인 측면과 실천적인 측면을 문수원(文殊院)이라는 가람의 형태에 그대로 구현해 두었다. 그리고 스스로 문수원의 구조를 통하여 늘 수행과 깨침과 그 보급에 널리 힘썼다.

이후 이자현의 영향을 크게 받은 혜조국사 담진과 대감국사 탄연 및 권적(權適: 1094-1146) 등이 있었다. 이자현은 자신이 크게 영향을 받은 선사상과 선수행을 바탕으로 하여『추화백약공낙도시(追和百藥公樂道詩)』·『선기어록(禪機語錄)』·『가송(歌頌)』·『포대송(布袋頌)』등 다양한 시문집을 저술하기도 하였다.

2. 보조지눌(普照知訥: 1158~1210)의
융통선(融通禪)

한국의 선사상을 논할 경우 신라 말기부터 그 편린을 찾아볼 수 있다. 당시 중국으로부터 수입된 다양한 불교사상이 있었지만 선사상에 대한 본격적인 수용은 나말·여초 구산선문의 형성과 관련시킬 수가 있다. 그러나 당시에 수용된 선법은 거의가 중국적인 색채를 벗어나지 못한 일종의 모방과 전승에 지나지 않았다고 해도 과언이 아니다. 이후 고려 중기에 보조국사 지눌의 등장과 함께 이전의 선법을 이어 그 바탕 위에 비로소 한국적인 선사상의 전개와 더불어 선사상을 수록한 어록 내지 저술의 형태가 시작되었다고 할 수 있을 것이다.

그 시작은 아무래도 보조국사의 어록에서 찾아볼 수가 있다. 이 점에서 보조의 어록은 한국의 선사상에 있어서 그 최초로서 한국적인 선사상의 맹아라고도 말할 수 있을 것이다. 따라서 한국의 선사상을 살펴보는 일환으로 한국에서 저술되고 전승된 어록 내지 저술에 대하여 우선 한국의 본격적인 선전(禪典)으로는 최초이면서 널리 알려져 있는 『보조전서』를 살펴볼 필요가 있다.

보조지눌(普照知訥: 1158~1210)은 호가 목우자(牧牛子)이고 시호는 불일보조국사(佛日普照國師)이다. 고려 제18대 의종황제 12년

(1158)에 출생하였다. 어려서 구산선문 가운데 사굴산문에 속하는 종휘(宗暉) 선사에게 출가하였다. 25세 때 보제선사(普濟禪寺)에서 시행된 승과에 급제하였다. 그 후에 당시의 불교계가 명리와 출세에 빠져 있는 것을 보고서 스스로 몇 명과 결사를 맺어 불조혜명(佛祖慧命)의 길을 지향하기로 맹세하였다. 이후『단경(壇經)』·『신화엄경론(新華嚴經論)』·『서장(書狀)』 등을 통하여 세 차례의 깨침을 터득하였다. 이후 조계산 길상사를 중심으로 크게 법화를 떨치다가 1210년 53세에 입적하였다.

보조국사는 우리나라의 선문에서 가장 많은 저술을 남긴 인물로도 유명하다. 오늘날까지 전하는 것만 해도『권수정혜결사문』·『수심결』·『진심직설』·『원돈성불론』·『간화결의론』·『법집별행록절요병입사기』·『염불인유경』·『화엄론절요』·『계초심학인문』 등이 전한다.

특히 간화선법을 수용하여 나름대로 체계를 확립한 것은 이후에 오늘날까지 돈오점수의 사상과 더불어 우리나라 선수행의 기초를 이루는 중요한 업적이기도 하다. 곧 수행의 과정을 돈오한 이후의 점수로 정립한 것이다. 또한 보조국사는『수심결』과『정혜결사문』과『법집별행록절요병입사기』 등을 통한 성적등지문,『화엄론절요』를 통한 원돈신해문,『간화결의론』을 통한 간화경절문 등 삼종문의 수행체계를 완성하기도 하였다. 여기에서 승속의 모든 사람들에게 수행의 지침서가 되어 있는『목우자수심결』에서는 다음과 같이 말한다.

삼계의 번뇌는 마치 불타는 집과 같다. 그런데 어찌하여 거기에 머물러 긴 고통을 달게 받는가. 그러니 윤회를 벗어나고자 하면 부처를 구하는 것이 최고이다. 만약 부처를 구하고자 한다면 부처는 곧 이 마음이다. 그러니 이 마음을 어찌 멀리서 찾을 것인가. 마음은 이 몸뚱이를 떠나 있지 않다. 이 몸뚱이는 생과 멸이 있지만 진심은 허공과 같아서 없어지지도 않고 변하지도 않는다. 그러므로 이에 대하여 "온갖 육신은 흩어 없어져 불로 돌아가고 바람으로 돌아간다. 그러나 진심은 영원히 신령스러워 하늘을 덮고 땅을 덮는다."라고 말하는 것이다.

안타깝구나. 오늘날 사람들은 오랫동안 미혹하여 자신의 마음이 곧 진정한 부처인 줄도 모르고 자신의 성품이 진정한 진리인 줄도 모르고 진리를 구하려고 하면서 멀리 성인들만 쳐다보고 부처를 구하려고 하면서도 자기의 마음을 관찰할 줄을 모르는구나. 만약 마음 밖에 따로 부처가 있고 성품 밖에 따로 진리가 있다고 말하면서 자신의 잘못된 생각을 고집하여 불도를 구하고자 하는 자는 무수한 겁이 지나도록 몸을 불태우고 팔을 자르며 뼈를 부수어 골수를 내고 피를 뽑아 사경을 하며 오랫동안 좌선하면서 눕지도 못하고 하루 한 끼의 식사만 하며, 내지 대장경 전체를 독파하고 갖가지 고행을 닦는다 하더라도 그와 같은 행위는 모두 모래를 쪄서 밥을 지으려는 것처럼 어리석은 일로서 아무런 이익도 없이 수고만 할 뿐이다. 그러나 그와는 달리 단지 자신의 마음만 알고 나면 항하의 모래숫자만큼 모든 법문과 한량없는 오묘한 뜻을 저절로 성취할 수가 있다. 때문에 세존께서는 "일체중생을 두루 살펴보니 모두가 여래의 지혜와 덕상을 갖추고 있구나."고 말하였고, 또한 "일체중생이 짓는 갖가지 허깨비와 같은 일도 모두 여래의 원각묘심으로부터 생긴 것이다."고 말하였다.

이로써 보면 바로 이 마음을 떠난 밖에서는 부처를 성취할 수 없는 줄을 알 수 있다. 과거의 모든 여래도 단지 이 마음을 깨친 사람일 뿐이다. 그리고 현재의 모든 성인들도 또한 이 마음을 닦은 사람일 뿐이다. 그러니 미래에 도를 닦을 사람들도 마땅히 이 마음 닦는 법에 의지해야 할 것이다. 그러므로 바라건대 모든 수도하는 사람들은 결코 밖을 향해서 찾으려고 해서는 안 된다. 마음의 성품은 물들지 않고 본래부터 저절로 원만하게 이루어져 있다. 그러므로 망상과 반연만 떠나 있으면 그대로가 여여한 부처이다.

묻는다: 만약 불성이 현재 이 몸에 있다고 말한다면 이미 몸속에 있어서 범부를 떠나 있지 않을 것입니다. 그런데 어째서 저는 지금 불성을 보지 못하는 겁니까. 그것을 잘 해석하여 깨치게 해 주십시오.

답한다: 그대의 몸 안에 있는데도 그대가 보지 못하는 것이다. 그대가 하루 24시간 내내 배고픈 줄 알고 목마른 줄 알며 추운 줄 알고 더운 줄 알며 성내기도 하고 기뻐하기도 하는데 결국 그것이 과연 무엇이던가. 또한 몸뚱이는 흙과 물과 불과 바람의 사대가 인연하여 모인 것으로서 그 바탕이 완고하여 감정이 없는 것인데 어떻게 그것들이 보고 들으며 느끼고 알 수가 있겠는가. 그것은 필시 그대의 불성이 있기 때문이다. 그래서 임제의현 선사는 다음과 같이 말하였다. "사대는 법을 설할 줄도 모르고 법을 들을 줄도 모른다. 허공도 법을 설할 줄도 모르고 법을 들을 줄도 모른다. 그러나 단지 그대

앞에서 분명하고 밝게 드러나 있건만 형체를 알아볼 수가 없는 바로 그 어떤 것이 법을 설할 줄 알고 법을 들을 줄 아는 것이다." 이른바 형체를 알아볼 수 없는 바로 그것이 곧 제불의 법인이고 또한 그대의 본래마음이다. 그런즉 불성이 현재 그대의 몸뚱이에 있는데도 어째서 밖에서 구하려고 하는가. 그대가 만약 이 말을 믿지 못하겠거든 간략하게 옛날 성인이 깨침에 들어가게 된 기연을 들어 설명하여 그대의 의심을 없애 줄 테니 그대는 잘 듣고 믿도록 하라.

3. 진각혜심(眞覺慧諶: 1178~1234)의
일문선(一門禪)

1) 진각혜심

진각혜심은 속성이 최씨이고 이름은 식(寔)이며 휘는 혜심(慧諶: 1178~1234)이고 자는 영을(永乙)인데 무의자(無衣子)라 자칭했다고 한다. 나주 화순 사람이다. 어려서 아버지를 여의고 어머니에게 출가 의 뜻을 보였으나 허락하지 않고 유학을 힘쓸 것을 권하였다. 그러나 항상 불경을 생각하고 주문을 외워 드디어 신통한 힘을 얻었다.

24세 때(1201) 진사 시험에 합격하고 태학에 들어갔으나 어머니 의 병환 소식을 듣고 고향에 돌아와 병구완을 하였다. 그때 관불삼 매(觀佛三昧)에 들었는데 어머니는 그 꿈에 여러 부처님과 보살님들 이 사방에 두루 나타나는 것을 보고 꿈을 깨자 병이 나았다. 이후 얼 마 뒤에 어머니께서 돌아갔다.

당시 지눌이 조계산에 있으면서 새로 수선사(修禪社)를 결성하여 널리 교화를 펼치고 있을 때 혜심은 지눌에게 나아가 예배하고 재 를 베풀어 어머니를 천도한 뒤에 이내 출가하기를 청하였으므로 지 눌이 허락하였다. 이러한 기연으로 시작된 지눌과 혜심의 관계는 매 우 돈독하여 지눌 문하에 출가한 지 단지 3년 만인 28세 때(1205)

가을에 혜심은 처음으로 심인을 전수받았다. 곧 지눌이 억보산에 있을 때 혜심은 도반 몇 명과 함께 국사를 뵈러 갔는데 천여 걸음 밖에 있는 암자에서 지눌이 시자를 부르는 소리를 듣고 혜심은 다음과 같은 게송을 지었다.

시자 부르는 소리 송라의 안개에 들리고
끓는 햇차 내음은 석경 바람에 전해오네
문득 흰구름 낀 산아래 길로 접어들자니
암자의 홀로 사는 노스님 벌써 뵈었다네

이리하여 암자에 이르러 지눌을 뵙고 예배한 뒤에 이 게송을 뵈니 지눌은 머리를 끄덕거리고 손으로 부채를 집어 주었다. 이에 혜심은 또 게송을 지어 올렸다.

아까전에는 스승님의 손아귀에 있더니
지금은 어느 결에 제자의 손안에 있네
무더운 더위와 씨름할 때 부채를 만나
맑은 바람이 일면 장차 또 어떡하리요

지눌은 그 재능을 중히 여겨 심인을 전수하였다.

다음 두 번째로 심인을 전해받은 것은 스승과 함께 길을 가는 도중에 일어났다. 지눌이 헌신짝을 가리키며, "신발은 여기 있는데 사람은 어디 있는가?" 하자 혜심은 "왜 그때에 보지 않았습니까." 하고 대답하였다. 이에 지눌은 매우 기뻐하면서 심인을 전수하였다.

세 번째로 전해받은 심인은 대중이 모인 자리에서 이루어졌다. 지눌은 조주의 구자무불성화(狗子無佛性話) 및 대혜가 말한 화두에 대한 열 가지 병통에 대하여 질문하였는데 대중이 아무도 답변하지 못했다. 이에 혜심이 "세 가지 병을 앓는 사람은 어떤 곳으로 숨을 쉬는 겁니까." 하면서 손으로 창을 한 번 내리쳤다. 지눌은 껄껄껄 웃으면서 방장실에 돌아가 다시 혜심을 가만히 불러 인가하였다.

혜심에게는 『선문염송집(禪門拈頌集)』 30권, 『심요(心要)』 1편, 『조계진각국사어록(曹溪眞覺國師語錄)』 1권, 『구자무불성화간병론(狗子無佛性話揀病論)』 1편, 『무의자시집(無衣子詩集)』 2권, 『금강경찬(金剛經贊)』 1권이 전하고 있고, 그 밖에 『선문강요(禪門綱要)』 1권이 있었다고 하나 전하지 않는다.

2) 혜심의 간화일문(看話一門)

선종이란 참선을 주요한 수행방법으로 삼아 깨달음에 이르는 것을 목표로 삼는 불교의 종파이다. 따라서 선종은 참선을 떠나서는 생각할 수 없다. 그 참선 중에서도 좌선을 으뜸으로 삼아 일종의 공안 곧 화두를 참구하는 것이 소위 간화선(看話禪)이다. 간화란 말 그대로 화두를 본다는 의미이다. 곧 화두를 들어 통째로 간파하여 추호의 의심도 없이 그 전체를 체험하여 자신이 화두 자체가 되는 과정이다.

이와 같은 간화선을 우리나라에 처음으로 보급한 인물이 지눌이다. 지눌의 교화상 특색은 근기에 따른 다양한 교화형식에 있었다. 그는 근본적으로는 선가의 입장에 서 있기는 하였지만 다각적인 접화방법을 구사하였는데 지눌의 『비명(碑銘)』에서는 이를 삼종문(三

種門)이라 불렀다.

곧 성적등지문(惺寂等持門)과 원돈신해문(圓頓信解門)과 간화경절문(看話經截門)이다. 삼종문에서 성적등지문이란 곧 정혜쌍수(定慧雙修)인데 선교일치적인 가르침에 주안점이 있다. 원돈신해문은 초심자의 입도방편(入道方便)으로 이루어져 있다. 일단 입도한 연후에는 그 방편이었던 지해를 떨구어내기 위해서 보다 고차원적인 수행방안이 요구되었는데 그것이 곧 간화경절문(看話經截門)이다. 이러한 간화경절문은 특히 상근대지로서는 처음부터 곧바로 들어갈 수 있는 수승한 방편이기도 한 것이다.

이러한 지눌의 간화방법을 혜심은 상대방에 대한 승속의 여부 내지 근기의 여부에 상관없이 오로지 화두참구를 권장하였다. 이러한 점이 혜심이 간화선을 보편화시키는 방법에서 지눌과 다른 점이기도 하다. 혜심은 간화의 일문을 권장함에 있어서 대개의 전형적 틀을 설정하였다. 다시 말해서 혜심은 간화일문을 주장하기에 앞서 경전이나 무심(無心) 등의 지해적인 가르침을 앞세워 진리의 문턱에 끌어들이거나 또는 자신이 곧 부처라는 믿음의 방편을 갖춘 연후에 오로지 간화의 일문을 참구토록 권장하고 있다.

나아가서 그 화두를 참구할 경우 유의해야 할 점에 관하여 친절히 주석을 덧붙이고 있다. 말하자면 화두를 참구할 때 그 요령에 대하여 설명을 제시하고 있다. 다음으로 오로지 신심의 방편에 입각하여 화두를 참구하도록 하였다. 근기란 결코 별도로 정해져 있는 것이 아니고 학문이나 지식의 고하를 떠나 오히려 믿음 여하에 달려 있다는 점을 강조하였다. 이 가운데 혜심은 방편으로서 신심(信心)을 대단히 중시하고 있다. 혜심은 오로지 간화일문(看話一門)에만 전념할 것을 주장하면서 한 가지 방편을 제시하고 있는데, 그것은 신(信)이었다.

혜심은 이러한 원초적 입장으로 돌아가 화두를 들기 전에 하나의 전제요건으로서 성인과 범부가 동일 진심임을 깊이 믿어야 함을 강조하였다. 그것은 화두를 들기 전의 한 가지 방편이며 동시에 출발점이었다. 그런데 여기에서 혜심이 중시하는 것은 결정적인 믿음이다. 그러면 무엇을 믿어야 하는가. 마음이 바로 부처임을 믿어야 한다. 따라서 조사의 문을 얻는 것은 오직 신심 이외에 따로 방편이 없다는 것이다. 혜심에게 있어 해탈의 본래 모습은 부처와 중생을 나누기 이전의 모습이다.

혜심의 입장에서 수행의 요체는 지관과 정혜를 벗어날 수 없다. 제법이 공임을 비추는 것을 관이라 하고 제분별을 쉬는 것을 지라한다. 지란 허망함을 깨닫고 그치되 마음을 써서 억지로 고요하게 하는 데 있지 않고, 관이란 허망함을 보고 깨치되 마음을 써서 고찰하는 데 있지 않다. 경계를 대하여 움직이지 않음이 정이지 억지로 제어하는 것이 아니다. 성품으로 보아 미혹하지 않은 것이 혜이지 억지로 구하는 것이 아니다. 이것은 간화일문의 범주 내에 지관과 정혜를 포함시키고 있는 것이다. 이렇게 보자면 화두를 참구하고 있는 상태가 곧 성성적적의 상태를 내포하고 있다는 뜻이 된다. 이에 대하여 혜심은 다음과 같이 말한다.

대각세존께서도 처음에 깨치고 나서 시방세계를 두루 관찰하고 감탄하면서 말했다. "신기하도다. 신기하도다. 살펴보니 일체 중생이 모두 여래의 지혜와 덕상을 갖추고 있건만 다만 망상과 집착으로 인하여 증득하지 못하고 있을 뿐이로다. 그러니 다만 망상만 여읜다면 무사지(無師智)·자연지(自然智)·무애지(無碍智)가 모두 현전할 것이다."고 말했다. 대중들이여, 여래는 진실을 말씀하시는 분인데 어찌 사람을 속이겠는가. 만일 그 경지를 향해서 그것을 믿고 당장 일도양단하여 망상을 쉬면 그것은 사사물물에 분명하게 나타날 것이다.

이것은 경전의 말씀을 믿고 망상을 쉬면 저절로 지혜가 드러난다는 것이다. 여기에서 화두를 들면 망상을 떠나게 된다는 것은, 즉 화두참구의 상태가 곧 망상을 떠난 상태임을 시사해 주는 말이다. 그것이 다름 아닌 성성적적(惺惺寂寂)의 상태이다. 따라서 화두를 참구하고 있는 상태가 곧 망상을 떠난 상태이며, 망상을 떠난 상태가 그대로 성성적적의 상태가 된다는 점에서 혜심에게 있어서 성적등지(惺寂等持)와 간화일문은 더 이상 별개의 방편문이 아님을 말해 주고 있다.

나아가서 혜심은 간화선 수행에서 십종병을 유심(有心)·무심(無心)·어언(語言)·적묵(寂默)의 네 가지로 압축한 연후에 다시 사의(思議)와 부사의(不思議)의 두 가지로 요약하여 이러저러한 것이 모두 걸맞지 않음을 부연설명하고 있다. 이러한 요령들을 자세히 설명함으로써 화두를 참구함에 있어서 깨침을 기다리는 일이 없이 또한 사량분별하지 않고 다만 일상사 가운데서 오래도록 참구하면 저절로 밝혀질 날이 있다는 것이다. 이것은 더 이상 마음을 붙들고 늘어져 참마음을 찾는다느니 허망한 마음을 비운다느니 하지 말라는 것이다.

다만 화두로서 구자무불성화(狗子無佛性話)를 들어 그것에 어둡지 않으면 그뿐인 것이다. 한 걸음 더 나아가 혜심은 사람들에게 언제나 화두를 참구토록 권하되 반드시 활구(活句)를 들어야 함을 강조하고 있다. 즉 사구(死句)에서는 자신구제도 다하지 못하는 결과를 가져오지만, 활구에서는 영겁에 잊을 수 없는 진리를 얻을 것이

라고 하면서 사구에 들지 말고 오직 활구의 본지에 들 것을 강조하
고 있다.

다만 활구를 참구할 뿐 사구는 참구하지 마십시오. 활구에서 깨치면 영원히 잊지 않겠
지만 사구에서는 깨치더라도 제 자신도 구제하지 못할 것입니다. 만일 조사나 부처와
함께 스승이 되려면 모름지기 활구를 밝혀야 할 것입니다.

활구와 사구는 대비되는 말이다. 본래 활구란 사량분별을 떠난 깨
침의 소식을 여실히 취한 화두를 말한다. 그 반대가 사구이다. 혜심
이 주장하는 활구란 구체적으로 어떠한 것인가. 그것은 사람을 죽이
거나 살리거나 매우 자재한 수단이어야 함을 말하고 있다.

대개 골수에 사무치도록 본원을 깊이 증득하여 왕자의 보배칼을 가지로 본분의 수단으
로 쓰면 사람을 죽이거나 살리거나 매우 자재로울 것입니다. 부디 그 수단을 분명히
지녀 사람을 죽였다가 살리고 살렸다가 죽여야 하는 것입니다. 만일 단순히 죽이거나
살리기만 한다면 어찌 좋은 수단이라 말하겠습니까.

사람을 죽이기만 하거나 살리기만 하는 것이 사구이다. 활구는 살
활이 자재하여 죽였다가는 살리고 살렸다가는 죽이는 수단이다. 세
상사 어느 한 가지도 공안 아닌 것이 없다. 다만 그 공안이 사구인가
활구인가 하는 것이 중요하다. 따라서 참다운 공안이란 사람을 죽이
거나 살리는 것에 자재하지 않으면 안 된다.

이처럼 혜심의 간화일문에서 중요한 특색 가운데 하나는 간화가
더 이상 최상근기를 위한 경절방편이 아니라는 점이다. 그것은 승속
여부 내지 근기의 여부를 떠나서 누구나가 일상생활 가운데서 참구
하고 깨치는 것이어야 한다는 것이다. 그것은 간화의 일문에 누구나

접근할 수 있도록 활구참구의 대중화작업이 이루어지지 않고는 불가능하다.

이러한 면에서 혜심의 간화일문은 지눌의 삼종문을 한편으로는 모두 포괄하면서 한편으로는 오직 간화일문을 보편화하는 뒷받침으로 삼고 있다. 즉 삼종문은 결코 개별적으로 인정되고 있는 것이 아니라 오직 간화일문의 범주 내에서만 존재의의를 지닌다.

예컨대 원돈신해(圓頓信解)는 간화참구를 위한 사전방편으로서의 신심으로 단순화되며, 성적등지(惺寂等持)는 간화의 상태 및 기준으로서의 본래심의 유지로서 의미를 갖게 된다. 결국 사상적인 면에 있어서 혜심의 간화일문은 지눌의 삼종문을 원칙적으로 계승한 것이라 할 수 있다. 그렇기는 하지만 단순한 계승에 그친 것이 아니라 그 핵심사상은 그대로 살려 나가되 적용상에 있어서 신(信)을 통한 간화일문의 체계 속에서 보다 단순화하여 오로지 간화일문을 보필하는 의미로서 가치가 있게끔 새로이 정립하고 이를 통해 누구에게나 가능한 간화일문선(看話一門禪)의 참구를 지향한 점은 역시 혜심의 공헌이다.

4. 보각일연(普覺一然: 1206~1289)의
경초선(莖草禪)

보각일연(普覺一然: 1206~1289)은『삼국유사(三國遺事)』를 통하여 널리 알려진 인물이다. 그러나 그의 선사상에 관한 기록물은 그리 많지가 않다. 다행스럽게도『중편조동오위(重編曹洞五位)』라는 저술이 남아 전해지고 있어서 그 면모를 살펴볼 수가 있다.『삼국유사』가 우리 민족에게 자긍심을 심어준 것이라면『중편조동오위』는 선을 통하여 불교에 그 깊이를 더한 공로가 있다.

이 저술에서 일연은 이전에 전승되어 오던 조동오위(曹洞五位)라는 주제에 대하여 그 잘못을 바로잡아 지혜로 이르는 길을 제시하고 나아가서 그것을 통하여 수행과 보살행의 올바른 방향을 제시하려고 하였다. 따라서 우선 당시까지 전승되어 오던 조동오위의 기본적인 이해를 바탕으로 하여 그 실천방법을 보살행으로 회향시킨 것은 일연의 사상이 지니고 있는 또 하나의 특징이기도 하다.

조동오위란 동산양개(洞山良价: 807~869)가 수행자가 수행과 그 실천을 행한 다섯 가지 양상을 정(正)과 편(偏)으로 제시한 것이기 때문에 편정오위(偏正五位)라 하는데 주로 조동종에서 창출되고 발전하여 전승되었기 때문에 붙은 이름이다. 초기에 동산양개가 제시한 것을 그의 제자인 조산본적(曹山本寂: 840-901)이 용어를 표준

화하고 내용을 체계화시켜 완성하였다. 동산이 처음 제시한 편정오위(偏正五位)의 명칭은 정위각편(正位却偏)·편위수편(偏位雖偏)·정위중래(正位中來)·편위중래(偏位中來)·상겸대래(相兼帶來)였다. 이에 조산이 그 다섯 가지 명칭을 다음과 같이 다듬어 완성한 것이다.

첫째, 본래의 진리를 터득하여 그것을 현실의 세계에 실현하고자 하는 일체의 수행으로서 정중편(正中偏)이다. 둘째, 일상의 현실세계에서 진리를 발견하고 체험하여 믿음과 실천의 근거를 제공하는 것으로서 편중정(偏中正)이다. 셋째, 순수한 진리만을 표현한 전분체(全分體)의 입장으로서 정중래(正中來)이다. 넷째, 온전히 현상의 세계로만 파악한 전분용(全分用)의 입장으로서 편중지(偏中至)이다. 다섯째는 현실과 진리가 서로 어울리면서 뒤섞이지 않고 현실 속에서 진리가 나타나며 진리에서 현실이 작용하는 열린 관계[回互]로서 겸중도(兼中到)이다.

이러한 다섯 가지 양상은 단계적인 것이 아니라 수행자가 어느 측면으로부터 진리에 접근하고 어떻게 중생교화에 임하는가를 보어주는 구조이다. 그래서 오위는 수행이 동시에 교화에 나타나고 교화가 그대로 수행임을 말해 주는 수증일여(修證一如)를 체계화하여 나타낸 것이다. 이에 보다 명확하게 형상화하여 나타내기도 하였다.

곧 정중편은 검은 부분 곧 진리가 점차 많아지고 흰 부분 곧 현상이 점차 줄어드는 모습(◐)으로서 이(理)가 사(事)로, 체(體)가 용(用)으로 드러나는 것을 상징한다. 편중정은 흰 부분이 점차 많아지고 검은 부분이 점차 줄어드는 모습(◑)으로서 사(事)가 이(理)로, 용(用)이 체(體)로 변화해 가는 것을 상징한다. 정중래는 온전히 진리만으로 가득 채워 있는 모습(●)으로서 이(理)와 사(事)가 분리되기 이전의 본질을 상징한다. 편중지는 일체가 현상으로 드러나 있는 모습(○)으로서 전체가 작용하는 것을 상징한다. 겸중도는 이와 같은 진리와 현상이 함께 나타나기도 하고 각각으로 흩어져 있기도 하면서 진리가 현상에 매몰되지 않고 현상이 진리에 그대로 드러나 있는 모습(◉)115)으로서 기묘하게 화협하고 있는 것을 상징하여 묘협(妙挾)이라 말한다.

그런데 시대가 내려오면서 점차 이와 같은 다섯 가지의 양상에 대하여 그것을 수행의 단계적인 것으로 끌어내려 수준의 차이로 파악한 오류를 범하게 되었다. 또한 다섯 가지 용어에 명칭의 변화도 나타나게 되어 동산양개가 제창한 본래의 의도가 사라지는 위험에 처하게 되었다. 이에 일연은 당시까지 전승해 오던 온갖 오위의 양상을 동산양개가 본래 의도했던 정통성으로 회복하려고 시도하였다.

그 가운데 첫째는 편정오위의 작자를 함부로 동산양개가 아닌 다른 사람으로 간주하여 동산양개가 지향한 본질을 왜곡하는 것이었다. 이 문제에 대하여 일연은 많은 근거를 바탕으로 하여 편정오위가 처음 동산양개로부터 비롯되었다는 것을 주장하였다. 이것은 나아가서 불교의 본래적인 가르침이 석가모니의 중생교화로부터 시작되었다는 것을 뒷받침하는 논리이기도 하였다. 그 일환으로 일연은 경초선(莖草禪)이라는 개념을 내세웠다.

경초선이란 본래 남전보원(南泉普願: 748~834)이 죽어서 다음 생에 풀을 뜯는 축생으로 태어나 주인의 은혜에 보답한다는 것에서 유래되었다. 곧 보살이 다른 모습으로 환생[異類中行]하여 중생의 교화에 매진한다는 내용이다. 동산양개가 처음 편정오위를 제창한

---

115) 명도(明度)가 50%인 원(圓)으로 구성된다.

근본목표가 바로 보살행의 실천모습을 드러내려고 했기 때문이다. 이러한 모습을 일연은 편정오위에서 발견하여 수행의 궁극과 그 실현을 겨냥한 것이다.

그 둘째는 동산양개의 편정오위에 대하여 그것을 실제로 정형화하고 체계화시킨 것은 그의 제자 조산본적이었다. 그 편정오위에 대한 동산의 명칭과 조산의 명칭을 배대하면 다음과 같다. 곧 정위각편(正位却偏, 正中偏)·편위수편(偏位雖偏, 偏中正)·정위중래(正位中來, 正中來)·편위중래(偏位中來, 偏中至)·상겸대래(相兼帶來, 兼中到)이다.

이를 위해서 조산은 동산의 편정오위의 각각에다 비유를 들어 다섯 가지 게송[逐位頌]을 완성하였다. 그런데 엉뚱하게도 오위의 각각에 붙인 게송 곧 축위송(逐位頌)의 작자를 조산이 아닌 동산이라고 주장하는 의견이 제시되었다. 그것은 동산이 편정오위를 의도한 처음부터 게송까지 염두에 두고 있었다는 것이다. 그러나 이에 대하여 앞서 말했다시피 일연의 주장은 동산이 처음 편정오위를 제창한 것은 사실이지만 그 편정오위는 어디까지나 스승과 제자 간 일대일로 은밀하게 전승되어 내려온 것이기 때문에 아무도 알 수가 없다는 것이다.

다만 후대에 지금까지 내려온 동산의 어록에 그 게송이 전혀 보이지 않을 뿐만 아니라 조산의 어록에 조산이 지은 것으로 기록되어 있는 점을 들어 게송의 작자는 조산이 지었다는 것을 확정하였다. 곧 일연은 자신이 편찬한 『중편조동오위(重編曹洞五位)』의 서문에서 아버지가 사업을 시작하고 아들이 그 사업을 완성한다는 설명을 곁들이면서 동산이 제창한 것을 그 제자인 조산이 널리 오위사상을 선양하고 보살행의 실천을 목적하여 스스로 게송을 붙였으며, 나아가서 동산의 편정오위에 대하여 조산은 그 해석을 가하고 심지어 낱낱의 구절에 대하여 주석을 포함시키기도 하였다고 주장하였다.

이렇게 게송의 작자가 조산이라는 것을 확정한 의의는 분명하다. 말하자면 동산이 겨냥한 편정오위의 실천 내지 그에 바탕을 둔 보살행의 실현이라는 입장에서 그것을 이어받아 완성한 조산의 의도를 충분히 드러내는 것이야말로 조동종의 선사상 나아가서 일반의 선사상이 추구하고 있는 보편성이라는 것이다.

셋째는 편정오위 가운데 제4위의 용어를 편중지로 확정하였다. 오위의 다섯 가지 용어는 정중편·편중정·정중래·편중지·겸중도인데 당시에 종파에 따라서 혹은 개인적인 성향에 따라서 제4위에 해당하는 편중지를 겸중지라는 용어로 바꾸어 정중편·편중정·정중래·겸중지·겸중도의 경우로 활용하는 경우가 있었다. 이처럼 동산양개가 본래 내세운 용어와 다르게 사용하는 경우 단순한 용어의 차이만이 아니라 그 내용이 달라지기 때문에 일연은 동산이 내세운 편중지라는 용어를 정통으로 확정했던 것이다.

이를테면 제4위의 용어에 편중지를 사용하는 정중편·편중정·정중래·편중지·겸중도의 경우는 정중편과 편중정이 댓구를 형성하고, 정중래와 편중지가 댓구를 형성하며, 마지막 겸중도가 그 모두를 갈마하여 겸중도 중심의 구조가 형성된다. 말하자면 앞서 살펴본 바처럼 겸중도의 의미가 중심이 되어 정과 편이 각각이면서 어울리고 또 어울리면서 각각이 되는 관계가 된다.

그러나 제4위의 용어에 겸중지를 사용하는 정중편·편중정·정중래·겸중지·겸중도의 경우는 정중편과 편중정이 댓구를 형성하고,

겸중지와 겸중도가 댓구를 형성하며, 가운데 제3위인 정중래가 그 중앙에 위치하는 정중래 중심의 구조가 형성된다.

따라서 겸중도 중심의 경우는 겸중도가 앞의 네 가지에 종합적으로 관계되는 것에 반하여 정중래 중심의 경우는 정중래가 좌우의 네 가지와는 별도로 단순한 중앙이라는 의미로 사용된다. 다시 말하자면 겸중도 중심은 보살행의 일체행위 가운데 수행과 교화와 깨침의 의미가 두루 드러나지만, 정중래 중심은 수행과 깨침과 교화가 개별적인 행위가 되어 보살이 일체의 행위에 있어서 중생과 함께하는 화광동진(和光同塵)이 되지 못하고 진리와 현상을 각각으로 분리하여 간주하는 진속불이(塵俗不二)의 입장과는 거리가 멀어지고 만다.

이 경우에는 동산양개가 처음부터 수행과 깨침과 보살행을 겨냥한 본래적인 입장으로부터 동떨어지게 될 수밖에 없다. 이에 일연은 그 본래적인 의미를 제자리에 돌려놓고 나아가서 그와 유관한 동산의 『삼종삼루(三種渗漏)』를 가미하여 보살행의 의미를 더욱더 풍부하게 진행시켰다. 『삼종삼루』는 다음과 같다.

내가 스승인 운암담성 스님의 휘하에 있을 때 친히 보경삼매(寶鏡三昧)를 인가받고 그 적요(摘要)를 궁구하였다. 이제 그대에게 그것을 전해 주니 그대는 잘 호지하여 단절되지 않게 하여 참다운 법기(法器)를 만나면 그때 전해 주어라. 그러나 반드시 비밀로 하여 드러내서는 안 된다. 세간에 유포되면 우리의 종문이 단절될까 염려된다. 말법시대의 사람들은 대부분이 어설픈 지혜를 지니고 있다. 그러므로 납자들의 진위를 분별하는 데 삼종삼루가 필요하다. 첫째는 사견[見渗漏]이다. 이것은 납자가 진리의 기준에 집착하는 것으로 결국은 독해(毒海)에 빠져들고 만다. 둘째는 망정[情渗漏]이다. 이것은 앞과 뒤에 꽉 막혀 견해가 말라비틀어지는 것이다. 셋째는 망어[語渗漏]이다. 이것은 묘리를 터득하였으나 근본 종지를 상실하여 본말에 어두운 것을 말한다.

이처럼 일연은 단순한 용어의 구별에 그치지 않고 용어의 구별에 따른 편정오위의 본질적인 의미까지를 염두에 두고 있었다. 결국 일연이 편정오위의 주창자를 동산양개로 확정하고, 그에 따른 게송의 작자를 조산본적으로 내세우며, 편중지와 겸중지의 용어 사용에 있어서 편중지의 입장을 정통으로 삼은 것은 다음과 같이 두 가지 입장에서 연유한 것이라 생각된다.

첫째는 오위가 조동종에서 중요한 교의임에도 불구하고 임제종에서도 널리 의용되었다. 따라서 종파상의 이해에서 오는 차이를 생각할 수 있다. 둘째는 용어의 사용에 따른 오위사상의 해석상 차이로 보는 입장이다.

이상과 같이 일연이 『중편조동오위』를 통해서 주장한 편정오위는 동산으로부터 비롯되었다는 것과 그 편정오위에 붙인 게송 곧 축위송(逐位頌)의 작자는 조산본적이라는 것과 편정오위의 제4위 명칭이 편중지라는 것 등 세 가지이다. 이것은 그의 서문에서 그 근본의 도가 잘 나타나 있다.

첫째는 동산양개 당시에 큰 흐름을 이루던 가르침이 많은 세월이 흘러 자못 어지러워지고 그 가르침이 끊길 위기에 처하여 사람들이 미혹하여 그들을 바른 길로 인도하기 위해서였음을 말하고 있다.

둘째는 동산양개의 오위에 대하여 처음 그의 제자인 조산본적이 갖가지로 주석을 붙이고, 조산본적의 제자인 조산혜하(曹山慧霞)가 그것을 편집하였으며, 법계가 분명치 않은 광휘(光輝)가 다시 그것을 해석한 것이 세상에 유통되었다. 이에 정본을 만들어 그 오류를 바로잡기로 마음먹었다. 이러저러한 이유로 인하여 이미 출간된 판본을 열람하고 거기에 배열상의 변경을 가하고 생략할 것은 생략하면서 동산과 조산의 편종오위를 정통으로 내세우면서 새롭게 후세

의 오위설까지 가미하여 편찬한 것이 곧 『중편조동오위』였다. 선사
상을 보살행으로 승화시키고 그것을 실천케 한 일연의 공로가 여기
에 있다.

5. 백운경한(白雲景閑: 1298~1374)의
무심선(無心禪)

1) 행장

백운화상 경한(景閑: 1299~1374)은 전북 고부에서 출생하였다. 그 어록에 이색(李穡)이 붙인 서문에 의하면 고려 조계종 대선사 경한은 호가 백운이다. 그 자신의 말에 의하면 중국의 하무산 석옥청공(石屋淸珙)의 법을 이었다. 나이 77세에 취암사(鷲嵒寺)에서 입적하였다.

경한은 10여 년 동안 중국에 머물면서 많은 선지식을 참문하였다. 특히 중국 임제종의 석옥청공에게서 법을 이은 후에 서천(西天)에서 온 지공(指空)에게서 생사일대사(生死一大事)를 해결하였다. 석옥은 임종하면서 그 전법게(傳法偈)를 제자 법안(法眼)을 통해 고려의 백운에게 전해 줄 만큼 백운을 신임하였다.

백운의 선풍은 이름 그대로 성품이 천진스럽고 전혀 거짓이나 조작이 없고, 형상을 빌려서 이름을 팔지 않았으며, 참으로 속세를 여읜 진경(眞境)에서 노니는 사람이었다. 백운의 법어는 마치 어둠을 부수는 밝은 등불과 같고, 더위를 씻어 주는 청량한 바람과 같았다. 백운선의 특징은 임제선을 수용하면서도 무심(無心)과 무념(無念)을 강조하여 백운의 선은 무심선(無心禪)이라 불렸다. 백운은 조주의 무 자(無字)와 부모미생전 본래면목(父母未生前 本來面目)과 만법귀일(萬法歸一)을 강조하면서 화두를 무심(無心)으로 들도록 하였다.

백운은 태고보우의 추천으로 공민왕의 부름을 받았으나 사양하였다. 다시 나옹혜근의 천거로 공민왕의 부름에 응하여 신광사(神光寺)에 주석하였다. 그 당시는 국내외적으로 어려운 터에 불교종단 내부에서도 공부선(工夫選)의 제도처럼 신돈을 중심으로 한 화엄종과 태고를 중심으로 한 선종의 힘겨루기에서 나옹과 백운의 등장으로 선종이 우위를 점령하기도 하였다. 『백운어록』 이외에 그 저서로는 세계 최고의 금속활자본으로 유명한 『직지심체요절(直指心體要節)』 2권이 있다.

2) 무심(無心)의 실천

이처럼 백운은 어지러운 시대에 중생심을 지닌 사람이 어떻게 하면 현명하게 인생을 살아갈 수 있는가 하는 점을 모색하였다. 이 문제는 비단 중생심을 지닌 사람만이 아니라 그 시대를 계도하고 사회를 정화하려는 마음을 지닌 사람들에게 있어 공통적인 문제였다. 이에 백운은 온 대지가 다 해탈문임을 강조한다. 그 해탈문에 들어가면 해탈문에 들어갔다는 상을 벗어나 내부가 없는 곳에 들어가고, 그곳으로부터 나오고 나와서 밖이 없는 곳까지 벗어나는 것으로 현실의 고통을 벗어난 경지를 파악하였다.

이러한 경지에 이르러 제아무리 넓다 해도 밖이 없고, 제아무리

고요하다 해도 내부가 없어 정나나(淨裸裸)하고 적쇄쇄(赤灑灑)하여 손잡을 곳조차 없다는 것을 강조한다. 이러한 마음은 일체에 대한 집착을 벗어난 무심의 경지에 통하는 것으로서 대상을 대하여 일체를 파악하고 느끼고 활용하면서도 그로부터 초연할 줄 아는 무심의 자세를 보여 준 것이다. 이 무심의 경지에서 대지를 바라보면 바라보는 대지가 모두 법신임을 말한다.

따라서 본래부터 있는 그대로를 여실하게 체험하는 것이야말로 무심의 체험으로서 보광명전을 보고는 다만 보광명전이라 하고 주장자를 보고는 다만 주장자라 하며, 이것은 그저 유나의 방이고 저것은 그저 전좌의 방이며, 산은 그대로 산이고 물은 그대로 물이며, 승은 그저 승이고 속은 그저 속이라 할 뿐이라고 설한다.

그런 눈으로 세상을 대하고 보니 백운의 눈에는 세 칸밖에 안 되는 방장실이 비록 좁기는 하지만 시방법계를 두루 머금고 있으며, 스스로 깨친 자[自然覺者]가 그곳에 살고 있다는 것을 설파한다. 참으로 무심도인의 경지에서 토해 내는 설법으로서 스스로 깨친 자[自然覺者]를 스스로 설하고 있다. 이것을 구체적으로 다음과 같이 말한다.

> 바로 이 자리를 떠나지 않고 여기에서 담연하고 고요하게 그것을 살펴보면 스스로 깨친 자[自然覺者]가 앞에 있는 듯하다가도 홀연히 뒤에 있기도 한다. 그것은 마치 신통변화와 같아서 일정한 방향과 자리를 알 수가 없다. 그러니 스스로 깨친 자[自然覺者]란 달리 기특할 것도 없이 당당한 6척 길이의 이 자신의 몸뚱이만 분명히 드러나는 것임을 아는 것이다.

여기에서 백운은 제법은 공으로 자리를 삼는다는 도리를 일상의 현실에서 보여 주고 있다. 곧 수미좌의 계단을 오르면서 한 계단, 두 계단 세 계단, 네 계단. 이 뭐 어려울 게 있겠나. 하나도 없다. 그러면서 태연하게 수미단에 그대로 앉는 것이다. 이와 같은 법이연(法爾然)한 백운의 무심한 선의 경지는 다음의 설법에 보다 구체적으로 드러나 있다.

> 대중들이여, 이 노승은 도업도 별로 신통치 않고 내세울 만한 덕도 없으며 칭송받을 만한 행실도 없다. 그래서 감히 이 자리를 감당할 수가 없어 여러 차례 사양하였다. 그런데 주상전하의 뜻이 하도 견고하여 이 일을 회피할 도리가 없다. 그리하여 부득이 명을 받들어 조사들의 가르침을 선양하는 것이다. 그러니 바라건대 대중들은 마음에 부끄러움이 없도록 해 주어야 할 것이다.

그리고는 한 개비의 향을 사루면서 다음과 같이 말한다.

> 이 한 자루의 향으로 말하면 그 뿌리는 항하의 모래 수와 같이 많은 세계에 두루 뻗어 있고, 그 잎은 수미산을 두루 덮었다. 이 한 자루의 향은 온 곳도 없고 또한 간 곳도 없다. 이 한 자루의 향은 세계가 생겨나기 이전부터 일찍이 그렇게 있었고, 세계가 무너져 없어진 후에도 그렇게 무너지지 않을 것이다. 이 한 자루의 향은 귀한 사람을 만나면 귀하기가 마치 사바세계처럼 많은 가치가 있고, 천한 사람을 만나면 천하기가 마치 반 푼어치도 없는 것과 같게 된다. 이 한 자루의 향은 천 명의 성인으로부터도 얻을 수가 없는 것이니 어찌 여기에 얻을 수가 있겠습니까. 이것은 자신의 흉금에서만 흘러나오는 것으로서 하늘을 덮고 땅을 덮는 해탈지견의 심향(心香)이다.

일상에서 드러나 있는 백운의 이 무심한 선의 경지에 대한 표현은 한 제자의 물음에 대한 그 답변에서 시적으로 승화된 경지를 토로하고 있다.

> 한 승이 물었다. "스님은 누구의 기풍을 드러내고 누구의 종풍을 이었습니까?" 백운이 말했다. "맑은 바람이 뼛속까지 핥아먹는데 흰 구름은 참으로 무심키도 하구나." "그

러면 도대체 어떤 것이 중생들로서 태평성대를 구가하는 일구가 되겠습니까?" "사방에서 성덕을 노래하면 굶주린 자가 배불러 편안히 잠을 잘 수가 있게 된다."

이와 같은 백운의 노래는 본래부터 있던 그대로를 깨치고 깨친 것을 스스로 자신의 활동에서 드러내어 더불어 누리는 것임을 말하고 있다. 그것을 산은 본래부터 산이고 물은 본래부터 물이며 출세간은 그대로가 출세간일 뿐이고 세간은 그대로가 세간일 뿐이다. 다만 그런 도리를 모르고 유심(有心)으로 세상을 바라보고 인간을 판단하며 자신을 건사하는 것은 참으로 진리를 볼 줄 모르는 중생심의 노예일 뿐이다. 그러니 그 유심의 눈으로는 어디에서 맑은 바람을 쐬고 흰 구름은 구경하겠는가.

백운의 무심선은 이처럼 이미 중생을 부정한 경지를 그대로 드러내 보인 것이다. 그래서 무심선은 절대선(絶待禪)으로 등장하되 중생선(衆生禪)으로 드러나 보이며, 그대로 대긍정의 무사선(無事禪)으로 활작용한다. 그 경지는 모두가 범행(梵行)을 구족하여 중생국토가 그대로 동일법성이고 지옥천당이 모두 정토이며 유성무성(有性無性)이 나란히 불도를 성취한다.

이것은 무심선을 터득한 중생이 일체번뇌를 그대로 필경에 해탈하고 바다와 같은 법계의 지혜로써 온갖 상[諸相]을 비추어 보되 허공처럼 관찰한다는 것을 내비친 것이다. 그러므로 일체제법의 상이 허망하지만 당체는 적멸한 것을 아니 본성에 평등을 구비하게 된다. 이로써 허망한 체성이 본래 공한 줄을 알아 있는 그대로가 본각의 심체임을 터득하게 된다는 것이다.

백운의 무심한 선풍은 이처럼 불교의 가르침과 선의 성격뿐만 아니라 자연성과 풍류인심의 격조 높은 면목을 드러내기도 하였다. 우선 백운이라는 그 명칭에서부터 상징이 풍부하다는 것은 물론이다. 이것은 당시 사회의 상황과 불교계의 상황이 흑운과 풍운으로 즐겨 등장하였던 것에 비해 보면 더욱 분명해진다. 흑운과 풍운이란 비바람을 몰고 다니는 난세의 기류를 의미하는 반면 백운은 해와 달이 두둥실 떠올라 맑은 하늘가에 깨끗하게 떠 있는 한 점의 한가로운 구름을 드러내어 부처의 대자비가 구름처럼 자유자재하게 법우를 내려 주는 것에 비유되었다.

3) 조계선풍의 계승

한편 백운의 무심선은 자연과 인생에 대한 달관의 경지만 의미하는 것은 아니다. 선의 본래성으로 돌아가 당시 조사선의 가풍을 이어온 간화선의 진작에 더욱 큰 의미를 부각하였던 것에 주의를 기울일 필요가 있다. 백운은 중국의 임제계통인 석옥청공(石屋淸珙)과 평산처림(平山處林)의 법을 이었다. 백운은 중국 임제계통의 양기파 정통을 잇고서 고려에 이전의 구산가풍을 임제종풍으로 통합하려는 점에서 그 사상적인 특징을 찾을 수가 있다.

한편 간화선을 수행의 정통으로 수입하여 펼치면서도 중국 오가의 가풍을 두루 절충하여 임제종풍을 중심으로 한 제 종파의 섭수를 꿈꾸어 그것이 마침내는 조계종풍으로 표명되었다.

백운은 부처를 밖의 대상이 아닌 자심에서 추구해야 한다는 이전의 선사상적인 굴레를 벗어나서 자심에서 깨침을 추구해야 한다는 그 마음마저도 집착해서는 안 된다는 것을 강조하였다. 자심에조차 집착하지 않는 그 마음이야말로 참학의 시작이고 수행의 연장이었다. 그래서 진정한 설법은 경전에 있는 그대로를 설하는 것이 아니라 경전의 내용을 터득하는 것으로부터 경전을 자유로이 활용하는 것으로 파악하였다.

일례로 불법승의 삼보를 있다고 하는 것도 삼보를 비방하는 것이고 없다고 하는 것도 삼보를 비방하는 것이라 하였다. 삼보가 있다고 보는 경우 집착방(執著謗)이고, 없다고 보는 것은 허망방(虛妄謗)이며, 삼보가 생겼다고 보는 경우 증익방(增益謗)이고, 사라졌다고 보는 것은 손감방(損減謗)이라 하였다. 참으로 화두를 참구하듯이 불법에 대하여 설법하고 드러내는 데 있어 이사구절백비(離四句絕百非)하는 정신으로 분별심을 떠나 직관의 방식을 강조하였다.

특히 백운은 정전백수자(庭前栢樹子)의 화두를 강조하고 이것을 조사선의 근원처라고 보았다. 또 백운의 입장은 당시에 조사선에서 깨침보다는 전심(傳心)을 강조한 것에 비하여 전심보다 깨침을 강조한 측면이 강하다. 또한 백운이 주장한 조사선의 입장은 평상심의 대긍정이었다. 일체의 언구를 초월한 향상구 대신에 일체를 긍정하는 사상으로서 색 그대로가 진리이고[不離色] 소리 그대로가 진리이며[不離聲] 언어 그대로가 진리[不離言說]라는 것이다.

이것은 색진삼매(色塵三昧)를 강조한 하택신회의 사상을 연상케 한다. 평상의 속에서 일거수일투족의 행위 이외에 조사선의 가풍이 달리 없다는 것이다. 그래서 근원에 도달한 자에게는 선과 교가 따로 없고 선의 종파가 따로 없이 근본적인 석존의 정법안장과 열반묘심에서 그 선과 교의 근거를 찾았다. 그래서 융통(融通)하면 통하지 않는 곳이 없지만 집(執)하거나 매(昧)하면 일체를 잃어버리고 일체에 어긋난다고 하였다.

　이처럼 백운은 임제정종을 계승하는 방식은 긍정하면서도 조사선에 대한 새로운 수용방식을 제시하였을 뿐만 아니라 간화선의 발전에도 근본적인 조사선의 입장으로 회귀시켰던 것이다. 근본적인 조사선은 당대에 오가종파가 형성되기 이전의 순수한 선심의 발양을 말하는 것으로 일체가 그대로 수행이요 깨침이며 진리라는 즉심에 근거한 불심을 말한다. 이것이 때로는 평상심으로 등장하기도 하고 무사선으로 나타나기도 하며 공안(公案)으로 등장하는가 하면 기관(機關)으로 나타나기도 하였다. 백운은 바로 이 점을 수용하고 그것을 바탕으로 하여 통합적인 조계선의 기틀을 마련한 것이다.

6. 태고보우(太古普愚: 1301~1382)의
원융선(圓融禪)

고려 후기에 활약한 태고보우(太古普愚: 1301~1382)는 19세 때 만법귀일(萬法歸一)의 화두로 입참하여 수행을 하고 마침내 38세 때 크게 깨쳤다. 46세 때 원나라에 들어가 석옥청공(石屋淸珙: 1272~1352)을 참문하고 인가를 받아 중국의 임제종 맥을 이었다. 48세 때 귀국하여 공민왕의 왕사가 되었으나 신돈(辛旽)과의 불화가 있었다.

이것은 한편으로 당시에 신돈을 중심으로 하는 화엄계통과 태고를 중심으로 하는 선종과의 세력대결이기도 하면서, 다른 한편으로는 순수 불교의 전통을 이어 가려는 세력과 정치를 배경으로 한 세력과의 대결이기도 하였다.

태고보우는 원융부(圓融府)의 수장이 되어 당시까지의 구산선문을 조계종이라는 하나의 종으로 통합하려는 노력을 기울였으나 미완의 결과로 끝나 버렸다. 태고의 가르침은 자성미타(自性彌陀)의 염불선(念佛禪)을 가르치는가 하면, 잡화삼매(雜華三昧)의 화엄선(華嚴禪)과 호법교화(護法敎化)와 보은우세(報恩祐世)를 위한 원력에 이르기까지 다양하였다. 이것이 태고보우의 진면목이고 가치이며 선사상에 공헌한 의의였다. 그러나 무엇보다도 특히 조사선의 가풍을 중심으로 한 간화선의 수행에 중점을 두고 있다. 이 가운데서도 구자무불성화(狗子無佛性話)를 내세워서 이를 위해서 오매일여(寤寐一如)하고 성성력력(醒醒歷歷)하게 의단을 지닐 것을 강조하였다. 이와 같은 내용은 그의 어록 2권에 전해지고 있다.

임제선은 중국에서 형성되고 전개된 좌선의 가풍을 충실하게 계승한 선풍이었다. 특히 당시까지 선법을 중심으로 전승되어 오던 것이 사람을 중심으로 깨침이 강조되면서 조사선은 일상의 현재를 중시하였다. 당나라 중기에는 종래까지 경전의 해석학과 그 체계에 대한 관심이 행해져 왔다.

이 무렵 현장(玄奘: 600~664)은 새로운 원전을 얻으려고 멀리 인도까지 여행하여 공의 깨침을 종합적으로 체계 세운『대반야경』과 수행의 과정에 대하여 고찰한『유가론』등 방대한 경전을 수입하였다. 그러나 일반사회에서는 그와 같은 불교문헌보다 현장이 견문하고 관찰한 서방의 문물과 풍속 등에 대하여 기록한『대당서역기(大唐西域記)』에 더 관심을 기울였다. 이를 바탕으로 하여 당시 사람들에게 세계관에 대한 하나의 자각이 고양되고 나아가서 인간생활에 대한 꾸밈없는 삶의 모습 그대로를 추구하는 경향이 나타났다.

이것이 선종에서는 새로운 인간상의 구현을 강조한 조사선의 등장으로 나타났다. 그러나 일상생활을 통한 깨침의 강조에도 불구하고 종래 중국민족의 현실주의적인 사유경향은 변함이 없었다. 단지 그것은 모든 권위를 유교나 불교의 경전중심으로부터 벗어나 현실에서 추구하려는 방향의 전환일 뿐이었다. 곧 고전에 대한 해석보다도 현재 살아가고 있는 인간의 적나라한 그대로의 모습을 존중하게 되었다. 이것이 조사선(祖師禪)의 정신이다.

바로 이와 같은 조사선을 기반으로 하고 있는 임제선을 수용한 태고보우는 우선 그의 삶 속에서 조사선의 정신을 철저하게 이해하고 해석하며 실천하였다. 그의 선관은 화두를 궁극까지 참구함으로써 깨침을 추구하고 경험하였다. 그러나 이것으로 끝은 아니었다. 그는 깨침의 경험을 바탕으로 하여 다시 눈 밝은 선사에게 참문하여 구경의 인가를 받지 않으면 가치가 없는 것으로 간주하였다.

이리하여 태고보우는 국내에서 두 차례에 걸쳐 깨침을 경험한 이후에 원나라에 건너가 석옥청공(石屋淸珙)에게 참문하여 인가를 구하였다. 태고보우는 중국의 임제종 맥을 계승하면서도 단순한 임제 선법의 계승에 그치지 않고 고려선법의 주류를 형성하고 있던 조계 선법으로 받아들였는가 하면 수행과 깨침과 인가의 형식을 강조하였다.

매 순간마다 조주무자를 일으켜야 한다
일체의 순간에도 무자를 놓쳐선 안된다
걷거나 머물거나 앉고 눕는 일체시에도
옷 입고 밥 먹는 때에도 무자를 살펴라

곧 고양이가 쥐를 잡으려는 경우처럼
암탉이 달걀을 품듯이 간절하게 하라
그래서 늘 잊지말고 무자만 참구하라
이처럼 화두가 끊임이 없이 지속되면
무자 의심하는 까닭을 다시 의심하라

의심이 해결이 안되어 답답할 때에는
그 자리에서 다시 화두를 참구하거라
화두가 면면하고 정념이 확 드러나면
참구하고 또 참구하고 다시 참구하라
의심하는 마음과 화두가 하나 되도록
어묵동정에 언제나 무자를 참구 하라
자나깨나 일여의 경지에 이를 때까지

몸과 마음에서 화두를 놓치지 마라

의심도 잊고 의심하는 마음도 잊으면
금까마귀가 야반 삼경에 허공을 나네
기쁨과 슬픔의 분별심을 내지도 말고
꼭 본색납자 참문하여 의심 해결하라

그러나 간화선을 강조하면서도 그에 머무르지 않고 온갖 근기를 상대로 갖가지 수행법을 제시하였다. 특히 염불과 정토에 대하여 강조하였다. 그가 제시한 염불의 중심은 아미타불이었다. 이 말은 본래 생사가 없는 무량수(無量壽)이고 깨침의 양태임을 나타낸 말로서 사람 모두에게 안락 자재한 본성을 구비하고 있는데 그것이 곧 무량수이기 때문에 개개인이 아미타불을 지니고 있다는 것이다. 그것을 터득한 자가 불(佛)이고 그것에 대하여 설한 것이 교(教)이므로 자성의 미타를 깨치는 것은 오직 자심의 청정을 각성하는 것이라 하였다. 이로써 내내 아미타불을 염하는 마음이 화두를 참구할 때의 염념불매(念念不昧)이고 상상불매(常常不昧)라는 것이다.

한편 보우는 당시까지 내려오던 구산문에 대한 통합을 시도하였다. 이것은 궁극적으로는 호법(護法)을 위한 의지였다. 광명사(廣明寺)에 설치한 원융부(圓融府)를 설치하고 구산문(九山門)을 통합하여 일문(一門)으로 만들려는 것은 모두 일불(一佛)의 마음으로부터 유래한 본래성으로 돌아가려는 것임을 강조하였다. 따라서 청규와 관련된 전적을 간행하기도 하였다.

아울러 국왕과 부모와 스승과 시주자와 도반에 대한 5종의 은혜를 잊지 말 것을 당부하면서 의식작법으로 의례화하기도 하였다. 또한 수순중생을 내세워 어디까지나 중생과 함께하는 화광동진(和光

同塵)의 선풍을 주장하여 스스로 깨침의 기연이 된 만법귀일(萬法歸一)을 비롯한 잡화삼매(雜華三昧)의 화엄선을 내세우기도 하였다.

> 삼매와 삼매 온갖 삼매가 드러나면
> 비로자나불이 원만하게 드러나리라
> 법신불삼매가 드러나고 나타남이여
> 아 얼씨구나 좋고 절씨구나 좋구나
> 삼매와 삼매 온갖 삼매가 드러나서
> 이렇게 나타나고 또 저렇게 보이면
> 연화장세계가 온전하게 나타나리라
> 연화장세계가 무궁하도록 끝없어라

이와 같이 다양하게 수행과 그 실천을 강조한 태고보우의 행위는 근본적으로 당시 고려국운의 쇠퇴를 만회하려는 우국충정의 발로이기도 하였다. 여기에서 태고보우는 자심의 개혁을 통한 자각이 바탕이 되지 않고는 불가능하다는 것을 자각하고 스스로의 깨침의 경험에 그치지 않고 다양한 근기를 향한 수행방법과 그것을 통한 개개인의 자각을 겨냥하였다. 이와 같은 그의 심정은 그의 어록을 통해서 잘 엿볼 수 있다.

태고 스님이 설법전에 들어와서 주장자를 한 번 내리치고 말했다. "이 한 번의 소리는 부처와 조사를 삶아버리는 큰 용광로이고 풀무이며, 삶과 죽음을 단련시키는 수단이다. 그러니 마땅히 이 주장자 앞에 오는 자는 간담이 싸늘하고 혼이 나가버릴 것이다. 그러나 이 노승에게 인간적인 면목마저 없다고는 여기지 말라." 다시 한 번 주장자를 내리치고 말했다. "이 한 번의 소리에 백천의 제불도 일시에 얼음이 녹고 기왓장이 무너져 내리듯 기도 펴지 못할 것이다." 다시 주장자를 한 번 내리쳤다가 다시 주장자를 치켜세우며 말했다. '바로 이 주장자여, 고래가 바닷물을 모두 마셔버리니 산호가지가 줄줄이 드러났구나.'

참으로 주장자 한 번에 온갖 번뇌와 사회의 구조적인 비합리성을 한꺼번에 녹여버리는 그의 선풍이 잘 드러나 있다. 그 주체로서 우리들이 부여받은 이 몸뚱아리를 비롯하여 일체의 현상계는 과거도 없고 미래도 없다. 그러나 은근하게 과거와 현재와 미래에 두루 통하며, 가운데에도 없고 바깥에도 없으면서 시방세계에 고루 사무친다.

그 본래성은 정갈하고 청정하여 온갖 덕성을 머금었고, 고요하고 편안하여 모든 상서를 담고 있다. 그래서 자신의 이 몸과 마음은 치켜들면 하늘처럼 높아지고 땅처럼 두터워지며, 내려놓으면 바다같이 아늑하고 강물처럼 맑다. 이 몸과 마음은 부처와 조사도 알지 못하고 귀신도 헤아리지 못한다. 하늘과 땅으로부터 생겨난 것도 아니고 자연적으로 얻어진 것도 아니다. 전생에 신라를 행각할 때에 전단원에 가서 그림자 없는 나무 아래서 잡으려 했을 경우에도 실마리 없었고 맥도 추지 못한다. 그래서 만길 벼랑에 이르러서 온몸을 통째로 내던져 완전히 죽었다가 홀연히 소생하여 가볍게 날아오른다.

이처럼 태고보우는 그 주인공의 제일의제(第一義諦)야말로 곧 석가모니의 이후와 미륵의 이전에 현성해 있는 정법안장이고 열반묘심이라고 말한다. 그 주인공이 자신의 마음이고 자신의 몸이며 주장자이고 가사이며 자성미타이다. 그래서 마치 천상세계의 별들이 모두 북극성을 향해 있고, 인간세계의 물들은 모두 동쪽바다로 흘러가고 필경에 물은 바다를 향해 흘러가고 구름은 필시 산을 찾아 돌아가듯이 자성의 미타를 깨치는 것이 자신과 일체중생에 대한 은혜를 갚는 것이라고 말한다.

그러기 위해서 이 몸이 때로는 범천왕의 몸이 되기도 하고 때로는 제석천왕의 몸이 되기도 하여 보살행을 실천해야 하는 것이라 말한다. 그것이야말로 태고보우가 평생 동안 자심의 자각과 사회의 개혁을 향한 제일구였다.

「태고암가(太古庵歌)」

내가 사는 이 암자 나도 몰라라	吾住此庵吾莫識
깊고 깊어 아예 좁은 줄 모르고	深深密密無壅塞
하늘 땅 모두 있어 앞뒤 없으니	函蓋乾坤沒向背
어찌 동서남북의 분별 있을손가	不住東西與南北
왕궁의 찬란함도 비하지 못하네	珠樓玉殿未爲對
소림의 엄격함 따르지 않으면서	少室風規亦不式
팔만사천 번뇌 모두 때려부수니	爍破八萬四千門
구름너머에 또 다시 청산이로다	那邊雲外靑山碧
산꼭대기 구름 하얗기 그지없고	山上白雲白又白
산 속의 개울물 그칠 날 없다네	山中流泉滴又滴
뉘라서 백운의 모습을 알겠는가	誰人解看白雲容
날씨 따라서 천변만화한 모습과	晴雨有時如電擊
이 개울물소리 뉘라서 듣겠는가	誰人解聽此泉聲
끝도 없이 돌고 또 도는 도리를	千回萬轉流不息
생각 할라치면 벌써 어그러지고	念未生時早是訛
말할라치면 금새 망가져 버리네	更擬開口成狼藉
열두달 계절을 잊은지 얼마인데	經霜經雨幾春秋
어찌 오늘 하루에 구애되겠는가	有甚閑事知今日
거친밥도 때로는 맛있는 밥으로	麤也飡細也飡
내 본분 따라 그저 먹을 뿐이니	任儞人人取次喫
운문의 호떡 맛 조주의 차 맛이	雲門糊餅趙州茶
어찌 여기의 무미건조함만 하랴	何似庵中無味食
본래 내려온 이와같은 옛가풍을	本來如此舊家風
뉘라서 특별히 기특하다 하리요	誰敢與君論奇特
한터럭 위에 자리잡은 태고암은	一毫端上太古庵
좁으면서 또다시 넓기도 하다네	寬非寬兮窄非窄
온갖 세계가 태고암에 들어있고	重重刹土箇中藏
깨침의 길도 태고암에 펼쳐지네	過量機路衝天直
이럴진댄 태고암 그윽한 정취를	三世如來都不會

삼세제불 역대조사 통 모르다네
어리석은 이 태고암의 주인공은
하릴없이 그대로 맘대로 산다네
성글게 헤져버린 삼베옷 걸치고
초목덩굴 우거진 초가에 산다네
주관도 객관도 모두다 초월하여
아침 저녁으로 청산만 마주하네
한가롭게 앉아서 태평가 부르니
소림의 한소식 참으로 듣기좋네
뉘와 더불어 깨침의 노래부르랴
가섭과 달마가 서로들 주고받네
태고의 무현금 뜯어보는 소리에
구멍없는 피리소리 화답을 하네
태고암에 사는 태곳적의 소식을
그대는 분명히 듣지도 못했던가
이렇듯 분명하고 또한 두렷하여
백천 삼매 이 가운데 들어 있네
항상 적적하건만 인연을 따르니
모든 남녀노소가 늘 북적거리니
이것이 삼세 제불의 풍모로구나
지혜와 분별로는 알수가 없다네
이 내 말을 그대는 의심치 말라
회광반조한들 끝끝내 아득할 뿐
바로 알아채도 흔적만 느낀다네
무엇인가 물어도 곧 어긋난다네
이야말로 큰바위처럼 부동할 뿐
집착없고 망상피우지 않는 것이
시방 삼세 제불조사 깨침이라네
역겁 동안 출세하지도 않았건만
자칫하면 세속에 빠지고 만다네
암자엔 태고라는 명패도 없지만
오늘부터 비로소 태고라 하리라
하나에 일체요 일체에 하나인데
그 하나 없는 곳 태고 드러나네
모나기도 하고 둥글기도 하다네
이르는 곳마다 모두다 분명하니

歷代祖師出不得
愚愚訥訥主人公
倒行逆施無軌則
着郤靑州破布衫
藤蘿影裏倚絕壁
眼前無法亦無人
旦暮空對靑山色
兀然無事謌此曲
西來音韻愈端的
偏界有誰同唱和
靈山少室謾相拍
誰將太古沒絃琴
應此今時無孔笛
君不見
太古庵中太古事
只這如今明歷歷
百千三昧在其中
利母應錄常寂寂
此菴非但老僧居
塵沙佛祖同風格
決定說君莫疑
智亦難知識莫測
回光返照尙茫茫
直下承當猶帶迹
進問如何還大錯
如如不動如頑石
放下着莫妄想
卽是如來大圓覺
歷劫何曾出門戶
暫時落泊今時路
此菴本非太古名
乃因今日云太古
一中一切多中一
一不得中常了了
能其方亦其圓
隨流轉處悉幽玄

누가 산속의 생활을 물을라치면　　　　　　　君若問我山中境
바람소리 거문고에 달빛 춤추네　　　　　　松風蕭瑟月滿川
닦을 도 없고 닦을 참선 없으니　　　　　　道不修禪不祭
향이 스러지고 연기마저 끊기면　　　　　　水沈燒盡爐無煙
그저 그렇게 살다가 마칠뿐이요　　　　　　但伊騰騰恁麽過
뭐 하러 또 다른 향을 찾으리요　　　　　　何用區區求其然
먹을 것 없고 입을 것 없다지만　　　　　　徹骨淸兮徹骨貧
제각각 먹을 운명을 타고났기에　　　　　　活計自有威音前
한가롭게 태평가나 부르며 살고　　　　　　閑來浩唱太古歌
무쇠소 모로타고 여행을 한다네　　　　　　倒騎鐵牛遊人天
어린이는 배운대로 흉내 내지만　　　　　　兒童觸目盡伎倆
뜻대로 안되어 피곤만 더한다네　　　　　　曳轉不得徒勞眼皮穿
암자살이가 마치 이와 같을진댄　　　　　　菴中醜拙只如許
어찌 거듭 피곤하게 흉내내리요　　　　　　可知何必更重宣
한바탕 춤추다 생을 마치겠지만　　　　　　舞罷三臺歸去後
청산과 개울물은 늘 여전하구나　　　　　　靑山依舊對林泉

IV
한국선법의 계승

1. 환암혼수(幻菴混修: 1320~1392)의
삼구선(三句禪)

1) 해동선법의 시작

환암혼수(幻菴混修: 1320~1392)는 고려 말기에 태고보우(太古普愚: 1301~1382)의 사법제자로서 당시의 나옹혜근(懶翁慧勤: 1320~1376)과도 깊은 교류를 하였다. 혼수는 고려 말기 임제정종의 법맥과 그 사상을 전승한 인물로 임제정종 제2의 계승자이다. 여기에서 제2기의 계승자란 고려 말기에 원나라를 통하여 임제정종을 전승한 태고보우와 나옹혜근과 백운경한 등 일군의 계승자를 의미한다.

그 제1기의 계승자는 신라 말기 지리산화상 및 고려 초기 혜조국사 담진을 비롯한 일군의 임제선법 수용자들을 가리킨다. 따라서 우리나라에서 혼수가 차지하고 있는 선법맥과 그 선풍의 위상을 살펴보기에 앞서 한국의 선법전래와 그 전개에 대하여 개략적인 설명을 곁들이기로 한다.

선의 직접적인 원류는 석가모니로부터 찾아볼 수 있다. 이후 6세기 초반에 보리달마를 통하여 중국에 전해진 선법은 8세기 초반에는 신라에까지 전승되었다. 해동에 선법을 전승한 최초의 인물은 중국

선종의 제4조로 간주되고 있는 대의도신(大醫道信: 580~651)의 적자였던 법랑(法朗)으로 알려져 있다. 법랑은 도신의 동산법문을 충실하게 계승하여 인가를 받는 한편 달마로부터 비롯된 조사선의 정통가풍을 해동에 전하였다.

그러나 법랑의 선법은 시절인연이 도래하지 못한 탓인지 당시의 사람들로부터 이해되지도 못하고 수용되지도 못하였다. 마치 보리달마가 중국에 대승의 선법을 전래했을 때 기연이 성숙하지 못하여 소림사에서 면벽구년(面壁九年)의 세월을 기다린 것과 마찬가지였다. 그러나 숙세의 기연이 익은 탓인지 천만다행으로 당시에 지리산에서 좌선수행을 하면서 심법을 닦고 있던 신행이라는 제자를 얻을 수가 있었다. 마치 보리달마가 중국에 도래하여 수년 후에 비로소 혜가라는 제자를 얻은 것과 같았다.

신행(信行, 愼行, 神行: 704~779)은 청도의 호거산에 은둔하고 있던 법랑에게 3년 동안 참학하여 선법의 인가를 받고 법랑의 심법을 계승하였다. 법랑대사가 입적하자 신행은 동경으로 나아가 선법을 펼치고자 노력하였으나 그 뜻을 이루지 못하였다. 신행은 아직까지 인연이 성숙하지 못한 것을 알고는 입당유학의 길에 올랐다. 입당하여 당시에 소위 신수(神秀) - 보적(普寂) - 지공(志空)으로 계승된 북종의 선풍을 인가받고 그 심법을 계승하여 778년 신라에 귀국하였다.

그러나 신라사회는 아직까지도 신행의 선법을 수용할 준비가 되어 있지 못하였다. 그리하여 신행은 준범(遵範)에게 심법을 전수하고 779년 입적하였다. 준범의 선법은 혜은(慧隱) - 지선(智詵)으로 계승되었다.

이 법랑의 선법전승이야말로 해동에 전래된 최초의 선법이면서 선법이 분파되기 이전의 순선(純禪)의 선법이다. 이 해동선법은 한편으로는 동산법문의 정통선법을 계승하여 순선(純禪)으로 상징되는 달마선법의 정법안장(正法眼藏)이고, 다른 한편으로는 소위 북종선법의 정통을 계승하여 법맥이 분파된 이후의 선법이었다.

이로써 법랑이 전승한 선법은 달마로부터 도신의 동산법문으로 계승된 정통법맥의 직접적인 계승이었다. 이것은 최초기 한국선법의 성격에 대한 중요한 단서이다. 또한 보리달마로부터 비롯된 중국 선종의 경우는 인도사람에 의하여 전승되었지만 그와는 달리 신라인이 직접 중국에 유학하여 적극적으로 선법을 수용했다는 의의를 담고 있다.

법랑보다 80여 년 이후 821년에는 도의(道義) 선사가 중국 남종선법의 정통을 전래하였다. 이때까지의 선법은 소위 중국의 선종오가(禪宗五家)로 불리는 종파선종이 형성되기 이전의 시대에 해당하였다. 따라서 이 무렵까지 신라에 전승된 선법의 경우는 적어도 법맥에 관해서는 그다지 자파의 의식이 강하지 않았다. 그러나 이후에 조동종, 운문종, 법안종, 임제종, 위앙종 등 선종오가가 형성되면서부터는 신라에 전승된 선법의 경우에도 종파에 따른 법맥과 그 정통성을 강조하는 풍조가 형성되었다.

중국의 선종오가가 형성된 이후에 신라에 전래된 종파불교 가운데 비교적 이른 시기에 전래된 것은 조동종풍이었다. 뒤를 이어 법안종·위앙종·운문종·임제종의 종풍이 고려 초기에 전래되었다. 조동종 계통의 원류를 처음으로 전래한 경우는 낭공행적(朗空行寂)이었다. 그러나 본격적으로는 고려 신라 말기와 고려 초기에 걸쳐 이엄(利嚴), 여엄(麗嚴), 경유(慶猷), 형미(逈微), 경보(慶甫) 등을 통하여 전래되었다.

이처럼 법랑으로부터 비롯된 동산법문의 계승과 도의로부터 비롯된 소위 남종의 법문과 이후 종파선종의 전래 등은 고려 전반기에는 소위 9산선문·14산문·6산문·3원 등으로 유지되었다. 이 외에도 일군의 집단으로 계승되지 못하고 소멸해 버린 개별적인 선풍 내지 사찰 등이 고려 중기에 이르러서는 조계선법 혹은 조계선풍 등으로 불리기도 하면서 이합집산하면서 고려 말기까지 존속되었다.

이와 같은 선법은 때로는 화엄을 위시한 교학불교와의 성격 차이 등으로 인하여 상호 간에 자파의 주도권 경쟁을 보이기도 하였다. 그 가운데 혜조국사 담진과 보조지눌로 계승되는 사굴산파(闍崛山派) 계통과 원응국사 학일과 보각일연으로 계승되는 가지산파(迦智山派) 계통의 선법이 주축을 형성하면서 고려선법의 틀을 형성하고 전개시켜 왔다.

2) 환암혼수의 행적

환암혼수의 생애에 관한 기본자료는 『충주청룡사보각국사환암정혜원융탑비문』(1394년 건립)이다.[116] 환암(幻菴)의 비문은 혼수선사(1320~1392)가 입적한 2년 혹 3년째 해당하는 조선 태조 3년인 1394년에 충주 청룡사에 건립되었는데 비문은 고려 말기부터 문장가로 이름이 높은 권근(權近: 1352~1409)이 태조의 명을 받아서 지

---

116) 그 출처는 『朝鮮金石總覽』 卷下(pp.719-725)에 權近이 찬술한 비문과, 『朝鮮佛敎通史』 卷上(pp.339-343) 및 李穡이 찬술한 [幻菴記]가 이에 해당한다.

었다. 환암이라는 시호는 이때 조선 태조로부터 추증된 것이다. 환암혼수의 휘는 혼수(混修)이고 자는 무작(無作)이며 호는 환암(幻菴)이다.

성은 조(趙)씨로서 아버지의 고향은 오늘날 지명으로는 경기도 남양주군 진접면 내각리이고, 혼수는 당시 아버지가 현감으로 있던 부임지인 오늘날 지명으로 경북 예천 용주에서 1320년 3월 13일 출생하였다. 아버지의 휘는 숙령(叔鴒)으로 사헌부 소속의 정6품 벼슬을 지냈다. 어머니는 경(慶)씨로서 사대부 가문이었다.

혼수는 어려서 몸이 허약하여 병치레를 많이 하였다. 따라서 출가하면 연명할 수 있으며 또한 큰 인물이 된다는 말을 듣고 있었기 때문에 집안에서도 출가의 희망을 기대하고 있었다. 12세 이후 계송(繼松) 스님을 따라 마을상좌가 되었는데 정확한 나이는 알려져 있지 않다. 이후 계송 스님을 따라 내전과 외전을 널리 공부하였고 22세에 선시(禪試)에 응시하여 상상과(上上科)에 합격하였다.

이로써 현몽이 있어 본격적으로 수행을 하기 위하여 29세에 금강산에 들어갔다. 2년 후 31세에 어머니의 병환소식을 듣고 가까운 경북 성주(星州)에서 5~6년을 지냈다. 어머니가 돌아가시자 『법화경』으로 명복을 빌고 나서 강화도 선원사(禪源寺)의 식영감(息影鑑, 息影菴, 息影淵鑑) 스님에게 참문하여 『능엄경』의 25가지 방편수행을 수학하여 그 진수를 얻었다. 조쌍중(趙雙重)의 청을 받아 휴휴암(休休菴)에서 널리 『능엄경』을 강의하기도 하였다.

그곳에서 3년 동안 주석한 후에 충주의 청룡사 연회암(青龍寺 宴晦庵)으로 옮겼다. 회암사 주지를 맡아 달라는 공민왕의 청을 뒤로하고 금오산(金鰲山)과 오대산(五臺山)에서 주석하였다. 오대산 신성암(神聖庵)에 주석할 때에 가까운 고운암(孤雲庵)에 주석하고 있던 나옹혜근(懶翁慧勤)과 문답을 나누어 나옹혜근으로부터 입실을 허락받았다. 나옹은 그 징표로 금란가사(金襴袈裟)와 상아로 만든 불자(拂子)와 주장자(拄杖子)를 주었다. 이로써 나옹의 법통을 계승하기도 하였다.

42세에는 궁궐로 들어가는 기회를 버리고 산속에 은거하였다. 50세에는 김황(金璜)의 초청으로 경기도 안성의 서운사(瑞雲寺)에 주석하면서 가람을 크게 일으키고 선법을 널리 폈다. 51세에는 회암사에서 공민왕의 명으로 공부선장(功夫選場)이 실시되어 선교양종(禪敎兩宗)의 대덕들이 대거 참여하였는데 혼수 스님도 이에 참여하였다. 나옹혜근이 감독관으로 있어 일착어(一著語)를 던졌는데 혼수만이 당문구(當門句)와 입문구(入門句)와 문내구(門內句)의 삼구법문에 대하여 명쾌한 답변을 하여 인정을 받았다. 그리고는 곧 근방의 위봉산(威鳳山)에 몸을 숨겨 버렸다.

53세에는 왕명을 받아 전남 나주의 불호사(佛護寺) 주지를 지냈다. 54세에는 내불당(內佛堂)을 맡아 달라는 왕명을 피하여 경북 영덕의 평해에 몸을 은둔하였다. 55세에 마지못하여 내불당에 들어갔다. 여기에서 왕과 그 권속들을 위해 널리 법문을 폈다. 같은 해에 공민왕이 승하하고 우왕이 즉위하여 광통무애원묘대지보제선사(廣通無礙圓妙大智普濟禪師)라는 법호를 내렸다.

56세에 송광사(松廣寺)에 주석하였고, 57세에는 서운사(瑞雲寺)에 다시 들어갔다. 59세에는 치악산에 머물다가 다시 연회암(宴晦庵)으로 돌아왔다. 이때 왕명으로 광암사(廣巖寺)에 3년 동안 주지를 하다가 원주의 백운암으로 남몰래 피하였다. 이후 용문산과 청평산과 치악산 등에서 수행으로 일관하였다. 64세에 조정의 뜻을 받아 연회암에 돌아가 국사에 책봉되었다.

국사의 호는 대조계종사선교도총섭오불심종흥자운비복국리생묘화무궁도대선사정편지웅존자(大曹溪宗師禪敎都總攝悟佛心宗興慈連悲福國利生妙化無窮都大禪師正遍知雄尊者)였다. 그리고 충주 개천사(開天寺)를 주석사찰로 정하였다. 다시 서운사로 옮겼으나 궁궐로 초청하였다.

65세에는 도적들의 빈번한 출현으로 인하여 개천사에서 광암사로 옮겼다. 66세에는 왕명으로 광암사에 능엄법회를 개설하여 50일 동안 천재지변이 없도록 기원하고 많은 명망 있는 유학자들과 고승(高僧)들에게 설법하였다. 67세에는 대비(大妃)의 요청으로 개성의 보국사(輔國寺)에서 선왕인 공민왕을 위한 극락발원으로 능엄법회를 개최하였다. 68세에는 궁궐에서 국가적인 재앙을 물리치는 소재법회(消災法會)를 개최하였다.

69세에는 창왕(昌王)이 즉위하였을 때 개천사로 돌아갔다. 이후 공양왕(恭讓王)이 즉위하자 국사를 반납하고 치악산으로 들어갔으나 다시 국사에 책봉되어 개천사에 주석하였다. 72세에 대장경 조판을 마치고 서운사에서 회향법회를 봉행하였다. 73세에 조선이 건국되었을 때 노병을 이유로 국사직을 반납하고 청룡사로 옮겨 거기에 주석하였다. 그러나 조정에서는 국사의 직인을 되돌려 보냈다. 이후 9월 18일 국사의 직인을 조정에 돌려주라고 말하고 단정히 앉아서 입적하였다. 8일 동안 앉은 자세로 모셔지다가 9월 25일 연회암 북쪽 산기슭에서 다비에 부쳤다.

태조는 부음을 듣고 애도하면서 시호를 보각(普覺)이라 하고 탑호를 정혜원융(定慧圓融)이라 하였다. 그리고 곧바로 부도를 건립하도록 하여 그해 12월에 청룡사의 북쪽 봉우리에 부도탑을 세우고 유골을 봉안하였다. 세수 73세이고 법랍은 60세였다. 혼수의 행리처를 정리하면 다음과 같다.

경북 예천 용주에서 출생 - 계송(繼松)에게 출가 - 선시(禪試) 상상과(上上科) 합격 - 금강산 - 경북 성주(星州) - 강화도 선원사(禪源寺)의 식영감(息影鑑, 息影菴, 息影淵鑑) 스님에게 참함 - 휴휴암(休休菴) - 충주의 청룡사 연회암(靑龍寺 宴晦庵) - 금오산(金鼇山) - 오대산 신성암(神聖庵) - 고운암(孤雲庵) 방문 - 은거 - 경기도 안성의 서운사(瑞雲寺) - 회암사에서 공부선장(功夫選場) 응시 - 위봉산(威鳳山) - 전남 나주의 불호사(佛護寺) - 경북 영덕의 평해 - 내불당 입당 - 송광사(松廣寺) - 서운사 - 치악산 - 연회암 - 광암사(廣巖寺) - 원주의 백운암 - 용문산 - 청평산 - 치악산 - 국사에 책봉됨 - 충주 개천사(開天寺) - 서운사 - 개천사 - 광암사 - 개성의 보국사(輔國寺) - 입궐하여 소재법회(消災法會) 개최 - 개천사 - 치악산 - 개천사 - 서운사에서 대장경 조판 회향법회 - 청룡사 - 입적 - 연회암 북쪽 산기슭에서 다비에 부침 - 청룡사의 북쪽 봉우리에 부도탑을 세우고 유골을 봉안.

3) 환암혼수의 임제정종(臨濟正宗)의 계승

(1) 임제의현의 무위선(無位禪)

중국 당나라 말기에 형성된 선종오가(禪宗五家)는 혜능의 법계를 계승하여 발전시킨 소위 남종 계통에서 분파한 선종의 다섯 종파를 일컫는 말이다. 남종의 원류는 중국 선종의 초조로 간주되는 보리달마로부터 태조혜가－감지승찬－대의도신－대만홍인－대감혜능으로 이어지는 일군의 법맥이었다. 혜능으로부터는 사법제자가 43명이나 되었다고 하는데 그 가운데서도 특히 청원행사와 남악회양의 계통이 크게 발전을 이루었다.

남악회양의 선법은 마조도일－백장회해－황벽희운－임제의현에 이르러 그 선풍이 자못 발전하였는데 그것이 임제종이다. 임제종풍은『임제록』이라는 그 어록을 위시하여 마조·백장·황벽·임제의 어록을 집대성한『사가어록(四家語錄』등에 잘 나타나 있다.

임제의현(臨濟義玄)은 임제혜조(臨濟慧照)라고도 하는데 진주지방에서 크게 활약한 선사로서 선종의 역사 가운데서도 가장 걸출한 선자였다. 그의 일대기에서 뿐만 아니라 그의 행위와 사상에서 선의 특징을 가장 잘 보여 주었고, 가장 잘 전해 준 선사였다. 그만큼 인간의 존엄성을 긍정하고 그 긍정을 모든 존재에게까지 적용하였으며, 자신의 본래성에 대한 철저한 자각을 쉼 없이 추구한 선자였다. 따라서 선은 달마를 통해 씨앗이 뿌려지고 혜능을 통해 뿌리가 내렸으며 마조를 통해 줄기가 번창하였고 임제를 통해서 꽃이 피었다 해도 과언이 아니다.

임제의 기본적인 사상은 당나라시대에 형성되고 전개된 소위 조사선(祖師禪)을 가장 잘 대변해 주고 있다. 곧 철저한 현실긍정과 인간의 본성에 대한 자각을 통한 자유무애한 행위를 유감없이 드러내 주고 있다. 이것이 임제에게는 절대무위인(絕對無位人) 곧 무위진인(無位眞人)으로 드러나 있다. 그 인(人)은 곧 주체적 인간이다. 현실에 주하면서 현실을 단순한 관념의 세계가 아닌 적극적인 참여자의 입장에서 진리를 구가하여 출가 재가를 막론하고 가식 없이 정나나(淨裸裸)하고 적쇄쇄(赤灑灑)하게 보여 주고 있다. 일찍이 기성의 질서를 타파하고 인간 본래의 가치를 주장해 온 임제의 언행은 약간의 수정이 가해져 대기대용(大機大用)이라든가 방·할(棒·喝)과 같은 것이 임제선의 특색이 되어 거기에서 일종의 유형화(類型化)가 시작되었다.

임제의 인본사상(人本思想)은 개개의 존재에 대한 절대적 신뢰를 바탕으로 가능하였다. 그것은 일체의 가식을 떨어뜨리어 버리고 순수한 인간과 대면하는 자신의 본래면목을 한순간만이라도 지켜볼 수 있는 사람을 의미한다. 그것은 항상 우리네 주위에서 늘 나타나는 것인데도 불구하고 스스로의 내부에서 부정하고 살아가는 존재에 대한 신랄한 비판이다.

그래서 임제는 그것을 "무위진인이라니, 이 무슨 똥막대기 같은 소리인가." 하고 도리어 무위진인이라는 어조마저 철저하게 쳐부순다. 한 승이 나서서 임제에게 예배하자 임제가 문득 할을 하였다. 그 승이 "저를 어쩌려고 하지 마십시오." 하자 문득 대번에 크게 고함을 질러 버렸다. 이것이 곧 할(喝)이다. 일체의 언설에 대한 분별과 진리에 대한 사량과 타인에 대한 비교를 순간적으로 바꾸어 스스로를 꼭두각시로 만들어 버린다. 그래서 "불교의 궁극적인 뜻이 무엇입니까?"라는 질문에 대해서도 임제는 할을 하였다. 할을 통해서 임제는 철저하게 주인으로 살아가는 진인과 어디까지나 바람이 부는 대로 물결이 치는 대로 살아가는 손님의 역할을 정반대로 바꾸어 버린다.

한 승이 임제에게 "손님과 주인이 따로 있습니까?" 하고 물으면 임제는 "손님과 주인이 엄연히 따로 있다."고 말한다. 그것은 모든 사람들이 본래성에 근거하고 있으면서도 모두가 본질을 벗어나 허망한 환상을 추구하는 소위 어리석은 성인들에 대한 질책이다. 그것을 위해서 임제는 때로 누구든지 주장자로 후려치는 일조차 서슴지 않았다. 대저 불법을 위해서는 몸과 목숨까지도 아끼지 말아야 한다는 것이다.

임제 스스로가 황벽을 모시면서 세 차례나 불법의 근본 뜻이 무엇인지를 물었으나 번번이 주장자로 얻어맞았을 뿐이다. 그것은 마치 쑥대로 얻어맞은 것처럼 얼떨떨할 뿐이었다. 임제는 바로 자신이 경험한 초심의 그 기분을 스스로 다시 한 번 맛보고 싶은 심정으로 제자를 후려쳤다. 세 차례 얻어맞은 것은 과거와 현재와 미래이기도 하고, 중생과 부처와 임제 자신이기도 하며, 불과 법과 승이기도 하고, 임제 자신이 내세운 삼구법문이기도 하다.

이와 같은 임제선법의 스타일은 가르마를 탈 필요도 없다. 단지 몽땅 그렇게 살아가고 몽땅 그렇게 수행하며 몽땅 그렇게 깨치고 몽땅 그렇게 맛을 보여 주면 되는 것으로 부분이 따로 없이 하나의 전체일 뿐이다. 불법은 애써 힘쓸 필요가 없다. 다만 평소에 아무런 탈도 없이 똥 싸고 오줌 누며, 옷 입고 밥 먹으며, 피곤하면 잠자면 그

뿐이다. 어리석은 사람은 밖을 향해 공부한다. 그러나 지혜로운 사람은 스스로가 스스로의 주인이 된다. 그것이야말로 수처작주(隨處作主)하고 입처개진(立處皆眞)하는 도리이다. 그래서 수처작주가 곧 그대로 입처개진이 된다.

이와 같은 임제의 행동은 자신의 주인과 손님에 대하여 어디까지나 자각을 하는 자신과 자각을 통해서 깨침을 얻는다는 그 집착의 잘못까지를 말끔하게 비워 주고 있다. 이러한 입장을 여의고서는 신(神)이든 불(佛)이든 자성(自性)이든 무엇이나 마찬가지로 일체에 대하여 무소유(無所有)·무소득(無所得)·무소위(無所爲)가 아니라면 진정한 해탈을 얻을 수 없다. 요컨대 성불이든 좌선이든 그 진실한 의의가 해탈에 있는 이상 불에 집착하고 법에 집착하고 좌선에 집착하고 진리에 집착하고 신에 집착하고 죄에 집착하고 자비에 집착하고 은총에 집착하고 그 어떤 것에 집착하든지 간에 그것이 굴레라는 점은 마찬가지여서 진실한 성불이라 할 수 없다.

불(佛)이란 자재한 사람·평상무사한 사람·일체를 초월한 사람이 아니어서는 안 된다. 때문에 본래성을 자각한다는 것은 스스로가 몰자각하고 있었음을 자각하는 것이다. 그 자각이란 곧 분별하는 자신을 아는 것이다. 이처럼 분별 속에 작용하는 무분별의 주체를 어떻게 깨치는가 하는 과제가 선에서 추구하는 자각의 문제이다.

임제의 선은 바로 자각의 종교이다. 인간 누구나 자각의 가능성을 내포하고 있다는 것은 모든 불교에서 주장하는 말이다. 그러나 그 가능성이 현실로 드러나 있음을 깨우쳐 아는 것이 진정한 자각의 모습이다. 이와 같이 중생과 부처가 다르지 않다[生佛不二]고 해도 거기에는 구체적인 인간이 실재하지 않으면 무의미하다. 그 한가운데 실재하는 인간은 곧 생명으로 가득한 인간이다. 그 생명은 자각한다고 늘어나는 것도 아니고 무자각한 상태로 남아 있다 해도 줄어드는 것이 아니다. 있는 그대로의 본래성으로 작용할 뿐이다. 단지 그것을 스스로가 좌선과 자각이라는 수행 내지 반성을 통하여 체험하는 것이다. 그 체험은 생명의 실현이다. 생명의 실현은 자기 혼자에만 국한되는 것이 아니다. 뭇 존재가 생명으로 어우러져 있기 때문이다.

바로 이와 같은 뭇 생명이 자기와 무관계한 것이 아니라는 것을 깨치는 것이 연기의 자각이요, 연기의 자각을 통한 개인적 체험이 생명에 대한 존중으로 나타나는 것이다. 그것은 소승교와 같이 공에 집착해도 불가능하고, 대승교와 같이 고원한 진리 또는 작불(作佛)에 집착해도 그것은 단견과 상견의 범위를 벗어나지 못하는 것이기 때문에 참된 해탈이 아니다. 진정한 자각이란 자기 속의 자기[自性] 곧 주인과 자기 밖의 자기[人間] 곧 손님이 불이(不二)임을 깨치는 것이다. 왜냐하면 자신이 본래부터 부처를 여읜 적이 없고 부처 또한 자신을 떠난 적이 없기 때문이다. 그래서 부처가 부처를 찾고 믿으며, 화두가 화두를 드는 것이어야 한다. 중생으로서 부처를 이룰 수 있는 것이 아니다. 부처가 부처를 이루는 것이다.

화두는 본래부터 화두 그 자체이어야지 화두를 대상으로 삼아 화두를 든다면 그것은 맹구우목(盲龜遇木)과 같이 우치한 수행이 될 뿐이다. 소리개가 날개 치면서 허공에 날아오르고 물고기가 헤엄쳐 뛰어오르는 것은 내가 소리개가 되어 직접 하늘에 날아오르는 것이고 물고기가 되어 물속을 헤엄쳐 보는 것이다. 이와 같이 본래성의 자각을 통한 선수행의 완성이 곧 보살행으로서 뭇 생명의 가치실현이다. 그 자각화된 보살행은 임제선의 특징으로서 동적인 대기대용

(大機大用)이 중시되었다. 그것의 활작용한 표현이 다름 아닌 방(棒)과 할(喝)의 활용이었다. 때로는 비처럼 그리고 때로는 우레처럼 활발하게 전개되는 할과 방은 임제가 타인과 벌이는 문답상량을 중심으로 일종의 견성법문으로 전개되었다.

여기에서 문답상량에 대하여 혹자들은 초논리적·모순적·비유적·즉물적인 표현방식으로 구사하였다. 이 문답상량이 정형화된 것이 곧 임제의 할이었다. 할이 초기에는 임제의 문답으로서가 아니라 본래인에 대한 이법으로서 언급되었다. 그러나 시대가 내려가면서 많은 제자들을 제접하려는 고정화된 방식으로 현성되었다. 이처럼 고정화 내지 정형화되어 가는 일종의 접화행위는 고인의 일화 내지 언어와 신체행위 등이 하나의 표준으로 사용되어 갔다.

그 정형화된 접화행위를 따라 덕지덕지 연지 찍고 곤지 찍어 고인의 경험에 대한 간접체험을 하려는 참구의 태도가 등장하였다. 이와 같은 과정을 거쳐 후대에 간화선이 등장하였다. 선의 생명은 불도를 수행하고 깨치는 것이다. 깨침이란 사량분별에 얽매이지 않고 천지우주와 자기가 하나 되어 분별심이 사라지고 관찰대상인 도리와 관찰주관인 지혜가 불이일체(不二一體)가 되는 무애청정한 작용이다.

이와 같은 작용으로 이끌어 들이는 데에 사용된 선의 테크닉 가운데 하나가 임제의 할이다. 할은 그 자체가 목적이 되는 것도 아니고 남을 애태우고 놀려주는 희롱도 아니다. 할 자체가 깨침으로 나아가는 도구 곧 수단의 성격이면서 동시에 임제 자신의 온전한 투영이었다. 그러기에 임제에게는 제불과 일체중생은 오직 일심일 뿐 별다른 법이 있을 수 없었다.

그 일심은 무시이래로 일찍이 생겨난 것도 아니고 일찍이 멸한 적도 없었으며, 푸른 것도 아니고 누런 것도 아니며, 형체가 있는 것도 아니고 모양이 있는 것도 아니며, 유에 속하지도 않고 무에 속하지도 않으며, 새로운 것도 아니고 오래된 것도 아니며, 길지도 않고 짧지도 않으며, 크지도 않고 작지도 않으며, 일체의 한계와 문자언어와 흔적과 상대[對待]를 초월해 있는 당체 바로 그것이기 때문에 뭐라고 생각만 하려 해도 어그러지고 만다. 허공과 같아서 그 가없고 헤아릴 수도 없으며, 부처이기 때문에 부처와 중생은 달리 차별이 없다. 이 마음이 곧 부처이기 때문에 달리 부처가 있는 것도 아니고 또한 달리 마음이 있는 것도 아니다. 그것이 수처작주(隨處作主)의 도리이다.

또한 이 마음은 밝고 청정하기가 마치 허공에 한 점의 모양과 흔적도 없는 것과 같다. 그렇기 때문에 마음을 가지고 무엇이라 생각할라 치면 곧 법체에서 멀어져 상에 집착하는 것이 되고 만다. 그래서 다만 일심을 깨쳤을 뿐이지 달리 그 어떤 자그마한 법도 얻을 것이 없는 그것이 곧 입처개진(立處皆眞)이다. 이런 경지에서 임제는 수처(隨處)가 입처(立處)이고 입처(立處)가 그대로 작주(作主)였으며 작주(作主)가 그대로 개진(皆眞)일 수 있었다.

이 외에 다른 도리가 없다. 그것은 곧 법이기 때문이고 무심이기 때문이다. 수처와 입처의 도리를 깨치면 분별사려가 사라진다. 때문에 언어도단 심행처멸이 된다. 그 도단(道斷)과 심멸(心滅)이야말로 곧 본원청정불(本源淸淨佛)로서 사람마다 모두 본래부터 구비하고 있는 그것이다.

이런 존재가 바로 이임제의 방과 할로 수처로 입처로서 생명체를 지닌 모든 존재는 제불보살과 일체(一體)로서 다르지 않다는 개진

(皆眞)이었다. 개진에서 바야흐로 산도 좋고 물도 좋으며 말은 언제나 옳고 이치는 언제나 진실하며 행동은 언제나 원만하다. 이런 까닭에 작은 몸은 작은 소리로 설법하고 큰 몸은 큰소리로 설법한다. 종을 크게 치면 크게 울리고 작게 치면 작게 울린다. 개미의 형상을 하고 있으면 개미의 형상으로 설법하고, 파리의 형상을 하고 있으면 파리의 형상으로 설법을 한다.

이 도리가 참으로 평등하고 청정한 불세계를 현성한 무위진인(無位眞人)으로서 수처개진(隨處皆眞)하고 입처작주(立處作主)하며 현처일심(現處一心)이고 멸처무심(滅處無心)이다. 이러한 태도가 터득되었을 때가 곧 중생제도에 나아가는[臨濟] 때이고 자성의 지혜를 비추어 보는[慧照] 때이다. 임제의 이와 같은 사상과 그 자유롭고 활달한 선기는 이후 송대선의 전반에 걸쳐 가장 큰 영향을 끼쳤다.

(2) 임제 무위선의 계승

환암혼수는 고려 말기에 불교계를 이끌어 갔던 지위에 있었음에도 불구하고 그의 저술은 보이지 않는다. 다만 『환암어록(幻菴語錄)』 상·하의 2권이 있었다고 전하지만 현존하지는 않는다. 그의 『비문』을 제외하면 여러 문집류의 시문(詩文) 및 몇 가지 야사류(野史類)에서 혼수와 관련된 내용을 단편적으로 전하고 있는 것이 거의 전부이다. 이런 상황은 혼수가 차지하고 있는 법계상의 위치를 논하는 데에 확정적으로 주장하기 어려운 문제점으로 노출되기도 하였다. 그것은 한국불교에서 정통과 방계의 사적(史的)인 입장으로 볼 경우 혼수가 계승하고 있는 위상에 따라 그 정통성이 달라지기도 하기 때문이다.

직접적인 기록들 가운데 태고보우의『행장』에 의하면 태고보우의 법맥을 계승한 것으로 되어 있다. 그러나 환암혼수의『비문』및 나옹의 『행장』과 『어록』 그리고 『나옹석종비음기(懶翁石鍾碑陰記)』등에 의하면 나옹혜근의 법맥을 계승한 것으로 보인다. 이들을 종합하면 혼수가 스승으로 참학한 경우는 네 가지로 볼 수 있다.

첫째는 12세 전후에 계송(繼松) 스님을 따라 내전과 외전을 널리 공부한 경우이다. 둘째는 강화도 선원사(禪源寺)의 식영감(息影鑑, 息影菴, 息影淵鑑) 스님에게 참문하여『능엄경』의 25가지 방편수행을 수학한 경우이다. 셋째는 고운암(孤雲庵)의 나옹혜근(懶翁慧勤)을 찾아가 문답을 나누어 나옹혜근으로부터 입실을 허락하는 경우이다. 넷째는 태고보우의 문도에 이름이 올라 있는 경우이다.

이와 같은 4가지 경우를 통해서 보면 첫째의 경우에 해당하는 계송은 몽산덕이(蒙山德異: 1231~?)에게 사사한 인물이다.

둘째의 경우에 식영감은 각엄복구(覺儼復丘)의 문도이면서 식영감이 주석했던 신원사는 몽산덕이의 제자인 철산소경(鐵山紹瓊)이 주석한 곳이기도 하므로 역시 몽산의 선풍을 받았던 것으로 보인다. 그러나 식영감이 직접적으로 철산소경의 법을 계승했는지에 대해서는 미지수이다.

셋째의 경우에 오대산 신성암(神聖庵)에 주석할 때에 가까운 고운암(孤雲庵)에 주석하고 있던 나옹혜근(懶翁慧勤)과 문답을 나누어 나옹혜근으로부터 입실을 허락받았다. 이때 나옹은 그 징표로 금란가사(金襴袈裟)와 상아로 만든 불자(拂子)와 주장자(拄杖子)를 주었을 뿐만 아니라 후에 나옹이 주관한 공부선(功夫選)에 응시하여 혼수만이 답변을 하여 인정을 받기도 하였다.

넷째의 경우는 태고보우의 행장으로부터 18세기에 간행된『해동불조원류(海東佛祖源流)』에 이르도록 보편화된 설이다. 특히 편양언기의『종봉영당기(種峯影堂記)』와 이식(李植)이『청허당집(清虛堂集)』에 붙인「서문」과 이정구(李廷龜)의 서산청허의『비문』등 17세기에 출현한 법통설의 계보에서는 압도적이다.

이 가운데 넷째의 경우 다시 태고보우의 법계를 계승했다는 것과 관련해서는 다시 나옹혜근의 문도라는 주장과 보조지눌의 법통을 계승했다는 주장과 나옹과 태고의 법계를 모두 계승했다는 주장 등이 제기되어 왔다. 이러한 주장에는 그만한 논지를 바탕으로 하여 주장되었다는 점에서 각각 설득력이 있다. 이러한 법계의 확정은 각각의 종파나 교단 내지 문중이 그에 따라서 오늘날 정통으로 혹은 방계로 취급받는 중요한 문제라는 점에서 소홀히 할 수 없는 문제이다.

이러한 문제점에 관련하여 장구한 선의 역사에서 선이 단순히 수행의 일종이거나 사상의 편린이라는 단편적인 측면을 넘어서 선종이라는 집단으로 출현한 이후에는 어떤 점이 가장 중시되었는가를 생각해 볼 필요가 있다. 아직 선이 선의 수행법이나 선법 내지 선사상의 범위를 벗어나지 못했던 인도불교의 경우에는 무엇보다도 깨침이 중시되었다.

그러나 선이 시대의 변천과 지역의 확대 등에 따라 하나의 집단화되면서부터 깨침을 바탕으로 하여 그 전법 내지 전승이 더욱더 중시되었다. 그래서 누구로부터 깨침을 터득했느냐보다는 누구로부터 인가를 받았느냐가 중시되었다. 곧 깨침은 어디까지나 스승의 지도를 받기는 하지만 스스로가 터득하지 않으면 안 되는 자내증의 문제이며 전법 내지 전승의 인가는 그와 다르기 때문이다.

따라서 누구로부터 인가받았는가 하는 점은 곧 대의와 명분을 중시했던 사회 속에서는 자체의 집단이 생존과 번영을 구가하느냐 아니냐에 대한 가장 중요한 명제였다. 이로써 선종에서는 깨침은 전법의 필요조건으로서 중시되었다.

나아가서 부처님의 본의가 지혜와 자비에 바탕을 둔 중생제도라는 최상승과 대승을 표방하면서 불조혜명의 계승을 내세우는 선종에서는 전법으로만 그 본래적인 의의를 다할 수 없었다. 이로써 전법의 중시는 당시의 사회 속에서 얼마나 큰 영향을 발휘했느냐 하는 대중의 접화라는 조건을 아울러 중시하게 되었다. 깨침과 전법은 각각 대중을 접화하고 집단을 유지해 나아가기 위한 매우 유용한 수단이기도 하였다.

그러나 그것이 대중접화라는 교화의 직접적인 목적일 수는 없었다. 따라서 당시의 사회에서 집단을 이끌어 나아가고 제자를 배출하며 영향력을 행사하는 것이야말로 보다 현실적이면서 명분도 내세울 수 있는 전법의 궁극이기도 하였다.

이런 점에서 어떻게 깨쳤느냐 그리고 누구에게서 인가받았느냐 하는 것은 어떤 역할을 하였고 어떤 교화를 했는가에 따라서 당시의 대중들과 국가로부터의 호응을 받는 척도가 되었다. 고려 말기에 태고보우와 나옹혜근과 백운수단 등 소위 여말삼사(麗末三師) 등이 발휘한 역할은 실로 그 법계에까지 큰 영향을 끼쳤다. 실로 선종사의 경우만 그런 것은 아니었지만 깨침과 그 인가조차도 당시에 활약한 인물의 영향력에 따라서 결정되는 경우가 허다하였다.

이런 점으로 보면 혼수가 전승한 법계에 관한 다양한 주장들은 당시 불교계의 평판과 각각의 영향력과 무관하지는 않았을 것으로 보인다. 그러나 분명한 것은 혼수가 사사한 인물은 모두가 임제종의 법맥을 전승 내지 강조하고 있다는 점이다. 이것은 당시에 원나라와 명나라의 교체기에서 불교계의 모든 면에서 가장 큰 영향력을 행사하고 있던 집단이 여전히 선종의 임제종이었다는 것은 지극히 당연한 결과이다. 그것은 당시 중국에 유학한 승려들에 있어서도 직접적이고 현실적이며 필요한 상황이 되지 않을 수 없었다. 이런 점에서 17세기 이후에 특히 강조되고 확정된 태고보우-환암혼수의 법통설은 새롭게 이해할 필요가 있다.

4) 『능엄경』을 통한 수행과 교화

환암혼수가 본격적으로 사사한 최초의 인물은 강화도 선원사의 식영암(息影菴) 스님이다. 강화도 선원사는 고려시대 무신정권의 최고 집권자였던 진양공(晉陽公) 최우(崔瑀)가 강화도로 천도한 지 14년이 되는 1246년에 창건한 사찰이다. 초대 주지는 진명국사 혼원(混元)으로 200여 명의 승려와 함께 주석하였다. 혼원선사는 보조지눌의 정혜결사(定慧結社) 정신을 실천하면서 조계산 수선사에서 수행하던 인물로서 수선사 제4대 주지였으며, 아울러 선원사 제2대 주지인 천영(天英)은 수선사 제5대 주지였다.

일찍이 수선사 제2대 주지 진각국사 혜심 때부터는 수선사가 중앙의 정치세력과 연계되어 있었다. 이러한 선원사에서 1324년에 주지로 있던 식영암(息影菴, 息影鑑, 息影淵鑑)에게 환암혼수(1320-

1392)가 참문하여 『능엄경(楞嚴經)』을 배워 그 진수를 터득하였던 것이다. 당시에 식영암은 선원사 주지로 있으면서 그 몇 해 전에 소실된 비로전(毘盧殿)을 중건하고서 제자인 전인(全忍)에게 돈을 주어 송나라에 가서 비로전의 단청을 위한 채색재료를 구해 오도록 하였다. 그리하여 1325년에 비로전을 단청하고 그 동편 벽과 서편 벽에 40신중상을 그려 넣었다. 단청을 마치고 나서 식영암은 몸소 『선원사비로전단청기(禪源寺毘盧殿丹靑記)』를 지었는데 그것이 『동문선(東文選)』 권65에 수록되어 있다. 그 내용을 보면 다음과 같다.

> 불당을 문채로 화려하게 장식하는 것은 부질없는 것이 아니라 부처님의 공덕을 드러내려는 것이다. 기사년 가을에 불이 나서 명당(明堂)과 불묘(佛廟)가 소실되어 버렸다. 몇 해 뒤에 복구되었으나 단청을 하지 못해 흙과 나무가 드러나 두고 보기가 민망하였다. 몇 명의 주지가 거쳐 가도록 손을 대지 못하고 있었는데 식영암 스님 때에 제자 전인(全忍)에게 돈을 구해 주고는 송나라에 가서 채색을 구해 오도록 하였다. 전인이 1324년 가을에 돌아와 1325년 봄에 서편과 동편의 벽에 기묘하게 40신중의 화상을 그려 넣었다. 설봉(雪峰 곧 圓明國師 沖鑑) 스님이 주지가 되어 그 단청을 보고 전당은 화려하지만 건물이 작고 비좁아 많은 스님을 수용하지 못하는 것을 느끼고 120 - 130명을 수용할 수 있도록 확장하였다. 비로전의 불상이 동편에 치우쳐 있었지만 불상을 옮기면 동티가 생긴다고들 하여 그대로 두고 있던 것을 중앙에 옮기고 남향으로 안치하였다. 그리고 진숙공(眞淑公) 간화(幹化)로 하여금 1327년 가을에 북편 벽에 53선지식의 화상을 그리고 창문과 기둥 등을 화려하게 보수하였다. 그리하여 채색되어 있는 아름다운 새와 많은 동물과 진기한 화초들은 생동감이 넘치고 사뭇 장엄스러웠다. 마치 도리천을 보는 듯하였다. 그해 12월 3일 낙성식을 마치고 사람들이 찬탄하여 "화려하도다 전당이여. 예전에는 먹칠처럼 되어 있어 장엄스럽지 못하였다. 두 스님의 복력이 아니라면 불가능했을 것이다."라고 말하면서 편지를 내어 기(記)를 부탁하였다. 건물과 동편과 서편과 북편의 벽에 그림을 그렸다. 다섯 가지 채색과 여러 가지 물품을 사는 데 베 1천 필이 들었고 공사비는 은 80일(鎰: 一鎰은 20냥 혹은 24냥에 해당됨)이 들었으며 식량은 1백 석이 들었다. 처음에 전당을 건축한 화주는 진간(眞幹)이었고 목수는 금룡(今龍)과 용장(龍藏)이었다.

식영암 스님은 또한 일찍이 선원사의 중건을 발원하는 소(疏)를 지어 올려 선원사를 크게 중수하기도 하였다. 이색이 쓴 행촌(杏村) 이암(李嵒: 1297~1364)의 비문에는 이암이 선원사의 식영암 스님과 더불어 방외(方外)의 도반이 되어 절의 경내에 건물을 짓고 편액을 해운(海雲)이라 했다는 기록이 있다. 식영암은 널리 사대부들과도 깊은 인연을 맺어 널리 도속을 교화하는 데도 힘을 기울였다.

이처럼 이판(理判)과 사판(事判)에 경륜이 깊은 식영암에게 참문한 환암혼수는 식영암으로부터 『능엄경』을 배워 그 심오한 뜻을 터득하고 그에 따라 수행하였다. 『능엄경』의 수행법은 예로부터 중국을 비롯하여 고려 초기부터 널리 중시되던 경전이었다.

일찍이 나말 여초에 선법이 전래되면서 소위 구산문을 비롯한 많은 선풍이 점차 기반을 형성하기 시작한 것은 고려 중기였다. 천태종의 개창과 더불어 이에 자극받아 선종계통에서도 기존 산문의 성격을 벗어나 하나의 종파로서의 면모를 갖추어가기 시작한 것이다. 이로써 고려 무인정권시대와 함께 보조지눌의 출현으로 말미암아 한국적인 선사상의 정립과 더불어 새로운 결사운동을 통한 선종의 기반을 탄탄하게 구축하였다.

나아가서 지눌에 의한 송대 간화선의 강조는 진각혜심에 이르러 본격적인 간화선 위주의 선풍을 진작하게 되었다. 이런 즈음에 약간 앞서 점차 일반화되고 보편화되어 가는 선법은 일반 지식인들 뿐만 아니라 귀족계층에서도 교학불교와 더불어 수양과목으로서 선수행은 필수적인 교양으로 수용되고 있었다.

이와 같은 고려 중기의 선법은 소위 거사선이라는 일군의 선풍을 불러일으켰다. 그 거사선의 한가운데는 이자현이라는 인물이 있었다. 이자현은 당시 가지산문의 계승자였던 학일(學一: 1052~1144)

및 탄연(坦然: 1070~1159)을 비롯한 당시의 선승들과 교유하면서 상호 간에 영향을 주고받으면서 나름대로 독자적인 선풍을 다져 나아갔다. 그것은 『능엄경』을 중심으로 하는 소위 능엄선의 흥기와 송대 선종의 영향으로 수입된 간화선의 등장이었다.

더욱이 『금강경』을 애독하여 금강거사로 불렸던 이오(李顗: 1050~1110)를 비롯하여 설당거사(雪堂居士)라 불렸던 김부식(金富軾: 1075~1151)과 그의 동생인 김부철(金富轍) 등은 그 선구적인 사람들이었다.

이와 같은 분위기 속에서 특히 이자현(李資玄: 1061~1125)은 일찍이 벼슬을 그만두고 청평산 문수원에 은거하면서 참선과 경전의 공부로 일관하였다. 이자현은 일찍이 설봉의존(雪峯義存)의 어록인 『설봉어록(雪峰語錄)』을 읽다가 그 가운데에 "온 우주법계가 그대로 모두가 눈인데 그대는 어디에 웅크리고 앉아 있겠는가." 하는 부분에 이르러 크게 깨침을 경험하였다. 이후로 운문문언의 어록 등 여러 가지 어록과 경전을 즐겨 애독하였다.

경전 가운데는 특히 『능엄경』을 중시하여 그 제자들에게도 널리 권장하였다. 이자현은 『능엄경』의 지(地)·수(水)·화(火)·풍(風)·공(空)·근(根)·식(識) 등 칠대오입(七大悟入)을 통한 망념의 타파를 중시하여 그것을 통한 깨침을 강조하였다. 나아가서 일체 존재가 여래장 아님이 없음을 설명하는 내용에도 깊이 탐구하였다. 구체적인 수행의 방법으로는 25가지 원통을 제시하였다. 그 가운데서도 관음보살이 수행한 이근원통(耳根圓通)은 이자현에게 특별한 것이었다.

그 이근원통은 반문문자성(反聞聞自性)으로서 소위 듣고 있는 자신의 성품을 다시 돌이켜 관하는 것으로 귀결된다. 이근원통이란 25

성인이 각기 자신이 깨친 원통방편을 설명하자 부처님은 문수에게 그 시비를 가려 보라고 말한다. 이에 문수는 차례로 25성인의 견해에 대하여 평가하면서 마지막에 해당하는 관세음의 이근원통이야말로 최상의 방편임을 찬탄한다. 25원통은 육진과 육근과 육식과 칠대가 원통한 것을 말한다.117)

이자현은 이와 같은 『능엄경』 사상의 이론적인 측면과 실천적인 측면을 오늘날의 강원도 춘천의 청평사에서 문수원이라는 가람형태에 그대로 구현해 두었다. 그리고 스스로 문수원의 구조를 통하여 늘 수행과 깨침과 그 보급에 널리 힘썼다. 이후에 이자현의 이와 같은 영향을 크게 받은 인물로는 혜조국사 담진과 대감국사 탄연 및 권적(權適: 1094~1146) 등이 있었다.

이처럼 『능엄경』을 바탕으로 한 수행은 당시 귀족계급 및 식자층에서는 교양을 갖추는 데 있어 필독서 가운데 하나였다. 특히 선종에서뿐만 아니라 불교일반과 신유학에서도 정신수양을 위한 방법으로 중국의 송대, 원대, 명대, 청대 및 우리나라의 고려, 조선시대를 거쳐 오늘에 이르도록 지속되고 있다.

이에 식영암은 자신이 더불어 교유(交遊)했던 사대부 및 식자층은 물론이고 그 제자들에게도 항상 『능엄경』을 중시하였다. 이것은 그에게 입참한 환암혼수도 예외가 아니었다. 곧 환암혼수의 생애에서 식영암으로부터 비롯된 『능엄경』을 통한 수행과 교화는 비교적 혼수의 일생에서 초기부터 수행으로 삼으면서 말기에 이르기까지 교화의 방편으로 일관하는 것이었다.

---

117) 이하 幻菴混修의 『능엄경』을 통한 수행에 관해서는 위의 청평거사 이자현의 楞嚴禪 부분에 미루기로 한다.

5) 몽산덕이의 간화선풍 계승

혼수는 12세를 전후하여 계송(繼松) 스님을 따라 내전과 외전을 널리 공부하였다. 계송은 원나라의 몽산덕이(蒙山德異) 선사에게 사사한 인물이다. 나아가서 혼수가 사사한 식영감이 주석했던 신원사는 몽산덕이의 제자인 철산소경(鐵山紹瓊)이 주석한 곳임을 감안한다면 혼수는 직간접으로 몽산의 선풍을 받았던 것으로 보인다. 당시에 몽산의 선풍은 원나라에서만이 아니라 고려에서도 널리 수용되고 있었기 때문이다.

몽산덕이(蒙山德異: 1231~?) 선사는 어려서 죽암묘인(竹巖妙印)과 『반야심경』을 계기로 인연을 맺었다. 죽암묘인은 임제종의 정통을 계승한 선사로서 고봉덕수(孤峰德秀)와 무문혜개(無門慧開)와 동문이었다. 이후 환산정응(晥山正凝)－몽산덕이(蒙山德異)－철산소경(鐵山紹瓊)의 법계를 이루었다. 몽산은 34세 때 심한 병에 걸렸다가 깊이 참회를 하고 치유된 이후 곧바로 출가하였다.

몽산은 출가 이전에 훗날 스승이 된 환상정응(晥山正凝)에게 참문하고 무자화두(無字話頭)를 받아 깨침의 전기(轉機)를 얻었다. 출가한 후에는 고섬여영(孤蟾如瑩)에게서 "죽은 스님은 어디로 가는가[亡僧遷化向甚處去]." 하는 질문을 통하여 깨침을 얻었다. 그리고 다시 환산정응에게서 화엄의 도리를 통하여 세 번째 깨침을 얻는다. 이후 촉 지방에 머물면서 유·불·도 삼교에 대한 의견을 개진하고 40대 후반에는 원나라 조정의 회유에도 응하지 않고 47세 이후에는 휴휴암(休休菴)에 은둔하였다. 65세 이후에는 고려의 승려들과 널리 교유하였다.

몽산은 고려의 각원상인에게는 무자화두를 제시하였고, 서신을 통하여 이승휴에게는 "그것은 누구인가?"라는 화두를 제시하였다. 또한 사종응심(四種凝心)으로서 "생은 어디서 왔고, 지금의 성품은 어디에 있으며, 생사에 직면하여 어찌해야 벗어날 수 있고, 죽어서는 어디로 가는가?"라는 질문을 자주 제기하였다. 이와 같은 몽산의 사상을 계승한 제자 철산소경은 고려 수선사의 초청으로 원명국사 충감과 함께 고려에 들어왔다.

몽산은 『단경』의 개판을 통하여 언설이나 교설보다는 경험과 실천을 중시하는 견성사상(見性思想)을 강조하였다. 그 방식이 곧 간화선의 진작이었다. 따라서 몽산은 자신의 좌선관을 피력한 『휴휴암좌선문(休休菴坐禪文)』을 저술하여 좌선의 정의(定義)와 대기대용(大機大用)을 천양하였다. 곧 『휴휴암좌선문』은 크게 좌(坐)와 선(禪)으로 구분하여 좌를 내면적인 수행의 본질에 투철한 기능으로 간주하고, 선을 외향적으로 드러난 작용의 행위로 강조하였다.

나아가서 좌와 선을 정(定)과 혜(慧)로 파악하여 상호 간에 열린 관계[回互]와 닫힌 관계[不回互]의 승화로 이끌어 나아갔다. 좌선의 의미에 대하여 또 다음과 같이 말한다.

> 모름지기 지극한 선(善)에 이르는 것으로 시작하여 온갖 알음알이를 끊어 혼침에 빠지지 않고 밖으로부터 번뇌가 들지 않으며 안으로부터 번뇌가 새지 않는 것이 좌(坐)이다. 그리고 욕계에 살면서도 욕심이 없으며 속세에 살면서도 세속을 초월해 있으며 집착이 없고 다른 것에 내맡겨 버림이 없으며 항상 깨달음의 광명이 현전하는 것이 선(禪)이다. 그래서 크기로 말하면 겉이 없는 것을 감싸고 작기로 말하자면 속이 없는 곳에도 들어가며 신통과 지혜와 광명과 수명과 대기와 대용이 무궁무진하다. 그러므로 좌선에 뜻을 둔 사람은 마땅히 잘 참구하여 좌선에서는 큰 깨침을 법칙으로 삼아야 한다.

이와 같은 『휴휴암좌선문』은 좌선을 통하여 공능만 강조하는 것을 배제하고 화두를 드는 행위로서 좌선의 본질과 그 의의를 고스란히 드러낸 것이다.

또한 화두참구의 강조를 위하여 『무자십절목(無字十節目)』을 저술하여 파사(破邪)와 현정(顯正)을 중심으로 대혜의 화두참구법을 계승 내지 발전시켰다. 『무자십절목』은 몽산이 무자화두를 언급할 때마다 강조한 것으로 법계상으로 할아버지뻘에 해당하는 무문혜개(無門慧開)의 십종선병(十種禪病)과 그 궤를 같이하였다.

『무자십절목』의 첫째는 활구를 참문하고 사구를 참문하지 말라는 것이다. 둘째는 무자화두에 대하여 그 역할이나 기능을 설명하려 해서는 안 된다는 것이다. 셋째는 몰자미(沒滋味)의 입장에서 화두를 참구하라는 것이다. 넷째는 무자화두를 도구로 간주하지 말라는 것이다. 다섯째는 심의식(心意識)을 통해 견문각지(見聞覺知)하지 말라는 것이다. 여섯째는 화두를 통하여 번뇌를 없애려는 의도적인 작위를 하지 말라는 것이다. 일곱째는 유심(有心)과 무심(無心)의 분별로 이해하려 하지 말라는 것이다. 여덟째는 화두는 자기의 근원임을 자각하라는 것을 강조한다. 아홉째는 언설과 문자를 통한 일대장교(一代藏教)를 초월해야 한다. 열째는 무자화두에 대한 절대적인 신뢰를 가지라는 것이다.

이와 같은 몽산의 간화선풍은 조사의 활구선으로서 임제의 무위선(無位禪)과 화두는 본래부터 화두 그 자체여야 한다는 자각의 입장을 계승하고 있다. 곧 임제에게서 볼 수 있는 본래성의 자각을 통한 선수행의 완성은 화두를 참구함으로써 가능하다는 것이다. 그 활작용이 임제에게서는 방(棒)과 할(喝)로 나타났지만 몽산에게서는 화두참구로 나타나 있다.

또한 몽산은 철저하게 무자화두의 가풍을 견지하였다. 곧 화두의 본질을 성성적적(醒醒寂寂)으로 주장하는 것이다. 이것은 당시 고려에서 수선사의 가풍으로 전승되어 온 것과 궤를 같이한다.

또한 『휴휴암좌선문』을 통하여 육조혜능이 강조한 정혜일체(定慧一體)의 좌선관과 임제선의 바탕이 된 대기대용의 선풍을 진작하였다. 이와 같은 화두중심의 수행관은 진각혜심(眞覺慧諶)으로부터 전승된 간화일문(看話一門)의 구족일 뿐만 아니라 무자화두로 귀일되는 간명직절(簡明直截)한 화두방식을 전개시켰다.

이것은 휴휴암을 방문한 많은 수의 고려 선사들을 통하여 직접적으로 계승되었을 뿐만 아니라 몸소 고려에 들어온 철산소경의 가르침을 통하여 간화선의 수행방법으로 길이 이어져 내려왔다. 특히 만항(萬恒)으로 전승된 몽산의 선풍은 또 다른 다양한 경로를 통하여 전해졌음을 알 수 있다. 각엄복구(覺儼復丘)의 문도이면서 스승이기도 한 식영감을 통하여 혼수는 강화도 신원사에서 구축된 몽산의 가풍을 수행함으로써 임제정종의 간화선을 지공(指空: ?-1363), 급암종신(及庵宗信), 평산처림(平山處林: 1279-1361)과는 또 다른 여러 루트를 통하여 흡수하고 있음을 알 수 있다.

6) 나옹의 삼구법문에 대한 혼수의 입장

혼수의 나이 51세 때 양주 회암사에서 공민왕의 명으로 공부선장

(功夫選場)이 실시되었다. 이에 선교양종(禪敎兩宗)의 대덕들이 대거 참여하였는데 혼수도 참여하였다. 당시에 나옹혜근이 감독관으로 있어 입문삼구(入門三句)의 일착어(一著語)를 던졌다. 이에 혼수만이 입문구(入門句)와 당문구(當門句)와 문내구(門內句)의 삼구법문에 대하여 명쾌한 답변을 하여 인정을 받았다. 그때 나옹이 제시한 질문은 다음과 같다.

> 행(行)은 도달했어도 설(說)이 도달하지 못했다면 능행(能行)이라 할 수가 없고, 설(說)은 도달했어도 행(行)이 도달하지 못했다면 능설(能說)이라 할 수가 없다. 설령 행(行)도 도달하고 설(說)도 도달했다 하더라도 그것은 모두 문외사(門外事)일 뿐이다. 그러면 입문일구는 도대체 무엇이겠는가. 입문구가 무엇인지 분명하게 말해 보라. 나아가 당문구는 또 무엇이고, 문리구는 또한 무엇인가.

나옹이 제시한 입문삼구에 대한 혼수의 입장은 분명하였다. 삼구의 일체를 부정하는 것이었다. 그럼으로써 비로소 삼구를 명확하게 인식한다. 삼구를 부정함으로써 삼구는 이제 나옹이 제시한 질문의 틀로부터 벗어나 있다. 삼구 자체를 대면한 것이다. 그래서 삼구는 질문이 아니라 혼수의 견해가 되어 버렸다. 혼수가 문 앞에 도달하고 문으로 들어가며 문 안에 이미 들어가 있다. 곧 자신이 입문구요 당문구며 문리구가 되어 있다.

깨침은 깨침으로 깨치는 것이요 자신이 자신을 깨우치는 것이다. 들어가는 자신과 들어가는 문이 설정되어 있지 않다. 애당초 문이란 자신이었고 자신에게 붙어 있으며 들어와 있었다. 오히려 그러한 자신이 문을 나서는 것이다. 곧 문이라는 견해와 개념으로부터 초월하는 것이다. 이것은 질문과 답변이 나뉘기 이전의 기틀이고, 주인과 손님이 명백해지기 이전의 가풍이며. 위음왕불이 출세하기 이전의 흐름에 계합되는 소식이다. 그것이야말로 나옹이 질문으로 제시한 삼구이고 혼수가 답변으로 제시한 삼구였다.

나옹이 제시한 이와 같은 질문의 형식은 일찍이 중국의 선종사에서도 크게 부각되어 있었다. 일례로 대통신수(大通神秀: 606~706)는 스승이었던 홍인에게 자신의 견해를 담은 게송을 지어 바쳤다. 이에 홍인은 신수의 게송에 대하여 깨침의 문 앞에까지는[當門句] 왔지만 문 안까지는[門內句] 들어오지 못했다고 냉정하게 평가하였다. 당시에 홍인의 기준이 무엇이었는지 언설로 드러나 있지 않다.

그러나 홍인의 견해 내용은 분명하다. 그것은 인간이 모두 본래부터 지니고 있는 자성청정심에 대한 철저한 긍정이었다. 그 본래성은 무엇을 위하여 그리고 어떤 목적을 향해 나아가는 모종의 행위 내지 작위적인 제스처와는 상관이 없이 독탈자재하다는 것이었다. 나아가서 혜능이 제시한 본래무일물(本來無一物)이 홍인에게 긍정된 것은 본래부터 그 어떤 집착거리조차 없다는 것이었다.

이것은 이후에도 지속적으로 당대에 조사선의 가풍으로 전승되어 갔다. 남악회양은 "수행과 깨침은 본래 없지는 않지만 단지 그 분별심과 집착심에 물들지 않는 것입니다."라고 하였다. 마조도일은 "깨침은 애써 수행할 건더기가 없이 평소의 청정한 마음 그대로가 진리이다."라고 하였다.

임제의현은 "불법은 애써 힘쓸 필요가 없다. 다만 평소에 아무런 탈도 없이 똥 싸고 오줌 누며, 옷 입고 밥 먹으며, 피곤하면 잠자면 그뿐이다. 어리석은 사람은 밖을 향해 공부한다. 그러나 지혜로운 사람은 스스로가 스스로의 주인이 된다. 그것이야말로 수처작주(隨

處作主)하고 입처개진(立處皆眞)하는 도리이다. 그래서 수처작주가 곧 그대로 입처개진이 된다."라고 하였다.

이와 같은 본래심에 대한 긍정이야말로 행(行)과 설(說) 내지 수행과 깨침을 따로 구분할 수 없다는 것이 조사선의 특징이었다. 다만 수행과 깨침과 설법이 언제라도 어디에서라도 누구에게서라도 어떤 모습으로라도 곧장 드러나 있다는 것이 입문구요 당문구이며 문리구이다.

이 삼구법문의 형식은 일찍부터 다양하게 제시되어 왔다. 일찍이 중국의 사천성에서 명성을 떨쳤던 신라의 승려 정중무상(淨衆無相)은 무억(無憶)·무주(無住)·막망(莫妄)을 제시하였다.

김화상은 매년 섣달과 정월에 사부대중 백천만 인을 모아서 수계를 하였다. 수계를 할 때에 도량을 깨끗이 장엄하고 법상에 올라 설법을 하였다. 이때 먼저 인성염불(引聲念佛)을 하는데 염불소리를 다 내쉬어 그 소리가 끊어질 때까지 계속한다. 그리고 나서 무억(無憶) 곧 일체의 상을 떠나는 것과 무념(無念) 곧 일체의 망념을 어의는 것과 막망(莫妄) 곧 일체의 것을 올바르게 사유해야 한다. 여기에서 무상은 무억은 계이고, 무념은 정이며, 막망은 혜이다. 이 삼구는 곧 총지문(總持門)이다. 상(相)에 대한 억념이 일어나지 않는 것이 계문이고, 분별에 대한 망념이 일어나지 않는 것이 정문이며, 인연법에 대한 분별념이 일어나지 않는 것이 혜문이다. 그리하여 이와 같은 갖가지 염이 일어나지 않는 것이 곧 계·정·혜이다. 과거 미래 현재의 항사와 같이 많은 제불도 바로 이 가르침에서 출현하였다. 그러니 이 밖에 따로 가르침이란 있을 수가 없다.

이 무상의 삼구법문에 대하여 훗날 종밀은 셋째의 막망(莫妄)을 막망(莫忘)으로 바꾸어 다음과 같이 말하였다.

삼구라는 것은 무억(無憶)·무념(無念)·막망(莫忘)이다. 생각에는 이미 지나간 경계에 대해서는 그것을 추억하지 않는 것이 무억이고, 미래의 일에 대해서는 영쇄성고에 대하여 염려하지 하는 것이 무념이며, 현재의 일에 대해서는 지혜에 상응하여 잘못됨이 없는 것이 망망이다. 혹은 외부의 경계에 대하여 억념이 없고, 내부의 마음에 대하여 망념이 없으며, 일체의 반연에 대해서 의지함이 없는 것을 계ㆍ정ㆍ혜의 순서에 따라 배열한 것이다. 비록 종지를 연설하는 방편은 다양하지만 모든 종지는 이 삼구에 귀속된다.

이러한 방식에 대하여 보리달마는 "언설을 초월하고 형상을 벗어난 최고의 진리란 무엇입니까?"라는 질문을 받고는 "그와 같은 진리는 본래부터 언설을 초월하고 형상을 벗어나 있는 것이어서 굳이 최고의 진리라는 표현조차도 할 수가 없다."라고 답변하였다.

입문구와 당문구와 문리구는 널리 제일구와 제이구와 제삼구로 제시되어 왔다. 각각이 완전한 구로서 달리 순서가 있는 것도 아니고 단계가 있는 것도 아니다. 다만 그것을 수용하는 당사자의 수준과 능력과 행위에 따를 뿐이다. 여기에서 문은 굳이 언설로 분별하자면 깨침이다. 깨침을 이해하고 터득하며 실천하는 입장을 각각 분별하여 제시한 것에 불과하다. 그렇다고 이해와 터득과 실천에 깊고 옅음을 가설한 것은 아니다. 본래 누구에게나 동일한 것을 장님 코끼리 만지듯이 제각각 이러쿵저러쿵 미주알고주알 표현했을 뿐이다.

일찍이 임제종의 제5대 조사인 수산성념은 임제삼구를 빌려 다음과 같이 설법하였다.

> 제일구에서 깨치면 불조의 스승이 되고, 제이구에서 깨치면 인천의 스승이 되며, 제삼구에서 깨치면 자신도 제도하지 못한다. 그러자 한 승이 물었다. "스님은 몇 번째 구에서 깨쳤습니까?" 수산이 말했다. "달조차 없는 한밤중에 조용히 저자거리를 지나가는 것이란다."

제일구에서 깨치면 불조의 스승이 된다는 것은 언설 이전 그리고

위음왕불의 공겁 이전의 경지로서 벌써 조짐이 보이기도 전에 깨쳐 버리는 것을 말한다. 이것이야말로 초종월격(超宗越格)의 천연자성신이다. 제이구에서 깨치면 인천의 스승이 된다는 것은 스승의 양미순목(揚眉瞬目) 내지 자연의 무정설법에서 곧장 터득하는 경지를 말한다. 이것도 그야말로 상상근기라야 가능한 일이다. 제삼구에서 깨치면 자신도 제도하지 못한다는 것은 일체의 언설장구 내지 자세한 설법을 통하여 천신만고 끝에 터득하는 도리를 말한다.

이렇게라도 터득하면 천만다행이다. 그러나 그동안 얼마나 많은 세월 동안 얼마나 많은 노력을 기울여야 할 것인가를 생각한다면 본전도 찾지 못할 것이다.

스스로를 깨쳐 자신을 제도한다는 것은 삼세제불과 부모와 도반과 일체중생의 은혜를 저버리지 않은 것을 말한다. 이와 같은 삼구는 정녕 계위의 순서를 말하는 것이 아니다. 각각에 해당되는 당사자들을 위한 몫이다. 그래서 제 몇 번째 구라는 말조차 부적절하다. 그런데 마침 보기 좋게 딱 걸려든 승이 있다. 제일구라 해도 제일구가 없고 제이구라 해도 제이구가 없으며 제삼구라 해도 제삼구가 없다. 그런데도 수산에게 제 몇 번째 구를 통하여 깨쳤는가를 묻는 것이야말로 사리분별의 격식에 매여 있는 의리선(義理禪)의 전형이다.

수산은 그 질문에 대하여 제삼구의 설명으로 제일구를 드러내 보인다. 여기에서 수산이 보인 제삼구는 질문한 승의 입장이고, 제일구는 수산 자신의 입장이다. 그 어떤 분별조작도 없는 본래자리를 달빛조차 보이지 않는 깜깜한 삼경으로 비유한 것은 일체의 언설을 초월한 제일구의 경지를 말한 것이다.

그러면서도 저자거리를 조용하게 지나가는 것은 온갖 계교와 시비와 상량(商量)이 난무하는 제삼구의 틀에도 얽매이지 않는 수산 자신의 대기대용을 은근슬쩍 내비친 것이다. 이것을 승이 알아차렸을지는 의문이다. 무사지(無師智)와 자연지(自然智)를 종횡무애하게 구사하는 수산의 경지는 불조의 촉루해골을 한 줄에 꿰어 차는 기틀로서 전광삼매(電光三昧)와도 같은 싱그러움이 넘쳐나 있다.

7) 환암혼수 그 이후의 불교

혼수는 출가의 은사(恩師)로서 식영암과 계송대사가 있었고, 사승(師承)으로는 태고보우와 나옹혜근을 들 수가 있으며, 문도(門徒)로는 그의 『비문』과 『해동불조원류』 기타의 자료를 통해서 확인할 수 있는 것은 구곡각운·천봉만우·평원분·등계안·상자·축변·신규·상총·축항·내일·상미·신뇌·소엄·각돈·축우·행비·절간익륜·고암일승·축인·일선·선은·현구·보구·탄의·심밀·상부·회우·현섬·혜구·상빈·인조·의돈·을경·혜제·상유·덕남·내돈·신연·육안·정선·상검·사우·선해·현익·연린·명운·인회·의유·사근·혜비·인남·행전·가의·각상·도안·담원·희진·경관·삼여소안 등 59명과 이 외에 몇 명의 시자 등에 관한 이름이 나타나 있다.

이와 같은 문도를 거느렸던 혼수는 만년에 1384년을 전후하여 조선건국 직전까지 약 10여 년 동안 국사로 있으면서 당시 왕사였던 찬영(粲英)과 함께 불교계를 주도하였다. 이러한 과정에서 조선이 건국되면서 아예 이성계의 만류에도 불구하고 국사직을 사양하였다. 그리고 조선이 건국된 이후 2개월 만에 입적을 하였다. 이로써 혼수의 법계는 당시 나옹의 충실한 계승자이면서 이성계의 왕사였던 무학자초의 문도에게 주도권을 넘겨주게 되었다.

이 가운데 상수제자는 천봉만우로서 처음에는 구곡각운의 제자였으나 후에 혼수의 법을 잇고 그 행장을 지었다. 만우는 예천 보문사・황악산 직지사・회암사・흥천사 등에 머무르면서 유생들과 교류하기도 하고 그들에게 가르침을 주기도 하였다. 각운은 처음에 졸암연온에게 출가하였지만 공민왕의 예우를 받아 대선사의 칭호를 받았으며, 널리 전등사서를 강의하기도 하였다.

이후 우왕 국사책봉을 사양하고 백련사로 들어갔던 인물이다. 이러는 과정에서 이전의 산문 개념보다는 문중의 개념이 점차 자리 잡아 가면서 조선시대에 들어서는 산문의 개념이 거의 사라져 버리고 만다. 따라서 법계의 문제 및 사승의 관계도 애매모호해지고 당시의 실세를 따라 법맥을 잇는 풍조가 거세졌다.

이것은 조선시대를 거쳐 오면서 더욱더 심해졌다. 이러한 상황은 16세기에 들어오면서 불교계가 더욱더 위기에 처해지게 되자 자파의 법계문제를 자각하면서부터 보다 확실한 기록을 필요로 하였다. 이에 법통의 정통 내지 사승의 관계를 목적으로 내세우는 분위기가 만연하였다. 이러한 결과 혼수의 법계상 위상도 1625년 서산의 문도였던 편양언기의 『종봉영당기(種峯影堂記)』에서 뚜렷해지게 되었다.

그 기록에 의하면 태고화상이 중국에 들어가 석옥청공으로부터 법을 받아왔는데 그것이 혼수에게 전해졌으며 다시 구곡각운-벽계정심-벽송지엄-부용영관-서산청허로 이어졌다는 것이다. 이 법계는 이후에 서산의 증손에 해당하는 월저도안의 『불조종파지도(佛

祖宗派之圖)』와 도안의 5세 후손에 해당하는 사암채영(獅巖采永)의
『해동불조원류(海東佛祖源流)』를 거치면서 조선 중기 및 후기를 통
관하는 큰 흐름으로 자리매김하였다.

이것은 이전에 이미 고려시대를 거쳐 전승해 내려온 구산선문의
제파 가운데 사굴산문파와 가지산문파의 선법과 원나라를 통해 전
승된 임제선법의 두 가지 경우가 조선 초기 선법의 특징과 성격을
구분 짓는 중요한 요소가 되었기 때문이었다. 그것은 사굴산문파와
가지산문파 선법의 성격은 조선시대 선법의 특징과 성격에서 내용
적인 측면에 해당하고, 임제선법의 성격은 종조의 문제에 대하여 현
재 한국선에 이르기까지의 법맥에 관여되어 있기 때문이다.

이 가운데 어느 한 측면만 강조하여 법통의 정통성 내지 선사상의
맥락을 논한다면 결코 바람직하지 못하다는 것은 명확하다. 그 이유
는 태고보우를 비롯한 당시의 고승들이 이미 국내에서 선법을 터득
하고 중국에 건너가 임제정종의 종사들로부터 인가를 받았을 뿐만
아니라 귀국해서는 이미 전승되어 오고 있던 몇몇 구산문의 법계 내
지 선법과 융합하는 형식으로 전개되었기 때문이다.

따라서 조선시대는 고려시대에 형성되고 전승되어 오던 구산문의
성격이 태고보우를 통해서 통합이 시도되었던 만큼 이미 선종계에
서는 새로운 선사상의 패러다임을 필요로 하였다. 그것이 곧 법맥을
중심으로 하는 자파의 정통성을 주장하려는 문중개념의 선법의 출
현으로 나타났다. 이것이 이후 11종으로 대변되는 불교 전반에 상대
하여 조계종을 비롯하여 선종의 성격이 짙은 몇 개의 종파가 아예
교종과 선종이라는 단순한 선교의 구분으로 불렸다는 점에서 진정
한 선법의 전개와는 다른 교단사적인 측면만이 유지되어 갔다.

때문에 새로운 선종 내지 선법의 개념을 드러내지 못하고 인물중심으로 유지되어 갔다. 따라서 필연적으로 법계가 강조되지 않을 수 없었다. 나아가서 거의가 새로운 선법의 교의 내지 선리를 출현시키지 못하고 기존의 선법에 대한 교의 및 선리에 대한 재해석이 이루어졌다. 때문에 역으로 전통의 선법에 대한 심도 있는 연구와 그에 따른 새로운 관점에 대한 방향을 제시하는 기회가 되기도 하였다.

그것이 곧 법맥을 중심으로 하여 자파의 정통성을 주장하려는 문중개념에 의한 선법의 출현이다. 문중개념에 의한 선법의 출현은 일종의 선종이라는 종파의 개념에 대한 과감한 도전이기도 하다. 그것은 그 어떤 사상적인 도그마나 교판에도 속해 있지 않던 선종이 시대가 흘러감에 따라 점차 형해화되어 가는 현상에 대한 반박의 발로이기도 하다. 특히 정치적으로 사회적으로 격변을 맞이한 여말 선초의 상황은 선종계에도 그만큼 새로운 무언가를 요구하는 시대로 부각되었다.

이로써 각각의 법계를 바탕으로 한 각각의 법통설은 자파가 적손이라는 의식과 더불어 그에 상응한 문중의 개념으로 굳어져 갔다. 이것이 바로 각각의 법계에 해당하는 문중을 중심으로 하는 선문의 출현이었다. 조선시대에 이와 같은 문중의식은 시대를 거치면서 자파의 정통설을 주장하는 데 그치지 않고 나아가서 불교가 쇠퇴하기 이전의 순수한 임제정통의 정맥을 부흥시키려는 것으로 나타났는데, 이와 더불어 이후에는 임진왜란의 발발과 함께 구국을 위한 현실참여적인 선풍의 진작으로 나타나기도 하였다.

이처럼 조선시대의 선법은 시대상을 그대로 반영하면서도 그로부터 새로운 어떤 것을 일구어 내려는 움직임으로 나타났다. 이것은 이전 고려시대부터 전승되어 왔던 조사선의 가풍이 일상의 현실과 부단한 창의성을 바탕으로 전개되어 왔던 선풍의 발로였다. 비록 사회적으로 암울한 신분상의 한계에도 불구하고 이와 같이 선법을 문중개념으로 변화시켜 나아갔던 것은 선법의 유지와 보존이라는 생존의식이 바탕에 깔려 있었던 것이다. 그 단초가 되었던 것이 곧 환암혼수의 사승관계와 법계의 전승이었다.

2. 구곡각운(龜谷覺雲: 연대 미상)의
이류선(異類禪)

1) 화광동진(和光同塵)의 선자

고려시대 보조지눌의 선법이 조선의 선법에 직접적으로 어떤 영향을 끼쳤는가 하는 것에 대한 연구는 밝혀진 바가 거의 없다. 그럼에도 불구하고 보조의 선법과 법맥은 오늘날에 이르기까지 한국불교의 중흥조사로서 한 축을 형성하고 있다. 바로 그 와중에서 고려의 선법과 조선의 선법을 직접적으로 이어 주는 매개체는 무엇인가 하는 것이 설명되지 않으면 안 된다. 설령 직접적인 연결고리가 없다면 그 이유는 무엇인가. 나아가서 그것을 대체한 것은 도대체 무엇이었는가.

사실 이와 같은 문제들에 대한 해명은 대단히 빈약하다. 이런 점에서 이전부터 해동에 전승되어 오던 선법이 독자적인 법맥의 상승을 주장하지 못하고 고려 말기에 원나라로부터 직수입된 법맥을 수용하여 거기에서 새로운 정통성을 확보하려는 측면으로 부각되기에 이르렀다. 그 먼 원인은 아직까지 고려시대로부터 전승된 보조선맥의 직접적인 계승이 불확실하다는 점에서 찾아야 할 것이다. 따라서 태고와 나옹과 경한이 국내에서 어떤 사법관계를 계승했는가에 대한 고증은 보조 법맥의 계승관계를 구명함에 있어서도 반드시 필요한 일로서 금후의 과제이기도 하다.

이런 측면에서 조선시대로 계승되는 선법의 정통성을 기존의 보조 법맥에서 찾으려는 노력보다는 임제종풍의 새로운 법맥을 수용하여 강조하는 것은 분명히 대단히 소극적인 방법이었다. 그 이유는 당시 교단사의 측면과 정치적인 측면을 반영한 것에서 찾아야 할 것이다.

특히 그 사법관계에서 보면 보조 이후 고려 말기에 원나라로부터 임제종 법맥의 수용은 14세기 초반에는 만항과 충감 등 수선사 계통과 혼구 등 가지산문의 계통에 의하여 수용되었으며, 14세기 중반 이후에는 고려 말기 소위 태고와 나옹과 백운 등을 중심으로 전승되었다는 것이 두 가지 측면을 잘 보여 주고 있다. 또한 이 시대에 원으로부터 수용된 선풍과 그 법맥의 강조는 마치 기존의 임제종풍 곧 대감국사 탄연이 북송시대 임제종 황룡파였던 장령수탁(長靈守卓: 1065~1123)의 제자인 육왕개심(育王介諶: 1080~1148)의 선법을 수용한 배경과 마찬가지의 이유였다. 곧 탄연이 육왕개심의 선풍을 수용한 것은 당시 사굴산문 계통에 속하는 보조의 선풍이 그다지 널리 전개되지 못했던 것을 보여 주는 방증이었기 때문이다.

이런 상황에서 같은 임제종 맥에 속하면서도 고려 말기에 전승된 새로운 임제종 맥이 이전 고려시대를 통하여 전승되어 오던 임제종 맥의 경우와는 다른 입장에 있었던 이유는 다음과 같이 생각해 볼 수 있다.

첫째는 기존의 임제종 맥이 수용된 경우와는 달리 고려 말기 임제종풍의 수용은 법을 전수한 당사자가 직접 중국유학을 통하여 그 선풍과 법맥을 수용했고, 나아가서 중국의 임제종 승려가 직접 고려에 와서 전승했다는 점이 강조되었다.

둘째는 교단적인 관점에서 보아 임제종풍만이 맹위를 떨치고 있던 송대의 상황과는 달리 원대에는 임제종풍의 세력이 정토 및 염불신앙과 더불어 라마교(喇嘛教)의 세력에 그 자리를 내주면서 궁여지책으로 소위 임제정종의 선사들이 우리나라 및 일본으로 그 법맥의 범위를 확대시켜 나아갔다는 점이다.

이런 와중에서 기존의 임제종풍과는 달리 고려 말기에 수용된 임제종풍은 그 정통성이 중국이 아닌 외국에서 뿌리내리려는 일환으로서 전개되었던 그 사법관계를 강조하였던 것이다. 따라서 고려 말기에 수용된 임제선풍은 그 어느 시기보다도 강하게 법맥의 정통성을 수반할 수밖에 없었다.

이와 같은 상황은 특히 일본선의 경우보다도 이미 선법이 뿌리를 내리고 있었던 고려에서 더욱 심하였다. 때문에 보조의 선풍과 그 법맥은 상대적으로 세력의 판도에서 열세를 극복하지 못했던 것은 당연한 것이었다. 구곡각운이 보조법계의 졸암연온을 득도사로 삼았지만 후에 임제법맥을 계승하게 된 이유 가운데 하나도 바로 여기에 있었다.

이로써 복잡다단했던 고려 말기에 수용된 임제종의 법맥은 인물을 중심으로 몇 가지로 등장하였다. 그 가운데 조선 중기 이후에 거의 확정적으로 형성된 법맥은 태고보우-환암혼수-구곡각운 계통이었다. 특히 구곡의 제4세손에 해당하는 청허 및 부휴의 문도들에 의해서 기록된 자료에 의하면 더욱 그렇다. 이들 기록에 의하면 고려 말기로부터 조선 초기에 걸친 임제종의 해동법맥은 태고-환암

-구곡-벽계-벽송-부용-부휴와 청허로 계승되었다.

구곡각운에 대한 자료는 『목은집』·『도은집』·『유항시집』·『삼봉집』·『원재집』·『사가집』·『조선사찰자료』·『송광사개창비』 등에서 찾아볼 수 있다. 그 생몰한 연대가 의심스럽기는 하지만 1318년 출생과 1383년 입적을 크게 벗어나지는 않은 듯하다.

처음에 외숙뻘 되는 졸암연온으로부터 출가득도 하였다. 이후 선원사에 머무르다가 40대 초반에는 스승의 유촉과 공민왕의 칙령으로 승련사의 제2세 주지로 주석하였다. 이후 왕명으로 내원당에 들어가 1년에 걸쳐 전등록을 강의하였다. 다시 대조계종사선교총섭숭신진승근수지도도대선사(大曹溪宗師 禪敎都總攝 崇信眞乘勤修至道 都大禪師)라는 호를 받았고, 그 후에는 내원당겸판조계종사(內院堂 兼判曹溪宗事)에 임명되었다. 50대 중반에는 아울러 내원당겸판조계종사와 직지사의 주지를 겸하였다.

이때 공민왕은 친필로 「달마절로도강도(達磨折蘆渡江圖)」와 「동자보현육아백상도(童子普現六牙白象圖)」와 「구곡각운(龜谷覺雲)」이라는 글씨를 하사하였다. 이에 대하여 『목은집』에 의하면 대선사 각운이 직접 주상으로부터 하사받은 서화를 가지고 목은이색을 찾아와 주상께서 내려주신 것을 글로 기록해 두는 것이 후세에 전하는 좋은 방법이라 하면서 그 서화에 대한 글을 부탁하였다. 여기에 이색은 그 서화에 다음과 같은 찬서(讚書)를 붙였다.

삼가 살펴보니 주상전하께서는 불가의 오묘한 도리를 깊이 터득하시고 불교에서 내세우는 여러 가지 주의주장에 대하여 제대로 취사선택하는 올바른 안목을 지니고 계시다. 때문에 누세에 걸쳐 내려오던 인습을 배제하고 태조 왕건시대의 순수한 불교를 복구하려는 차제에 바로 구곡각운 스님을 통하여 그 단서를 얻을 수 있었던 것이다. 그리하여 주상전하께서 친히 붓을 들어 대조계종사선교총섭숭신진승근수지도도대선사(大曹溪宗師禪敎都總攝崇信眞乘勤修至道都大禪師)라는 22자로 그 뜻을 표창하여 직함을 부여하고 이름과 호를 지어서 내려주시니 이것이야말로 구곡 스님의 인물 됨을 여실하게 드러내는 것이라 생각한다. 구곡 스님은 태어날 때부터 그 기질이 남달랐으며 도를 수행한 경지가 원숙하였기 때문에 달마와 같은 청허한 마음과 보현보살과 같은 행원을 실천에 옮길 수 있었던 것이다. 또한 각운이라는 이름을 통해서는 일체중생을 무심(無心)으로 대하고 있는 그 종지를 알 수가 있고 구곡이라는 이름을 통해서는 안(眼)·이(耳)·비(鼻)·설(舌)·신(身)·의(意)의 온갖 작용에서 일체중생을 자비심으로 대한다는 뜻이 들어 있는 줄을 알 수가 있다. 또한 구곡 스님의 행동은 온갖 번뇌를 벗어나 마음이 참으로 담연하여 외물의 경대상계에 얽매이지 않는 경지를 터득하였으니 주상전하로부터 이와 같은 은총을 받은 것은 지당한 것이라 생각한다. 이름과 호를 써 주신 주상전하의 글을 보면 그 기상이 매우 심중하고 온건하여 마치 몇만 근이나 되는 솥과 같고, 그 변화무쌍한 필치와 멋스런 자태는 아홉 번 구워내야만 비로소 얻을 수 있는 금단과 같으며, 보현보살의 그림에서는 코끼리가 뚜벅뚜벅 걸어 나오고 달마의 그림에서는 갈대를 꺾어 배를 삼아 타고 표연하게 장삼자락을 휘날리면서 양지강을 건너가는 의연한 모습이 역력하다. 이처럼 주상전하가 마음과 정경을 묘사한 경지가 극치에 도달하였으니 이 작품이야말로 마치 조화옹이 만물을 빚어낼 때의 솜씨가 아닌가 하는 생각이 든다. 이에 이색은 감히 머리를 조아리면서 주상전하의 서화에 이와 같은 찬사를 붙이는 바이다.

이에 이색은 서화를 주제로 각각 다음과 같은 시를 남겨서 각운 스님의 덕성과 품위를 찬탄하였다.

구곡(龜谷)

중생 제도 자비 마음 하늘 같고 땅 같네	和氣在天
집착이 없는 청정한 마음은 만물과 같네	虛靈在物
신통과 묘용 두루 구비한 스님의 모습은	惟藏神用
팔만 사천의 번뇌와 유혹 모두 극복하여	弗惑天閼
널리 중생 위해 이익을 베풀어 드러내니	疇均此施
온 누리에 구곡 이름 하나같이 빛나도다	六合爲一

달마(達磨)

| 그 허우대는 허공처럼 자재하여 | 是身虛空 |
| 허공과 바다에 하나가 되었구료 | 天水一色 |

아득한 장강넘어 소림 찾아드니	渺然而逝
밝은 달 맑은 바람 흠뻑 머금네	風淸月白
표연한 자태에 한 점 남긴 뜻은	芥乎其間
이렇다 저렇다 분별심 모르레라	唯一不識

보현(普賢)

보현이 타고 나는 육아 백상은	六牙大象
허공 천지에 거칠 것이 없어라	布武大野
고귀한 자태 멋 넘친운 풍류에	富貴風流
늠름한 기상 보면 찬탄을 하네	見此粲者
내가 모는 가마 퍽 초라하게도	哀哉兎迤
토끼가 늘 다니는 길 찾는다네	方騁吾駕

각운(覺雲)이라는 법명

텅빈 무심으로 마음을 삼으니	無心爲心
텅빈 허공에 맘대로 나들면서	出入大虛
바람 벗 삼고 비 자식 삼으니	友風子雨
근면한 자비행 크기도 할세라	亦曰勤渠
이처럼 오묘하게 깨침 베푸니	妙州吾所以
각운스님 아니면 그 뉘겠는가	非師而誰歟

2) 전등사서(傳燈史書)를 통한 각운의 시대인식

한국의 선종사에서 법계의 정통성과 선법의 전승이라는 두 측면
이 어느 때보다도 난립하고 있던 시기가 고려 후기였다. 이 무렵은
기존부터 고려 국내로 전승되어 오던 법계가 소위 조계선법으로 불
리는 구산문의 선법과 외국의 유학승을 통해서 전승되고 다져진 중
국 임제종 계통의 선법 사이에 모종의 합일점이 필요한 즈음이었다.
전자에 대해서는 소위 구산문 가운데 사굴산문과 가지산문의 선법
및 법계가 주류를 구성하고 있었고, 후자에 대해서는 시기적으로 구

분하면 14세기 초반에는 만항과 충감 등 수선사 계통과 혼구 등 가지산문의 계통이 있었고 14세기 중반 이후에는 태고와 나옹과 백운 등을 통해서 전승되었다.

이들 사이에서 후자에 속했던 태고보우는 원융부를 설치하고 기존의 구산문을 당시에 수입된 임제종지의 기틀을 통하여 통합하려고 했던 시도는 대단히 신선한 자극을 주었다. 그러나 끝내 성공하지 못한 이유는 외적인 측면이었던 사회와 정치적인 이유를 무시할 수는 없겠지만 선종의 내부에서 찾아볼 수 있는 직접적인 이유는 뚜렷한 전등계보가 등장하지 못했다는 점과 구산문으로 전승된 선법의 색깔이 분명하지 못했다는 점이다.

당시에는 중국 당나라시대에 형성된 선종의 오가를 통해서 전승되어 가는 즈음으로서 고려에서도 특히 임제종 계통의 종지라는 점이 널리 인식되고 있었지만 그와는 달리 선종의 오가가 분립되기 이전에 신라에 전승된 선법은 고려를 통하여 전승되면서 종파적인 성격보다는 그 사상적인 성격에 중점이 있었다.

때문에 특별히 전등사서를 통한 법계의 강조보다는 보편적인 사상의 습득과 전개에 관심이 쏠렸다. 이것은 나말 여초에 등장하고 전개되었던 9산문을 비롯한 14산문과 3원제도 등에서 출현했던 것으로 일련의 의도적인 선교차별(禪敎差別)의 시도 등으로부터 유추할 수 있다. 곧 교학적인 토대가 형성되고 뿌리를 내리고 있던 신라의 사회에 새롭게 전래된 선법이 호응을 얻기 위해서는 기존의 교학사상과는 다른 선법만의 독특한 사상 내지 우월성을 강조하지 않을 수 없었다.

예를 들자면 도의선사와 승통이었던 지원(智遠) 선사 사이에 있었던 것으로 선과 화엄도리에 관한 문답은 당시에 화엄으로 대표되었던 교학에 상대한 선법의 우월성을 강조한 것이었다. 또 무염국사의 『무설토론(無舌土論)』은 교학의 유설토론(有舌土論)에 상대하여 무설토론의 선법이 우수하다는 주장이었다. 또 범일국사의『진귀조사설(眞歸祖師說)』은 49년 동안에 걸쳐 설법하는 여래가 선법을 펴는 진귀조사를 찾아가 가르침을 받는다는 주장이었다. 또 요오순지(了悟順之)의 표상현법(表相現法)은 선법의 도리를 각종 기호와 부호와 상징적인 의미를 통하여 표현한 것이었다. 이와 같은 새로운 주장은 신라 말기에 중앙권력의 통제가 느슨해진 것과 교학불교에 대한 반성이라는 상황에 편승하여 개개인의 자각과 그 체험을 중시하는 성격으로서 보다 널리 수용될 수 있었다.

이런 점이 곧 일개의 종파적인 색깔보다는 선종의 전체적인 사상의 발전과 그 특징에 주안점을 둘 수밖에 없는 상황이었다. 이것은 물론 고려시대를 통하여 선종과 화엄종과 유가종 사이에 주도권 다툼이라는 모습으로도 비쳐지기도 하지만 궁극적으로는 선종에 대한 인식을 다양한 선법의 전개보다는 수행의 측면으로 전개시키려는 노력의 결과였다.

이런 시점에서는 원융부(圓融府)를 통하여 태고보우가 시도한 선종의 종파통합이라는 노력도 단순통합에 불과할 수밖에 없었다. 때문에 결국은 실패할 수밖에 없었을 것이다. 이런 상황에서 일찍이 그 법계의 상승과 선법의 천착이라는 두 가지 측면에 대하여 깊은 인식에 착안했던 인물이 구곡각운이었다. 각운은 내면적으로 깊은 사유와 통찰을 구비한 선자의 전형적인 인물이었다.

그는 외우내환에 시달리는 시대적인 면모와 선법의 난맥상에 대한 자신의 진단을 통하여 태고보우가 인식했던 종단통합이라는 명분과 선법의 사상적인 창출 및 그 전개라는 입장을 감안하여 그 성격에 가장 적절한 지침이었던 전등사서의 중요성을 통감하였다.

이로써 자신이 전등사서에 대한 열람과 강의와 그 실천에 대한 남다른 열정을 보여 주었다. 자신이 스스로 전등사서 가운데서 특히『경덕전등록』과 관련한 공안을 택하여 수행으로 삼았는가 하면 자신의 경지에 대한 이정표로 삼기도 하였다. 따라서 각운은 당시에 전등사서의 중요성을 깊이 인식하고서 널리 유포시키고자 하였다. 이에 기존부터 전승되어 오던 여러 가지 전등사서의 판본이 병화에 불타 버린 것을 알고 당시에 판조계종사였던 각운은 왕에게 다음과 같이 상주하였다.

전등록은 선학의 지침이 되는 책입니다. 그런데 그 판본이 병화로 인하여 불타 버렸으니 새롭게 손으로 일일이 베껴 쓰기에는 어려운 점이 많습니다. 더구나 출가승려들은 좌선에 힘을 기울이면서 간절하게 깨침의 공을 성취하기를 바라고 있습니다. 이런 점에서 심오한 선법의 도리를 설해 주고 있는 전등록이 완전히 사라지게 된다면 선법의 도리가 더욱 어두워지지 않을까 걱정이 됩니다. 그러므로 이제 이 전등록을 간행하여 널리 유포시킴으로써 학도자들에게 널리 가피를 입도록 해 주는 것이 어떨까 합니다.

이에 왕이 흔쾌하게 윤허하고 바로 광명사 주지 경예(景猊)와 개천사 주지 극문(克文)과 굴산사 주지 혜식(惠湜)과 복암사 주지 탄의(坦宜) 등을 시켜 그 일에 착수하게 하였다. 이와 같은 불사가 진행되어 가자 각운은 다시 왕에게 역사적인 기록을 남겨 주기를 상주하였다. 그래서 왕은 목은 이색에게 그 서문을 부탁하였다. 이와 같은 일련의 사실은 각운이 이전부터 왕명을 받아 내원당에 들어가 일년에 걸쳐『경덕전등록』을 강의했던 인연의 결과였다. 이처럼 각운은 일찍부터 법계와 그 오묘한 선법의 중요성을 인식하고 그 보급에 앞장섰다.

3) 『경덕전등록(景德傳燈錄)』의 위상과 가치

이처럼 구곡이 그 중요성을 깊이 인식하고 강의했던 『경덕전등록』
은 어떤 가치를 지니고 있고 실제로 선종사에서 어떤 역할을 해 왔
던 것인가. 『경덕전등록』은 말하자면 직접적으로 선종의 법맥을 기
록한 것으로 일종의 선사들의 족보에 해당하는 것이다.

선종에 속하는 몇몇 종파들이 처음 출현한 이래로 지금까지 지속
적으로 존속해 올 수 있었던 가장 큰 이유 가운데 하나는 전등법계
(傳燈法系)를 강조한다는 점에 있다. 이것은 불교의 교학에 속하는
어떤 종파보다도 선종이 지니고 있는 특징이기도 하다. 그만큼 전등
법계는 정법안장과 불조혜명을 계승하는 명분이었고 개별적인 종파
를 역사적으로 유지시켜 주는 실제적인 방식이었다.

이와 같은 전등법맥의 상승(相承)은 중국민족의 오래된 정통의 존
중 내지 가문의 존속과 계승이라는 대의명분이 지극히 중요한 역할
을 하였다. 때문에 정통의 강조라는 측면에서 보면 방계로 취급받는
부류는 언제나 따돌림당하고 오래지 않아 더 이상 존속할 수가 없게
되어 버렸다.

이런 점에서 선종에서는 일찍부터 자파의 정통성을 내세우고 그
것을 바탕으로 세력을 규합하고 대외적으로 명분을 내세우는 수단
으로 법계를 강조하지 않을 수 없었다. 심지어 법계를 부분적으로
가감 내지 날조하는 일조차 비일비재하였고, 나아가서 정통의 계승

자라는 물증을 새롭게 창조하기도 하였다.

소위 신수를 위시한 북종(北宗)의 부류에서 출현한 전등사서로는 『능가불인법지(楞伽佛人法志)』, 『능가사자기(楞伽師資記)』, 『전법보기(傳法寶紀)』 등이 있다. 그리고 정중종(淨衆宗)과 보당종(保唐宗)의 부류에서 출현한 전등사서로는 『역대법보기(歷代法寶記)』가 있다. 한편 혜능을 위시한 남종(南宗)의 부류에서 출현한 전등사서로는 『돈황본단경(敦煌本壇經)』, 『보림전(寶林傳)』, 『조당집(祖堂集)』, 『경덕전등록(景德傳燈錄)』 등이 있다. 이러한 전등사서도 모두 그 예외가 아니다. 이 경우 정통문제가 가장 치열하게 전개되었던 남종과 북종의 정통논쟁 무렵에 하택신회에 의하여 제기된 것으로 이전에는 없었던 것이 새롭게 등장했던 의발(衣鉢)의 전승이 대표적인 것이었다.

이들 가운데 전자의 경우를 보면 선종이 흥기하던 시기에 출현한 전등사서이면서도 멀리 인도의 석가모니 나아가서 과거불의 개념까지 이끌어 들여 전등법맥의 틀을 확정하였다. 특히 북종 부류에서 출현한 전등사서의 경우에는 법계상으로 보리달마를 계승하고 있으면서도 그 사상적인 측면에서 『능가경』을 내세운다는 명분에서 『능가경』을 처음으로 한역했던 구나발타라를 선종의 초조로 내세웠다.

그러나 남종의 부류에서 출현한 전등사서의 경우는 보리달마를 초조로 내세우면서 동시에 그 연원을 멀리 인도까지 소급하여 직접적으로 석가모니의 정법안장의 정통 계승자라는 것을 강조하였다. 여기에는 780년 무렵에 등장했던 『돈황본단경(敦煌本壇經)』에서 먼저 시작되었는데 이전의 『부법장인연전(付法藏因緣傳)』의 24대조사와 『달마다라선경(達摩多羅禪經)』의 달마다라 이후 불야밀다라(不

若蜜多羅)를 포함한 8대조사를 조합하여 인도의 28대 조사를 주장하고 다시 중국의 6대조사를 더하여 그 법계를 명시하였다.

그러나 아직은 그 체계상으로나 역사적으로 대단히 헛점투성이였던 법계상의 문제에 대하여 지거(智炬)가 801년에 『보림전(寶林傳)』 10권을 세상에 내놓으면서 법계상의 계보는 거의 확정적으로 굳어져 갔다. 이 시기는 이미 정통의 문제에 대하여 대립했던 북종이 거의 세력을 상실하고 남종 일색으로 정착되어 가던 때였으므로 어떤 도전도 받지 않은 채 자파의 정통성을 구축할 수 있었다. 여기에서 비로소 후대 및 오늘날까지 일반적으로 언급하고 있는 서천 28대 조사와 동토 6대 조사가 확정되었다.

이로써 전등사서의 입장으로 보면 정통 내지 방계의 논쟁은 더 이상 의미가 없어져 버렸다. 다시 952년 오대(五代)에는 정(靜)과 균(筠)이 『조당집』 20권을 세상에 내놓았는데 여기에는 신라의 선승들에 관한 기록이 다수 포함되어 있다. 그러나 아직까지는 전등사서가 선종의 법맥을 부분적으로 첨삭 내지는 날조라는 이미지를 벗어나지 못하여 대장경에는 편입되지 못하고 있는 실정이었다.

그러나 처음에는 거짓으로 시작된 역사도 지속적으로 전승되어 가면 그것도 또한 하나의 역사로 자리매김하는 법이다. 이미 수백 년의 역사를 자랑하며 뿌리를 내리고 있던 선종의 경우에도 선종 특유의 교의 및 전등법계의 상승이라는 역사가 북송시대 1004년 법안종의 도원(道原)에 의하여 편찬된 『경덕전등록』이 비로소 대장경에 편입됨으로써 국가적인 공인을 획득하게 되었다.

이로써 선종의 역사는 그 세력에 걸맞은 명분을 확고하게 다질 수가 있었다. 그리하여 이제 『경덕전등록』은 선종의 어느 부류에서나 당당하게 정통 전등사서로 수용되었다. 이리하여 전등록이라는 말은 일반적인 전등사서라는 의미의 전등록과 더불어『경덕전등록』이라는 서명으로서『전등록』의 두 가지 의미로 동시에 사용되었다.

이를 계승하여『속전등록(續傳燈錄)』,『가태보등록(嘉泰普燈錄)』,『천성광등록(天聖廣燈錄)』,『연등회요(聯燈會要)』,『오등회원(五燈會元)』기타 수많은 전등사서가 출현하였는데 이들은 모두『경덕전등록』을 바탕으로 하여 형성되고 전승되었다. 곧『경덕전등록』이 출현한 이후 고려와 일본에까지 널리 전승되었는데 300여 년의 세월이 지나면서 그 사이에 고려에서도 그와 같은 유형의 전등사서가 출현하였는데 그것이 곧 백운경한(白雲景閑)의『직지심체요절』이다. 성격은 약간 다르지만 진각혜심(眞覺慧諶)의『선문염송』도『경덕전등록』과 무관하지 않다.

따라서 구곡각운의 시대에는 이미 선종에서 차지하고 있는『경덕전등록』의 위상은 법맥의 계승이라는 것은 물론이고 아울러 선승들의 짤막한 어록과 사상의 편린을 담고 있는 백과사전과도 같은 보편적인 가치를 지니고 있었다.

3. 벽계정심(碧溪正心: 연대 미상)의
금강선(金剛禪)

경북 금릉 사람으로 법호가 벽계(碧溪)이고 법명은 정심(正心)이다. 벽계정심은 조선 초기 불교가 본격적으로 박해를 받기 시작하던 태종시대에 활동했던 인물로 조선시대 불교의 박해를 온몸으로 경험하였다. 그런 와중에도 구곡각운으로부터 계승한 정법안장을 훼멸치 않고 선법과 교학을 지엄과 법준에게 전승하여 불조혜명을 계승한 구도자였다.

조선 태종(1401-1418년 재위)은 조선 건국 이후에 실제적으로 숭유배불을 단행한 사람이다. 실제적으로 불교종파의 축소와 사찰의 제한 등은 큰 타격이었다. 곧 당시에 11종으로 대변되는 불교 전반에 상대하여 조계종을 비롯하여 선종의 성격이 짙은 몇 개의 종파가 아예 교종과 선종이라는 단순한 선교의 구분으로 불렸다는 점에서 진정한 선법의 전개와는 다른 교단사적인 측면만이 유지되어 갔다. 때문에 새로운 선종 내지 선법의 개념을 드러내지 못하고 인물중심으로 유지되어 갔다.

반면에 태조의 명복을 기원하기 위하여 흥덕사에서 『대반야경』을 독송케 하고 개경사를 세워 태조의 극락왕생을 빌고 해인사에서 대장경을 인경했던 것이 유일한 불사였는데 그것도 모두 태조의 추선

공양(追善供養)을 위한 것이었다.

이런 와중에서 벽계정심은 신분을 감추기 위하여 일시적으로 환속하여 머리를 기르고 가족과 더불어 황악산 고자골의 물한리에 들어가 숨어서 지내야 할 정도였다. 따라서 벽계정심에 관한 그 행적조차도 분명하지가 않다. 채영(采永)의 『해동불조원류(海東佛祖源流)』라든가 청허(淸虛)의 『벽송당행적(碧松堂行蹟)』이라든가 범해(凡海)의 『동사열전(東師列傳)』이라든가 『벽송당야로행록(碧松堂埜老行錄)』의 기록에 각각 약간의 차이가 있을 뿐만 아니라 근거가 대단히 애매모호하여 어느 것을 사실로 삼아야 할지도 궁금하다.

그러나 분명한 사실은 그와 같은 배불의 시대를 살아가면서도 정법안장의 법맥을 벽송지엄에게 전수하고, 교학의 법맥을 정련법준에게 전수했다는 내용이다. 그것은 불조혜명의 계승이라는 시대정신에 대한 벽계정심의 각성이었다.

1) 벽계정심과 조선 초기의 선법

벽계정심이 살았던 시기는 특히 정치적으로나 사회적으로 격변기를 거친 직후였기 때문에 그와 같은 상황이 선종계에도 그만큼 새로운 무언가를 요구하는 시대로 부각되었다. 정치적으로는 귀족과 문벌이 중심을 이루었던 고려시대가 종말을 고하고 유학자들이 중심이 된 신진사대부의 등장으로 인하여 개혁적인 정치성향이 팽배하던 시기였다. 아울러 사회적으로는 기존의 불교사상이 쇠퇴하고 유학을 존중함으로써 대의명분이 더욱더 중시되는 상황이었다.

이러한 가운데 하나가 고려시대를 통하여 전승되어 오던 국내의 전통적인 선법과 원나라를 통해서 전래된 임제선법의 갈등이었다. 임제선법은 이미 고려 초기에 부분적으로 수입되고는 있었지만 법맥상으로 분명한 전래가 보인 것은 고려 후기부터였다. 곧 『운문사 원응국사비』[118]에는 다음과 같은 말이 있다.

혜능 이래로 강물처럼 오가의 분파가 이루어졌다. 대위산(大潙山, 潙仰宗)에서 그려낸 형상으로는 장단방원(長短方圓)이 있고, 임제의현(臨濟義玄)의 일구에는 삼현이 갖추어져 있으며, 동산양개(洞山良价)의 오위에는 정과 편이 있고, 운문문언(雲門文偃)의 주장자를 통한 가르침에는 묘용이 현전하며, 법안문익(法眼文益) 유식(唯識)에는 삼계가 완연하다. 이처럼 비록 방편이 다르기는 하지만 그 취지는 똑같이 원묘하다.

이를 통해서 알 수 있듯이 이전에 간접적으로는 임제종의 교의가 수용되고 있음을 알 수 있을 뿐이다. 그럼에도 불구하고 임제종에 대한 직접적인 법맥의 상승자가 드러나 있지 않은 것은 또 다른 의문을 지니게 한다. 단지 임제종지의 수용이 직접적으로 드러나지 않은 이러한 인연 때문에 고려 중·후기에 전래된 중국 임제종의 선법은 당시 중국에서 임제종만이 유일하게 득세하고 있었다는 원인도 있지만 고려에 직수입되지 못한 임제종의 선법을 전승시킬 필요성을 감안한 것은 아니었을까 짐작된다. 이것이야말로 고려 후기로부터 비롯되는 법맥의 난맥상에 대한 근본 원인을 제공하고 있는 셈이다.

적어도 표면적으로는 아니었다 하더라도 원의 간섭기를 거치면서 한편으로는 원에 대한 맹목적인 모방과 다른 한편으로는 원으로부터 고려의 자주성의 회복을 향한 그 반항이 이미 뿌리 깊게 각인되

---

118) 『韓國金石全文』 p.661 "老盧而降分派如川 大潙畫相 長短方圓 臨濟一句 須具三玄 洞山五位 或正或偏 雲門柱杖 妙用現前 □□□□ 三界皆然 方便雖異 同趣妙圓"

어 있었다. 이것은 국내와 국외라는 대립으로 나타났는데 곧 국내에서 뿌리를 내려온 화엄종과 원나라의 임제선법의 전래로 부각된 선종과의 주도권에 대한 라이벌 의식이었다. 그것이 편조(遍照)라는 신돈대사와 태고(太古)라는 보우대사의 갈등이었다.

궁극적으로는 그 주도권이 정치적인 세력관계에 따라 결국 선종으로 기울어진 것이 당시 고려 말기의 불교현실이었다. 이것은 정치적인 입장의 세력균형이라는 긍정적인 측면도 있었지만 국가권력에 아부하여 불교가 그 흥망성쇠를 함께했던 부정적인 측면도 동시에 지니고 있었다.

그러나 반면에 불교계가 분열과 대립 그리고 미신과 신비주의의 성향으로 기울어 가고 있을 때 유학자들은 안향과 백신정 등을 중심으로 송대에 시작된 주자학을 도입하여 불교를 반격할 사상적인 무기를 준비하고 있었다. 따라서 안향과 정몽주와 이색 등을 위시한 유학자들은 주로 윤리성에 근거하여 교계의 타락과 현실외면을 지적하고, 설상가상으로 왕실에서도 유교계의 비판에 대하여 긍정적으로 간주하였다. 그래서 공민왕은 함부로 사찰을 조성하는 것을 금지하고 사원전에 세금을 부과하며 도첩제를 활용하기도 하였다.

이후 권력의 교체를 계기로 하여 불교 자체가 크게 세력기반을 상실하게 되자 조선시대의 불교는 선과 교를 막론하고 급속하게 기울어 갔다. 사상적인 발전을 기대할 수 없었던 것은 물론이고 사찰의 경제적인 압박과 최하위로 추락한 승려들의 위상 등을 통하여 가히 말살 직전의 위기에 처해졌다.

2) 벽계정심의 수행가풍

벽계선사는 그의 삶을 통해서 보아도 소박하고 가식이 없는 솔직한 마음의 소유자였다. 이와 같은 성품은 그가 진리를 추구하는 화두참구의 행위와 선법의 실천에 있어서도 그대로 드러나고 있다. 다음과 같은 일화가 전해 온다.

벽계 스님이 불교의 탄압을 피하여 짐짓 머리를 기르고 화전민촌에서 세속생활을 하던 때의 일이었다. 그 화전민촌의 아랫마을에 한때 높은 벼슬을 지냈던 선비의 가문에 노처녀가 있었다. 아무것도 모자란 점이 없었는데도 혼처가 나타나지 않자 노처녀는 부모님께 얹혀서 사는 것이 부담스러웠다. 그래서 혼자 생각해 보았다. 자신이 결혼을 하지 못한 것은 아무래도 전생에 심어둔 복이 없어서 그런가 보다 생각하고는 화전민촌에 들어갔다. 그곳에서 노총각을 만나 살림을 차렸다. 그러나 3년이 지나도록 속세의 즐거움을 누리지 못하자 다른 곳으로 떠날 것을 결심하고 남편에게 사실을 말했다. 그러자 남편이 말했다. "그대와 내가 3년 동안을 부부로 같이 살았는데 가난하여 줄 선물이 없소. 대신 이 바가지라도 가지고 가면 좋을 것이요." 바가지를 받아 든 여인은 정처 없이 떠돌다가 덥기도 하고 목도 말라서 샘물을 찾아보았다. 마침 논 가운데 샘물이 있어 가지고 다니던 바가지로 떠 마시고는 그곳에 바가지를 버려두고는 동가숙(東家宿)하고 서가식(西家食)하였다. 무슨 인연이 있었던 것인지 어느 마을에서 늙은 홀아비를 만나 다시 3년을 함께 살았다. 거기에서도 역시 세속적인 즐거움을 누리지 못하자 차라리 예전 화전민촌의 남편에게 가기로 결심을 하고 다시 화전민촌을 찾아가는 길이었다. 도중에 덥고 목이 말라 샘물을 찾았다. 그런데 어찌된 일인지 3년 전에 자신이 버려둔 바가지가 그곳에 그대로 놓여 있었다. 달콤하게 물을 떠 마시고는 뭔가를 생각한 바가 있어 그 바가지를 버리지 않고 전 남편에게 돌아와 말했다. "제가 3년 전에 당신을 떠날 때 당신에게서 받은 바가지를 샘물가에 버려두었는데 돌아올 때 들러보니 그 바가지가 3년이 지나도록 아무도 가져가지 않았는지 그 자리에 그대로 놓여 있습니다." 그 말을 듣고는 남편이 말했다. "내가 관찰해 보건대 당신은 먼 옛적부터 남의 물건을 한 번도 훔친 적이 없었소. 그러니 감히 어느 누가 당신의 바가지를 훔쳐 간단 말이요." 그러자 여인이 다시 말했다. "그리고 또 한 가지 제가 당신을 버리고 어느 늙은 홀아비와 함께 3년을 살았는데 그 사람은 제 몸에는 손도 대지 않았습니다. 이건 또 무슨 이유입니까?" 그러자 남편이 또 말했다. "내가 먼 과거부터 남의 여인에 대하여 음흉한 생각을 한 번도 품은 적도 없고 엿본 적도 없었소. 그런데 그 어느 누가 내 여인의 몸에 감히 손을 댄단 말이요." 이에 여인은 가만히 생각하였다. "아무것도 모르는 무지렁이 같은 화전민인 줄만 알았는데 지금까지 책을 통해서 보고 들은 그 어느 누구보다도 참으로 훌륭한 사람이 바로 여기에 있었구나. 내가 진정한 보실을 몰라보고 있었구나. 앞으로라도 열심히 보필해 드려야겠구나." 그리고는 곁에 있는 남편을 더욱더 존경하면서 받들었다는 것이다. 그 노총각 남편이 바로 벽계정심선사였다.

벽계정심은 사상적으로 공안과 『금강경』의 독송 및 대중적이고 사회적인 삶을 구가한 선자였다. 『해동불조원류』에 의하면 일찍이 구곡각운을 원사(遠師)로 삼았다고 하며, 명나라에 들어가 임제종의 총통화상(摠統和尙)의 인가를 받고 돌아왔다는 것이다. 그리고 고려 말기에 공양왕의 곁을 물러나서 불법의 사태를 만나 머리를 기르고 가족을 거느렸다고 한다.

그러나 여러 가지 정황으로 보아 조선조 연산군 때에 활동한 사람으로 간주되기 때문에 『해동불조원류』의 기록에는 연대상으로 수긍하기 어려운 면이 있다. 그리고 중국 임제종의 선사라는 총통화상에 대한 기록도 자세한 것은 전하지 않았다. 다만 전해지는 바대로 화두를 참구하고 선과 정토와 염불의 수행에 힘썼다는 것이다. 따라서 벽계정심은 중국 임제종의 법맥과 아울러 구곡각운의 법맥을 두루 이었을 뿐만 아니라 공히 공안의 수행과 『금강경』을 즐겨 독송했다는 점만 알 수 있을 뿐이다.

당시에 수행되었던 공안은 무자화두가 가장 보편적이었다. 이것은 간화선의 수행에서 대혜종고가 강조한 이래로 중국의 선종계만이 아니라 해동에서도 보조 및 혜심을 거쳐 태고와 나옹 및 경한 등으로 전승되는 주요한 항목이었다. 무자화두 그 원류는 당대 조주종심의 일화로부터 유래되었지만 이후 200여 년이 지난 북송시대에 오조법연이 상당설법에서 그 일화를 인용한 이래로 화두로서 직접적인 기능을 수반하게 되었다. 그리고 마침내 그 손제자에 해당하는 대혜종고는 제자들과 사대부들을 상대로 하여 화두를 강조하면서 언제나 무자화두를 강조하였다. 단순한 무(無)의 화두가 아니라 무(無)라는 글자에 대한 화두였다.

때문에 대혜로부터 고려 혜심을 비롯한 일련의 간화선을 주장한 선사들은 보편적으로 무자화두를 참구하는 데 있어 반드시 주의해야 할 사항을 잊지 않았다. 곧 무자화두를 들 경우에는 무 자(無字)에 대하여 있다거나 없다는 유무(有無)의 의미로 파악해서도 안 되고, 결코 있을 수 없다는 절대무(絶對無)라는 의미로 이해해서도 안 되며, 무 자(無字) 속에 거시기가 있다고 가늠해서도 안 되고, 인용을 들어 무 자(無字)를 거들먹거리려 해서도 안 되며, 그렇다고 무의미하다고 치부해서도 안 되고, 한편으로 제쳐두고 '나 몰라라' 해서도 안 되는 것으로 보았다. 무자화두는 당시에 보편적인 화두로서 참구된 만큼이나 다양한 계층에서 다양한 방식으로 거론되고 있었다.

3) 벽계정심과 『금강경』

벽계정심은 명에 들어가서 이와 같은 무자화두의 수행을 통하여 총통화상으로부터 인가를 받았다. 그러나 총통화상에 대한 자세한 전기는 전하는 바가 없다. 단지 명나라 때 선수행자들의 경우 일반적으로 공안수행과 염불 및 정토왕생의 수행이라는 분위기에 익숙

해져 있었기 때문에 총통화상도 그로부터 벗어나지는 않은 것으로 보인다. 왜냐하면 당시에 선정습합(禪淨習合)은 불교의 특징만이 아니라 왕양명(王陽明)으로 대표되는 양명학(陽明學)의 새로운 분위기 속에서 형성되고 전개된 선수행의 특징이었기 때문이다.

벽계정심은 언제 귀국했는지에 대한 기록도 없다. 그러나 귀국한 이후에 구곡각운을 사사한 것으로 보아 어느 정도의 위상을 지니고 있었던 것 같다. 왜냐하면 스승으로부터 전승한 정법안장을 계승하기 위하여 굳이 머리를 기르고 속가의 생활을 하지 않으면 안 될 정도로 널리 알려진 인물이었기 때문이다. 그 시기가 여말 선초의 내우외환의 어지러운 시기임을 감안한다면 정법안장의 계승자로서 가장 이상적인 삶은 사자상승을 통한 법통의 밀전(密傳)이었을 것이다.

이것은 중국 선종의 초기에 북주(北周)의 법난(法難)을 맞아 선법을 홍포하기 어려운 때에 산속으로 숨어 다니면서 정법안장을 전승해야 했던 제2조 혜가의 경우에 잘 나타나 있다. 따라서 혜가는 그가 언제 어떻게 선법을 펼쳤는지에 대하여 구체적인 기록이 없을 뿐만 아니라 저술도 남아 있지 않다. 혜가는 달마의 선법을 계승한 뒤에 북주의 법난을 맞아 서주 환공산에 은거하였다가 59세 때에야 비로소 업도(鄴都)에 출현할 수 있었다. 숨어서 지내는 동안에는 그의 제자 승나(僧那)의 행적으로부터 미루어 보건대 혜가는 두타행을 수행한 것으로 보인다.

그와 같이 대사회적인 여건의 어려움 속에서 혜가가 중점을 둔 것은 철저한 사유에 바탕을 둔 개인적인 수증과 정법안장의 수지 및 전승일 수밖에 없었다. 곧 달마 이입사행(二入四行)의 근본취지에 철오하고 그것을 전지(傳持)하면서, 『능가경』을 의용하여 만법유심의 일심에 입각하였으며, 분별심이란 모두 자심(自心)에서 나타난 망심으로 간주하였는데 이것은 달마보다도 적극적인 표현을 사용하고 있다.

중국선종의 제3조 감지승찬(鑑智僧璨: ?－606)은 처음에 업도의 주변에서 혜가에게 참문하여 도를 닦았으나 법난으로 인하여 혜가를 따라 서주의 산곡사에 은거하였다. 승찬은 후에도 업도(鄴都)에는 나아가지 못하고 산속에서 24년 동안 머물러 있어야 했다. 따라서 이 무렵의 선자들은 한편으로는 두타행을 수행하는가 하면 다른 한편으로는 선자이면서도 경론을 강의한 교가(敎家)와 비슷한 사람들이 많았다.

이와 같은 상황은 육조혜능에 이르기까지 초기 선종의 전형적인 모습이기도 하였다. 때문에 정심은 신분을 숨기고 찾아온 제자를 가르치면서 조용히 정법안장을 부촉할 시절인연을 기다렸는데 이것이 곧 제자를 길러내는 교화의 기간이기도 하였다. 이것은 마치 일찍이 혜능이 사냥꾼들 틈에서 16년을 기다렸듯이 혹독한 법난의 위협을 극복하는 기간이었다.

특히 정심은『금강경』을 통한 무집착의 수행과 평온한 마음의 유지를 중요시하였다.『금강경』은 바로 그와 같은 선풍의 상징이었다. 『금강경』에서 제시하고 있는 근본적인 이념은 첫째는 실상(實相)을 본체(本體)로 삼고, 둘째는 무주(無住)를 종지(宗旨)로 삼으며, 셋째는 단의(斷疑)를 작용(作用)으로 삼고, 넷째는 대승(大乘)을 교상(敎相)으로 삼고 있다는 점이다.

첫째는 무념을 종지로 하는 것으로부터 무주를 종지로 내세웠다는 점이다. 이것은 당대(唐代)부터 전개되어 온 조사선의 근본적인 무분별의 개념이 현실에서 실천성으로 중시되어 갔다는 것을 보여주는 것이다. 곧 중생과 성인을 분별하지 않고 깨침과 번뇌를 가르지 않으며 선과 악을 평등하게 파악하는 것이다.

둘째는『금강경』은 그 내용이 27가지 의문과 그에 대한 해답으로 이루어져 있다. 이것은 특히 인도의 천친논사가 제시한 이래로『금강경』에 대한 경문의 내용을 수보리의 질문과 그에 대한 세존의 답변으로 풀어내고 있는 점에서 바라본 것이다. 각각의 의문은 불법을 실천하는 보살의 입장에서 제시되어 있다는 점이 독특하다.

셋째는 일대장경 가운데서『금강경』의 가치가 대승경전으로서의 위상을 분명하게 제시하고 있음을 강조한 점이다. 곧 여기에 등장하는 선남자·선여인은 발심보살로서 분별허상을 깨치고 무분별심과 무집착심과 평등심을 실천하는 대승 및 최상승의 인물로 등장되어 있다. 여기에서 무념의 무분별심은 무주의 평등심으로 승화된다. 그리고 무주심이야말로 반야바라밀의 작용이다.

넷째는 반야공관이 제시하고 있는 실상무상(實相無相)을 전체적인 대의와 본체로 내세움으로써 반야경전이 지니고 있는 지혜와 자비의 강조가 청정심을 유지하는 문제와 번뇌심을 다스리는 문제가 하나의 구조로 통일되어 있다. 곧 그것은 일상의 생활에서 일어나는 사심(私心)을 끊고 무아무심(無我無心)이 되어 진면목으로 살아가기를 권장하는 것이다. 그 방식이 곧 반야의 공이라는 방식이다.

정심은 이러한『금강경』의 근본이념이야말로 개인적인 마음의 수행에 있어서나 대사회적인 교화의 지침으로 간주하였다. 때문에 속가에 살고 있으면서도 세속에 떨어지지 않았고 숨어살면서도 제자들에 대한 교화와 중생에 대한 연민의 정을 잊지 않을 수 있었다. 곧 번뇌의 단절과 청정심의 유지 및 그와 같은 행위에 대한 무집착의 가르침이 늘 불법에 대한 신념으로 승화되어 있었기 때문에 가능하였다.

4. 벽송지엄(碧松智嚴: 1494~1534)의
무생선(無生禪)

1) 벽송지엄의 생애

조선 중종대의 벽송당 지엄(1464~1534)에 대한 자료는 그의 법손에 해당하는 청허휴정이 찬술한 『벽송당행적(碧松堂行蹟)』과 『벽송당야로송(碧松堂埜老頌)』에 근거한다. 그 『행적』에 의하면 다음과 같다.

벽송의 법휘는 지엄(智嚴)이고, 호는 야로(埜老)이며, 그의 거처를 벽송(碧松)이라 하였다. 속성은 송씨이고 아버지는 전북 부안 사람으로 복생이고, 어머니는 왕씨였다. 1464년 3월 15일에 탄생하였다. 골상이 빼어났고 문무에 두루 능하였다. 성종대왕 무렵 벽송의 나이 28세 때 북방을 침입한 야인을 물리치는 데 참여하여 전공을 세웠다.

여기에서 세상사를 다시금 생각해 보고 계룡산 상초암의 조징대사에게 출가하였다. 조징대사에 관한 기록은 『추강집』에 수록되어 있는 남효온의 『유금강산기(遊金剛山記)』에 의하면 조징대사는 성종대왕 시기에 장안사의 주지로 지냈으며, 또한 봉선사의 주지로도 지냈다. 그리고 중종 때는 계룡산 초상암에 주석하였고 경남 예안의 영지산에 영지정사를 구축했다는 기록도 남아 있다. 바로 조징대사의 휘하에서 좌선수행에 힘써 선정을 즐겼다.

어느 날 유행할 것을 결심하고 연희 스님을 찾아 화엄의 가르침을 배우고 벽계정심을 참문하여 달마조사서래의를 참구하였다. 연희대사는 벽계정심의 제자로서 벽송지엄과는 법계상으로 사형에 해당된다. 연희대사는 속리사의 주지를 지낸 스님으로 호가 지헌으로 당시 교종의 총본산이었던 흥덕사에도 주석하였다. 나아가서 내불당에도 초청받아 들어갔던 인물이다. 세조 때에는 『반야심경』을 언해하고 그에 대한 발문을 남기고 『석보상절』을 편찬하고 『월인석보』를 증수하기도 하였다.

45세 때 금강산 묘길상암에 들어가 대혜선사의 어록을 읽고 구자무불성화에 의심을 기울여 머지않아 의심을 해결하였다. 나아가서 『고봉원묘선사어록』을 읽고 양재무사갑리타방(颺在無事甲裏他方)의 대목에 이르러 크게 깨우쳤다. 48세 때 용문산에 들어갔다. 49세 때는 사자암에서 각운의 『염송설화(拈頌說話)』30권 가운데 고칙에 대한 설화 부분만 발췌하여 『염송화족(拈頌畵足)』을 필록하였다. 50세 때는 오대산에 노닐었으며 이후 백운산과 능가산 등을 소요하였다. 57세 때는 지리산의 초암에 묻혀 두타행에 철저하였다.

벽송지엄은 『선원제전집도서』와 『법집별행록절요』 등을 통해 교학을 다졌으며 『서장』과 『선요』 등을 통하여 선법을 터득하였다. 이밖에도 11세기 말엽 송대에 공진이 찬술한 『조원통록』 24권을 4권으로 촬요하여 6세 때 백운산 만수사에서 『조원통록촬요(祖源通錄撮要)』를 간행하면서 그 발문을 붙였다. 이『조원통록촬요』는 석가모니로부터 중국과 신라와 고려의 조사들에 대한 기록으로 전등사서의 성격을 갖추고 있다. 특히 그 마지막에 해당하는 나옹혜근에 대해서는 말법시대에 불교의 정법안장을 부흥시킬 인물로 석가모니의 후신으로까지 칭송하고, 그 법계를 중요시하여 또 다른 측면에서 법계상의 문제를 제기하는 계기가 되기도 한다.

어느 날 일선(一禪) 장로에게 그 이름을 비유하여 다음과 같은 법어를 내렸다.

> 거시기 하내[一]는 진(眞)과 망(妄)을 여의었고 명(名)과 상(相)을 끊었으며 굳건하고 청정하며 맑고 걸림이 없다. 그러니 달리 무엇을 추구하려고 참선한다 말할 수 있겠는가. 만약 심라만상이 모두 여래의 실상이라면 보고 들으며 느끼고 아는 일체가 반야의 신령스런 작용 아님이 없을 것이다. 그러면 천마의 무리와 외도의 가르침도 곧 일미선 아님이 없을 것이다.

그리고는 차 한 잔을 마시고 게송을 읊었다.

> 온갖 낙화는 물 따라 흐르는데 萬片落花隨水去
> 긴 피리 소리 구름에서 나오네 一聲長笛出雲來

어느 날 법준선자에게는 다음과 같은 게송을 내려주었다.

> 그대에게 막야검을 주노니 逢君贈與鏌鎁釰
> 푸른 이끼 끼지 않게 하라 勿使鋒鋩生綠苔
> 오온산에서 도적을 만나면 五蘊山前如見賊
> 그들의 모가지를 베어오라 一揮能斬箇箇來

71세 때는 수국암에서 『법화경』을 강의하다가 방편품에 이르렀을 때 법어를 내리고는 문을 닫고서 조용히 입적하였다. 11월 1일이었다. 제자로는 숭인장로, 설은법사, 원오법사, 일진선덕, 경성일선,

부용영관, 묘각수미 등이 있는데 이들 가운데 몇 명이 힘을 합쳐 의신동 남쪽 기슭에 부도를 만들어 사리를 봉안하였다.

청허는 벽송의 초상화에 다음과 같은 찬을 붙였다.

중국을 가죽으로 삼았고
인도를 뼉다귀로 삼았네
중국 달 해동 바람 부니
멋드런 턱수염 휘날리네
어두운 거리의 촛불이요
법해의 외로운 쪽배로다
아, 아, 끝없이 아득해라
천 년 만 년을 넘나드네

2) 해동 법맥의 정립을 위한 노력

지엄 당시에 전승되고 있던 선법의 부류는 크게 두 가지로 나누어볼 수 있다. 하나는 신라 말기에 선법이 처음 전래된 때부터 국내를 통해 전승되어 온 법맥과 원나라 시기에 중국을 통해 새롭게 전래된 법맥이다. 이 가운데 전자의 경우는 소위 구산문 가운데 사굴산문의 법맥과 가지산문의 법맥이 뚜렷하였고, 후자의 경우는 고려 말기 태고보우·백운경한·나옹혜근을 통한 선법의 전래이다.

이들은 단순히 유학파와 국내파라는 도식적인 구분이 불분명한 점은 지니고 있지만 적어도 법맥의 전승이라는 점에 대해서는 보다 분명한 계보가 가능하다. 그런데 태고의 계통 이외에 나옹의 법맥을 중심으로 해동의 새로운 전등계보를 확립하려는 노력의 흔적이 보이는 자료에 『조원통록촬요』가 있다. 이 점의 서지학적인 추론에 대해서는 일찍이 간략하게 발표되었던 적이 있다. 그 가운데 『촬요』의 발문을 붙인 인물이 지엄이라는 점에 주목하여 그의 해동법맥에 관한 견해를 엿볼 수가 있다.[119]

보리달마를 비롯한 중국선종의 역사는 소위 달마로부터 혜능에 이르기까지의 초기 선종시대 이후에 남·북종의 정통문제를 거치면서 중당 이후부터는 남종의 일색으로 법맥의 계보가 분명해진다. 그에 대한 전등사서의 계보는 지거의 『보림전』(801), 정·균의 『조당집』(952), 도원의 『경덕전등록』(1004)을 위시하여 17세기까지도 지속적으로 지어진다.

이들 가운데 11세기에 중국에서 편찬되었고 조선시대 초기에 해동에 전래된 것으로 보이는 『조원통록』에 대하여 『조원통록촬요』의 내용은 해동의 선법맥에 관하여 주목되는 점이 보인다. 곧 신라승 34명과 고려 초기 영명연수 휘하에서 수학한 고려승 및 고려 말기의 나옹혜근에 대한 기록 등 50여 명 이상의 이름이 기록되어 있기 때문이다.

특히 나옹혜근을 말법의식과 더불어 석가여래의 후신으로 내세우고 있는 것은 지엄이 살던 당시의 불법에 대한 위기의식과 그 극복방법으로 전등계보에 대한 확고한 의식이 작용하고 있었음을 짐작게 해 준다.

그 내용은 종안(宗眼)과 정전(正傳)의 품을 통하여 인도와 중국의 33대 조사들의 전기를 소개하고, 호현(互顯)의 품에서는 우두종 및 북종을 비롯한 중국의 다양한 종파의 선사들에 대하여 기록하고 있

---

119) 高翊晋, 「祖源通錄撮要의 출현과 그 史料 가치」, (『佛敎學報』 제21집. 1984), 『祖源通錄撮要』의 내용에 대해서는 (『佛敎學報』 제21집. 1984) [附錄] 참조.

다. 나아가서 산성(散聖)의 품에서는 유마와 포대화상을 비롯한 재가인 등을 소개하고, 유통(流通)의 품에서는 전법의 중요성을 강조하면서 끝맺고 있다.

『촬요』는 바로 그와 같은 전법의 중요성이라는 일환에서 등장한 것이었는데 이에 대한 지엄의 각성 또한 해동의 법맥을 확립하려는 것과 궤를 같이하고 있다. 『촬요』에 지엄이 붙인 발문의 내용은 그와 같은 점을 분명하게 다음과 같이 보여 주고 있다.

> 큰스님들은 늘 게송을 통하여 조사선의 가풍과 사상 및 그들의 전법에 대한 의식을 다짐하곤 했었다. 오도송과 전법게송 및 열반송은 그와 같은 모습으로 간주하기에 부족함이 없다. 또한 좌선하는 틈틈이 어록과 경전을 읽으면서 부처님의 뜻을 되새기고 중생제도를 위한 보살도를 실천하였으며 스스로 정법안장의 계승을 위한 출가의 본분사를 잊지 않았다. 나아가서 미타불을 염하여 자성의 깨침을 겨냥하였고 정토를 희구하여 중생과 더불어 안락찰토에 나아갈 것을 기원하였다. 그러는 과정에도 항상 불조의 혜명을 계승하기 위하여 서천의 역대조사들과 동토의 제조사 및 해동의 큰스님들을 위한 예배와 수참을 게을리하지 않고 경론과 어록 및 경책에 관한 전적을 개판하는 일에 힘을 기울였다. 곧 석가여래행적송, 통록촬요, 원인론, 한산시, 재계문, 효순문, 살계문, 발원문, 염불작법, 미타십상찬, 투사례, 십육관송, 결의집 등에 대한 불법의 전적에 대한 화주와 법연을 펼친 것은 그 좋은 예이다. 아울러 석가모니로부터 계승되는 역대조사의 가르침은 방편과 진실 및 돈오와 점수 그리고 제자들의 접화를 위한 간략한 게송의 제시는 간략하면서도 널리 불법을 전파하는 훌륭한 수단이었다. 그러나 이와 같은 불법의 홍포는 오백나한의 지혜와 방편을 의지한 것이었지 나 스스로 아무렇게나 드러내고 설파한 것은 결코 아니었다. 그러니 옛 조사들이 제시해 준 바른 도리와 성인들의 무위법은 감히 함부로 흉내 낼 수도 없는 귀중한 가르침으로 믿고 받아들이며 이를 계승하기 위한 노력에 더욱더 매진해야 할 것이다.

이 발문은 지엄이 『촬요』에 대하여 그 의도와 가치에 대하여 얼마나 정녕하게 관심을 기울이고 있었던가를 보여 주는 것이기도 하다. 그러나 지엄은 억불과 법맥의 단절에 대하여 단순하게 관심을 지니는 것에 끝나지 않았다.

자신이 벽계정심 선사를 통하여 전등조사들의 의기를 전승하였을 뿐만 아니라 일찍이 도서나 『법집별행록절요』를 통한 경안(經眼)을 정립하는 즈음부터 『선요』와 『대혜어록』을 가까이하면서 무자화두를 통한 오도의 과정이나 초학자를 제접하는 방식에 있어서도 보조지눌의 선사상을 바탕으로 하여 교학의 안목과 선법의 통찰을 제시하였다. 이 또한 기존의 전통선법에 대한 깊은 애정과 그 계승에 대한 강한 의욕이었다.

3) 화엄학을 통한 해동 전통선법의 계승

벽송지엄의 수행시절 초기에 연희대사를 찾아가 화엄의 도리를 배웠다. 화엄은 신라시대부터 교학의 대표적인 불교학으로서 보편적으로 출가자라면 누구나 기본적으로 배우는 사상이었다. 소위 통일신라시대에 오교 가운데 가장 큰 교세를 보였기 때문에 후에 선법을 공부하는 사람 가운데는 처음에 거의가 화엄을 공부하였다.

그러나 공통적인 점은 먼저 『화엄경』을 통하여 사상적인 토대를 다진 다음에 교학의 한계를 느끼고 선법의 심지법문으로 관심을 돌렸다는 점이다. 따라서 역대의 어떤 선사도 경전과 교학을 무시한 적은 없었다. 먼저 경전을 통한 지혜를 바탕으로 선법으로 회향했던 점은 참으로 정당한 수순이었다. 소위 화엄선의 바탕은 일찍부터 제 선사들의 수행이력 가운데 고스란히 녹아 있었다.

때문에 도의선사가 남종의 선법을 신라에 전했을 당시에 교학의 상징으로 화엄의 대가였던 지원승통과 주고받은 문답이 『선문보장록(禪門寶藏錄)』에 수록되어 전해 온다. 거기에서 화엄의 4종 법계 및 55선지식의 항포법문 이외의 다른 조사선의 도에 대하여 질문을 한다. 이에 대하여 도의는 법계는 물론이고 수행과 깨침조차도 흔적을 남기지 않는다는 몰종적(沒蹤跡)의 도리를 들어 답변한다.

나아가서 실상산문의 개창자인 홍척의 제자로 수철화상은 화엄을 공부한 바탕에서 선법을 터득하였다. 동리산문의 개창자인 혜철국사는 부석산에 들어가 화엄을 공부하였다. 성주산문의 개창자인 무염국사는 부석사의 석징대덕에게서 화엄을 배웠고, 중국에 들어가서도 대흥성남산 지상사에 들어가 화엄의 강석에 참여하였다. 봉림산문의 개창자인 도국사도 부석사의 범체대덕에게 화엄을 공부하였다. 사굴산문의 제2조인 개청도 화엄사에서 화엄을 공부하였다. 봉림산문의 홍각대사도 해인사에 머물면서 『화엄경』을 공부하였다. 사자산문의 개창자인 도윤국사는 귀신사에서 화엄의 교법과 선법을 함께 공부하였다. 그 제자인 절중화상은 부석산으로 가서 화엄의 오묘한 뜻을 공부하였다.

또한 중국의 선종오가 가운데 위앙선을 전래한 요오순지 화상은 상징과 기호와 부호의 형상을 표현하여 법을 나타냄으로써 대중에게 진리를 증득하는 것에 빠르고 더딤이 있음을 제시하였다. 더불어 증리성불(證理成佛)과 행만성불(行滿成佛)과 시현성불(示顯成佛)의 『삼편성불론(三遍成佛論)』을 주창하였다.

증리성불은 선지식의 말을 듣고 한 생각 돌이켜 자기의 마음 바탕에 본래의 한 물건도 없음을 활짝 깨닫는 성불이다. 만행을 차례로 닦아서 얻는 것이 아니기 때문에 증리성불이라 한다. 그 근거로서 『화엄경』의 초발심시변성정각(初發心時便成正覺)을 제시하였다.

행만성불은 이미 진리의 근원을 끝까지 규명했으니 다시 보현의 행원을 따라 보살도를 두루 닦아 수행이 골고루 갖추어지고 지혜와 자비가 원만해지는 것이다. 그 근거로 나아가서 도달한 곳이 본래 그 자리라는 행도처즉종래처(行到處即從來處)의 도리로서 화엄의 원융도리를 제시하였다.

시현성불은 증리성불과 행만성불로 자행성불(自行成佛)을 마친 때 중생이 바꾸어 성불한다는 뜻으로서 곧 석가모니가 팔상성도를 행한 것을 말한다. 말하자면 도솔천에서 나와 태중에 들고 태에 머물렀다가 태를 벗어나 출가하여 성도하고 법륜을 굴려 열반에 들어가는 팔상성불을 시현성불의 근거로 제시하였다. 이 팔상성도의 의미는 보신 및 화신에 있지 않고 무량세계의 공겁전에 법륜을 굴리는 능력 곧 법신에 의미가 있다고 본 것이다.

이와 같이 제시한 삼증실제설(三證實際說)은 깨침으로 나아가는 길을 제시한 것인데 이것은 다름 아닌 화엄사상을 선가의 입장에 서서 깨침 이후에 실천해야 할 방향을 구체적으로 제시한 것이다. 특히 이 사상의 중심 문제는 돈오한 수행인이 불퇴전의 정진력으로 계속 정진하는 수행자가 되면 근기의 차이는 있으나 언제나 동귀일미(同歸一味)하는 때가 올 것으로 신념을 불어넣어 주고 있다. 또한 주시할 문제는 순지가 『삼편성불론』에서 선인과 은사의 문답으로 선리를 이끌어 가되 걸림이 없는 교리를 전개하고 있는 것은 선법계의 중요한 선리이기도 하다. 이 같은 방법을 발전시킨 선사는 고려 의종 당시의 보조국사 지눌이었다.

한편 동리산문의 선법을 계승했다는 도선국사는 15세에 출가하여 월유산 화엄사에서 『화엄대경』을 배웠다. 또한 입당하여 석상경제에게 참례하고 돌아온 낭공대사 행적도 일찍이 삭발한 직후에 가야산 해인사에 이르러 화엄의 현묘한 도리를 들었다. 때문에 유학시절에도 오대산 화엄사에 이르러서 문수를 친견하고 그 지시를 받기도 하였다. 조동종의 선풍을 전래한 여엄은 무량수사의 주종법사에게 삭발염의(削髮染衣)하고 처음에 화엄을 배웠다.

또한 신라 하대에 유입된 선은 구산선문으로 정착되지만 교학과 대립하는 양상이 시대가 흐를수록 날카로워지고, 선이 주장하는 불립문자 교외별전 이심전심 등도 근본취지를 벗어나 호언과 독선으로 변해 갔다. 이에 이러한 대립을 지양하고자 대각국사 의천은 천태종을 수립해 선을 사상적으로는 화엄에 흡수시키고 교단적으로는 천태종에 흡수시키려 하였으나 그 갈등은 해소되지 못했다. 이와 같은 전통은 고려 중기 이후에도 지속적으로 이어졌다.

지눌의 시대에는 밖으로 거란의 요, 여진의 금, 몽고의 원 등의 침입과 안으로는 최씨 무신정권의 성립으로 민심이 흩어지고 농민과 노비의 난이 일어났으며 승려들도 무신의 난과 민란에 관여하였다. 이러한 즈음에 지눌은 당시 타락한 승려의 기강을 바로잡고 교와 선의 대립을 초극하고자 종교적 실천운동인 수선사(修禪社)를 중심으로 정혜결사운동(定慧結社運動)을 주도하였다.

곧 "불자들이 아상과 인상만 조장하고 이익에 급급하며 풍진에 골몰해 시주받은 옷과 음식만 허비한다(『정혜결사문』)." 혹은 "투쟁이 심한 말세에 출가자들이 돈과 점에 집착해 논쟁만 벌임으로써 헛되이 세월을 보내니 한결같이 관조하여 견성하는 참선법은 땅을 쓴 듯이 자취를 감추었다(『조계산 수선사 중창기』)." 혹은 "슬프다. 불법이 매우 쇠퇴하였다. 어떤 자는 선을 숭상하고 교를 배척하고 어떤 자는 교를 숭상하고 선을 훼방한다. 진실로 선은 부처의 마음이요 교는 부처의 말씀임을 모르고 양가가 원수처럼 되었다(『간화결의론』 「발문」)."등을 통하여 지눌은 정혜결사운동을 통해 성적등지문(惺寂等持門)·원돈신해문(圓頓信解門)·경절직관문(徑截直觀門)이라는 독특한 수행체계를 형성하였다.

이것은 고려시대 전체를 통하여 보자면 고려 초기에 유가종이 잠시 득세하던 것을 제외하면 거의가 화엄학을 중심으로 하는 교학과 조계선문을 중심으로 하는 선종 사이의 주도권 다툼이라는 일종의 견제와 균형의 불교사였다. 반대로 생각하면 그만큼 화엄학은 선종의 사상적인 기반을 제공해 주는 교학이었던 셈이다.

이에 벽송지엄도 예외는 아니었다. 출가하여 우선 교학의 방식을 화엄교의에서 찾았으며 그를 바탕으로 하여 달마조사서래의(達磨祖師西來意)를 참구하였다.

4) 무자화두의 참구

벽송지엄은 45세 때 금강산 묘길상암에 들어갔다. 그곳에서 고려 중기에 송으로부터 전래된 『대혜어록(大慧語錄)』을 탐독하였다. 벽송지엄은 대혜선사의 어록을 읽고 구자무불성화(狗子無佛性話)에 의심을 기울여 머지않아 의심을 해결하였다. 나아가서 『고봉원묘선사어록』을 읽고 양재무사갑리타방(颺在無事甲裏他方)의 대목에 이르러 크게 깨우쳤다. 여기에서 벽송이 깨친 화두의 의의를 엿볼 수가 있다. 이에 벽송의 깨침이 무엇이었고 또 어떤 방식이었는가 생각하려면 대혜가 무자화두를 참구토록 하면서 제시한 주의사항을 살펴볼 필요가 있다.

대혜는 주지하는 바와 같이 남송시대에 간화선을 대성시켰던 인물이다. 간화적인 요소 및 수행방식은 당대부터 엿보이기 시작한다. 경전이나 스승의 언구 및 행위에 대하여 그 의의라든가 이유 및 방식을 제자로 하여금 직접 터득하게 제시하는 수행의 방법이었다. 보리달마의 지사문의(指事問義)를 비롯하여 초기 선종에서 전형적으로 제시되었던 안심(安心) · 선심(禪心) · 신심(信心) · 수심(守心) · 수심(修心) · 불성(佛性) · 해탈(解脫) · 죄성(罪性) 등이 바로 그것이다. 이러한 것들은 모두 훗날의 화두와 같은 성격을 지니면서도 아직은 본격적인 기관(機關)으로 성숙되지 못한 상태였다.

이와 같은 전통을 계승하고 발전시켜 대혜가 주창하고 강조했던 간화선은 화두를 통한 선수행이다. 좀 더 정확하게 말하면 스승이 화두를 제기하여 제자로 하여금 화두를 보게끔 하는 선수행이다. 반면 제자가 스승에게 화두를 들어 질문하는 형식을 통하여 그 답변행위에서 스스로 어떤 의미와 행위를 터득하는 선수행이다. 이런 의미에서 화두의 작용은 수행에 임하는 제자에게 보다 특별한 의미가 있다.

여기에서 스승에게는 화두가 제자를 제접하는 도구이고 수단적인 의미이지만 제자에게는 그 이상의 의미가 부여된다. 곧 화두는 제자가 스승으로부터 부여받아 해결해야 하는 과업이기도 하면서 동시에 제자 스스로가 맛보고 도달하고자 설정한 의문이기도 하다. 이런 점에서 화두는 깨침으로 나아가기 위한 도구이면서 스스로가 타파해야 하는 도구의 대상이기도 하다. 곧 화두는 한편으로 도구로서 유지해야 하는 것이면서 한편으로 그 자체를 타파해야 하는 대상이기도 하다.

이것이 화두가 지니고 있는 양면성이다. 이 양면성은 선종 자체 내에서 일어나는 변질 내지 변혁의 과정과 그것에 대응하기 위한 방식으로 표출되어 갔다. 곧 수행과 깨침에 대한 입장 내지 견해와 자체 내의 입장을 견지하기 위한 모색으로 나타났다. 입장 내지 견해의 차이는 당나라 말기 선풍의 흐름에서 나타났고, 자체 내의 입장을 견지하기 위한 것은 송대에 선수행법의 차이 및 당시 선종계의 폐풍에서 나타났다. 전자가 종적인 측면으로 시대적인 입장에서 접근한 이유라면 후자는 횡적인 측면으로 당시의 사회풍조의 입장에서 접근한 이유이다.

어느 사상이나 마찬가지겠지만 불교의 경우도 그 목적을 구현해 나아가는 데 있어서 양면적인 모습이 있다. 하나는 번뇌를 없애는 데 중점을 두어 번뇌의 퇴치가 곧 본래의 성품을 드러내는 것이라는 입장이다. 다른 하나는 본래부터 없애야 할 번뇌가 없다는 입장에서 처음부터 지니고 있는 본래의 성품을 제대로 드러내는 행위에 중점을 두고 그것에 대한 자각에 힘쓰는 것이다. 전자가 방편수행(方便修行)의 성격이라면 후자는 정수행(正修行)의 성격이라 할 수 있을 것이다.

방편수행의 성격이 인간의 번뇌로 뒤덮인 현실을 통찰하는 것이라면, 정수행의 성격은 인간 속에 내재하는 본래의 자성 내지 불성에 대한 자각이다. 인간이 지니고 살아가는 고뇌의 원인은 무명이다. 그 무명을 제거해 나아가는 것이 이념(離念)의 측면으로 방편적인 입장이라면 그 무명의 실상을 깨치는 것은 무념(無念)의 측면으로 정수행(正修行)의 입장이다.

　무명이라는 것은 무지가 아니다. 인간에게는 살아가는 데 필요한 번뇌가 있는데 오히려 그것이 진리의 인식을 가져오는 계기가 되기도 한다. 인간은 살아가기 위하여 많은 환상을 필요로 한다. 그리하여 자아와 영원불멸한 것에 대한 환상에서 쉽게 벗어나지 못하고 있다. 바로 그 환상이 우리의 올바른 인식을 왜곡하고 있다. 바로 그 인식을 왜곡하는 것이 우리네 속에 내재되어 있다는 것이 무명이다. 그리하여 무명을 두고 이념과 무념으로 설명하자면 이것이 당나라 시대에 소위 북종과 남종의 성격을 구분하는 하나의 준거가 되기도 하였다.

　소위 북종의 주장에 의하면 모든 인간은 본질적으로 청정하고 진실하며 평등하다. 이것을 증명하기 위한 것이 곧 주체적인 인간성의 직관이다. 그리고 그 방식이 좌선을 통한 명상의 실천이었다. 여래청정선이라든가 진여삼매라든가 일행삼매 등으로 불리는 것들이 그것이다. 이와 같은 인간의 본성에 대한 확신은 깊은 좌선의 명상에 의한 것이었다.

　그러나 북종120)의 선자들은 이미 그것을 『화엄경』과 『반야경』과

---

120) 당나라시대 선종사에서 北宗과 南宗의 개념은 좀 더 세밀하게 분별할 필요가 있다. 왜냐하면 중국선이 인도선과 다른 점은 선의 발전적인 전승 내지 다양한 변화의 모습을 보여주고 있기 때문이다. 인도의 선법은 모든 불교에 공통적인 요소로서의 성격이 강하였다. 그러나 중국이 선법은 선법만을 위주로 하는 특수한 종파의 형성과 그 계승이라는 점에서 다른 종파와는 차별화를 내세울 필요가 있었다. 그것이 지역적인 특성 내지 사상적인 차이로 출현되었는데 그것이 곧 북종과 남종의 개념이었다. 북종과 남종은 각각 두 가지의 의미로 전승되었다. 북종의 경우 첫째는 당나라 초기부터 소위 東山法門을 중심으로 수도 장안과 낙양에 보급된 귀족 내지 왕실중심의 선법을 가리키는 말이었다. 그 둘째는 약간 후대에 소위 대통신수의 계통을 지칭하는 용어였다. 남종의 경우 첫째는 남북조시대에 보리달마가 전래한 정통의 선법을 가리키는 말이었다. 그 둘째는 소위 대감혜능의 계통을 지칭하는 용어였다. 당나라 중기 이후에는 선종의 역사가 남종 가운데 그 둘째의 의미로 전개되어 갔다.

『기신론』을 통해서 파악하고 있었다. 『기신론』의 구경각(究竟覺)이나 본각(本覺)의 사상은 자기의 심(心)의 근원에서 실제로 깨치는 경험을 전제로 하고 있다. 그렇지 않고서는 자각의 사상이란 말할 수가 없다. 그것은 단순한 지식과 이론의 체계가 아니기 때문이다. 그러나 또한 반대로 소박한 명상의 실습에 머무는 것도 아니다. 북종선의 성립은 그처럼 뛰어난 철학과 수행을 겸비하면서 동시에 그것을 초월하는 자각의 체험과 사상의 운동이었다.

그러나 소위 남종의 선자들은 본래의 청정성 그 자체에 입각해 있으면 이미 애초부터 티끌이 없을뿐더러 청정이라는 것조차도 무용(無用)하다고 말한다. 가령 거울이 아름다운 대상을 아름답게 비춘다 해도 그 청정성을 증가시키는 것이 아니고, 오염된 대상을 오염된 모습 그대로 비춘다 해도 거울이 본래의 청정성을 상실하는 것이 아니다. 실제로 아름다움과 추악함, 청정과 오염이라는 것은 어디까지나 상대적인 것으로서 거울은 그들 어느 것을 대한다 해도 차별의식을 지니지 않는다.

그러나 북종선의 입장은 거울의 본래 청정성을 번뇌를 떨쳐 버린다는 구체적인 현실의 수행에 의해서 실증하고 확실하게 하려는 것으로 보고 있다. 그것을 체(體)와 용(用)의 개념에 적용시켜 보면 거울의 본래적인 청정성은 체(體)이고 그것이 청정과 오염을 평등하게 비추어 내는 것은 용(用)이다. 현실적인 수행으로 어디까지나 객진을 떨쳐 버린다는 용(用)에 의하여 본래의 청정성으로 되돌아가 그것을 자각하려는 것이다.

이것을 이념과 무념으로 설명하자면 분별의식의 상념을 그친다는 의미에서 북종선이 이념을 주장했다는 것에 상대하여, 하택신회 일파의 남종선은 본래적인 분별의식의 부정에서 출발하는 무념을 설한다. 여기에서 이념의 본래 의미는 염(念)을 여읜 깨침이다. 그래서 부처가 부처인 까닭은 본래부터 염(念)이 존재하지 않았다는 것을 전제하는 것이다. 때문에 이념의 염(念)은 정작 어떤 망념이라는 것을 자각하는 순간 그 망념으로부터 자유로울 수가 있는 것을 가리킨다. 그 경지가 곧 이념이다.

또한 무념은 『기신론』에 의하면 무념 그 자체를 알아차리는 지(知)이기도 하다. 이렇게 보면 무념도 그 본래 의미는 북종의 이념과 다르지 않다. 다만 그와 같은 이념과 무념을 터득하는 방식으로 보자면 이념의 경우는 선정수행으로부터 깨침으로 나아가는 수행의 입장에 대한 강조이고, 무념의 경우는 본래부터 자각하고 있다는 본지(本知)가 특히 강조되어 수행과 깨침을 굳이 분리하지 않은 것이었다. 신회의 해석으로 보자면 이념은 거울의 때를 없애는 것이고 무념은 본래 없애야 할 때가 없다는 입장이다.

여기에서 당대에 제시되었던 이념과 무념의 이론적인 성격은 송대에 들어와서 그 구체적인 실천의 방식으로 전개되었다. 그것은 곧 선수행의 방식으로 정착되었다. 소위 묵조선(默照禪)과 간화선(看話禪)이 그것이다. 묵조선이 좌선을 전일하게 하여 수행과 깨침이 불이(不二)임을 강조함에 비하여 간화선은 깨침을 목표로 삼아 그것에 도달하기 위하여 화두를 드는 직관주의방식을 채용하였다. 때문에 본래적인 바탕은 이념과 무념처럼 동일하면서도 그 행위방식은 사뭇 다를 수밖에 없었다.

그래서 대혜는 다만 전도망상의 마음, 사량분별의 마음, 삶을 좋아하고 죽음을 싫어하는 마음, 따지고 비교하는 마음, 고요함을 좋아하고 시끄러움을 싫어하는 마음 등을 일시에 놓아 버리고 그곳에서 바로 화두를 들어야 할 것을 강조하였다. 이에 절대적으로 무자화두(無字話頭)를 제시하였다. 대혜는 다음과 같이 말하였다.

> 말하자면 무자화두에서 말하는 무(無)라는 한 글자야말로 허다히 많은 잘못된 지각을 쳐부수는 무기이다. 때문에 유무의 알음알이를 짓지 말고, 도리의 알음알이도 짓지 말며, 뜻으로 사량하거나 헤아리려 하지도 말고, 몸의 제스처를 근거로 삼으려고도 말며, 언구로써 참구하려고도 말고, 무사안일에 그대로 빠져 있지도 말며, 드러난 곳에서 이해하려고도 말고, 문자를 빌려 인증하였다고도 말하지 말아야 한다. 다만 하루 종일 모든 행위에서 항상 놓치지 말고 항상 깨어 있어야 한다.

이것은 화두를 드는 마음의 자세 및 화두를 참구하는 데 있어 주의사항으로 널리 제시되었다. 대혜는 수행에 대한 잘못된 가치관과 그 병폐를 극복하기 위하여 끊임없이 무자화두를 통하여 자신과 남에 대한 자각을 일깨웠고, 그로부터 대자비심을 일으켜 역순의 경계를 대해서도 진흙에 빠지듯 물에 빠지듯 목숨을 아끼지 말고 구업을 두려워하지 말며 중생을 구제하는 데에 힘써야 할 것을 강조하였다. 이것은 자신에 대한 구원으로서 곧 깨침에 대한 정각을 겨냥한 것이다.

그런데도 정녕 자비심과는 멀리 잘못 자신의 착각에 빠져 있는 사람들에 대하여 대혜는 깨침에 대한 착각이라 하였다. 그것은 자신의 문제도 해결하지 못하면서 오히려 그것을 남에게 가르쳐 주는 것을 말한다. 이것은 비단 자신만이 아니라 모두를 미혹으로 이끌어 가는 것을 가리킨다. 대혜는 이러한 부류의 사람들에 대하여 사람으로 취급도 하지 말라고 한다. 그리하여 그들에 대해서 자신의 심안도 열지 못하면서 오로지 글 속의 언구만 통하여 사람들에게 가르치니 깨침과는 영구히 멀어질 뿐이라는 것이다. 그래서 다음과 같이 말한다.

천만의 의심도 하나의 의심에 통한다. 그러므로 화두에 있어서 의심이 타파되면 천만의 의심은 일시에 타파된다. 그러나 화두가 타파되지 않더라도 일단 그 화두상에서 공부해 보아야 한다. 만약 화두를 버리고 다른 문자나 경전이나 고인의 공안이나 일상의 번뇌를 지니고 의심을 일으키면 곧 악마와 같은 무리이다. 우선 그렇지 않기 위해서는 화두를 드는 곳에서 이해하려 하지 말고 사랑하거나 헤아리려 해서는 안 된다. 다만 사랑할 수 없는 곳에 나아가 사랑해야 한다. 그리하여 마치 쥐가 소 뿔 속에 들어가듯이 마음에 동요가 일어나지 않는다면 곧 생각이 끊긴 곳에 다다를 수 있다. 그리고도 마음이 고요해지지 않는다면 곧 무자의 화두를 들어야 한다. 불조의 말이나 제방의 노숙들의 말이 비록 천차만별이라도 만약 무자화두를 알게 되면 그 모두를 단번에 알 수 있어 달리 묻지 않아도 된다.

이처럼 대혜는 무자화두를 최후의 궁극으로 간주하고 있다. 그러면서도 굳이 공안만이 절대적인 것이 될 필요는 없다는 것이다. 곧 반야의 마음에 깊이 들면 굳이 망상심을 물리치지 않더라도 악마와 외도들이 항복하게 된다고 말하고 있다. 이것은 곧 일상의 행위 속에서 소득심을 떠나서 자유롭고 번잡하지 않게 하는 것이 중요하다는 말이다. 바로 일상의 행위가 반야의 실천이 되는 화두공부를 요구하였다.

고려시대 진각혜심은 여기에 대혜가 언급한 8가지의 주의사항에다 좀 더 부연하여 『구자무불성화간병론(狗子無佛性話看病論)』을 저술하였다. 거기에서 먼저 조주의 무자화두에 대한 일화를 소개하였다.

천동정각이 다음과 같은 이야기를 예로 들었다. 승이 조주게 물었다. "개한테 불성이 있습니까?" 조주가 답했다. "유(有)" 승이 말했다. "불성이 어떻게 해서 개가죽 속으로 들어가게 된 겁니까?" 조주가 답했다. "그것이 개가죽인 줄 알고도 일부러 들어갔다." 또 승이 물었다. "개한테 불성이 있습니까?" 조주가 답했다. "무(無)" 승이 말했다. "일체중생에게는 모두 불성이 있다고 했는데 어째서 개한테는 무(無)라는 겁니까?" 조주가 답했다. "개가 지니고 있는 업식 때문이다." 그리고는 천동정각이 말했다. "조주가 유(有)라고 말하거나 무(無)라고 말하건 상관없이 개의 불성은 천하에 편재해 있다. 얼굴이 반반해도 말이 곧은 것만 못하니, 마음이 진실하면 말이 거칠어도 괴이하게 여길 것이 없다. 칠백 갑자의 노련한 선사도 때로는 사람에게 속아 자신의 눈동자를 나귀의 똥과 바꾸는 경우가 있다."

그리고 나서 일찍이 조주무자와 관련하여 혜심은 다음과 같이 열 가지를 언급하였다.

첫째는 무자화두를 유무(有無)의 무로 간주해서는 안 된다. 둘째는 진무(眞無)의 무로 간주해서는 안 된다. 셋째는 무자화두 속에 어떤 현묘한 도리가 있다고 간주해서는 안 된다. 넷째는 분별심이나 비교를 통해서 무자화두를 이해하려 해서는 안 된다. 다섯째는 몸의 제스처나 암시를 통하여 파악하려 해서는 안 된다. 여섯째는 말꼬리를 잡고서 어떻게 맞추어 보려고 해서는 안 된다. 일곱째는 아무것도 없는 텅 빈 그 무엇이라고 이해해서는 안 된다. 여덟째는 무자화두가 제시된 일화를 통해서 이해하려고 해서는 안 된다. 아홉째는 경전이나 어록의 문자를 인용하여 터득하려고 해서는 안 된다. 열째는 언젠가는 깨칠 날이 도래하겠지 하는 마음으로 저절로 깨쳐지기를 기다려서는 안 된다.

그리고 이와 같은 열 가지 주의사항은 요약하자면 유심(有心), 무심(無心), 어언(語言), 적묵(寂黙)의 네 가지가 되고, 이것을 다시 요약하면 유심과 어언은 사의(思議)에 속하고, 무심과 적묵은 부사의(不思議)에 속한다는 것이다. 때문에 오직 무자화두가 제시된 것으로부터 마음이 벗어나지 않고 간절하게 매진하라고 결론을 짓는다.

벽송지엄은 이러한 무자화두의 성격과 그 참구방식에 대하여 스승이었던 벽계정심이 스스로 참구하고 강조하며 제시해 주었던 무자화두의 가르침을 고스란히 수용하였다.

5) 바른 안목을 지녀야 한다

벽송지엄은 당시에 초학자들에게 불법에 대한 올바른 이해를 심어주기 위하여 기본적인 개념을 비롯하여 벽송 자신의 견해를 곁들여 짤막하게 『훈몽요초(訓蒙要鈔)』라는 강요서를 저술하였다. 특히 유식에 관한 기본적인 개념을 비롯하여 불교의 우주관 및 십이연기(十二緣起), 나아가서 교상판석에 대한 기초적인 설명을 가하였다. 여기에서 올바른 불법의 수행과 깨침으로 나아가는 바른 안목을 구비하도록 배려한 벽송의 세심하고 자상한 심성을 엿볼 수 있다.

일심에 대하여 법(法)과 의(義)로 나누었다. 이에 법에 대해서는 진여(眞如)와 생멸(生滅)의 측면으로 구분하였고, 의에 대해서는 각(覺)과 불각(不覺)으로 구분하였다.

심진여는 심성이 불생불멸하는 것이고, 심생멸은 여래장에 의거한 것으로 생멸과 불생멸이 화합되어 있어 동일하지도 않고 다르지도 않다는 입장에서 아뢰야식이라 하였다. 각(覺)은 시각(始覺)이나 본각(本覺)이나 모두 마음이 망념을 벗어나 있는 것이고, 불각(不覺)은 그러한 마음이 여실지와 진여법에 계합되지 못한 것이라 하였다.

나아가서 갖가지 식에 대하여 업식(業識)은 불각에 의거하여 마음이 요동치는 것이고, 전식(轉識)은 마음이 동요하여 작용하는 견해라 하였으며, 현식(現識)은 전식의 견해에 바탕을 두어 경계가 허망의 대상으로 드러나는 것이라 하였다.

이와 더불어 육상에 대하여 지상(持相)은 경계에 의거한 분별이고, 상속상(相續相)은 지상에 의거하여 끊임없이 망념을 일으키는 것이며, 집취상(執取相)은 망념에 의거한 고락의 경계로서 마음에 집착을 일으키는 것이라 하였고, 계명자상(計名字相)은 망집에 의거한 분별과 명자상이라 하였으며, 기업상(起業相)은 명자상과 집착으로 갖가지 업을 짓는 것이고, 업계고상(業繫苦相)은 업에 의하여 과보를 받는 것으로 자재하지 못한 것이라 하였다.

비유하면 어떤 사람이 진심을 깨치고 보면 이전까지 보지 못했던 무명의 실상이 보이는데 그 무명실상이란 본래 업상(業相)과 전상(轉相)과 현상(現相) 등이 합성되어 있는 줄을 제대로 아는 것과 같다는 것이다. 그래서 전도몽상을 벗어나는 길은 최초의 일념이 생겨나지 않는 것이라 하였다. 이로써 삼세와 육추가 모두 없어진다는 것이다.

그 망념을 뒤엎는 행상에 대해서 지·수·화·풍의 내사대(內四大)와 산·하·기·계의 외사대(外四大)와 욕계·색계·무색계의 삼계와 색·수·상·행·식의 오온과 안·이·비·설·신·의의 육근과 안식·이식·비식·설식·신식·의식의 육식 등에 대한 정견을 강조하였다.

특히 벽송은 12처와 18계에 대하여 색과 심으로 나누어 그것을 각각 근기에 따른 설명으로 배열하여 설명한 점이 이채롭다. 곧 부처님은 심에는 어리석지만 색에는 어리석지 않는 사람들을 위해서는 12처에 대하여 다음과 같이 "색에 대한 것으로 10과 2분의 1 곧 5근·5진·법진의 2분의 1과, 심에 대한 것으로 1과 2분의 1 곧 의근·법진의 2분의 1을 합한 것이다."라고 설하였는데 이 경우는 중근기에 해당한다는 것이다.

그리고 부처님은 색에는 어리석지만 심에는 어리석지 않는 사람들을 위해서 18계법에 대하여 다음과 같이 "색에 대한 것으로 10과 2분의 1 곧 5근·5진·법진의 2분의 1과, 심에 대한 것으로 7과 2분의 1 곧 의근·육식·법진의 2분의 1이다."라고 설하였는데 이 경우는 둔근기에 해당한다는 것이다. 그러면서 2분의 1에 해당하는 개념을 각각 심반(心半)과 색반(色半)이라 하여, 심반은 마음으로 생각해 낸 것을 말하는데 색이라 못하므로 심이라 한 것이고, 색반이란 마음에 생각난 것으로 심이라 못 하므로 색이라 한 것이라고 설명하였다.

그 위에 형성되어 있는 제6식은 요별식(了別識) 내지 기사식(起事識)이라 하여 현상을 일으키는 심으로써 화신을 얻는다고 하였고, 제7식은 말나식(末那識) 내지 분별사식(分別事識) 내지 사량식(思量識)이라 하여 그것은 모두 본심에 의거한 것으로 보신을 얻는다고 하였으며, 제8식은 과숙식(果熟識) 내지 함장식(咸藏識) 내지 아리야식(阿梨耶識) 내지 여래장식(如來藏識)이라 하여 그것은 근본심으로써 법신을 얻는다고 설명하였다.

또한 식전사지(識轉四智)에 대하여 전오식(前五識)을 돌이켜 성소작지(成所作智)를 성취하고, 제육식을 돌이켜 묘관찰지(妙觀察智)를 성취하며, 제칠식을 돌이켜 평등성지(平等性智)를 성취하고, 제팔식을 돌이켜 대원경지(大圓鏡智)를 성취하는데, 이 대원경지는 성품이 청정한 것으로 법신을 성취하고 평등성지는 마음이 무구한 것으로 보신을 성취한다고 설명한다.

그리고 여기에서 제육식과 제칠식은 인중(因中)에서 되돌이킨 것이고, 전오식과 제팔식은 과상(果上)에서 되돌이킨 것이라 하여 전오식으로부터 제팔식에 이르는 것조차 모두 순환적인 입장에서 파악하여 전오식까지도 과거의 수행에 의거한 과보의 입장으로 간주하고 있다.

또한 삼보(三寶)에 대하여 불보는 영각(靈覺)이고, 법보는 적멸(寂滅)이며, 승보는 무쟁(無諍)이라는 개념으로 설명하였다. 또한 사륜왕(四輪王)에 대하여 금륜왕(金輪王)은 그저 바람만 바라보듯이 가만히 있어도 스스로 귀의하여 복속되는 것이고, 은륜왕(銀輪王)은 관리를 파견해야만 바야흐로 항복하는 것이며, 동륜왕(銅輪王)은 위엄을 보여 주어야 항복하는 것이고, 철륜왕(鐵輪王)은 화를 내어 무기를 들고 나아가야 비로소 항복하는 것이라고 설명하였다.

한편 해가 떠서 사대주(四大洲)를 비추는 것과 관련하여 해가 지는 곳은 동쪽이고, 해가 뜨는 곳은 서쪽이며 해가 중천에 있는 것은 남쪽이고, 해가 없는 한밤중은 북쪽으로 설명하였다. 이것을 하나의 게송으로 다음과 같이 표현하였다.

> 남섬부주는 해가 높은 한낮이고
> 서우화주는 문을 여는 아침이며
> 북구로주는 깜깜한 깊은 밤이고
> 동승신주는 자기 집에 돌아가네

서방세계에 대하여 문을 열고 아침을 맞이하는 것으로 본 것은 중생에게서 불법을 보듯이 본래 방소를 정할 수 없다는 것을 표명한 것이고, 동방세계에 대하여 하루의 일과를 마치고 자기의 집으로 돌아가는 것으로 본 것은 시간과 방소의 개념을 무집착의 안목으로 보아 교화의 자유자재한 보살행을 설파한 것이었다. 그러면서도 남방

세계와 북방세계에 대해서는 일상의 삶을 그대로 인정하면서 순리를 추구하는 진지한 수행의 측면을 내세운 것이다.

더욱이 재미있는 것은 육바라밀에 대하여 물 위에 떠가는 배에 비유하여 보시바라밀은 모든 것의 기초라는 점에서 배의 밑바닥에 해당하고, 지계바라밀은 온갖 유혹과 난문제 및 파고를 막아준다는 점에서 배의 난간에 해당하며, 인욕바라밀은 수행 및 교화의 본분사를 잊지 않고 신심을 굳게 배가시켜 준다는 점에서 배의 막사 및 갑판에 해당하고, 정진바라밀은 앞으로 나아가며 물러남이 없다는 점에서 배를 저어가는 노에 해당하며, 선정바라밀은 어떤 경계를 맞이해서도 부동의 마음으로 보살행을 지속한다는 점에서 배를 붙들어 매는 닻에 해당하고, 반야바라밀은 올바른 안목으로 피안으로 이끌어 준다는 점에서 배를 운전해 나아가는 선장에 해당한다고 설명하였다.

십이연기의 구조에 대해서는 총체적으로 번뇌와 업과 과보의 고뇌 등 세 가지로 파악하였다. 구체적으로 번뇌는 무명과 애와 취를 배대하였고, 업은 행과 유를 배대하였으며, 고뇌에 대해서는 식과 명색과 육입과 촉과 수와 생과 노사를 배대하였다. 이것을 다시 삼세인과로 구분하여 과거에 지은 두 가지 인은 무명과 행이고, 과거의 인으로 현재에 받는 다섯 가지 과는 식과 명색과 육입과 촉과 수이며, 미래를 위하여 현재에 짓는 세 가지 인은 애와 취와 유이고, 현재의 인으로 미래에 받는 두 가지 과는 생과 노사라고 설명하였다.

이것은 결과적으로 과거와 미래를 각각 두 가지씩 삼고, 현재를 여덟가지로 삼음으로써 현재 삶을 어떻게 살아가야 하는가를 강조한 점에서 대단히 현실적인 안목이 엿보이는 설명이다. 그러면서도 동시에 번뇌를 무명과 애와 취로 간주하고, 업은 행과 유로 간주하며, 고뇌를 나머지 일곱 항목으로 간주하였다는 점에서 당시 암담했던 불교현실을 드러내 주고 있다.

교상판석에 대해서는 천태종의 사교의 경우 아함 계통을 중심으로 하는 장교는 부처님께서 대보리수 아래에서 생풀로 자리를 만들고 열응신(劣應身)을 나투어 생멸(生滅)의 사제법을 설하는 것이라 하였고, 방등 계통을 중심으로 하는 통교는 부처님께서 칠보수 아래서 천의(天衣)로 자리를 만들고 승응신(勝應身)을 나투어 무생(無生)의 사제법을 설하는 것이라 하였으며, 반야 계통을 중심으로 하는 별교는 부처님께서 연화장세계에서 대보화왕으로 자리를 만들고 존특보신(尊特報身)을 나투어 무량(無量)한 사제법을 설하는 것이라 하였고, 화엄 계통을 중심으로 하는 원교는 부처님께서 상적광토에서 허공으로 자리를 만들고 청정법신(淸淨法身)을 나투어 무작(無作)의 사제법을 설하는 것이라 설명하였다.

그리고 현수법장의 화엄오교에 대해서 법에는 불변과 수연이 있고, 사람에는 돈오와 점수의 근기가 있다고 하였다. 그리고 구체적으로 다음과 같이 설명한다.

소승교(小乘敎)는 일체법은 인연으로 생겨나는데 삼계가 불안하여 자리행을 닦아 소승과를 추구하는 『아함경』이 이에 속한다.

대승시교(大乘始敎) 가운데 법상종(法相宗)은 일체법은 유식으로 육바라밀을 닦아 불과를 추구하는 『해심밀경』이 이에 속한다.

대승시교 가운데 무상종(無相宗)은 일체법은 공하므로 무소득으로 만행을 수습하여 공의를 설하는 『반야경』이 이에 속한다.

대승종교(大乘終敎)는 일체중생에게 불성이 있음을 설하여 모름지기 먼저 자가의 불성을 깨치고 본성에 맞는 수행을 하여 구경에

성불한다는 『법화경』 및 『열반경』이 이에 속한다.

일승돈교(一乘頓敎)는 망상은 본래 공하고 진심은 본래 청정하므로 오직 진성만 논할 뿐이지 위차의 성불에 의지하지 않는다는 『능가경』과 『사익경』과 『원각경』이 이에 속한다.

일승원교(一乘圓敎)는 비로법계와 보현행해를 설하여 이사와 인과에 대하여 중중무진하다는 『화엄경』이 이에 속한다.

또한 세존이 출태하여 삼륜으로 방편을 보인 것에 관련하여 태어나자마자 땅에 우뚝 섰다는데 이것은 의륜(意輪)으로서 잠시 동안의 침묵으로 설법하는 양구(良久)를 나타내고, 하늘과 땅을 가리켰다는데 그것은 신륜(身輪)으로서 방과 할 등으로 몸의 작용을 나타내며, 유아독존이라 외쳤다는데 그것은 구륜(口輪)으로서 팔만사천의 법문으로 언설이라는 것이다.

이처럼 세존의 탄생에 대하여 각각 신·구·의의 측면으로 방편설을 제시한 것은 본 『훈몽요초』를 저술했던 벽송의 자비방편이 얼마나 간절한 심정에서 이루어졌는가를 잘 보여 주고 있다.

그리고 부록으로 수록되어 있는 몇 개의 게송은 각각 태어나는 모습과 번뇌를 단절해 나아가려고 수행하는 모습과 늙어 가는 모습과 병들어 가는 모습과 죽어 가는 모습을 노래한 것으로 인생을 다섯 가지 단계로 설명하고 있다.

생기송(生起頌)
아뢰야 백정식은 본래 어리석음 없지만
팔만사천 모든 번뇌 이로부터 일어나네
삼세의 분시를 따라 육추까지 생겨나니
삼천대천도 또다시 범부가 만들어 내네

수단송(修斷頌)
夢心의 질곡은 원래 있지 않으니
손바닥 뒤집는 순간 十善 이루네
눈병의 허공화 어찌 있고 없는가
옛날 같이 赤水에서 구슬을 얻네

노상송(老相頌)
거울에 비추어 얼굴을 다듬고
계단을 오르니 기력이 다하네
오호라 이제는 늙은 탓이로다
간신히 예배하고 또 주저앉네

몸은 물가의 나무처럼 여위고
마음은 물속 거북을 생각하네
오히려 번뇌만 더욱 치성하니
무위법은 배울 수조차 없다네

병상송(病相頌)
홀연히 병에 걸린 후에는
누워 꼼짝 못한 신세라네
가족은 근심에 말을 잃고
붕우는 가득차 더욱 찾네

고통에 전답을 저당 잡혀
사방에 널리 풍문 돌지만
험한 앞길을 알지 못하고
더욱이 탐진에 빠져 있네

사상송(死相頌)
혼백이 삶의 길을 하직하니

떠나는 혼령 사관에 든다네
저승길 멀다고 말만 듣건대
돌아온 사람은 하나도 없네

꽃상여 운삽은 허공에 울고
정원의 꽃 영원히 작별하네
일찍 무상도 찾아 닦았다면
응당 사방의 산 벗어났겠네

6) 게송을 통하여 가르침을 설하다

벽송지엄에게는 몇 수 되지는 않지만 『벽송당야로송(碧松堂埜老頌)』이라는 시집이 있다. 여기에는 벽송 자신의 선지를 다른 스님에게 보여 주고 있는 창작게송과 유학자의 시에 붙인 시 등으로 구성되어 있다. 이것을 그 제자 진일(眞一)이 목판본으로 간행한 것이다. 선지를 담고 있는 게송은 법문의 내용을 지니고 있고, 유학자의 시에 붙인 게송은 유가의 덕목을 내세워 상대방을 높이고 자신을 낮추는 예의를 갖춘 것으로 선지는 배제되어 있다. 때문에 여기에서는 선지를 드러내는 시를 중심으로 지엄의 가르침을 살펴보기로 한다.

먼저 제일 앞에 수록된 '일선납자에게 준 시[贈一禪禪和子]'는 깨침의 본래소식을 드러내 주고 있다.

애당초 하나이므로	旣是一也
진망을 두루여의고	離眞妄
명상을 끊어버렸네	絶名相
꿋꿋하고 깨끗하며	乾乾淨淨
시원하고 소탈하니	洒洒落落
선이란 무엇이던가	喚什麼作禪

만약에 삼라만상을	若言萬象森羅
모두 여래실상이요	悉是如來實相
견문각지를 일컬어	見聞覺知
반야라 알아차리면	無非般若靈光
천마도의 족속이요	猶是天魔種族
천연외도의 종지다	外道邪宗
일미선은 무엇인가	怎生是一味禪
불자를 내려치고서	拈拂子擊一擊
차 한 잔 부탁하고	喚侍者點茶來
양구를 보이고나서	良久云
푸른댓잎 바람맞고	翠竹和風直
붉은꽃은 이슬맞네	紅花帶露香

군이 대자연의 삼라만상과 사람의 마음으로 행하는 견문각지를 그대로 선이라 해도 좋으련만 차라리 지금 이 자리에서 눈앞에 펼쳐지고 있는 푸른 대나무와 붉은 꽃은 반야의 실상을 그대로 드러내고 있다. 이로써 모두 즉물적인 모습을 통하여 일선납자라는 이름처럼 일미선의 뜻을 노래한 것이다. 구체적이고 일상을 강조하는 조사선의 가풍을 거리낌 없이 읊어내고 있다.

이와 같은 내용은 '연대사에게 주는 시[寄淵大師]'에도 잘 나타나 있다.

깊디깊은 자성에는 본래 걸림이 없네	淵淵性海元無碍
삼라만상 그대로가 드러난 것 뿐이네	萬像森羅影現中
그러니 잠꼬대 같은 말인들 무엇하리	咄咄寱語作麽生
학이 눈물짓고 원숭이 우는 한밤중에	鶴唳猿啼夜
소나무와 노송나무 허공에 솟아 있네	松檜揷青空

개개인의 본래성품에는 진여광명이 빛나고 있으니 어느 것에도 장애가 없다. 때문에 연대사라는 이름을 빗대어 읊은 화엄의 도리를

통하여 연기법으로 해석을 가하고 있다. 구구하게 언설을 가하는 것
일랑은 잠꼬대와도 같은 것이라 하고 학이 울고 잔나비 우는 자연의
모습 그대로가 깊은 산중의 고요한 밤과 말없이 서 있는 소나무와
노송나무를 통해서 성품을 드러내고 학과 잔나비의 울음소리를 통
하여 묘유의 작용을 그윽하게 나타내어 연대사의 이름을 풀이하고
있을 뿐이다.

그런가 하면 각각의 진여자성을 터득하여 깨침을 맛보도록 촉구
하는 시로서 '육공선자에게 주는 법어[賽六空求語]'를 내리기도 하
였다.

> 여섯 창문이 훤하니 열렸는데　　六牕虛豁豁
> 마구니와 부처도 길을 잃었네　　魔佛自亡羊
> 이에 억지로 진리를 찾는다면　　若更尋玄妙
> 구름이 태양을 가리는 택이네　　浮雲遮日光

본래 감추어짐이 없이 드러나 있는 도리를 억지로 연지 찍고 곤지
찍어 구하려 한다면 육근만 피곤할 뿐 오히려 본분으로부터 멀어지
고 만다. 본래성불을 강조하고 있는 조사선의 가풍에서 분별심을 벗
어 던지기만 하면 그대로가 진여법신이고 열반청정의 도리인 줄을
깨우쳐 주고 있는 시이다.

나아가서 지엄은 노파친절하게도 교학의 가르침을 전혀 무시하지 않
았다. 그것은 '법준선자에게 주는 시[示法俊禪伯]'에 잘 나타나 있다.

> 그대에게 막야검을 맡기노니　　逢君贈與鏌鋣釖
> 곧 칼날을 무디게 하게 말라　　勿使鋒鋩生綠苔
> 몸뚱이에 번뇌가 나타나거든　　五蘊山前如見賊

막야검을 휘둘러 베어버려라　一揮能斬箇箇來

　앞서 지엄의 스승이었던 벽계정심은 지엄에게는 선법을 전하고 정련(淨蓮)에게는 교법을 전하였음을 말하였다. 그 정련이 곧 여기에 등장하는 정련법준(淨蓮法俊)이다. 이 시는 대단히 자상한 가르침을 전하고 있다. 그러나 어디까지나 지혜의 검인 막야검을 휘둘러 주기를 바라고 있다. 막야검은 이끼가 끼지 않는 반야지혜로서 게을러지기 쉬운 이 육신이 감정의 지배를 벗어나 쉼 없이 정진할 것을 부탁하고 있다.

　그러면서도 한편으로는 '진일선자에게 주는 시[示眞一禪子]'를 통해서 무사한도인(無事閑道人)의 경지를 재촉하기도 한다.

진일납자는 호남 사람이다	眞一湖南人也
타고난 재주 못갖추었지만	雖無世才
성품과 행실은 뛰어났다네	性行非凡
나한테 게송을 부탁하길래	請我伽陀
모처럼 청탁한 기회였기에	辭不獲已
사양도 못하고 읊어본다네	濡筆揮之
비 맞아 벙글어진 꽃송이요	花笑階前雨
집 밖에는 솔바람 소리인데	松鳴檻外風
어찌 수고롭게 지혜 찾는가	何須窮妙旨
낱낱이 모두가 깨침인 것을	這箇是圓通

　이처럼 본래성을 터득할 것을 강조하면서도 그 가운데는 그러나 철저한 스승의 면목이 감추어져 있다. 곧 학인에게 늘 지혜를 가르치는 방식에 있어 지엄은 그냥 방임하는 방행(放行)의 방법만 사용한 것은 아니었다. 때로는 엄격하게 경책하는 내용도 함께 가르쳐 주고

있다. 그것은 '희준선자에게 주는 시[贈曦峻禪德]'에 잘 나타나 있다.

수행에 임해서는 모름지기 경전을 의지해야 하네	學道先須究聖經
부처님의 가르침은 본래부터 내 마음속에 있다네	聖經只在我心頭
그러니 마음속의 길을 추구하여 곧바로 나아가면	驀然踏著家中路
한마음 돌이키는 자리에서 허공의 기러기 찾으리	回首長空落鴈秋

이것은 수행하는 마음의 자세를 겨냥하면서도 본래면목의 터득을 주문하고 있다. 때문에 달마의 가르침처럼 경전에 의거하여 중생이 부처님과 동일한 진성을 구비하고 있는 줄을 알아야 하는데 그 실천 방식이 곧 좌선이라는 납자의 수행본분이다. 그러나 지엄은 더 이상 미주알고주알 설명하지 않는다. 다만 납자 스스로가 깨우쳐 주기를 바라는 것이다. 때문에 '학희선자에게 주는 시[贈學熙禪子]'에서 다음과 같이 말한다.

앞산 뒷산에 밝은 달이요	月皛山前後
맑은 바람은 멀리서 오네	風淸海外中
그 누가 본래면목 묻는가	問誰眞面目
저 멀리 아스라한 기러기	更有點天鴻

달빛은 밝은 대로 진리를 드러내 주고 기러기는 저 멀리 날아가는 모습으로 법을 설한다. 그러니 누군들 진면목을 애써 설하겠는가. 그저 그렇게 맑은 바람이 불어오면 불어오는 대로 시원하게 쐬면 되는 것이다. 이런 즈음에는 수행도 깨침도 별다른 구별이 없다. 길을 나서면 수행이요 집 안에 돌아오면 본래고향을 찾는 격이다. '의선 스님에게 주는 시[示義禪小師]'가 바로 그렇다.

옷 한 벌 발우 하나 들고	一衣又一鉢
초연히 무문관 나고 드네	出入趙州門
갖가지 만행 두루 거치고	踏盡千山雪
백운의 마중 받으며 오네	歸來臥白雲

마음은 늘 고향에 둘지라도 교화의 행각은 잠시도 멈추지 않는다. 지엄이 고구정녕하게 의선 스님에게 내려주는 가르침은 바로 이것이었다. 그러나 그것마저도 인위적으로 조작해서는 본래의 깨침과 더욱더 멀어진다.

그래서 천연무심하게 공부하고 그 속에서 한가로운 마음을 거두어야 한다는 가르침을 '영지 스님에게 주는 시[示靈芝小師]'에서 드러내고 있다.

봄 비 맞아 푸른 풀과	芳草三春雨
추상에 물든 단풍일랑	丹楓九月霜
글로써 알리고 한다면	若將詩句會
부처님 비웃음만 사네	笑殺法中王

수행은 물론이려니와 깨침까지도 저절로 터득되어 있는 조사선의 가풍은 억지로 글로 풀어낸다거나 온갖 논리를 동원한다 해도 달라질 것은 없다. 언제나 버드나무는 푸르고 꽃은 붉은 그대로이다. 만약 안목을 터득한 사람의 눈으로 본다면 산하대지 및 장벽와력(牆壁瓦礫)의 모두가 법을 설하고 반야를 노래하는 줄 안다. 이것은 '복암에게 붙이는 시[示牧庵]'에 잘 나타나 있다.

무생가 한곡조를 부르고 나니	無生歌一曲
멀리 산봉우리 석양이 보이네	遠峀夕陽紅
누렁소 한마리 거꾸로 타보니	家山牛背臥
얼굴엔 가득하게 꽃바람 냄새	吹面落花風

수행의 길을 나서 숱한 노력과 고생을 하여 깨침을 얻고 보니 본래의 그 자리를 벗어난 것이 아니더라는 내용이다. 주객일여이고 물아일체의 경지를 노래한 것으로 널리 회자되어 온 『십우도』의 게송은 자재하고 한가로우며 본래의 고향을 찾은 선자의 여유가 한껏 묻어나 있다. 계곡의 흐르는 물이 청정법신의 설법이요 재잘거리는 새소리가 일상의 생활만큼이나 자연스럽게 진리의 소리로 다가오는 모습은 소를 얻은 선자의 모습을 노래한 것이다. 이에 지엄은 '도원대사에게 주는 시[寄道源大師]'에서 정갈한 모습으로 묘사하고 그려내고 있다.

창너머 소나무에 새소리 지저귀고　　松窓開寂鳥間關
맑은 물 찬 바위 한가할 따름이네　　碧澗寒巖獨自閑
무심하게 오가니 무엇을 벗삼으랴　　去去來來誰是伴
고요한 산길에 너구리들 장난치네　　狸狸相戲老山山

무엇 하나 걸릴 것이 없고 태평스러운 모습이다. 산은 산대로 물은 물대로 그 속에 절로 살아가는 너구리는 또 자연스럽기 그지없다. 소나무가 보이는 창가에 흘러가는 물소리와 새소리는 물에 씻겨 찬 바위와 절묘한 대조를 띠면서 각각을 내세우지 않는다.

세속의 번거로움과 정에 얽매이지 않는 이와 같은 모습은 '심인선자에게 주는 시[贈心印禪子]'의 두 수에서 절정을 이룬다.

높은 산 바위에 물방울 뚝뚝 떨어지고　　山矗矗水冷冷
바람은 솔솔 불어 꽃들은 그윽히 피네　　風習習花冥冥
그 속의 도인은 그저 그렇게 살아가니　　道人活計只如此

어찌 구차하게 세속에 미련 둘 것인가	何用區區順世情
참선으로 눈 밝히는 것	參禪明了了
잣나무는 늘 우뚝할 뿐	栢樹立中庭
참 딱도 하지 선재동자	可笑南詢子
백십 성 헛되이 돌았네	徒勞百十城

번거로움 벗어나 살아가는 도인에게 바람은 말없이 불고 꽃은 붉게 피어 있을 뿐이다. 높은 바위로 형성된 산에서는 연방 흘러내리는 물소리요 바람은 불다가 멈추기를 반복한다. 무사한 도인의 눈에 비치는 경계는 눈앞에 보이는 색과 산과 귓가에 들리는 소리 그대로 진여자성의 본래면목이요 뜰 앞의 잣나무에서 불법의 도리를 보는 것에 다름 아니다. 번거롭게 수행을 일삼지도 않으며 세속의 정에 얽매이지도 않는 청빈한 삶이 느꺼울 정도다. 지엄은 그와 같은 인격을 보리달마에게서 추구하고 있다. '달마의 진영에 붙인 찬[讚達摩眞]'에서는 다음과 같이 노래하고 있다.

홀로 우뚝 드높이 솟은 달마여	落落璏髮子
그대의 안목 어느 누가 얻는가	誰開碧眼睛
석양녘에 산 빛이 더욱 붉은데	夕陽山色裏
봄새 짝 찾아 둥지에 돌아가네	春鳥自呼名

이제 여기에서는 무사한 도인(無事閑道人)으로 구체적인 인물을 등장시키고 있다. 그는 보리달마이건만 정작 지엄 자신이기도 하다. 때문에 자신의 황혼녘의 무렵에 석양을 바라보는 눈빛에는 산색이 더욱 붉듯이 또록또록하게 삶의 편린이 새겨져 있음을 보고 있다. 둥지 찾아 돌아가는 산새의 모습에서 지엄 자신의 안락을 본다. 그러면서도 무언가 아쉬운 것은 모든 사람의 공통된 심정이랄까.

이런 마음을 담아 '자신의 어리석음을 읊은 시[自嘲]'에서 벽송당
자신의 가풍을 투영시키고 있다.

나는 벽송당에 사는 우매한 사람이라네   碧松堂裏之愚者
아, 아, 용렬하여 아무 것도 할 줄 몰라   咄咄踈慵百不能
일도 없이 산길이나 혼자서 산책하면서   只得行行巖下路
고개 들어 날으는 봉황새만 바라본다네   擡眸雲外搏天鵬

딴은 그렇다. 지엄은 자신의 신세가 한가롭지만 어디에도 비할 바
없는 청정법신으로 드러나 있음을 본다. 산하대지가 산은 산이고 물
은 물로 드러나 있다. 단지 그 속에 깃들어 살아가면서 분별심일랑
은 일찌감치 접어두고 다만 인연을 따라 밥 먹고 산책하는 일상의
선자로 살아가는 자신을 긍정하고 있다.

그 가운데 아득히 구만리를 날아가는 봉황새처럼 마음은 조작을
끊고 허공처럼 걸림 없는 자재로움을 누리고 있다.

49세 때는 사자암에서 각운의 『염송설화』 30권 가운데 고칙에 대
한 설화 부분만 발췌하여 『염송화족』을 필록하였다. 50세 때는 오대
산에 노닐었으며 이후 백운산과 능가산 등을 소요하였다. 57세 때는
지리산의 초암에 묻혀 두타행에 철저하였다.

벽송지엄은 『선원제전집도서』와 『법집별행록절요』 등을 통해 교
학을 다졌으며 『서장』과 『선요』 등을 통하여 선법을 터득하였다. 이
밖에도 11세기 말엽 송대에 공진(拱辰)이 찬술한 『조원통록』 24권을
4권으로 촬요하여 6세 때 백운산 만수사에서 『조원통록촬요』를 간
행하면서 그 발문을 붙였다.

이 『조원통록촬요』는 석가모니로부터 중국과 신라와 고려의 조사

들을 열거하는 전등사서의 성격을 갖추고 있다. 특히 그 마지막에 해당하는 나옹혜근에 대해서는 말법시대에 불교의 정법안장을 부흥시킬 인물로 석가모니의 후신으로까지 칭송하고, 그 법계를 중요시하여 또 다른 측면에서 법계상의 문제를 제기하는 계기가 되기도 한다.

어느 날 일선(一禪) 장로에게 그 이름을 비유하여 다음과 같은 법어를 내렸다.

> 거시기 하내[一]는 진(眞)과 망(妄)을 여의었고 명(名)과 상(相)을 끊었으며 굳건하고 청정하며 맑고 걸림이 없다. 그러니 달리 무엇을 추구하려고 참선한다 말할 수 있겠는가. 만약 삼라만상이 모두 여래의 실상이라면 보고 들으며 느끼고 아는 일체가 반야의 신령스런 작용 아님이 없을 것이다. 그러면 천마의 무리와 외도의 가르침도 곧 일미선 아님이 없을 것이다.

5. 부용영관(芙蓉靈觀: 1485~1571)의
여래선(如來禪)

1) 발심과 출가

벽송지엄의 문인으로는 숭인장로, 설은법사, 원오법사, 일진선덕, 경성일선, 부용영관, 묘각수미 등이 있었다. 이 가운데 부용당 영관선사는 영남 진주 사람이다. 어렸을 적 이름은 구언(九彦)이었다. 휘는 영관(靈觀)이고 호는 은암선사(隱庵禪師) 또는 연선도인(蓮船道人)이다. 비록 사바세속에 머물고 있었지만 마음은 늘 서방정토에 두고 간절하게 이생과 저생을 동일하게 간주하였기 때문에 부용당(芙蓉堂)이라 일컬었다. 집안은 가세가 기울고 빈천하여 당시에 같은 마을에 사는 사람에게 아들을 맡기고는 전답을 받아 생활하면서 그를 주인으로 모시고 살았다.

을사년(1485) 7월 7일 태어났다.

8세 때 어느 날 아버지를 따라 낚시질을 갔다. 아버지는 물고기를 잡고 아들에게 투망을 지키라고 하였다. 구언이는 투망 속의 물고기를 살펴보니 죽은 것과 살아 있는 것이 뒤섞여 있는 것을 보고 살아 있는 물고기는 모두 골라서 물에 놓아주었다. 이에 아버지가 크게 화를 내면서 매질을 하자 구언은 절을 하고 울면서 말씀을 드렸다.

"사람이나 동물이나 생명을 소중히 하는 것은 동일하고 고통을 참는 것도 같습니다. 그래서 놓아준 것이니 바라건대 용서해 주십시오."

아버지가 그 말을 듣고는 겨우 노기를 풀었다. 가난한 집안 살림에 어쩔 수 없는 일이기는 하였지만 아들의 말을 듣고 보니 잡힌 물고기들이 측은하지 않을 수 없었던 것이다.

구언이 살던 마을 가까이에 있는 야산에는 물이 흘러넘치는 동굴이 하나 있었는데 그곳에는 신령스런 용이 산다는 전설이 있었다. 실제로 그 동굴에서는 늘 구름이 굴 밖으로 넘쳐 나오고 텅 빈 굴속 같았지만 거기에서는 알 수 없는 음악소리가 들려오기도 하였다. 마을 사람들은 예로부터 용이 살면서 내는 소리라고들 하였다. 그래서 동굴 근처에는 아무도 얼씬하지 않았다. 이에 구언은 막대기 하나와 소반상을 들고서 친구들을 데리고 산에 올라가서 동굴 입구에 이르러 소반상을 내려놓고 뭐라고 중얼거리면서 막대기로 소반상을 내려치자 동굴 안에서 흘러나오던 음악소리가 갑자기 그쳤다.

또 다른 어느 날은 동굴 안에 고여 있는 물 위로 용이 떠올랐는데 그 비늘이 태양처럼 반짝거렸기 때문에 멀리서도 용이 출현했음을 알고 사람들은 무서워서 감히 접근할 수가 없었다. 구언이 동굴 입구에 이르러 고개를 빳빳이 쳐들고 용을 향해서 한마디 야단을 치니 용이 갑자기 그 모습을 감추어 버렸다. 이후로는 용이 다시는 출현하지 않았다고 한다. 이로부터 마을사람들은 구언이에 대하여 기이한 아이라 칭송을 하고 비범하게 생각하였다.

어느 날 어디에서 왔는지 전혀 알 수가 없는 기이한 스님이 와서 영관의 아버지에게 말하였다.

"이 아이는 세속을 벗어난 귀중한 보배이니 결코 세속에서 살 인물이 아닙니다. 바라건대 출가를 시키는 것이 좋을 것입니다."

그리고 스님은 갑자기 모습을 감추어 버렸다. 구언이 죽마놀이를 할 나이에는 돌을 세워놓고는 부처님이라 하였고, 혹 모래를 공양물로 삼아 바쳤으며, 혹 쓰러진 소나무를 암자로 삼아 눈을 감고 좌선하느라고 해가 저문 줄도 몰랐다.

날이 갈수록 세속의 번뇌마(煩惱魔)를 싫어하고 점차 출가에 뜻을 두더니 13세(1497) 정사년 가을에 깊은 밤 인기척이 없는 틈을 타서 혼자 집을 벗어났는데 마치 누군가의 안내를 받듯이 순식간에 십여 리를 갔다. 도사천(渡沙川)이라는 강에 이르렀는데 돌아보니 언젠가 모르게 구언이 기르던 개 한 마리가 그곳까지 따라왔다. 구언이 개를 돌아보고 말했다.

"집을 잘 지키고 나를 따라오지 말라. 나는 이제 영원히 운수납자가 될 것이다. 화살은 한 번 떠나면 돌아오지 않는 법이다. 너는 빨리 조심해서 돌아가거라."

개는 뒷다리는 쪼그리고 앞다리는 세워서 공손한 자세로 그 말을 듣더니 마치 이별을 아쉬워하듯이 몇 번 짖어대더니 집으로 돌아갔다.

구언은 총총히 외로운 그림자만 데리고 강을 건너고 나서 비로소 멀리 집 있는 곳을 바라보았다. 하늘가의 달도 기울어 막 서쪽 봉우리를 넘어가고 있었고, 덕이산 위에서는 여명이 밝을 무렵이었다. 고행선자(苦行禪子)를 찾아가 그곳에서 3년 동안 머물면서 불법을 배우고는 머리를 깎았다.

17세(1501) 신유년에 처음으로 신총법사(信聰法師)를 참방하고 그로부터 교학을 탐구하였다. 그리고는 위봉대사(威鳳大師)를 참방해서는 선법을 배웠다. 이로 인하여 구천동(九泉洞)에 들어가 손수 모암(卂庵)을 짓고 그곳에서 9년을 지냈다. 그동안 장좌불와 하면서 진실로 등을 바닥에 대지 않고 옆구리를 겨우 의자에 의지하여 잠을 잘 뿐이었다. 구천동에서 수행하면서 일찍이 그 지팡이가 산을 내려가지도 않았으며 계율에 철저하여 자연물에 대한 자비심을 몸소 실천하였다. 교의를 논하자면 양양(洋洋)하여 마치 큰 파도처럼 끝이 없었으며, 선지를 굴리자면 외외(巍巍)하여 마치 천 길이나 되듯이 까마득하였다.

25세(1508) 기사년에는 멀리 용문산에 들어가 조우대사(祖愚大師)를 참방하였다. 여기에서 선법을 참구하는 틈틈이 노장사상까지도 널리 섭렵하였다.

31세(1514) 갑술년에는 청평산으로 들어가 학해선자(學梅禪子)를 참방하여 선법을 깊이 배워 불법에는 다른 맛이 없음을 궁구하였다.

36세(1519) 기묘년에는 금강산 대존암에 들어가 조운대사(祖雲大師)와 함께 두 해를 지내면서 휴헐(休歇) 공부를 하였다.

2) 좌선수행과 만행

38세(1521) 신사년에는 운수의 길을 접고 깊이 미륵봉 내원암에서 나름대로 내규를 정해 놓고는 붓을 들어 문에다 다음과 같은 글을 써 붙였다.

공연히 소림만 생각하며 세월만 보냈네
세월에 나이만 먹어 지금에 이르렀다네
옛날 비야리성엔 소리와 냄새도 없었고

지금의 마갈국엔 소리의 흔적 끊겼다네

마치 분별을 완전히 여읜 나무등걸처럼
시비분별을 멀리 한 어리석은 바보라네
부산한 번뇌망상 산 밖에 날려버리려고
종일 나를 잊은 듯 푸른 산 바라본다네

이에 붓과 벼루를 태워 버리고 선방에 틀어박혀 묵묵히 좌선에 몰
두하기를 9년 동안 지속하였다. 그동안 간혹 지나가는 납자가 암자
의 문 앞에 이르러 연유를 물으면 묵묵히 손가락으로 자신이 써 놓
은 시만 가리킬 뿐이었다.

47세(1530) 경인년 가을날에 홀연히 마음에 느낀 바가 있어 망극
한 부모의 은혜에 보답하기 위하여 옛집을 생각하였다. 고개를 들어
하늘가의 흰 구름을 바라보며 크게 숨을 들이키고는 결심이라도 한
듯이 천천히 남쪽으로 발걸음을 내디뎠다. 고향이 가까워지면서 점
차 산촌과 집이 눈에 들어왔는데 언덕과 숲들은 마치 어제처럼 선명
하고 변함이 없었다. 이에 석양의 강촌에서 슬프게 서 있자니 홀연
히 한 늙은이가 소를 이끌고 집에서 나오는 모습을 보았다. 스님은
그 노인에게 인사를 드리고 물었다.

"여기가 진촌(晉村)이 맞습니까?"

노인은 이상하다는 듯이 물었다.

"어째서 그것을 묻습니까?"

스님이 말했다.

"진촌은 제가 태어난 곳입니다. 그런데 저희 부모님께서 아직까지
살아계시는지도 모르고 있습니다. 그래서 그것을 알고자 물은 것입
니다."

노인이 말했다.

"스님의 아버님 성함은 어찌 되고 스님의 아명은 또 무엇입니까."

스님이 말했다.

"저희 아버님 성함은 원(袁) 자 연(演) 자이고 제 아명은 구언(九彦)입니다."

노인이 갑자기 소를 잡고 있던 손을 놓더니 감격스러운 듯이 말했다.

"오늘에야 비로소 천만다행으로 부자가 만났구나. 스님이 말한 이름은 바로 내 아들이다. 그리고 내 이름이 스님이 말하는 아버지 이름이다. 스님이 내 곁을 떠나 도주한 지 30여 년 동안 찾아보았으나 찾을 수가 없어서 근심걱정으로 세월을 보냈었다. 그런데 이제 갑자기 스스로 찾아오니 드디어 내 소원이 이루어졌구나."

이로써 서로 부자임을 확인하고 난 후에 각각 기쁨과 회한을 이기지 못하여 그 자리에서 한바탕 통곡이 있었다. 아버지는 한참 동안 침묵을 지키더니만 눈물을 훔치고는 말했다.

"네 어미는 10년 전에 세상을 떠났구나. 그리고 네 주인양반도 7년 전에는 마님을 잃었다. 오직 네 전답과 집만 아직도 그대로 남아 있단다."

스님이 물었다.

"그러면 여동생은 어디 있습니까."

아버지가 말했다.

"네 여동생은 네가 출가하던 날 밤부터 문을 닫고는 누워 지냈다. 네가 기르던 개도 또 허공만 바라보며 웅크리고 있더니 그런 지 7일에 이르러 여동생과 개가 모두 죽었단다. 그래서 덕산의 서쪽 기슭에 장례를 지내 주었다."

스님은 그 말을 듣고는 새삼스럽게 세월의 무상함을 통념하고는 더욱 눈물을 흘렸다. 그리고는 아버지와 함께 황혼녘에 집에 도착하였다. 옛날의 많은 친구들은 다 늙은 할아버지 할머니들이 되어 있었다. 그들과 더불어 밤을 새워 이야기를 나누느라고 날이 새는 줄도 몰랐다. 날이 밝자 아버지와 함께 늙은 옛 주인을 뵈러 갔다. 그러자 주인이 놀라 말했다.

"이게 구언이가 아닌가."

그러더니 스님이 되어 있는 구언이를 보고는 엉겁결에 아연실색하더니 잠시 후에 자기의 자리를 찾아 앉고는 스님께도 앉을 것을 권했다. 스님이 뒤로 물러나면서 말했다.

"빈천한 제가 주인을 배반하고 부모를 배반하였습니다. 그 죄는 하늘에게도 용서받지 못할 것입니다. 이제 모든 전답과 집을 헌납하는 것으로 이 몸을 용서받고자 합니다. 그리고 출가 수도하여 은혜에 보답하고자 합니다."

이에 주인이 말했다.

"출가를 해서 어찌 은혜를 갚겠다는 것인가."

스님이 옛 말씀을 들어 말하였다.

"출가자는 세상을 등지는 것으로써 그 출가의 뜻을 추구하고 세속을 바꾸어 그 도에 통달합니다. 세속을 바꾸었으므로 세간의 책이나 예법과 더불어 하지 않고 세속을 등졌으므로 마땅히 그 종적을 고상하게 합니다. 삼승(三乘)에 통달하고 인천(人天)을 열어젖히며 오족(五族)을 제도하고 육친을 특출하게 하기를 마치 손바닥 뒤집듯이 합니다. 때문에 비록 안으로는 천륜의 소중한 인연을 거스르지만 밖으로는 그 효에 위배되는 것이 아니고 비록 밖으로는 주인을 섬기는 일을 못 하지만 그 공경을 잃어버린 것은 아닙니다."

주인은 일찍부터 문자를 알고 있었으며 유학을 공부한 사람인지라 스님의 말을 듣고는 가상하게 여겼다. 그리고는 자리에서 일어나더니 손을 잡아끌고 섬돌 위에 오르게 하고는 "사문은 물외인(物外人)이다. 그러니 마땅히 세속의 예법은 따를 필요가 없다."라고 말했다.

이로 인하여 같은 방에서 하룻밤을 지새우고는 더 머물러 줄 것을 청하였다. 스님은 굳이 사양하고 다음 날 전답문서와 집문서를 주인에게 드리고 재배하고는 물러갔다. 그리고는 이제 다시 늙은 아버지에게 작별을 고하고 두류산으로 향하였다.

3) 혜안을 밝힘

두류산으로 가서 지엄대사 벽송을 참문하여 여쭈었다.

"영관(靈觀)은 멀리서 스님의 선풍을 사모하여 달려왔습니다. 바라건대 섭수하여 주십시오."

지엄이 말했다.

"그대의 이름이 (靈觀)이라 하니 영(靈)에 대해서는 묻지 않겠지만 그렇다면 관(觀)은 또 어디에서 왔는가."

스님이 앞으로 다가가서 차수하고 여쭈었다.

"청컨대 살펴 주십시오."

지엄이 빙그레 웃으면서 말했다.

"앞으로 조금 더 다듬으면 쓸 만하겠구나."

이로 인하여 다음 날부터 벽송을 스승으로 삼았다. 이로써 마음속에 끼어 있는 불투명한 안개를 산산이 부수어버리고 응어리 진 것을 몽땅 부처님 바다에 쏟아부어 버렸다. 그리하여 20년 묵은 의심이 홀연히 빙하가 녹아 계곡이 되는 듯 분명하고 시원하였다. 이에 곧 정례하고 연방 탄성을 지르며 말했다.

"이 분이야말로 진정 나의 스승이다."

곁에서 시봉한 지 3년에 이르러 스승이 입적하였다.

영관 스님은 평소 성품은 온아(溫雅)하였고 마음은 애증을 끊었으며 생각은 오로지 평등에 두어 설사 한 숟가락의 밥이라도 남과 함께 나누어 먹었다. 그러니 그것은 숙세에 심어 온 자비의 종자임을 알 수가 있다. 또한 그 문자(文字)는 진실하고 올바르며, 의리(義理)는 명석했다. 무릇 학자를 제접함에 있어서는 힘쓰고 힘쓰면서 피곤해하지 않았으며 무릇 칠요(七曜)와 구장(九章) 및 천문과 의술에도 달통하지 않은 바가 없었다. 심지어 『장자』에도 달통하여 결의(決疑)하지 못함이 없었다. 이런 까닭에 문정(門庭)에는 뛰어난 유생들이 가득 모여들었으며 모두 함께 유교의 길을 가지 못하는 안타까움을 토로하였다. 그리고 마당 가득히 모여든 도속들은 함께 머물지 못함을 서운해하였다.

이런 까닭에 호남과 영남에서는 백의를 걸치고도 삼교에 두루 통달하였는데 그것이 곧 스님의 가풍이었다. 전단수를 이식하니 가히 이물(異物)이 동훈(同熏)하는 택이었다.

어떤 승이 명상(名相)에 대하여 물었다. 이에 스님이 다음과 같이 답하였다.

천만 가지 사려 때문에 자기의 심왕을 상실해 버렸다. 자기의 그 심왕은 언어도단(言語道斷)이고 심행처멸(心行處滅)이다. 이에 명(名)은 곧 어로(語路)이고 상(相)은 곧 심처(心處)이다. 그 심왕은 팔만대장경으로도 수록하지 못하는 것으로 곧 향상로(向上路)이고, 3천 고불(古佛)의 설법으로도 미치지 못하는 것으로 곧 격외선이다. 그러니 만약 마음이 허공과 같은 사람이라야 겨우 몇 마디 상응할 수 있을 뿐이다.

어떤 승이 불(佛)과 법(法)에 대하여 물었다. 스님이 이에 다음과 같이 답하였다.

진불은 무형(無形)이고 진법은 무상(無相)이다. 그런데 그대가 생각하는 부처를 추구한다든가 법을 추구한다는 것은 모두 본질로부터 벗어난 야호정(野狐情)이고 외도의 견해일 뿐이다. 만약 진정한 도인으로서 아득히 독출하여 부처를 추구하는 것에도 집착이 없고 법을 추구하는 것에도 집착이 없으면 제불의 갖가지 훌륭한 모습을 보더라도 마치 어린이의 유희처럼 간주할 것이고, 지옥의 갖가지 사악한 모습을 보더라도 허공의 꽃처럼 간주할 것이다. 이것은 억지로 법을 위한다고 해서 그런 것이 아니다. 우리네 정법에서는 범부라든가 성인이라는 분별심이 모두 착각이고 마구니라든가 부처라고 구별하는 것도 모두 그릇된 것이며 범부와 성인의 분별이 없다는 것 역시 착각이고 마구니라든가 부처라고 구별하는 이해가 없다는 것도 역시 그릇된 것이다. 불법이 본래 공하기 때문에 공으로 또한 공을 터득할 수 있는 것이 아니고 불법이 본래 무소득이기 때문에 무소득 또한 불가득하다. 한 줄기 신령스러운 광명이 널리 두렷하니 어찌 억지로 시비를 논할 수 있겠는가.

스님이 평소에 제자들을 가르치는 접화방식은 바로 이와 같이 분명하고 단호하였다. 이런 까닭에 항상 조사의 공안을 제기하여 사람들로 하여금 진력으로 참구케 하여 활연대오로 입문을 삼았다.

스님은 한 번 벽송의 문하에 발을 들여놓은 이후로 혹 황룡산에 주석하기도 하였고, 혹 파공산에 주석하기도 하였으며, 혹 대승동(大乘洞)에 주석하기도 하였고, 혹 의신동(義神洞)에 주석하기도 하였으며, 혹 연곡동(燕谷洞)에 주석하기도 하였다.

어느 결에 꿈같이 41년의 세월이 흘렀다. 이것이 87(1571)세 신미년 4월 14일에 입적하였다. 세수가 87세이고 법랍이 72세였다. 제자로는 법융, 영웅, 진기, 신옹 등이 영골을 거두어 연곡사 서쪽 기슭에 부도를 세웠다. 이후 만력 5년 정축년(입적 6년 후) 9월에 제자 풍악산인 휴정이 삼가 그 행장을 찬술하면서 다음과 같이 읊었다.

아하.
영대(靈臺)의 신우(神宇)여. 우러러볼 수는 있어도 엿볼 수는 없도다.
지해(智海)와 법원(法源)이여. 건널 수는 있어도 헤아릴 수는 없도다.

고요하기가 마치 박속(樸楸)의 나무와 같건만 좁디좁은 견해로 선사(先師)의 하늘처럼 드넓은 덕을 기록하자니 진실로 부끄럽도다. 그러나 후학들이 만약 스님의 법어로 인하여 개안(開眼)하여 일소(一笑)할 수 있다면 만 분의 일이라도 스님의 은덕인 줄 알 것이고 만 분의 일이라도 스님의 은혜에 보답하는 것이 될 것이다.

그리고는 부용당 영관의 진영에 찬하였다.

드높은 깨침의 땅에 버티고서
삼차를 앞에서 이끌어 주시네
널리 세상에 그물을 던져놓고
온갖 고기를 휘몰아 세우도다
겸추를 내세워 호랑이 소굴과
마구니의 근거지 때려 부순다
사람이 죽으니 세상 고요하고
달이 스러지니 하늘이 비도다

6. 경성일선(敬聖一禪: 1488~1568)의
본분선(本分禪)

경성일선은 부용영관과 더불어 벽송지엄의 선법을 충실하게 계승한 선자였다. 속성은 장씨로서 울산 사람이었다. 법호는 경성(敬聖) 혹은 휴옹(休翁)으로 조선 성종 19년(1488)에 출생하여 선조 원년(1568)에 입적하였다.

13세 때 경북 월성의 단석사에 들어가 해산(海山) 스님을 모신 지 3년 만에 삭발하였다. 24세 때는 묘향산 문수암에서 수행하였다. 이후 제방을 만행하다가 지리산의 벽송지엄을 친견하고 조사관문의 활구를 참구하라는 가르침을 받아 정진하여 깨침을 터득하였다.

이후 금강산의 표훈사 및 상원암에서 정진을 계속하였다. 뜻하지 않게 서울의 선비들과 어울렸다가 무고하게 감옥에 갇히기도 하였다. 무죄가 인정된 후 곧 57세 때 묘향산에 들어가 9년 동안 자취를 감추었다. 이후 묘향산 보현사 관음전에서 널리 설법하였다. 81세 1568년 봄에 입적하였다. 그해 가을에 청허휴정이 그 행장을 기록하였다.

경성일선의 인격은 출가의 본분사를 잊지 않는 주도면밀한 선자였고, 그 선풍은 활구를 참구하는 조사선을 현창하는 데 두었다.

출가의 본분사에 대해서는 일생에 걸친 스님의 삶에 묻어나 있다.

10여 세에 부모를 여의었지만 늘 그 은혜에 보답하지 못한 것을 깊이 간직하였다. 그것은 항상 일상의 설법에서 사은(四恩)을 강조하는 내용으로 다음과 같이 드러나 있다.

> 헌헌대장부로 한번 세상에 태어났으니 자식으로서는 부모에 효도해야 할 것이고 신하로서는 국가에 충성해야 할 것이다. 그러나 이미 부모는 세상을 떠나셨고 나는 출가한 몸이 되어 버렸다. 또한 국가의 녹을 먹는 관리가 되지도 못하였다. 이에 그 두 가지를 할 수가 없으니 참으로 안타깝도다.

이에 스님은 집을 지어 경성당(敬聖堂)이라는 이름을 붙이고는 국왕의 만수무강을 기원하였다. 또한 부모의 은혜에 대해서는 부모님을 위하여 몸소 3년상을 마치고는 무상을 실감하였다. 이로써 스님은 출가인으로 살아가면서도 항상 효성과 충절을 잊지 않았다. 이것은 후에 청허휴정에게도 영향을 주어 그 저술 『선가귀감』에 고스란히 드러나 있다.

스님의 선풍은 지엄의 활구법문을 통한 가르침에 철저하였다. 지엄은 일선(一禪)이라는 이름에 대하여 다음과 같은 법어를 내렸다.

> 대저 하나[一]는 진(眞)과 망(妄)을 여의었고 명(名)과 상(相)을 끊었으며 굳건하고 청정하며 맑고 걸림이 없다. 그러니 달리 무엇을 추구하려고 참선한다 말할 수 있겠는가. 만약 삼라만상이 모두 여래의 실상이라면 보고 들으며 느끼고 아는 일체가 반야의 신령스런 작용 아님이 없을 것이다. 그러면 천마의 무리와 외도의 가르침도 곧 일미선 아님이 없을 것이다.

이로써 스님의 일상은 입으로 읊조리는 것과 마음으로 참구하는 것이 모두 경절문의 활구 아님이 없었다. 그러면서도 경론을 널리 강의하기도 하여 조사선법을 해박한 교학의 도리로써 전달하여 크게 법석을 떨쳤다. 그러나 언제나 출가납자의 본분사에 충실하여 참 구할 것을 다음과 같이 강조하였다.

참선납자라면 모름지기 활구를 참구해야 한다. 그러나 요즈음 활구를 참구하지 않고 사구를 참구하면서 자신의 영리함만 믿고서 세상의 천박한 학문을 읊조리는 납자들이 많은 것은 무슨 까닭인가. 그들은 착실한 공부를 하지 못하여 말과 행위가 어긋나고 만행을 한답시고 아름다운 풍광을 찾아다니면서 시를 짓고 문장을 자랑하는 것으로 능 사를 삼으니 참으로 안타까울 뿐이다. 그들은 마침내 지옥의 잔재가 되어 남을 구제하 기는커녕 자신조차 구제할 수가 없다. 그리고 게으름만 피우는 것인 습성이 되어 눈 밝은 스승을 찾지 않고 어두운 귀신굴에만 틀어박혀 있으면서 화두를 든답시고 까막눈 만 깜빡거리면서 중얼거리고들 있으니 언제나 철이 들겠는가.

스님은 이와 같은 납자들을 위하여 발심으로 마음을 돌이킬 것을 간절하게 강조하였다.

밤길을 가다가 깜짝 놀라는 이들이 있다. 길가에 노끈은 낮부터 그대로 놓여 있었지만 길을 가는 사람이 미혹하여 뱀으로 착각했기 때문이다. 그 어리석음은 평소의 마음공 부가 되지 않은 탓이다. 또한 어두운 밤은 밤마다 어두워지는데도 마음이 어두운 이들 이 깜깜한 밤에 귀신들이 출현한다고 착각을 한다. 때문에 마음이 미혹하여 놀라 자빠 지기도 하고 겁을 먹기도 한다. 그러나 마음을 차분하게 가라앉히고 자세히 살펴보면 뱀은 본래 없었고 귀신은 본래 출현하지도 않았다는 도리를 알게 될 것이다. 그러니 뱀이다 귀신이다 하는 분별심을 내는 바로 그 마음을 바르게 돌이켜 보아야 할 것이다. 이처럼 자성을 돌이켜 범부나 성인, 뱀과 귀신 등의 분별심을 초월하고 나면 더 이상 자신을 괴롭히는 일은 없을 것이다. 누에는 자신의 몸에서 나오는 실에 의하여 스스로 갇히고 만다. 그것이 누구의 잘못인가. 결국 자승자박할 뿐이다. 그러니 모름지기 출가 납자라면 일념을 되돌이켜 자신의 본분을 살피면[回光返照] 더 이상 번뇌와 미혹은 자 리할 곳이 없어지고 만다. 바로 그 자리가 깨침으로 향하는 길이고 올바른 깨침의 자리 이다. 그러니 어리석은 납자들조차 걱정할 필요가 없다. 늘 자신의 마음을 챙기면서 똑 바로 응시하라. 그것이 곧 그대들의 할 일이다.

회광반조를 강조하는 스님의 가르침은 임종의 우치재(愚癡齋)에도 그대로 나타나 있다.

우리가 깃들어 살아가고 있는 이 세상은 참으로 신비롭다. 누가 말하지 않아도 시키지 않아도 늘 그렇게 돌고 돌아 이루어지고 머물며 무너지고 공이 되어 순환을 멈추지 않는다. 우리네 사람도 저와 같이 끊임없이 정진하여 아뇩다라삼먁삼보리를 터득해야 할 것이다. 가까이로 보면 그대들이 각자 지니고 있는 자기의 마음을 보라. 늘 새로운 마음이 순간적으로 생겨났다가 얼마 동안 머무르며 다른 생각으로 바뀌었다가 소멸해 가는 도리를 알겠는가. 찰나의 변화가 그대로 우리네 삶의 모습이라는 것을 잊어서는 안 된다. 또한 그대들이 지금 먹고 마시면서 잠자고 목욕하는 몸뚱이를 보라. 그대들의 몸뚱이는 부모의 정혈을 받아 생겨나고 오래지 않아 늙어빠지며 마침내 병이 들고 그렇게들 죽어가지 않느냐. 이런 모습을 보면서도 무상을 터득하지 못한다면 더 이상 어떤 가르침이 필요하겠는가. 출가의 시작은 무상을 체험하는 것이다. 무상이야말로 발심이고 수행이며 깨침이고 열반이다. 무상을 통하지 않고서는 참모습을 볼 수가 없다. 내 이 몸뚱이도 그와 같다. 오늘 이 늙어빠진 모습을 그대들에게 보여 줌으로써 몸소 무상법문을 들려주고 싶은 것이다. 그러므로 그대들은 이 쭈글쭈글한 몸뚱이를 보고서 깊이 올바른 생각을 지니고 게으름을 피워서는 안 된다. 게으름이야말로 무상을 체험하지 못한 것으로부터 기인한다. 그리고 시간의 이익을 위하여 다투어서도 안 된다. 출가자의 본문은 정진하는 것이다. 또한 마지막으로 이 몸뚱이는 무상한 것이니 내 육신은 부사의령에다 버려서 새나 들짐승에게 배불리 먹이는 것으로 족하다. 그러면 열심히들 노력하거라.

이처럼 스님은 선풍을 펴는 데 있어서도 반드시 이타의 보살행(菩薩行)을 빠뜨리지 않았다. 조사선이 지니고 있는 소승적인 가풍을 철저하게 배제하고 출가자의 신분으로 있으면서도 효성과 충절, 그리고 후학들을 위한 자상한 법문은 경성일선 선사가 자신에게 말한 것에 잘 나타나 있다.

자기의 신령스러운 광명이야말로　　自己靈光
드넓은 하늘과 땅 덮고도 남는다　　蓋天蓋地

7. 청허휴정(淸虛休靜: 1520~1604)의
회통선(會通禪)

1) 청허휴정의 행장

청허휴정(1520~1604)의 삶은 『청허당집(淸虛堂集)』에 수록된 편양언기가 쓴 『행장』이 근간이 된다. 이를 바탕으로 하여 살펴보면 휴정의 속성은 완산 최씨이다. 속명은 여신(汝信)이며 아명은 운학(雲鶴)이고 자는 현응(玄應)이다. 당호는 청허당이고 법명은 휴정(休靜)이다. 금강산 백화암에 주석한 인연으로 스스로 백화도인(白華道人)이라 하였고, 묘향산에서 오랫동안 법을 펼쳤기 때문에 세간에서는 서산대사(西山大師)라 불렸으며, 달리 풍악산인(風岳山人)·두류산인(頭流山人)·묘향산인(妙香山人)·조계퇴은(曹溪退隱)·병로(病老) 등으로 불렸다.

운학이라 이름 지은 것은 그의 아버지인 최세창이 낮잠에 빠졌을 때 꿈속에서 노인이 나타나서 소사문(小沙彌)을 부탁한다고 말하면서 스님을 품에 안고서 진언을 외우더니 운학이라는 이름을 지어주라고 하였다. 이에 1520년 3월 26일 나이 50이 가까웠을 때 아이가 태어나니 부모는 아이의 이름을 소사문 또는 운학이라 불렀다. 고향은 평안도 안주였다.

운학은 9살 때 어머니를 여의고 10살 때는 아버지를 여의었다. 그 고을 사또였던 이사증(李思曾)이 운학의 재주를 갸륵하게 여겨 12살 때 서울로 데려가서 성균관에서 공부할 수 있도록 해주었다. 유학을 공부하고 12세 때 과거에 응시했으나 실패하였다.

15살 때 친구들과 함께 지리산을 유람하다가 쌍계사에서 숭인장로의 설법을 듣고는 발심을 하여 서울에 올라가지 않고 지리산에 남아서 갖가지 불교전적을 탐구하였다. 또한 부용영관을 참방하여 3년 동안 공부를 하였다. 이후 21살이 되는 어느 날 홀연히 깨친 바가 있어 다음과 같은 시를 지었다.

두견새 울음소리에 창 밖을 바라보니　忽聞杜宇啼窓外
봄 빛깔 짙은 봄 동산이 내 고향일세　滿眼春山是故鄕

또 다른 날에는 크게 느낀 바가 있어 다음과 같은 시를 지었다.

물길어 돌아오다 고개 돌리니　汲水歸來忽回首
많은 청산이 구름속에 보이네　靑山無數白雲中
차라리 평생 바보로 살지언정　寧作平生痴獃漢
어설픈 문자승은 되지 않으리　不欲作鉛槧阿師

그리고는 경성일선을 수계사로 하고, 석희법사와 육공장로와 각원상좌를 증계사로 하며, 부용영관을 전법사로 하고, 숭인장로를 은사로 하여 득도하였다. 이후 여러 곳으로 만행을 하면서 남원의 어느 곳을 지나다가 닭이 홰를 치며 길게 우짖는 소리를 듣고서 대오하여 다음과 같은 오도송을 지었다.

머리 희어도 마음은 까맣다고	髮白心非白
일찍이 고인이 말했다고 하네	古人曾漏洩
꼬끼오 소리 한 번 듣고 나니	今聞一鷄聲
대장부가 할 일을 마쳐버렸네	丈夫能事畢
홀연히 자기의 본분사 깨치니	忽得自家底
두두물물 여전히 변함이 없네	頭頭只此爾
팔만 사천 부처의 가르침조차	千萬金寶藏
애당초 하나의 텅빈 종이라네	元是一空紙

이후로 휴정은 더욱더 만행에 힘써 관동지방을 유람하고 서울로 올라와 승과에 응시하여 중선으로부터 시작하여 마침내 선교양종판사에 이르렀다. 그러나 그것마저 번거롭다 여기고 모두 벗어두고서 묘향산과 지리산과 금강산을 편력하였다. 그러다가 70살 때에 향로봉에 대하여 지은 시가 빌미가 되어 정여립의 모반사건에 무고하게 휘말렸으나 오히려 선조대왕과 인연을 맺었다.

73살에는 임진왜란이 일어나자 앞장서서 승군을 독려하여 팔도십육종도총섭을 맡아 출가의 신분인데도 불구하고 구국을 위하여 분연히 일어섰다. 사명유정과 중관해안과 기허영규와 뇌묵처영 등으로 하여금 승병을 조직하여 크게 공을 세웠다.

선조대왕과 명의 장군 이여송으로부터 찬탄을 받았지만 전쟁이 끝난 후에 산으로 돌아가자 국가에서는 '국일도대선사선교대총섭부종수교보제등계존자'라는 호를 내려 그 공을 치하하였다. 그러나 여전히 운수납자로서의 면모를 유지하였으나 그 뒤를 항상 일 천여 명이 모여들었으며 사법 제자가 70여 명에 이르렀다.

임종이 가까웠을 때 목욕재계하고 가까운 암자를 돌아보고는 원적암으로 돌아와 위의를 정제하고는 불전에 향을 사루고 자신의 자화상의 뒷면에다 다음과 같은 시를 지었다.

> 팔십 년 전에는 저것이 나이더니   八十年前渠是我
> 팔십 년 후에는 내가 저것이로다   八十年後我是渠

그리고는 다음과 같은 열반송을 남겼다.

> 갖가지 분별의 사량일랑은   千計萬思量
> 붉은 화로에 한 점 눈이네   紅爐一點雪
> 진흙소가 물위로 걸어가고   泥牛水上行
> 대지와 허공이 찢어진다네   大地虛空裂

그리고는 조용히 앉은 채로 85살에 묘향산 원적암에서 열반에 들었다. 세수 85살이고 법랍이 60살이었다. 제자 원준과 인영은 사리를 수습하여 묘향산 안심사에 안치하고, 유정과 자휴는 정골사리를 금강산 유점사에 안치하였다. 그리고 유품은 전남 해남 대흥사에 모셨다.

휴정은 『청허당집(淸虛堂集)』을 비롯하여 『선가귀감(禪家龜鑑)』, 『도가귀감(道家龜鑑)』, 『유가귀감(儒家龜鑑)』, 『선교석(禪敎釋)』, 『선교결(禪敎訣)』, 『운수단가사(雲水壇歌詞)』, 『설선의(說禪儀)』, 『제산단의문(諸山壇儀文)』, 『심법요초(心法要抄)』, 『삼로행적(三老行蹟)』, 『선가금설록(禪家金屑錄)』 등의 저술을 남겼다. 휴정은 70여 명의 사법제자를 배출하여 이전의 모든 법계는 부휴와 더불어 휴정에게로 흘러들었다가 다시 부휴와 휴정으로부터 나왔다는 말처럼 조계선맥의 근간을 형성하였다.

2) 청허휴정의 선교관

　청허휴정의 저술에 나타난 선사상의 특징 가운데 하나는 당시의 모든 불교에 대하여 교학과 선의 입장을 종합적으로 제시하려는 태도였다. 그것은 곧 선과 교에 대한 관점으로 나타났다. 선과 교는 우열의 차이가 아니라는 것이다. 이것은 일찍이 당나라 시대에 규봉종밀의 "경은 부처님의 말씀이고 선은 부처님의 마음이다. 그러므로 모든 부처님의 말씀과 마음은 반드시 상호 간에 어긋나는 것이 아니다." 라는 『도서(都序)』의 말에 근거하여 선교일치를 주장한 것이었다.

　그러나 청허휴정은 어디까지나 선의 중심적인 입장에서 교학을 평가하였다. 이와 같은 전통은 해동에 선법이 전래된 이후로 선법을 주장하는 사람들의 일관된 입장이기도 하였다. 때문에 천책(天頙)은 『선문보장록(禪門寶藏錄)』에서 다음과 같이 말했다.

　　어설픈 깨침이 올바른 규범의 기틀이 되었고 잘못된 전승이 역대조사의 모범이 되었다. 그래서 혹 돈점의 문으로 정통 법맥을 삼았는가 하면 또 원돈의 가르침으로 종지를 삼기도 하였다. 이런 입장에서 성품 자체는 언설로 표현할 수 없고 본체의 모습은 본래부터 고요하지만 법계의 인을 닦음으로써 법계의 과를 증득하는 것이다. 때문에 다음과 같이 말한다. "인과의 범위에서 보면 만약 종문에서 은밀하게 전승된 종지라 하더라도 본래 법계의 인도 없고 또 법계의 과도 없고, 또 지혜와 증득도 없고 의보(依報)와 정보(正報)도 없다. 본래 인이 없기 때문에 만행을 닦을 길도 없고 본래 과가 없기 때문에 과를 증득하는 방법도 없다." 묻는다: 만약 해인(海印)의 경우를 들어 말하면 그것이 곧 깨침 그 자체로서 인과 과를 벗어난 것입니다. 그렇다면 이 해인은 선문의 바른 종지인 심인과 어떻게 매치되는 것입니까? 답한다: 해인과 심인은 언뜻 보기에 비슷하지만 정작 비슷한 것도 아니다. 왜냐하면 해인은 인과의 도리를 가지고 인과가 없는 도리에 귀착한 것이므로 인의 시작이라는 흔적이 있고 또 과의 끝이라는 흔적이 있기 때문이다. 그리고 시간적인 개념으로 논하자면 비록 인과가 없다지만 근본을 추구하면 인도 있고 과도 있다. 그런데 만약 선의 입장에 의하지면 본래부터 법계의 인이 없으므로 인을 없애는 것조차 없고 본래부터 법계의 과가 없으므로 과를 없애는 것조차 없다. 그러니 어찌 인을 없애고 과를 없앤 후에 인과가 없는 도리에 돌아가겠는가. 때문에 고덕은 다음과 같이 말했다. "선에서 역대조사들의 전심(傳心) 도리는 마치 새가 허공을 날아가는 것과 같고 물고기가 물속을 헤엄치는 것과 같다."

여기에서는 선과 교학의 차이점 내지 선의 우월성을 강조하고 있다. 먼저 당시에 가장 보편적이었던 화엄의 교학을 내세워 그 입장을 서술하고 선문의 입장이 그와 다르다는 점을 피력하였다. 어설픈 깨침이란 교학적인 설명을 가미한 깨침의 도리를 말한다. 나아가 그와 같은 도리가 정법안장의 전승규범으로 이어진 것을 잘못된 전승이라고 말한 것이다.

이에 구체적인 설명으로 화엄의 법계연기의 도리를 들어 "본래 법계의 인도 없고 또 법계의 과도 없고, 또 지혜와 증득도 없고 의보(依報)와 정보(正報)도 없다. 본래 인이 없기 때문에 만행을 닦을 길도 없고 본래 과가 없기 때문에 과를 증득하는 방법도 없다."라고 말한다. 이것은 인과 과의 근본이 연기의 도리에 근거하고 있으면서도 궁극적으로는 인과의 도리를 초월한 것이기는 하지만 그 수행의 시작과 깨침의 종착이 곧 인과를 말미암은 것이므로 수증의 흔적을 남기고 있다는 것이다.

이에 비하여 선문에서 내세우는 심인의 입장은 수행을 시작한다는 것과 깨침을 터득한다는 것조차도 초월해 있다는 점을 강조한 것이다. 이것은 중국 당대의 선종에서 소위 남종과 북종의 정통논쟁에서 의도적인 차별화를 강조했던 하택신회의 주장을 보는 듯하다. 비교적 교학의 입장에 충실했던 북종에서의 수행과 깨침에 대한 입장은 곧 『화엄경(華嚴經)』과 『법화경(法華經)』과 『사익경(思益經)』과

『유마경(維摩經)』과 『기신론(起信論)』을 바탕으로 한 『대승오방편문(大乘五方便門)』에 제시되어 있었다. 그러나 여기에서는 단지 그와 같은 입장을 일괄적으로 교학으로 대치시켜 놓았을 뿐이다.

그런데 선의 입장은 본래부터 법계 및 법계의 인과 과를 벗어난 것으로 간주하고 있다. 따라서 교학에서 말하는 법계 및 법계의 인과 과를 없앤다는 행위야말로 조작적이고 유위적(有爲的)이며 공용적(功用的)인 행위임에 비하여 선법의 심인(心印)은 철저한 무조작(無造作)이고 무위(無爲)이며 무공용(無功用)의 종지임을 말하고 있다. 그래서 선법에서 전승된 심인의 종지는 마치 새가 허공을 날아가는 것처럼 아무런 흔적을 남기지 않고 마치 물고기가 물속을 헤엄치는 것과 같이 몰종적(沒蹤跡)하다는 것을 강조하고 있다.

이와 같이 교학에 비하여 선법의 우위를 주장하는 내용은 이미 교학으로 다져진 신라불교의 풍토에 새롭게 선보인 선법은 부득이하게 교학과는 차별되는 전략이 필요하였다. 때문에 선법을 수용한 선자들은 의도적으로 선교차별을 강조하였다. 소위 구산선문의 개산조들이 가장 대표적인 경우였다. 이러한 내용은 고려시대에 선법의 우위를 주장하고 나아가서 선과 교의 차별을 강조했던 『선문보장록』에 잘 나타나 있다.

> 성주화상께서는 항상 능가경을 공부하셨습니다. 그러나 그것이 조사의 종지가 아님을 알고서 능가경을 그만두고 마침내 입당하여 법을 전수받았습니다. 그리고 도윤화상께서는 화엄경을 공부하셨습니다. 그러다가 "화엄의 원돈의 가르침이 어찌 심인의 선법과 같겠는가."라고 말하고는 역시 입당하여 법을 전수받았습니다. 능가경과 화엄경의 경우처럼 교학은 근본이 되지도 못하고 믿을 수 있는 교외별지도 아닙니다.

이들은 모두 교학을 공부하고 난 이후에 비로소 궁극적인 선법을 통하여 깨침을 추구할 수 있다는 것을 노골적으로 드러내는 내용들이다. 심지어는 선법의 내부에서도 다시 자상한 설명을 가하여 드러내는 소위 여래선법보다도 단도직입적인 조사선법의 우위를 강조하는 주장도 제기되었다.

가령 범일이 제시한 『진귀조사설(眞歸祖師說)』의 내용은 다음과 같다.

> 명주 굴산사의 범일국사는 선과 교의 뜻에 대하여 하문하신 진성대왕에 대하여 다음과 같이 말했다. "우리의 본사이신 석가모니께서는 태어나신 이후에 설법으로 일관하셨습니다. 먼저 태어나자마자 동서남북으로 7보씩 걷고 나서 천상천하유아독존이라 말했습니다. 나이를 먹은 후에는 성을 벗어나 설산(雪山)으로 들어갔습니다. 거기에서 별빛을 보고 깨침을 얻었습니다. 그러나 깨친 법이 궁극의 경지가 아님을 알았습니다. 그래서 다시 수십 개월 동안 조사이신 진귀대사(眞歸大師)를 찾아 유행하였습니다. 이로써 비로소 궁극의 뜻을 전승받는데 그것이 곧 교외별전의 선입니다."

본사 석가모니께서 출태하여 설법하시고 사방으로 일곱 걸음을 떼고서 유아독존이라 외쳤다. 후에 출가하여 설산에 들어가 별을 인연하여 오도하였다. 그러나 그것이 궁극이 아님을 알고서 수십 개월 동안 조사를 찾아 유행하였다. 그때 진귀대사께서 석가모니에게 궁극의 법을 전수하였는데 그것이 교외별전의 가르침이었다는 것이다. 여기에서는 석가모니가 진귀조사에게 심인을 받았다는 내용이다. 부처님으로서의 석가모니가 큰스님으로서의 진귀조사에게 한 수 지도받았다는 것이다.

여기에서는 상징적인 속뜻을 살펴야 한다. 부처님과 조사 가운데 누가 더 훌륭한지 그리고 누가 스승이고 누가 제자인지는 중요치 않다. 다만 석가여래와 진귀조사라는 여래와 조사라는 용어에 주목해야 한다. 여기에서는 조사선의 권위야말로 어떤 선풍보다도 우선이었고 보편적이었으며 부처님을 대신할 정도였다. 그런데 조사선에서 말하는 조사는 본래는 달마조사를 가리키는 말이었다. 그와 같은 조사의 개념을 진귀조사라는 인물에 투영한 것이다.

한편 석가는 여래의 개념을 상징한다. 여래는 49년 동안 고구정녕하게 설법을 하였다. 반면 조사는 직설적이고 현실적이며 단적인 교화수단을 활용하였다. 때문에 조사선의 가풍이 팽배해 있던 시기야말로 선을 언설을 통해서 자상하게 이해시켜 주는 여래선의 방식보다 직지인심으로 제자의 의표를 찔러 가르쳐 주는 조사선의 접화방식이 큰 매력을 발휘하였다. 곧 석가라는 여래와 진귀라는 조사를 등장시켜 그 접화수단의 차이를 비유한 것이다.

그런가 하면 직접적으로 언설과 침묵으로 대변되는 교학과 선법의 차별에 대하여 소위 『무설토론(無舌土論)』이 등장하기도 하였다.

묻는다: 유설(有舌)과 무설(無舌)이란 무슨 뜻입니까. 답한다: 앙산혜적은 "유설은 불토(佛土)를 말한 것이다. 때문에 이것은 응기문(應機門)이다. 무설은 선을 말한 것이다. 때문에 정전문(正傳門)이다."고 말했다. 묻는다: 응기문이란 무엇입니까? 답한다: 선지식이 눈썹을 치켜뜨거나 눈동자를 굴리는 것으로 법을 드러내는 것은 모두 응기문이다. 때문에 이것을 유설이라 하는데 하물며 언어이겠는가. 묻는다: 무설토는 무엇입니까? 답한다: 선의 근기를 지닌 사람을 말한다. 그런데 여기에는 스승과 제자가 따로 없다. 묻는다: 만약 그렇다면 고인들이 말한 것으로 스승이 제자에게 전승했다는 사자상전(師資相傳)은 무슨 뜻입니까? 답한다: 장경혜휘는 "비유하면 허공은 무상(無相)으로 상(相)을 삼고 무위(無爲)로 용(用)을 삼는다."고 말했다. 선법에서 전승한다는 것도 바로 그와 같다. 곧 전함이 없이 전하고 전하되 전함이 없다. 묻는다: 무설토에서는 가르치는 사람과 배우는 사람을 볼 수가 없다고 말합니다. 그런데 교문에서 말하는 여래의 깨침에서도 역시 가르치는 사람과 배우는 사람을 볼 수가 없다고 말합니다. 여기에 무슨 차별이 있습니까? 답한다: 교문의 궁극인 여래의 깨침을 해인삼매라고 말한다.

여기에는 삼종세간의 법이 분명하게 드러나 영원히 사라지지 않는다. 이것을 삼종세간의 흔적이라고 말한다. 그러나 조사선의 가르침은 번뇌를 벗어난 납자의 마음처럼 영원히 청정과 더러움의 분별이 생겨나지 않는다. 때문에 삼종세간이라는 것도 없고 출입의 흔적도 없다. 이런 점에서 다르다. 청정이란 진여와 해탈 등을 말하고 더러움이란 생사와 번뇌 등을 말한다. 그래서 고인은 "수행자의 마음은 깊은 물과 같다. 그래서 청정과 더러움이 결코 생기지 않는다."고 말했다. 또 부처님의 국토란 먼저 선정과 지혜의 옷을 걸치고 타는 불꽃으로 들어갔다가 선정과 지혜의 옷을 벗어던지고 진리를 터득하는 것이다. 때문에 종적이 남아 있다. 그러나 조사의 국토란 본래 벗어나고 벗어나지 않음이 없어 한 올의 실조차 걸치지 않는다. 때문에 부처님 국토와 크게 차별이 된다.

이것은 구산선문 가운데 성주산문의 개조인 무염국사의 설로 기록되어 있다. 무염은 국내에서 화엄을 공부하고 입당하여 다시 중국의 화엄을 배우고 나서 여만선사에게 선법을 공부하였다. 그리고 마곡보철 선사에게서 깨침을 인가받았다. 이에 의하면 교학은 혀가 있다는 것으로 설법을 의미하는 유설이고 선법은 침묵을 의미하는 것으로 혀가 없다는 무설로 대비되어 있다.

따라서 유설은 49년 동안 설법을 해 온 부처님의 가르침에 비유하고, 무설은 상대적으로 말을 아끼는 것으로 보리달마의 침묵에 비유하였다. 이와 같은 상대적인 비교는 신라사회에 이미 굳건하게 토대를 구축하고 있던 교학의 바탕에다 새롭게 수입된 선법 우수성과 특성을 드러냄으로써 상대적으로 교법을 능가하는 가르침을 뿌리내리려는 일환에서 등장한 것이었다. 때문에 의도적이고 도식적인 비교를 위하여 상징적인 혓바닥의 유무를 통하여 그 차이점을 논한 것이다.

이러한 전통은 신라 말기에 당에 유학했다 돌아온 도의선사에게 잘 나타나 있다. 도의선사는 지원승통이라는 가상의 인물을 내세워 은근히 선법의 우위를 다음과 같이 강조하였다.

지원승통이 물었다. "우리 화엄학에서는 4종법계를 주장합니다. 그런데 그대가 주장하는 선법에서는 도대체 4종법계 이외에 다시 어떤 법계가 있으며, 55선지식의 항포법문 이외의 다시 어떤 법문이 있습니까? 곧 화엄 교설 이외에 달리 조사선의 도라는 것이 있다고 할 수 있는 겁니까?" 도의가 답했다. "승통께서 알고 계시는바 4종의 법계에 대하여 조사문중에서는 4종 그대로 바탕으로 간주하여 따로 분별을 하지 않습니다. 그래서 일체의 바른 이치가 얼음이 녹듯이 주먹 속에 법계조차도 없고, 수행이라든가 깨침이라든가 하는 분별도 본래부터 없습니다. 따라서 조사의 마음속에는 문수나 보현이라는 현상도 구별하지 않습니다. 그러니 55선지식의 항포법문도 정말로 물속의 거품과 같은 것입니다. 그리고 성소작지(成所作智)·묘관찰지(妙觀察智)·평등성지(平等性智)·대원경지(大圓鏡智)와 깨침도 마치 금광과 같이 모든 교설 안에 혼잡되어 있어서 특별히 얻는다고 할 것이 따로 없습니다. 이런 까닭에 당나라의 귀종화상은 '팔만사천 법문에서 부처님은 도대체 무엇을 말하려고 한 것입니까?'라는 질문에 대하여 다만 주먹만을 들어 보인 것입니다." 지원승통이 다시 물었다. "그러면 교학에서 말하는 믿음(信)과 이해(解)와 수행(行)과 깨침(證)이란 무엇이며, 궁극적으로 어떤 부처님의 세계를 성취한다는 겁니까?" 도의가 답했다. "분별심이 없고(無念) 깨침을 추구한다는 집착도 없이(無修) 인간의 본성에 충실하게 믿고 이해하며 수행하고 깨칠 따름입니다. 그래서 조사선의 가풍에서는 부처와 중생이라는 구별을 두지 않고 깨침의 본래성을 곧바로 드러낼 뿐입니다. 그런 까닭에 모든 교법 이외에 별도로 조사의 심인법을 전하는 것입니다. 그런데도 불구하고 부처라는 형상을 나타내는 것은 조사의 바른 도리를 알지 못하는 사람들을 위해서 짐짓 방편의 몸을 임시로 빌려 나타낸 것에 불과합니다. 때문에 비록 오랫동안 경전을 읽었다고 할지라도 그것으로 조사의 심인법을 증득하고자 한다면 겁이 다하더라도 얻기 어려울 것입니다." 이에 지원승통은 일어나 예배를 드리며 말했다. "예전에 얼핏 화엄의 교학을 공부했다고 자부했지만 이처럼 부처님의 심인법이 있는 줄을 꿈에도 몰랐습니다."

이와 같은 내용들은 결국 선과 교에 대하여 선 우위의 입장으로 회통하려는 주장이었다. 이러한 전통은 조선시대에까지 이어져 청허휴정의 저술 가운데 『선교석(禪敎釋)』과 『선교결(禪敎訣)』을 비롯한 선주교종(禪主敎從)의 사상을 낳기에 이르렀다. 그 근본적인 원인은 일찍부터 중국선법의 직수입과 그 법맥을 수용하여 『진귀조사설(眞歸祖師說)』과 『무설토론(無舌土論)』 등 조사선법의 수용으로 나타났다.

또한 대혜의 간화선을 수용하여 보조지늘과 진각혜심의 간화선으로 발전 계승시킨 돈오적 간화선의 전개로 나타났다. 한편 구산선문의 여러 가지 종지를 비롯하여 보조지눌의 『수심결(修心訣)』과 태고보우의 『태고암가(太古庵歌)』와 서산청허의 『선교석』 및 『선교결』, 그리고 환성지안(喚惺志安)의 『선문오종강요(禪門五宗綱要)』 등은 한결같이 선주교종(禪主敎從)의 전통으로 이어졌다.

결국 달마선의 전통에서 유래한 가르침 곧 교학을 통한 선의 입문이라는 자교오종(藉敎悟宗)의 전통으로부터 사교입선(捨敎入禪)의 전통으로 부각된 것이 해동에 전승되어 온 한국선사상의 특징이 되었다.

청허휴정도 예외가 아니었다. 선교일치라는 테마를 바탕으로 하여 교학과 선법의 상호 간에 융통을 도모하였지만 그것은 궁극적으로 선교차별을 위한 제스처였다. 우선 『선가귀감』에서는 그 편찬의 의도를 다음과 같이 말하였다.

> 옛적에 불법을 공부하는 자는 부처님의 말이 아니면 말하지 않았고, 부처님의 행이 아니면 행하지 않았다. 때문에 소중하게 여기는 것은 오직 패엽에 쓰인 거룩한 경문뿐이었다. 그러나 오늘날 불법을 공부하는 자는 전승하여 외우는 것은 사대부의 글귀이고 부탁하여 수지하는 것은 사대부의 시뿐이다. 그것을 심지어 화려한 종이에다 고운 비단으로 장식하여 아무리 많아도 만족을 모른다. 그리고 그것을 굉장한 보배로 간주한다. 아. 옛적과 오늘날의 불법을 공부하는 자들이 보배로 간주하는 것이 이렇게 다르구나. 나도 비록 불초하지만 옛적의 불법공부에 뜻을 두고 패엽의 거룩한 경문을 보배로 간주한다. 그러나 문장이 너무나 번쇄하고 대장경이 하도 방대하여 후세에 나와 같이 옛적의 불법공부에 뜻을 둔 자들이 자못 잎을 헤쳐 가며 과일을 따는 수고를 면하지 못할까 봐 염려된다. 이런 까닭에 글 가운데서 중요하고 필요한 수백 마디를 간추려서 짧은 종이에 기록하고 선가귀감이라 이름하였다. 가히 글은 간략하지만 뜻은 깊다. 이에 이 글로 스승을 삼아서 깊이 궁구하여 묘용을 터득하면 글귀마다 살아 있는 석가가 들어 있을 것이다. 그러므로 부디 힘써 궁구하거라. 그러나 문자와 언구를 벗어난 격외

의 기특한 보배가 소용없다는 것은 아니다. 장차 이 선가귀감을 통하여 뛰어난 사람이 나타나기를 기다릴 뿐이다.

이와 같은 편찬의도를 바탕에 깔고서 우선은 선교일치라는 입장을 옹호하고 있다.

세존의 삼처전심은 선지가 되었고, 평생의 설법은 교문이 되었다. 때문에 선은 부처님의 마음이고 교는 부처님의 말씀이라 말한다. 삼처란 다자탑 터에서 자리를 나누어 앉은 것이 첫째이고, 영취산 법회에서 꽃을 든 것이 둘째이며, 사라수 아래에서 두 발을 내보인 것이 셋째이다. 이것은 소위 가섭이 별전한 선의 등불을 가리킨다. 평생이란 49년 동안 설법한 오교(五敎)를 말한다. 첫째는 인천교(人天敎)이고, 둘째는 소승교(小乘敎)이며, 셋째는 대승교(大乘敎)이고, 넷째는 돈교(頓敎)이며, 다섯째는 원교(圓敎)이다. 이것은 소위 아난이 유통한 교법을 가리킨다. 그러므로 선과 교의 근원은 세존이고, 선과 교의 분파는 가섭과 아난이다. 무언으로 무언에 이르는 것은 선이고, 유언으로 무언에 이르는 것은 교이다. 내지 마음은 선법이고, 언설은 교법이다. 법은 비록 일미이지만 견해는 곧 천지만큼 현격하다. 이것은 선과 교의 갈래를 판별한 것이다.

이처럼 선교가 모두 부처님으로부터 유래되었다고 전제하면서도 사실은 사람에 따라서 선과 교가 나뉠 수밖에 없다는 것을 주장하고 있다. 그래서 다시 "이런 까닭에 어떤 사람이 언설에 집착하면 염화미소도 모두 교의 자취가 되고, 마음을 깨치면 세간에서 미주알고주알 떠드는 말이 모두 교외별전의 선지가 된다."라고 말한다.

곧 선과 교의 깊고 옅음을 피력하여 교문에서는 오직 일심법을 전하고 선문에서는 오직 견성법을 전한다는 것이다. 그래서 제불의 설법인 경전의 경우는 먼저 제법을 분별하고 나중에 필경공을 설하였지만 조사가 내보인 삼구의 경우는 의지에서 자취를 제거하고 심원에서 도리를 드러냈다는 것이다. 말하자면 제불은 영원한 가르침을 베푸는 까닭에 도리를 자세하게 보여 주었지만 조사는 그 자리에서 해탈시켜 주기 때문에 뜻을 그윽하게 드러냈다. 그래서 자취[迹]는 조사가 내보인 언설의 가르침이고 의지[意]는 선수행자가 지니고 있는 깨치려는 마음이다.

이것을 비유하여 "제불은 활처럼 설하고 조사는 활줄처럼 설한다. 부처가 설한 무애법은 바야흐로 일미로 귀결된다. 그러나 그 일미의 흔적마저 초월해야 비로소 조사가 내보인 일심이 드러난다. 그러므로 뜰의 잣나무라는 화두는 팔만대장경에서도 찾을 수가 없다."라고 말한다. 활처럼 설한다는 것은 완곡하다는 것이고, 활줄처럼 설한다는 것은 단도직입적이라는 것이다. 용장이란 용궁에 감추어져 있는 일체장경을 말한다.

그러므로 수행납자는 먼저 여실한 언교를 통하여 불변과 수연의 두 가지 뜻이야말로 자기 마음의 성과 상인 줄을 자세하게 판별하고, 돈오와 점수의 두 가지 수행문이야말로 자기 수행의 처음과 끝인 줄을 판별해야 한다는 것이다. 그런 다음에 언교의 뜻을 초월하여 자기 마음을 가지고 화두일념을 현전하여 선지를 자세하게 참구해야 한다. 그러면 반드시 터득하는 바가 있으니 그것이 소위 출신활로라는 것이다.

그래서 청허휴정은 상근기를 지닌 지혜로운 자는 이 말에 한정되지 않지만 중하근기를 지닌 자는 꼭 이와 같은 과정을 거쳐야 한다고 말한다. 교리의 경우는 불변과 수연과 돈오와 점수로서 선후가 있다. 그러나 선법의 경우는 찰나에 불변과 수연과 성상과 체용이 들어 있어 원래 동시다. 때문에 명안종사는 법에 의거하고 언설을 초월하여 직지일념(直指一念)으로 견성성불(見性成佛)할 뿐이다. 교의를 초월해야 한다는 것은 바로 이 때문이다. 결국 청허휴정은 선과 교는 부처님으로부터 비롯된 점에서는 동일할지라도 선문과 교문을 통해 공부하는 사람의 수준과 그 행위 및 자취에는 분명히 차별을 인정하고 있었다.

3) 청허휴정의 간화선

(1) 무자화두의 강조

청허휴정은 참선납자들에게 늘 무릇 참선납자라면 반드시 활구를 참구해야지 사구를 참구해서는 안 된다고 강조하였다. 그리고 참구하는 그 화두는 반드시 본참공안(本參公案)을 들고 간절한 마음으로 공부해야 한다고 하였다. 본참공안이란 자신의 문제와 직결된 화두로서 제일의 화두이기도 하다.

때문에 본참화두는 어느 것이라도 가능하다. 그러나 그와 같은 화두를 참구하는 마음의 자세는 마치 닭이 달걀을 품듯이 하고, 고양이가 쥐를 잡듯이 하며, 배고플 때 밥 생각하듯이 하고, 목이 마를 때 물을 찾듯이 하며, 어린아이가 엄마 생각하듯이 해야 할 것을 말하였다. 그래야만 반드시 화두를 타파하고 깨침으로 나아가는 길이 열린다는 것이었다.

이것은 닭이 달걀을 품을 경우는 온기가 상속되고, 고양이가 쥐를 잡을 경우는 마음이 흔들리지 않으며, 내지 배고플 때 밥 생각하는 경우와 목이 마를 때에 물을 찾는 경우와 어린 아이가 엄마를 생각하는 경우 등은 모두 진심에서 우러난 것이지 애써 하려는 마음으로 되는 것이 아니다. 때문에 간절하다고 말하였다. 화두의 참구에서 이와 같은 간절한 마음이 없이 투철하는 경우는 절대로 없다는 것을 재삼 강조하였다.

그와 같은 간절한 마음에 대하여 일찍이 고봉원묘(高峰原妙)가 『선요(禪要)』에서 제시하였던 화두를 참구하는 세 가지 원칙으로 참구할 것을 다음과 같이 일러주었다. "참선할 경우에 반드시 세 가지 요소를 갖추어야 한다. 첫째는 대신근(大信根)이고, 둘째는 대분지(大憤志)이며, 셋째는 대의정(大疑情)이다. 진실로 이 가운데 하나라도 빠지면 다리가 부러진 솥과 같아서 끝내 쓸모가 없어지고 만다."

이 가운데 대신근은 자신이 참구하고 있는 화두를 통하여 반드시 깨침에 도달한다는 믿음으로서 화두참구의 대전제이다. 그리고 대의정은 화두 자체에 대한 의심으로서 위에서 언급한 간절한 마음을 유지하는 다섯 가지 경우를 말한다. 그리고 대분지는 의심을 끝까지 밀고 나아가는 지속적인 정진심을 가리키는 것이었다.

여기에서 청허휴정은 특별히 일상의 생활에서 단지 구자무불성의 화두를 들어야 할 것을 말하였다. 개한테 불성이 있느냐는 제자의 질문에 조주는 '무(無)'라고 말했다는 것이다. 이 무(無)라는 한 글자야말로 종문의 유일한 관문이고, 또한 수많은 악지(惡知)와 악각(惡覺)을 물리치는 무기이며, 또한 제불의 면목이고, 또한 제조사의 골수라고 말하였다. 그래서 모름지기 이 무 자(無字)의 관문을 투과한 연후에 부처와 조사를 기약할 수가 있다는 것이다.

그런데 여기에서 주의해야 할 것은 무자화두(無字話頭)에 대한 본질적인 의미이다. 무자화두의 먼 연원은 조주에게서부터 비롯되었다. 그러나 무자가 화두의 기능으로서 본격적으로 출발한 것은 북송시대의 오조법연(五祖法演: ?~1104)에 의해서였다. 오조법연은 법맥으로 보면 대혜종고의 할아버지뻘 되는 조사이다.

그가 설법에서 조주의 무자에 대한 화두를 들어 제자들에게 문제의식으로 제시한 때로부터 무자화두는 조주시대의 개한테 불성이 있느냐 없느냐 하는 것으로부터 완전히 탈피하여 순수한 무 자(無字) 화두로서 거듭나게 되었다. 이런 까닭에 대혜종고도 어떤 화두보다도 무자화두를 우선적으로 강조하였을 뿐만 아니라 무자화두에 대한 수증의 자세까지도 논하였던 것이 사실이다.

이것은 다시 무문혜개(無門慧開: 1183~1260)에게 내려와 무자의 화려한 꽃을 피웠다. 무문혜개는 자신이 무자화두를 통하여 수행을 하였고, 무자화두를 수지하여 깨침을 터득하였으며, 무자화두를 통째로 담아둔 『무문관(無門關)』을 가지고 만고역대에 불변하는 법칙으로 삼아 제자들을 지도하였다. 이후로 무자화두의 전통은 간화선 수행에서 단연 으뜸으로 오늘에 이르기까지 지속되고 있다.

그동안 12세기 후반에 도입된 간화선의 선풍은 보조지눌로부터 진각혜심을 통하여 태고보우와 이후 대대상전(代代相傳)하여 청허휴정에 이르러서도 예외가 아니었다. 이에 청허휴정은 대혜와 혜심에 의하여 정립되었던 무자화두를 참구하는 방식으로 10가지 주의사항을 나름대로 다음과 같이 강조하였다.

> 화두 10종병은 다음과 같다. 생각으로 헤아리는 것, 눈썹을 치켜세우거나 눈동자를 깜박이는 것으로 제시하는 것, 말장난으로 활계하는 것, 문자를 인용하는 것, 들고 있는 화두를 가지고 이해하는 것으로 곧 화두 자체에 무엇인가 들어 있다고 간주하는 것, 우두커니 앉아만 있는 것으로 능사를 삼는 것, 유무로써 이해하는 것, 진무로써 이해하는 것, 도리를 통해서 이해하는 것, 어리석게도 깨침을 기다리는 것 등이다. 이 10종의

잘못을 벗어나는 길은 다만 화두를 참구할 때에 간절한 마음으로 이것이 무엇인가를 의심하는 것이다.

이처럼 간절한 마음으로 무자화두에 전념할 것에 대하여 사량할 수 없는 곳까지 나아가 사량하여 마음이 더 갈 곳이 없어야 한다는 것이었다. 이에 대하여 늙은 쥐가 쇠뿔 속에 들어간 것과 같이하여 전도된 길이 끊긴 것을 보아야 한다는 비유를 들었다.

청허휴정이 말한 늙은 쥐에 해당하는 말에서 늙은 쥐는 좌선경험이 많은 구참납자를 의미한다. 쇠뿔 속에 들어간다는 것은 쇠뿔처럼 입구는 넓어서 충분히 들어가지만 점점 좁아져 마침내 막다른 끝에 도달하는 것으로서 화두일념의 경지를 더 이상 갈 곳이 없는 끝까지 밀어붙이는 행위이다. 이로써 전도미망(顚倒迷妄)의 단절을 경험하는 것이 곧 견도단(見倒斷)이었다. 이것은 구참납자의 오랜 안목을 통하여 그동안 품고 있던 미혹한 전도망상을 오롯이 떨어뜨리어 버리는 경험을 가리킨다.

때문에 청허휴정은 평소에 따지고 비교하는 것도 분별사식이고, 생사를 따르는 것도 분별사식이며, 두려워하고 갈팡질팡하는 것도 분별사식이라 하였다. 때문에 무자화두를 참구하는 마음은 마치 무쇠로 만들어진 소의 등짝에 올라앉은 모기처럼 곧장 이것저것 따지지 말고 불가능할 곳에다 침을 꽂아 목숨 걸고 뚫으면 온몸이 통째로 빨려 들어가는 경험을 강조하였다.

이것은 화두의 참구는 모름지기 조사관(祖師關)을 투과해야 하는 것으로서 분별심으로는 결코 터득할 수 없는 그곳에 오묘한 깨침이 현성한다는 것이었다. 그 과정에 대하여 화두공부의 경지가 진척되어서 걸어가도 걷는 줄을 모르고 앉아도 앉은 줄을 모르게 되면 그러한 때에 팔만 사천 가지의 번뇌마(煩惱魔)가 감각작용에서 틈을 보면서 번뇌심을 따라 침범할지라도 더 이상 번뇌의 분별심이 일어나지 않게 되어 오롯하게 나아갈 수 있다는 것이었다.

(2) 무자화두의 수행방편

이만큼 화두공부가 타성일편이 되면 설령 금생에 깨치지 못한다해도 죽음에 이르러 악업에 휘말리지는 않는다는 것이었다. 그런 까닭에 청허휴정은 무릇 참선납자라면 다음과 같은 16심(心)을 점검하라고 가르쳤다.

> 네 가지 은혜가 두터운 줄을 알고 있는가, 사대의 더러운 몸뚱이가 찰나 썩어가는 줄을 알고 있는가, 인명이 호흡지간에 있는 줄을 알고 있는가, 평생에 불조를 만났는가, 무상법을 듣고 희유심을 냈는가, 선방을 벗어나지 않고 절개를 지켰는가, 옆 사람과 잡담만 나누지 않았는가, 시비를 두지 않으려고 간절하게 노력했는가, 하루 종일 화두가 분명하여 떠나지 않았는가, 사람을 대할 때도 화두가 끊임이 없었는가, 보고 듣고 느끼고 아는 경우에도 타성일편이 되었는가, 자기를 관조하여 불조의 허물을 발견했는가, 금생에 결코 불조의 혜명을 이을 수 있겠는가, 앉고 일어서는 모든 경우에도 지옥고를 생각했는가, 현재의 이 육신으로 결코 윤회를 벗어날 수 있겠는가, 팔풍(八風)을 당해서도 마음이 동요하지 않았는가.

청허휴정은 이와 같은 16심이야말로 참선납자가 일상에서 언제나 그리고 반드시 점검해야 할 도리라는 것을 내세웠다. 나아가서 참선납자라면 깨침을 경험하고 나서 반드시 스승의 인가를 받을 것을 말하였다. 제아무리 최고의 깨침을 터득했다손 치더라도 스승의 인가가 없는 깨침은 사도에 빠지고 만다. 때문에 청허휴정은 무자화두를 대번에 말끔하게 타파한 연후에는 바야흐로 명안종사를 참방하여 정안을 결택해야 할 것을 말하였다. 왜냐하면 깨침의 경험은 지극히 어렵기 때문에 모름지기 부족한 마음을 내야 하는데 마치 바다와 같아서 들어갈수록 더욱더 깊어지므로 삼가 작은 것으로 만족해서는 안 된다는 것이었다. 여기에는 깨친 뒤에 명안종사를 참방하지 못하면 제호의 맛도 도리어 독약이 되고 만다는 것을 주의시켰다.

그것은 어디까지나 수행의 요체에 대하여 다만 범부라는 생각을 없애는 것뿐이지 별도로 부처의 견해를 추구할 것이 없다는 전통적인 조사선의 가풍을 올곧게 수용하고 있음을 보여 준 것이었다. 곧 이것은 이미 화두참구를 통하여 깨치고 보니 이전부터 깨친 존재였다는 것을 자각하는 것이었음을 인정하는 대목이다. 이런 점에서 청허휴정은 병도 없고 약도 없으면 그것이 병들기 이전의 본래 그 사람이라는 대혜의 말을 그대로 계승하고 있다.

나아가서 중생심에 대해서도 중생심이라 해서 애써 버릴 필요가 없다고 하였다. 단지 자신의 성품이 중생심이라는 번뇌에 염오되지 않게 할 뿐이다. 만약 중생심이라 해서 버리고 불심이라 해서 취하려고 한다면 그것이야말로 분별심에 불과하다는 것이었다. 허깨비인 줄 알면 곧 이미 허깨비를 벗어난 것이므로 달리 방편을 쓸 필요가 없고, 허깨비를 여의고 나면 곧 이미 깨친 것이므로 역시 점차의 수증이 없다는 것이다. 이치상으로는 진여의 돈오가 가능하지만 실제상으로는 번뇌를 일거에 제거하는 것은 불가능하다는 『능엄경』의 가르침을 수용하였다. 비유하면 문수는 천연도리를 깨쳤고 보현은 연기도리를 설명하였는데 이해는 번개와 같이 빠를지라도 실행은 어린이처럼 더디다는 것이다.

그래서 실제의 수행에서는 돈오에 근거한 점차의 수행인 돈오점수(頓悟漸修) 방식을 주장하였다. 반드시 돈오에 바탕을 둔 수행이라는 것이어야 한다는 것에 주목할 필요가 있다. 그것이야말로 돈오와 점수가 별개의 것이 아니라 돈오의 점수이고 점수의 돈오라는 것을 설파한 주장이었다. 때문에 단순히 돈오만도 아니고 점수만도 아닌 돈오점수라는 것이었다.

이와 같은 태도에 대하여 음란한 마음으로 참선하는 것은 모래를 쪄서 밥을 짓는 것과 같고, 살생의 마음으로 참선하는 것은 귀를 막고 소리를 높이는 것과 같으며, 도둑질하는 마음으로 참선하는 것은 깨진 그릇에 물을 가득 채우려는 것과 같으며, 속이는 마음으로 참선하는 것은 똥으로 향을 만들려는 것과 같다고 하였다. 이런즉 설령 지혜가 많더라도 모두 장애만 될 뿐이라는 것이다.

이것에 대하여 계학·정학·혜학의 무루삼학(無漏三學)을 돈오점수(頓悟漸修)의 원칙으로 내세우고 그 근거로서 소승에서는 품법(品法)으로 계를 삼기에 성글게 그 지말무명(枝末無明)을 다스리지만 대승에서는 섭심(攝心)으로 계를 삼기에 세밀하게 그 근본무명을 제거한다는 것을 강조하였다. 이것은 품법으로 계를 삼는 소승계는 몸으로 범하는 것이 없지만 섭심으로 계를 삼는 대승계는 생각으로 범하는 것이 없다는 것이었다. 그래서 계학은 번뇌를 알아차리는 것이라면 정학은 번뇌를 포박하는 것이며 혜학은 도적을 없애는 것에다 비유하였다.

또한 계(戒)의 그릇이 온전하고 견고하면 정의 물이 맑게 담겨 혜의 달이 바야흐로 비친다는 무루삼학은 계와 정과 혜는 하나에 세 가지가 구비되어 있으므로 낱낱의 모습이 아니라는 것이다. 무루삼학은 또한 실제로 모든 불법의 근원이기 때문에 특별히 그것을 설명하여 모든 유루가 없게 하는 것이 돈오점수의 수증이라는 것이다. 이것을 영산회상에는 일찍이 수행을 하지 않은 부처가 없었으며 보리달마의 소림의 문하에는 일찍이 빈말하는 조사가 없었다는 것이다.

이와 같은 청허휴정의 수증관은 본래의 진심을 지키는 것을 제일가는 정진(精進)이라 하고, 외부경계를 마주치고도 분별심이 발생하지 않는 것을 불생(不生)이라 하였다. 본래의 진심을 지키는 것의 수단이 곧 무자화두였고, 무자화두를 타파하고 나서는 돈오점수의 방식에 의하여 본래심으로 살아가는 것이 곧 청허휴정의 수증관이었다.

그래서 청허휴정에게는 불생(不生)은 무념(無念)이고 무념은 해탈이라는 조계혜능의 정법을 계승했다는 것에 대하여 크게 자긍심이 물씬 묻어나온다. 더욱이 해탈은 무자화두(無字話頭)를 통하여 비로소 반야바라밀의 궁극으로 나아간다는 것은 일찍부터 무념의 정신으로 무장한 조사선풍이 반야사상에 근거한 것이었다. 따라서 조계혜능(曹溪慧能)과 하택신회(荷澤神會)와 규봉종밀(圭峯宗密)과 보조지눌(普照知訥)로 계승되는 돈오(頓悟)의 이해와 점수(漸修)의 수행가풍을 충실하게 반영하고 있음을 보여주었다. 이로써 청허휴정은 무자화두의 참구와 깨침에 대한 마음자세 및 그 인가에 대한 중요성에 대하여 온고이지신(溫故而知新)하는 태도를 견지하였음을 보여준다.

이에 청하휴정은 『선가귀감』에서 그에 대한 결론적인 내용으로 보살이 중생을 제도하여 멸도시켰지만 실제로 멸도를 터득한 중생은 없다는 『금강경』의 구절을 들어 주장하였다.

또한 어느 날 유행할 것을 결심하고 연희 스님을 찾아 화엄의 가르침을 배우고 벽계정심을 참문하여 달마조사서래의(達磨祖師西來意)를 참구하였다. 연희대사는 벽계정심의 제자로서 벽송지엄과는 법계상으로 사형에 해당된다. 연희대사는 속리사의 주지를 지낸 스님으로 호가 지헌으로 당시 교종의 총본산이었던 흥덕사에도 주석하였다. 나아가서 내불당에도 초청받아 들어갔던 인물이다. 세조 때에는 『반야심경(般若心經)』을 언해하고 그에 대한 발문을 남기고 『석보상절(釋譜詳節)』을 편찬하고 『월인석보』를 증수하기도 하였다.

45세 때 금강산 묘길상암에 들어가 대혜선사의 어록을 읽고 구자무불성화에 의심을 기울여 머지않아 의심을 해결하였다. 나아가서 『고봉원묘선사어록』을 읽고 양재무사갑리타방(颺在無事甲裏他方)의 대목에 이르러 크게 깨우쳤다. 48세 때 용문산에 들어갔다. 49세 때는 사자암에서 각운의 『염송설화(拈頌說話)』 30권 가운데 고칙(古則)에 대한 설화 부분만 발췌하여 『염송화족』을 필록하였다. 50세 때는 오대산에 노닐었으며 이후 백운산과 능가산 등을 소요하였다. 57세 때는 지리산의 초암에 묻혀 두타행에 철저하였다.

벽송지엄은 『선원제전집도서(禪源諸詮集都序)』와 『법집별행록절요(法集別行錄節要)』 등을 통해 교학을 다졌으며, 『서장(書狀)』과 『선요(禪要)』 등을 통하여 선법을 터득하였다. 이 밖에도 11세기 말엽 송대에 공진(拱辰)이 찬술한 『조원통록(祖源通錄)』 24권을 4권으로 촬요하여 6세 때 백운산 만수사에서 『조원통록촬요(祖源通錄撮要)』를 간행하면서 그 발문을 붙였다.

이 『조원통록촬요』는 석가모니로부터 중국과 신라와 고려의 조사들을 열거하는 전등사서의 성격을 갖추고 있다. 특히 그 마지막에 해당하는 나옹혜근에 대해서는 말법시대에 불교의 정법안장을 부흥시킬 인물로 석가모니의 후신으로까지 칭송하고, 그 법계를 중요시하여 또 다른 측면에서 법계상의 문제를 제기하는 계기가 되기도 한다.

어느 날 일선(一禪) 장로에게 그 이름을 비유하여 다음과 같은 법어를 내렸다.

거시기 하나[一]는 진(眞)과 망(妄)을 여의었고 명(名)과 상(相)을 끊었으며 굳건하고 청정하며 맑고 걸림이 없다. 그러니 달리 무엇을 추구하려고 참선한다 말할 수 있겠는가. 만약 삼라만상이 모두 여래의 실상이라면 보고 들으며 느끼고 아는 일체가 반야의 신령스런 작용 아님이 없을 것이다. 그러면 천마의 무리와 외도의 가르침도 곧 일미선 아님이 없을 것이다.

4) 청허휴정의 저술

청허휴정이 조선시대 한국불교의 중흥조로서 추앙되고 있는 것은 그의 선이 수행과 사상 그리고 정토 및 염불의 보급과 함께 그가 배출한 70명의 사법제자를 비롯한 법맥의 위상이 중요한 역할을 하였다. 나아가서 그가 저술한 다양하고 많은 저술은 그에 대한 보다 확고한 기반을 형성하고 있다.

『선가귀감(禪家龜鑑)』은 1564년 여름에 자신이 쓴 다음의 서문에 그 저술의 의도가 잘 나타나 있다.

옛적에 불법을 공부하는 자는 부처님의 말이 아니면 말하지 않았고, 부처님의 행이 아니면 행하지 않았다. 때문에 소중하게 여기는 것은 오직 패엽에 쓰인 거룩한 경문 뿐이었다. 그러나 오늘날 불법을 공부하는 자는 전승하여 외우는 것은 사대부의 글귀이고 부탁하여 수지하는 것은 사대부의 시 뿐이다. 그것을 심지어 화려한 종이에다 고운 비단으로 장식하여 아무리 많아도 만족을 모른다. 그리고 그것을 굉장한 보배로 간주한다. …… 그러나 문장이 너무나 번쇄하고 대장경이 하도 방대하여 후세에 나와 같이 옛적의 불법공부에 뜻을 둔 자들이 자못 잎을 헤쳐 가며 과일을 따는 수고를 면하지 못할까 봐 염려된다. 이런 까닭에 글 가운데서 중요하고 필요한 수백 마디를 간추려서 짧은 종이에 기록하고 선가귀감이라 이름하였다. 가히 글은 간략하지만 뜻은 깊다. 이에 이 글로 스승을 삼아서 깊이 궁구하여 묘용을 터득하면 글귀마다 살아 있는 석가가 들어 있을 것이다. 그러므로 부디 힘써 궁구하거라.

이것은 선문 뿐만 아니라 교문에서도 일상의 지침서로 활용할 수 있도록 엮은 것이다. 이런 까닭에 수행납자의 안목을 틔워주기 위하여 다양한 가르침을 제시하였다. 곧 불교의 근본적인 대의와 그것을 터득하기 위한 방법, 선교의 차별과 화두의 참구, 그리고 수행과 깨침에 대한 이해와 그 방식, 출가납자의 본분, 선의 역사에 대한 인식의 방법으로 선종오가(禪宗五家)의 법맥에 대한 이해, 나아가서 무집착(無執着)과 무분별(無分別)의 자세로서 불조를 친견하는 것조차 원수를 대하듯 하지 않으면 부처를 구하는 데 집착하고 얽매이며 조사를 추구하는 데 집착하고 얽매인다는 것을 후학들에게 고구정녕하게 부탁한다.

『유가귀감(儒家龜鑑)』은 자신이 어렸을 때부터 15세 때까지 배웠던 까닭에 당시의 시대와 개인적인 풍부한 소양지식으로서도 반드시 필요하였다. "공자가 말씀하셨다."라는 처음 대목으로부터 "태극은 본래 무극이다."라는 끝에 이르기까지 천(天)·도(道)·심(心)·극(極)·중(中)·인(仁)·덕(德)·경(敬)·성(誠) 등을 강조한 것으로 요약하였다. 때문에 개인의 수양과 아울러 사회 및 국가의 윤리에 대한 지극한 충효를 통하여 완전한 세상을 실현하는 것을 근본사상으로 하고 있음을 피력하였다.

『도가귀감(道家龜鑑)』에서는 "처음의 혼돈은 천지보다 먼저 생겨났고"로 시작하여 "보아도 형태가 없고 들어도 소리가 없다."라는 마지막에 이르기까지 간략하게 요약하였다. 말하면 천지보다 먼저 형성된 지극히 영묘하면서도 텅 비어 있는 심(心)을 모든 묘용의 근원으로 간주하고, 그 체는 도(道)이고 그 용(用)은 덕(德)이라 하여 그것을 터득한 사람을 진인(眞人)으로 간주하였다. 이로써 자연과 마음과 도와 인천 등에 대하여 설명을 전개하였다. 선가 · 유가 · 도가의 셋을 통틀어 『삼가귀감(三家龜鑑)』이라 일컫기도 한다.

『선교석(禪敎釋)』은 60대 후반의 나이에 묘향산 금선대에서 행주 · 유정 · 보정 등의 제자를 위하여 설한 가르침이다. 그들이 "『반야경』에도 선지가 들어 있기 때문에 반야를 종지로 삼아도 괜찮은 것입니까?"라고 질문을 하였다. 이에 청허는 "세존에 마하가섭에게 정법안장을 부촉했다는 말은 들어봤어도 『금강경』을 가섭에게 전하였다는 말은 들어본 적도 없다. 일체의 만물에도 조사의 뜻이 담겨 있고 날짐승들도 실상법문을 노래하고 있다. ……."라고 하여 선과 교를 대조하여 설명한 글이다.

『선교결(禪敎訣)』은 선과 교에 대하여 서로가 다투는 것에 대하여 그 대의를 간결하게 요약하여 설명하였다. 그리고 교와 선에 대하여 각각의 입장에서 선과 교를 제대로 파악하면 하등의 다툼이 있을 수 없다는 것을 말하였다. 그리고 선과 교의 연원에 대해서도 언급하였다. 그에 대한 언급으로 몇 가지 말을 인용하여 설명하였다.

선은 부처님의 마음이고 교는 부처님의 말씀이다. 무언으로부터 무언의 경지에 이르는 것은 선이고 유언으로부터 무언의 경지에 이르는 것은 교이다. 이처럼 같은 도리를 다르게 알고서 다투는 것은 참으로 어리석은 일이라고 말한다.

『심법요초(心法要抄)』는 "마음의 도리는 천지도 그것을 덮지 못하고"라는 말로 시작하여 교학자의 오류, 선학자의 오류, 삼승학인의 오류, 참선문, 염불문, 교학의 55위, 교외별전 직지인심 등에 대하여 설명을 하였다. 나아가서 글의 형식에 구애받지 않고 다양한 형식으로 전개하였는데, 특히 선문에 대하여 지해(知解)의 분별을 경계하고 있는 것도 눈여겨볼 만한 대목이다.

『운수단(雲水壇)』은 운수납자의 일상생활에 관한 의궤집이다. 따라서 당시에 운수납자들이 어떤 모습으로 살아야 하고 또한 살아가고 있는가를 살펴볼 수 있는 내용이기도 하다.

『설선의(說禪儀)』는 선문에서 불립문자 교외별전 직지인심 견성성불을 내세운다 해서 모든 의식과 행위와 절차를 무시한다는 것은 결코 아니다. 오히려 여법한 의식을 통해서 선문의 진정한 정신이 드러나게 마련이다. 따라서 『운수단』이 일상의 행위규범이라면 『설선의』는 선문에서 행해지는 의식절차에 대한 설명을 담은 것이다.

『청허당대사집(淸虛堂大師集)』은 청허휴정의 인간적인 심정과 사상을 엿볼 수 있는 가장 좋은 자료이기도 하다. 사(辭)·서(書)·시(詩)·기문(記文)·발(跋)·제문(祭文)·서간(書簡)·서(序)·소(疏)·모연문(募緣文)·비명(碑銘)·행적(行蹟) 등 다양한 형식의 글들을 모은 것이다. 이것은 그 후손들이 휴정의 평소 시문들을 모아서 엮은 것으로 입적한 후에 간행된 것으로 모두 4권으로 이루어져 있다.

『선가금설록(禪家金屑錄)』은 담화가 쓰고 청운거사가 간행한 것으로 선과 교의 경지에 대하여 그 깊고 얕음을 말한 것이다. 기타 『동사열전(東師列傳)』의 기록에 의하면 청허는 『회심곡(回心曲)』의 저자로도 알려져 있다.

5) 청허휴정의 선심시심

청허휴정의 시문은 『청허당집(淸虛堂集)』 4권을 통하여 엿볼 수 있다. 보현사 묘향사의 판본을 보면 수록된 내용이 다양하여 시(詩)·서(書)·기(記)·명(銘)·서간(書簡)·소(疏)·문(文)·선교결(禪敎訣)·발문(跋文)·제문(祭文)·선교석(禪敎釋)·반야다라부법전(般若多羅付法傳)·청허당행장(淸虛堂行狀) 등으로 구성되어 있다.

제1권의 처음에 등장하는 시는 선조대왕이 내린 묵죽시에 화답한 시이다.

소상의 대나무 한가지가	瀟湘一枝竹
주상의 붓끝에서 나왔네	聖主筆頭生
산승이 사루는 향연기에	山僧香爇處
잎새마다 가을소리 내네	葉葉帶秋聲

선조대왕이 그려주신 대나무 가지를 가만히 들여다보고만 있을 수가 없었다. 불전에 올리는 향을 사루어 감사의 마음을 전하는 데 피어오른 향 연기가 마치 날렵한 대나무 가지를 닮았나 보다. 대나무 가지는 종이에 붙박여 있어 움직이지 않는데 자신이 피워둔 향연은 자유롭게 공간을 휘젓는다. 대나무 그림은 검은 묵빛인데 향연은 하얀 한지의 빛깔이다. 마치 밤과 낮이 정위(正位)와 편위(偏位)로 대비되어 있는 듯하다.

여기에 바로 주상전하의 정적인 모습과 자신의 동적인 모습이 연기에 배어들어 조화롭게 전개되어 있다. 어디 색깔 뿐이겠는가. 조용한 방에서 향이 사각사각 타들어 가는 소리는 마치 대나무 잎마다 가을바람이 스치는 소리를 닮은 듯하다. 청허휴정은 여기에서 정중동의 법열을 맛보았을 것이다.

언젠가는 고향집을 지나가면서 다음과 같은 시를 남겼다.

목동은 늴리리야 피리불면서	牧童一聲笛
석양녘에 소를타고 돌아가네	騎牛過夕陽
王·謝의 집인들 무사할손가	不堪王謝宅
제비들 지저귀는 노래소리뿐	燕子說興亡

세월과 인생의 무상을 절감하는 노래였다. 오랜만에 고향집을 지나면서 보니 예전의 모습이 간 곳이 없는데 옛적에 지지배배 지저귀던 제비는 여전히 그대로였다. 사람이 살지 않은 집은 오래가지 못한다. 세월을 느끼지 못하는 사람에게는 억겁의 세월도 찰나에 불과하다. 그러니 청허휴정은 퇴락한 옛집을 통하여 출가납자로서 부지런히 정진하지 않으면 끝내 세월에 좀먹히고 마는 허망한 육신을 바라다보았다.

세월의 흥망을 노래하는 제비소리를 듣고도 반야의 설법으로 들을 줄 아는 지혜라면 세간에서 미주알고주알 떠드는 말이 모두 교외별전의 선지가 된다는 것을 느꼈다. 그러나 언설에 집착하면 염화미소도 모두 교의 찌꺼기일 뿐이다.

때문에 『선가귀감』의 서문에서는 언설로 말하려고 하면 본심으로부터 멀어지고 본심에서 멀어지면 세존의 염화와 가섭의 미소도 다 진부한 말이 되어 끝내 쓸모조차 없게 되지만 마음을 깨치고 보면 가담항설이 좋은 법문일 뿐만 아니라 지저귀는 새소리마저 실상의 깊은 도리가 된다고 말했다.

이와 같은 청허의 선심은 산에 사는 즐거움을 누리는 시에서 다시

시심으로 피어나 있다.

산과 강에는 주인이 있겠지만　山河雖有主
자연의 풍월에는 분별이 없네　風月本無爭
때마다 저절로 봄소식 깃드니　又得春消息
매화꽃 여전히 가지에 한가득　梅花滿樹生

푸른 하늘은 자신이 푸르다 노랗다 말하지 않는다. 다만 기분에 따라 그렇게들 보일 뿐이듯이 깨침은 정해져 있는 것이 아니다. 수행을 한다고 해서 깨침이 터득되는 것도 아니다. 때문에 고인은 깨침은 수행할 필요가 없다[道不用修]고 말했는가 하면, 구하면 구할수록 더욱더 멀어진다고 말하였다. 애초부터 그렇게들 구비되어 있는 줄을 알아차리는 것이 수행이고 깨침이다. 굳이 이렇다 저렇다 분별을 가지고 찾다 보면 끝내 심신만 피곤하다.

내가 늦잠을 자도 아침은 오고 일찍 일어나도 아침은 온다. 단지 그와 같은 도리를 자각하는 것이 수행납자의 본분이다. 그래서 부처도 미혹하면 중생이고 중생도 깨치면 부처라는 말은 자연 속에 그렇게 드러나 있는 현성공안(現成公案)이다. 이 땅에 깃들어 살아가는 사람들은 내 집입네 내 산입네 하고 분별하지만 부는 바람과 뜨고 지는 달이야 어디 누가 맡겨둔 적이 있었던가. 매화가 벙글어 가는 사실 자체가 신통한 것이 아니라 계절을 따라 매화가 벙그는 모습을 보고 세월과 아름다움을 느끼는 사람의 그 마음이 신통이요 묘용이다.

이와 같은 세상에 청허 자신에 대한 분별마저 초탈한 모습을 인경구탈(人境俱脫)이라는 제목으로 읊은 시가 있다.

배꽃 하롱하롱 어지럽게 날리어　梨花千萬片

청허원 뜨락에 소담하게 내리니   飛入淸虛院
목동의 피리소리 산의 메아리요   牧笛過前山
소는커녕 사람조차 보이지 않네   人牛俱不見

경계를 부딪쳐 일어나는 온갖 번뇌망상인들 없을 수 없겠지만 그
것이 어디로들 간단 말인가. 분분히 휘날리는 하얀 배꽃 이파리는
누가 청하지 않아도 각각 제자리에 찾아 떨어진다. 떨어지는 곳이
어디인들 개의치 않는 것이야말로 무집착의 자태이다. 그래서인지
방거사는 약산을 하직하고 산문을 내려오는 길에 하늘에서 한 송이
한 송이 휘날리는 눈을 가리키며 말했다. "참으로 신비롭도다. 송이
마다 제자리에 떨어지는구나[好雪片片 不落別處]."

겨울에 날리는 눈송이가 무심하게 내려앉는 그 자리마다 어쩌면
그렇게도 제자리를 찾아서 내려앉는지 황홀할 정도다. 흰 꽃잎은 청
허원으로 내려앉을 의도가 없었는지도 모른다. 그러나 청허의 눈에
는 반드시 그 자리에 떨어져 내리지 않으면 안 되는 모종의 법칙을
본 것이다. 이러한 상황에서는 딱히 정해져 있는 것이 없다. 『금강
경』에서 말하는 무유정법명아뇩다라삼먁삼보리(無有定法名阿耨多
羅三藐三菩提) 그대로이다.

이와 같은 청허의 선심이 곧 그대로 시심이었다. 그러니 어디 소
치는 아이를 태우고 집으로 돌아오는 소와 아이를 분별할 수 있겠는
가. 향긋한 냄새를 풍기며 소담하게 떨어지는 꽃잎과 맑게 텅 비어
있는 청허(淸虛)가 조화롭다. 이렇듯이 청허는 시에다 선을 담아두
었고 선의 안목을 통하여 시를 드러냈다. 『청허당집(淸虛堂集)』의
시를 통하여 청허는 선심시시(禪心是詩) 및 시심시선(詩心是禪)의
도리를 보여 주었다.

8. 부휴선수(浮休善修: 1543~1615)의
쌍수선(雙修禪)

1) 부휴선수의 행장

부휴선수는 부용연관의 걸출한 두 법안으로서 서산청허와 더불어 영관의 선법을 가장 충실하게 계승한 선사였다. 서산청허가 사형으로서 도덕이 뛰어나고 재기가 으뜸이며 문장과 필법이 세상을 두루 비추었다면, 부휴는 사제로서 법견이 고준하고 숙세부터 갖추고 태어난 납자의 면모가 있어 그 휘하에는 항상 700명의 대중이 따랐으므로 일대의 종사로 불렸다.

부휴선사의 행장은 그의 제자인 백곡처능의 홍각등계선사의 『비명(碑銘)』을 통하여 엿볼 수 있다. 부휴는 임제의현 선사의 제24세의 적손이다. 자호가 부휴(浮休)이고 법명은 선수(善修)이다. 속성은 김씨이고, 전북 오수 사람이다. 아버지는 적산 사람으로 신라시대에 큰 벼슬을 하였으나 신라가 멸망한 후 고려시대에는 평민으로 강등되었다. 어머니는 이씨이다. 부모는 오랫동안 아이가 없었다. 이에 평소에 열심히 득남기도를 올렸다. 심지어 길가에 나뒹굴고 있는 돌부처에게까지도 아들을 낳으면 반드시 출가시키겠다고 맹세하였다. 그러던 어느 날 밤에 꿈을 꾸었다. 신령스러운 스님으로부터 둥근 구슬 하나를 선물로 받아서 삼키고는 회임하였다. 이로써 부휴가 태어난 것은 이듬해 1543년 2월이었다.

어려서부터 부모가 음식으로 고기를 주면 밥을 먹지 않았다. 예닐곱 살이 되어서 부모를 설득하여 구름같이 뜬 세상에 반드시 출가하고 싶다는 말을 하였다. 마침내 17세 때 부모를 설득하고는 지리산에 들어가 신명 스님에게 머리를 깎았다. 이후 부용영관 선사를 참방하였다. 생김새는 머리가 하얗고 배는 불룩하며 이마는 훤칠하고 키는 장대하였으나 단지 흠이라면 도적에게 왼팔이 잘려 장애의 신체조건을 지니고 있었다.

부용연관에게 득법한 후에 당시 재상이었던 노수신의 장서를 빌려 7년에 걸쳐 두루 읽지 않은 책이 없었다. 글씨 또한 뛰어나 송운대사 유정과 더불어 쌍벽을 이루었다. 일찍이 그 제자 가운데 한 납자가 부휴의 글씨 몇 자를 가지고 한양에 갔었는데 글씨에 안목이 있는 자에게 보였다. 이에 오랫동안 그 글씨를 주목하더니 "글씨가 살아 있구나. 예로부터 쉽게 볼 수 없는 글씨다. 점과 획에 손자국이 묻어 있는 것을 보니 도인이 쓴 것임에 틀림없구나."라고 감정하였다.

선조대왕시대에 임진왜란이 일어나 일본군이 산야를 유린하자 덕유산에 몸을 숨기고 있었다. 그곳까지 왜군이 쳐들어 왔을 때 잠시 바위계곡에 몸을 피하고 나서 시간이 흐르자 왜군이 지나간 줄 알고 암자로 돌아왔는데 풀숲에 숨어 있던 왜군이 나타나 목에 칼을 겨누었다. 부휴가 차수한 자세로 의젓하게 목을 내주자 그 모습에 감복하여 모두 절을 올리고는 그냥 물러가 버렸다.

전란이 끝나고 가야산 해인사에 주석하고 있을 때 명나라 장군 이종성이 황제의 명을 받고 해인사에 들렀다가 부휴를 만나고는 돌아갈 시간을 잊고서 며칠 동안 부휴와 법담을 나누었다. 부휴는 헤어질 때 시 한 수를 써주면서 멀리 떠가는 길에 무사하기를 기원하였다.

이후에 부휴는 덕유산 구천동으로 갔다. 거기에서 어느 날 눈을 감고 『원각경(圓覺經)』을 암송하는데 다 끝나기 전에 어떤 소리가 들리기에 홀연히 눈을 뜨고 보니 커다란 이무기가 뜰에 올라와 있었다. 부휴가 암송을 그만두고 뜰에 내려와서 발로 그 꼬리를 살짝 밟아보니 이무기가 덤벼들기는커녕 절을 하듯이 머리를 숙이더니 이윽고 조용히 물러갔다. 그날 밤에 한 노인이 나타나서 공손하게 절을 하고 나서 "스님의 설법을 듣고서 저는 이미 고통에서 벗어나게 되었습니다."라는 감사의 말을 전했다. 부휴의 신통은 참으로 이렇듯 자비롭고 미물에 이르기까지 두루 미쳤다.

이후 광해군시대에 지리산에 주석하고 있을 때였다. 어떤 땡초 승 때문에 무고하게 감옥에 갇히는 신세가 되었다. 감옥의 관리가 부휴의 기상을 보고 말을 들어보니 예사로운 사람이 아닌 줄을 알고 광해군에게 고하였다. 광해군이 부휴의 무죄를 알고서 궁궐로 불러서 법요를 묻고는 크게 흡족하였다. 그리고는 자란방포 한 벌과 벽릉장삼 한 벌과 녹기속옷 한 벌과 금강염주 및 기타 여러 가지 선물을 하사하였다.

광해군은 또한 봉인사(奉印寺)에서 재를 올릴 때도 부휴를 불러 증명토록 하였는데 이를 위해서 궁궐에서 말을 대기시켜 놓았을 정도였다. 말 위에 오르면 앞장서서 호위를 하고 사람들이 부휴선사를 멀리서라도 뵙기 위하여 구름처럼 모여들었다.

재가 끝나고 산으로 돌아오자 도속들이 앞을 다투어 도를 물었다. 이로부터 항시 대중이 700명을 넘었다. 부휴는 평생토록 엄한 덕을 지녔다. 재물을 헌공하는 자가 줄을 이었는데 모두 흩어 버리고 한 가지도 받지 않았다. 또한 기량이 깊은 물처럼 고요하고 의기가 있어서 제아무리 두찬(杜撰)이 찾아와도 내쫓는 법이 없었다. 이에 항상 700대중 이상이 모여들었다.

72세 때 조계산 송광사로 돌아가 방장이 되었고 이후 칠불사(七佛寺)에 주석하였다. 이듬해 73세 때 병의 기세가 나타났을 때 상족이었던 벽암각성을 불러 "내 뜻은 모두 그대에게 있노라. 그대는 잘 받들어 지니거라." 하고 부촉을 하였다. 이후 11월 초하루 새벽에 목욕재계하고 시자를 불러 종이와 연필을 준비시키고는 다음과 같은 임종게를 읊었다.

> 일흔세 해 동안 허깨비 바다에서 노닐다가
> 오늘 아침 껍데기 벗고 본원으로 돌아가네
> 확연히 비고 고요하여 본래 일물도 없으니
> 어느 곳에 보리와 생사의 뿌리가 있겠는가

게송을 마치고는 조용히 입적하였다. 세수 73세이고 법랍은 57세였다. 문인들이 법구를 다비에 부쳐 영골을 수습하여 해인사와 칠불사와 백장암과 송광사 등 네 곳에 나누어 부도를 세웠다. 그 후 5년 후(1620)에 광해군은 홍각등계라는 시호를 내렸다.

『송광사사적비』에서는 "임제로부터 18전(傳) 하여 석옥청공에 이르렀다. 이때 고려의 태고보우가 석옥청공의 법을 받았다. 이로부터 6전(傳) 하여 부휴에 이르렀다."라고 하였다. 또한 『송광사개창비』에서는 다음과 같이 말한다.

고려의 스님 태고보우는 중국에 들어가 하무산에서 석실청공 선사를 참방하였다. 석실 청공 선사는 임제의 18대 적손이다. 이에 태고보우가 청공의 법을 모두 전수하였다. 이에 태고보우는 환암혼수에게 전수하였다. 환암혼수는 구곡각운에게 전수하였다. 구 곡각운은 벽계정심에게 전수하였다. 벽계정심은 벽송지엄에게 전수하였다. 벽송지엄은 부용영관에게 전수하였다. 부용영관은 상족제자에게 전수하였는데 그 이름은 선수이고 자호는 부휴인데 내전에 관통하여 일대의 존사가 되었다.

이로써 부용영관의 선법은 청허휴정과 더불어 부휴선수에게로 전 수되었음을 알 수가 있다. 이후 부휴의 법계는 청허의 법계와 더불 어 조선시대의 선맥을 일관하는 중요한 위치를 차지하고 있다.

2) 부휴선수의 무자수행

부휴는 젊어서부터 내외전을 두루 섭렵하였다. 특히 재상이었던 노수신과의 인연으로 그 장서를 7년에 걸쳐 모두 독파했다는 사실은 유명하다. 노수신은 자가 과회(寡悔)이고 호는 소제(蘇齊)였다. 젊 어서부터 대단히 총명하고 박학다식하여 경술에 달통하였으며 글은 웅건한 기상을 지녀 호연지기를 내뿜었다. 약관 20에 출세하였고 이 언적과의 문답을 통하여 그 인정을 받았다.

이후 승승장구하다가 사화로 인하여 진도에서 17년 동안 귀양살 이를 하였다. 이때『입심도심변(入心道心辨)』·『숙흥야침잠주(夙興 夜寢箴註)』·『소제집(蘇齊集)』등을 저술하였다. 귀양살이에서 풀려 나서는 선조임금의 총애를 받아 우의정 및 영의정을 지냈다. 그러나 다시 정여립의 모반에 연루되었다는 명목으로 76세에 명을 다하였다. 노수신은 부휴와 교류하면서 선심을 장양하였다. 특히 그의『입심도심변』에서는 도심(道心)은 천도(天道)로서 본래부터 마음에 갖추어져 있기 때문에 정진을 통하여 개발하는 것이 중요함을 말하였다. 또한 『숙흥야침잠주』에서는 마음의 진체(眞體)는 부동하여 변함이 없지만 그 작용은 신령스럽게 작용하기 때문에 허명하면서도 신통한 공능이 동시에 구비되어 있다고 하였다.

이와 같은 설명은 조사선의 가풍을 그 본체와 작용의 측면에서 살핀 것으로 부휴의 선풍이 고스란히 엿보이는 점이기도 하다. 그것은 부휴의 수행이 무자화두를 통한 간화선의 수행 및 선정겸수의 사상으로부터 살펴볼 수가 있기 때문이다. 이와 같은 수행은 당시의 일반적인 유형이기도 하였지만 그 속에서 부휴의 자기수행과 타인에게 권유하는 수행의 모습을 두 가지로 나누어 보면 다음과 같다.

첫째는 부휴가 무자화두를 통한 간화선의 수행을 중시한 점이다. 둘째는 화두수행과 더불어 정토염불을 가미하였다. 이것은 청허휴정도 예외는 아니었다.

또한 부휴는 일상의 삶에서 임진왜란과 불법의 박해라는 내우외환의 현실에서 비분강개(悲憤慷慨)하는 심정을 그의 시문을 통하여 토로하기도 하였다. 그러는 한편 안빈낙도의 소탈한 납자로서의 면목도 아울러 드러내 주고 있다. 결국 이와 같은 몇 가지 점에서 보자면 부휴는 시대의 상황을 가슴에 담고 살아가면서 운수납자(雲水衲子)로서의 기질을 비교적 자유롭게 전개했던 선자였다.

첫째로 간화선 수행의 모습은 선자 본분의 모습으로서 그의 시문에 짙게 배어 있다. 정도인에게 주는 네 수의 연작시에서 무자화두(無字話頭)에 대한 간절한 배려가 엿보인다.

육신의 치성한 번뇌 미친 말과 같아도
생각 한 번 돌이키면 어쩌지 못한다네
그 속에서 공용을 잊고 크게 뒤척이면
하늘 높이 오르리니 어찌 곤만 못하랴

예로부터 삼제제불 치열하게 정진했네
조사가풍 전승하려 명안종사 참방하니
크게 깨우치고 웃음 한 번 웃어제끼니
행동이 재빠르기 송골매와 다름없다네

모름지기 조주무자 의심덩이 일으켜서
하루종일 의단에만 전념하여 쉬지말라
물길 끊기고 구름 다한 곳에 이르거든
다짜고짜로 조사관문 두들겨 부시거라

그 가운데 깨침의 소식을 뉘라서 알랴
크게 분심 일으켜 의단에 몸을 잊으면
화두 타파되어 하늘 땅 확 뒤집히리니
어찌 남과 북의 경계 따로 논하겠는가

이것은 당나라시대에 조주종심을 연원으로 하여 북송시대에 정착
된 무자화두를 드는 방법과 지속적으로 화두일념의 상태를 유지할
것을 간명직절하게 시구로써 일러주고 있다. 첫째 수에서는 무자화
두를 들어야 하는 당위성을 말하였다. 둘째 수에서는 선지식을 참방
해야 함을 제시하였다. 셋째 수에서는 일상에서 화두일념의 상태를
유지해야 함을 말하였다. 넷째 수에서는 깨침의 경험을 맛볼 것을
권유하였다. 곧 부휴 자신의 간화선 수행에 대한 원칙으로 제시한
것이었다.

간화선의 본격적인 형성은 일찍이 송대까지 거슬러 올라간다. 여
기에서 공안의 성격과 그 성립은 곧 간화선의 형성을 위한 중요한

단서이기도 하다. 간화선의 수행이 공안을 들고 수행하는 것인 만큼 공안과 간화선은 밀접한 관련성을 지니고 있다. 간화라는 말 자체가 화두 곧 공안을 본다는 의미이다. 그래서 간화선을 달리 공안선(公案禪)이라 말하기도 한다. 곧 화두 곧 공안을 들어 통째로 간파하여 추호의 의심도 없이 그 전체를 체험하여 자신이 화두 곧 공안 자체가 되는 과정이다.

이처럼 선수행에서 등장한 숱한 일화 내지 의도적으로 스승이 제자를 제접하기 위해서 내세운 정형적인 가르침이 화두라는 의문방식이었다. 따라서 제자가 스승으로부터 받은 화두는 단순한 의문의 대상만은 아니다. 의문의 대상임과 동시에 믿음의 대상이다. 따라서 예로부터 간화선 수행에 있어서는 고봉원묘의 『선요』에 근거한 대신근·대의문·대분지의 세 가지가 필수적인 요소로 언급되었다.

대신근(大信根)은 화두 자체를 믿음과 함께 화두를 제시해 준 스승의 가르침을 믿는 것이다. 자신이 화두수행을 통해서 반드시 깨달음에 이른다는 사실과 화두수행을 이루어 낼 수 있다는 자기 자신을 통째로 믿는 것이다. 이것은 불교의 인과법만큼이나 명확한 명제이기도 하다.

대의문(大疑問)은 대신근의 바탕 위에서 화두 자체에 대한 의문을 지니는 것이다. 자신이 해결해야 할 지상의 과업으로서 화두를 들어 그것을 투과할 때까지 내 머리를 내어줄 것인가 화두의 의문을 해결할 것인가 하는 치열한 행위이다. 여기에서의 의문은 단순한 의문이 아니다. 자신의 본질적인 문제에 대한 의문으로서 그 누가 대신 해답을 제시해 줄 수 있는 것이 아니다. 자신의 철저한 체험을 통하여 마치 물이 차고 더운지를 스스로 파악하는 수밖에 없다. 크게 의심하면 크게 깨친다는 말이 그것이다.

한편 부휴는 안 스님의 운을 따라 다음과 같이 화두를 드는 마음의 자세에 대하여 말하기도 하였다.

> 깨침은 남에게 있지 않고 자기에게 있다네
> 모름지기 먼 곳이나 하늘에서 찾지 말게나
> 마음 거두어들여 산골 창에 조용히 앉아서
> 밤으로 낮으로 늘상 조주의 무자 참구하게

무자화두에 의문을 기울여 참구하되 의문이 더 이상 의문에 머물러 있지 않고 확신을 자각하게 되는 순간까지 잠시도 방심하지 않고 오매불망 화두에 매달리는 것이다. 나아가서 화두가 자신에게 매달리는 경험을 하고, 궁극적으로는 자신과 화두가 하나가 되는 경험이 화두일념이다. 화두일념을 통하여 더 이상 자신과 화두라는 분별과 그에 대한 의문이 사라지는 순간까지 지속적으로 밀고 간다. 여기에서는 화두 이외에 부처도 조사도 용납되지 않는다. 오로지 화두만 있을 뿐이다. 그 속에서 화두를 들고 있는 자신은 항상 성성력력하고 공적영지하게 깨어 있는 것이 중요하다.

대분지(大憤志)는 위의 화두를 줄기차게 진행시켜 나아가는 정진이다. 단순하게 의문만 가지고는 오래 계속하지 못한다. 그 의문을 해결하기 위한 맹세 내지 오기가 필요하다. 이 세상에 한 번 태어나지 않은 셈 치고 화두를 들다가 죽을지언정 화두에서 물러나지 않으려는 고심참담한 노력이다.

이와 같은 간화선에서 대표적으로 등장한 것이 곧 구자무불성화(狗子無佛性話)로서 흔히 무자공안 곧 무자화두라 한다. 무자공안의 유래는 조주종심(趙州從諗: 778-897)과 그 제자 사이에 있었던 일화에서 유래된 것이다. 개한테 불성이 있느냐는 제자의 질문에 조주는 '무(無)'라고 말했다는 것이다. 이것이 훗날에 오조법연(五祖法演: ?~1104)의 설법에서 화두라는 의문형식으로 제기된 이래로 본격적인 공안의 역할을 하였다.

바로 이 '무(無)'라는 글자에 대한 의문방식이 무자공안 곧 무자화두는 대혜종고를 거치면서 완성되었다. 그러나 공안을 드는 데 있어서 반드시 유념해야 할 것이 있다. 그것은 공안에 대한 의문방식이 '왜'가 아닌 '무엇'이라는 것이다. 곧 "왜 조주는 개한테 불성이 없다고 했는가."라는 의문이 아니다. 이것은 화두에 대한 분별심만을 키울 뿐이다. '왜'라고 묻는 것은 과학이고 수학일 뿐이다. 화두는 과학도 아니고 수학도 아니다. 논리를 초월한 소위 초월논리이다.

따라서 반드시 "조주가 개한테 불성이 없다고 말했다는데 그것이 무엇인가."라는 방식으로 접근해야 한다는 것이다. '왜'라는 것은 해답을 기다리는 질문이다. 그러나 화두에는 수학의 문제풀이와 같은 해답은 없기 때문이다. 이미 제기된 질문[화두]에 대하여 대신근이 결여된 상태에서의 질문일 뿐이다. 그러나 '무엇'의 장식은 특별한 해답을 요하지 않는다. 이미 제기된 질문 곧 화두에 대한 대신근의 바탕 위에서 이루어지는 참구방식이다. 그래서 구자무불성화라는 것에 대하여 '그것이 무엇인가.'라는 참구방식으로 접근하는 것이다.

화두에 대하여 '왜'라는 접근방식은 분별망상일 뿐이다. 따라서 일찍이 대혜는 공안에 의해서 자기의 망상을 제거하는 것을 그 하나의 목표로 삼았다. 대혜는 가령 조주선사를 그 원류로 하는 무자공안을 강조함에 있어서도 무자삼매에 들어 내외가 타성일편되는 심경에 도달하여 그것으로써 모든 분별망상의 삿된 생각을 불식시켜 나아가도록 하였다. 대혜의 그 둘째 목표는 공안에 대하여 대의단을 불러일으켜 대의대오(大疑大悟)하게 만드는 것이다.

그러나 의심에 의심을 더해 가면서 마냥 깨닫는 날이 오기만을 기다리는 것은 금물이다. 깨달음을 기다려서는 안 된다. 소위 대오지심(待悟之心)을 배격하는 것이다. 의심은 의심으로 충분한 가치를 지니고 있다. 아무리 깨달음이 목표라 해도 그 목표는 의심의 끝에 획득되는 것이지 그 획득을 기다리는 마음으로 의심을 해서는 안 되는 것이다.

석가모니는 역관(逆觀)과 순관(順觀)의 방법으로 12연기를 관찰하였다. 초저녁부터 계속된 연기의 관찰은 3회 반복되면서 새벽녘에 이르러 어느 순간 샛별과 눈이 마주쳤다. 그 순간 지금까지 관찰해 오던 온갖 연기법의 이치를 완전히 확신하고는 마침내 깨달음을 얻은 것이다. 곧 샛별을 보다가 깨달은 것이 아니라 샛별을 보는 순간 깨달은 것이다. 만약 샛별을 보다가 깨달은 것이라면 그것은 연기법의 관찰이 아니라 하늘의 별을 관찰한 꼴이 되고 만다.

하나의 화두에 전념하면 그것이 내면에 깊숙하게 의문덩어리로 자리 잡게 된다. 여기에서 그 의문을 지속적으로 진행시켜 나아가다 마침내 그것을 타파할 수 있는 하나의 계기가 생긴다. 그것을 화두타파의 기연이라 한다. 그 기연을 통하여 마침내 빙소와해(氷消瓦解), 물거품, 봄 햇살을 받은 눈처럼 흔적도 없이 말끔하게 의문이 해소되는 과정이 화두의 타파이다.

이처럼 공안수행은 스승이 참학자에게 그때그때에 따라서 적당하게 보여 주거나 작용하게 하는 것으로서 그 사람의 가풍에 따라서 준엄한 것이든 관용적인 것이든 임제(臨濟)와 같이 할(喝)을 많이 구사하는 사람이 있는가 하면, 덕산(德山)과 같이 방(棒)을 많이 구사하는 사람도 있다.

천룡(天龍)은 일생 동안 그 누가 뭐라 질문하든 간에 단지 손가락 하나를 세워 보였으며, 석공(石鞏)은 하나의 활에 하나의 화살을 끼어 오는 사람을 겨누면서 화살을 보라고 하면서 접득할 때까지 30년 동안을 오로지 그것을 반복하였다. 또한 서암사언(瑞巖師彦)과 같이 매일 스스로 '주인공!'을 부르고 스스로 '예!'라고 답하면서 '생생하게 눈을 뜨고 있어야 한다.' '예!', '남에게 속지 말아야 한다.' '예!'라고 자문자답한 사람도 있다.

공안은 이처럼 천태만상이다. 이리하여 공안은 어느 것이나 그때그때의 깨달음의 경지를 나타내어 참학자를 깨치게 하는 것이지만, 완전하게 깨달음을 표현하여 깨달은 자와 깨닫지 못한 자의 경계를 분명히 한 공안은 후대에까지도 도를 구하는 자나 의심을 품는 자에 있어서는 권위가 있고 가치가 되기도 하였다. 그 결과 상황에 따라 후대의 참학자들은 자기의 의문에 해당하는 공안을 만나면 그 공안을 의심하고 그 공안을 해결함으로써 자기의 의문을 해결하려고 열심히 노력을 기울이게 되었다.

이와 같이 무자화두에 대한 부휴의 고구정녕한 가르침은 그의 시문 곳곳에 나타나 있다. 뿐만 아니라 화두수행에 대한 상찬 및 권유는 그의 임종게(臨終偈)에서도 진정으로 무를 체험하고 철저한 '무'의 일상을 살아갔던 자신의 모습으로 드러나 있다.

3) 선과 교에 대한 입장

부휴는 무자화두를 통한 선지를 강조하였다. 그러면서도 부휴의 수행과 사상의 이면에는 늘 교학을 바탕으로 한 좌선의 수행으로 일관하였다. 곧 그의 일생에서 볼 수 있듯이 교학적인 바탕에 근거한 선사상의 추구였다. 그것은 일찍이 스승이었던 영관이 주장한 바처럼 교에도 치우치지 않고 선에도 치우치지 않는 선교일치의 입장에 있었다. 그런 까닭인지 부휴도 팔만대장경에 수록되어 있는 온갖 가르침을 두루 살펴보아도 찾아볼 수 없는 것이 있으니 그것은 향상일로(向上一路)의 향상문(向上門)이고 삼세제불도 감히 설하지 못하는 것이 있으니 그것이야말로 격외선(格外禪)의 도리라고 말하였다.

이것은 부휴가 곧 널리 대장경을 열람하고 난 이후에 선법에 매진한 정통적인 수행자의 공부방식이었음을 말해 준다. 이미 교학을 공부하였으면서도 감히 언설로 표현할 수 없고 마음의 작용으로도 어찌할 수 없는 것이 있으니 그것이 격외도리의 조사선법이다. 그것은 참으로 명칭으로도 드러낼 수 없고 모양으로도 그려낼 수 없는 도리이기 때문에 반드시 자신이 직접 마음으로 깨우쳐 드러내지 않으면 안 된다는 것이었다. 이리하여 교학의 바탕에 근거한 선법의 수행이었다.

이것은 일찍이 보리달마가 전승한 조사선법의 초기부터 다져진 확고한 방식이었다. 보리달마는 중국의 선종사에서 선종의 비조라는 의미에서만이 아니라 그의 사상의 독특함으로도 충분히 초조로서의 권위를 지니고 있었다. 달마는 결치대사(缺齒大師)라 불릴 정도로 말을 아끼면서 침묵의 좌선으로 일관한 선자였다. 그러나 달마는 중국에 도래하기 이전에 이미 인도에서 수많은 종파에 대한 사견을 부수고 정법을 구현한 인물이었다.

곧 유물론자들에게 진리의 실상을 설하는 유상종(有相宗), 일체를 부정하는 허무론자들에게 선정삼매에 투철할 것을 주장하는 무상종(無相宗), 유물론자들에게 바른 이지(理智)를 설명하는 정혜종(定慧宗), 계행론자들에게 청정한 계를 가르치는 계행종(戒行宗), 회의론자들에게 진실한 입장에서 무득에 대한 깨침을 얻게 하는 무득종(無得宗), 유심론자들에게 선종의 입장에서 적정을 알도록 하는 적정종(寂靜宗) 등 6종의 종사들을 찾아다니면서 논법으로 승복시켰을 만큼 대단한 변설가였다.

그와 같은 교학적인 토대를 확고하게 마스터한 이후에야 비로소 면벽의 좌선으로 일관하였다. 흔히 사교입선(捨敎入禪)이라는 말은 이를 두고 하는 말이다. 이와 같이 달마는 확고한 교학에 바탕을 두어 그 위에 좌선의 선법을 강조하였다.

그것은 그의 벽관(壁觀)에 잘 나타나 있다. 이 벽관은 관법으로서만이 아니라 이입(二入)으로 드러나 있다. 이입(二入)은 이입(理入)과 행입(行入)을 가리킨다. 이 가운데 이입(理入)은 불법의 가르침에 의해 불교의 근본적인 취지를 깨치는 것이다. 곧 일체중생은 부처님과 동일한 진성을 지니고 있음을 경전의 가르침에 근거하여 심신(深信)하는 것을 말한다. 이것을 교학에 의거하여 선의 종지를 깨친다는 의미로 자교오종(藉敎悟宗)이라 한다.

그러면서도 심신을 통한 벽관은 다시는 조금도 문자개념에 의한 가르침에 휩쓸리지 않는 것일 뿐만 아니라 오히려 문자를 통하여 진리에 계합하는 것이었다. 이와 같은 자교오종에 의한 심신의 벽관은 필연적으로 깨달음이 구현되어 있는 모습으로서 바로 그때에 진리와 하나가 되어 분별을 여의고 고요한 무위에 도달한다는 것이었다. 달마는 이것을 이입이라 말하고 있다.

이로써 보면 진리와 하나가 되는 이입은 분별을 여의고 고요한 무위에 도달하는 것을 속성으로 삼고 있다. 분별이 없기 때문에 따로 자타 내지 범성이 없고, 고요한 무위의 경지이므로 객진번뇌로부터 자유로울 수가 있다. 그래서 이입은 심신을 통한 벽관의 구현일 뿐만 아니라 벽관을 통한 심신의 자각이다.

그리고 사행(四行) 가운데 마지막 칭법행은 제법의 본성은 청정하다는 진리의 터득을 행위의 규범으로 삼는 것이다. 이 진리란 모든 현상은 공이어서 더러움도 집착함도 없으며 이것과 저것이라는 대립도 없다. 그래서 경전에서 법에는 중생이 없다고 말하였다. 중생이라는 때를 초월했기 때문이다.

그리고 법에는 아가 없다고도 말하였다. 곧 아에 대한 집착을 초월했기 때문이다. 만약 지혜로운 자가 이 도리를 신해(信解)한다면 반드시 법을 따라 실천해 나아갈 것이다. 가르침의 본체에는 간탐(慳貪)이 없으므로 신체에 있어서나 목숨에 있어서나 재물에 있어서도 보시를 행하는 마음에 아까워하는 바가 없다. 자기와 상대와 보시물이 원래 공함을 알아 무엇에도 의지하지 않고 얽매이지도 않는다. 단지 때를 제거하기 위하여 중생을 섭화하며 형태에 집착하지도 않는다.

이것을 자리와 이타로 삼아 잘 깨달음의 길로 나아가는 것이다. 보시의 공덕이 이와 같은 이상 다른 다섯 종류의 바라밀도 마찬가지다. 망상을 제거해 나가기 위하여 육바라밀다의 행을 실천하고 그것을 실천했다는 행위까지도 없는 것을 칭법행이라 하였다. 말하자면 달마의 입장은 어디까지나 교학을 통하여 올바른 안목을 구비한 연후에 좌선의 선법에 들어가는 것이다.

부휴는 스승이었던 영관의 학문방법에 대하여 "선지를 깊이 이해하고 선지식 가르침을 높이 받들어 선법의 가풍을 높이 드날린다."라고 평하였다. 이것은 먼저 바른 안목을 터득하지 않고서는 올바른 결과에 다다르지 못한다는 자세를 나타낸 것으로 격외선의 도리를 터득하기 위해서는 먼저 교법에 대한 이해가 필수적이라는 것이었다.

그래서 교와 선에 대한 구분은 무엇이 우위라는 것을 강조하는 차별을 위한 구분이 아니라 명확한 안목을 구비하는 입장을 각각 교와 선의 측면으로 분류한 것이었다. 그것은 불법수행의 길잡이인 교학을 통하지 않고서 선법에 들어가는 것은 마치 눈이 없이 길을 가는 것처럼 헛수고만 할 뿐이고 더욱이 위험천만한 것으로 잘못 사교에 치우칠 염려가 있다.

또한 견성성불(見性成佛)하는 선법을 체험하지 않고 교학에만 머물러 있으면 불법의 진수를 터득하지 못하여 끝내 열반의 길에 나아가지 못한다고 경계하였다. 이것은 선법과 교학에 대한 부휴의 정통적인 입장을 드러내 준 것이기도 하다.

4) 선정겸수(禪淨兼修)의 전통과 부휴의 시대인식

좌선수행과 더불어 부휴선수는 정토의 염불수행에도 깊은 관심을 기울였다. 말하자면 정토의 염불을 좌선의 선법으로 승화시킨 수행이었다. 이와 같은 선정겸수의 시작은 특히 중국 선종의 제4조 도신은『문수설반야경』에 의거하여 일행삼매와 정토염불을 수행하였다.

도신은『능가경』의 가르침을 바탕으로 하여 제불심을 제일로 간주하였으며, 나아가서『문수설반야경』의 일행삼매에 주목하였다.『문수설반야경』의 일행삼매는 크게 두 가지로 요약된다.

첫째는 깊은 반야바라밀을 듣고 물으면서 수학하여 그것으로 일행삼매에 들어 불퇴전(不退轉) · 불괴(不壞)의 입장으로 부사의(不思議) · 무애(無碍) · 무상(無相)의 선법을 얻는 것이다.

둘째는 조용한 곳에서 산란한 망념을 버리고 좌선을 하여 분별상을 취하지 않고 마음속에 일불(一佛)을 염하여 오로지 부처님의 명호를 칭송하고 부처님이 계신 곳을 향하여 정신단좌(正身端坐)하여 부처님을 상념할 때 그곳에서 삼세제불을 친견할 수 있다는 것이었다.

여기에서 말하는 일행삼매는 일상삼매(一相三昧)이기도 한데 이것이 곧 좌선과 염불이 실천의 중심을 이루고 있었다. 이『문수설반야경』은 천태지의가 말한 네 가지 삼매[四種三昧] 가운데 두 번째에 해당하는 상좌삼매(常坐三昧)의 근거로 지칭되었다. 이것은 염불에 의한 좌선간심(坐禪看心)을 말하는 것으로 이미『반주삼매경』과 똑같이 "이 마음이 그대로 부처가 되며, 부처가 곧 이 마음이다[是心作佛 佛卽是心]."라고 말하면서 반야적인 관심(觀心)을 설명하는 것이다. 이것이야말로『문수설반야경』의 일행삼매에 의하자면 염불하는 마음은 곧 부처이고 망념은 곧 범부라는 가르침이었다. 도신은 다음의 대목을 좌선염불의 근거로 삼았다.

문수사리가 물었다. "세존이시여. 일행삼매란 무엇입니까?" 부처님께서 말씀하셨다. "법계는 한 모습이다. 이 법계에 마음을 붙들어 매는 것을 일행삼매라 한다. 만약 선남자 선여인이 일행삼매에 들고자 한다면 마땅히 먼저 반야바라밀을 듣고 그에 따라서 수행하면 일행삼매에 들어갈 수가 있다. 그리하여 법계에 마음을 두고 있으면 물러남이 없고 부서짐이 없으며, 부사의하여 걸림이 없고 모습도 없게 된다. 만약 선남자 선여인이 일행삼매에 들고자 하거든 마땅히 조용하고 한적한 곳에 자리하여 모든 어지러운 생각을 버려 모습에 얽매이지 말고, 마음을 한 부처님에게 두어 오로지 부처님의 명호를 부르며, 부처님 계신 곳을 따라 단정한 몸으로 바로 향하여 그 일불을 끊임없이 염하면 과거 현재 미래의 부처님이 현현한다."

이것은 도신의 염불좌선이 곧 반야사상에 근거한 염불즉시념심 (念佛卽是念心)으로서 식무형(識無形)·불무형(佛無形)·불무상모 (佛無相貌)를 아는 것이야말로 안심법문이라는 것이다. 여기에서는 불의 32상과 80종호라는 구체적인 모습을 관찰하는 것이 아니라 염불을 자기의 심식에서 주체적으로 포착하려는 태도였다. 이와 같은 일행삼매를 바탕으로 삼아 도신은 동산법문의 골격을 이루었다. 그리고 도신은 『관무량수경』의 즉심즉불(卽心卽佛)이라는 구절을 인용하여 그의 선법을 오문설(五門說)로 제시하였다.

부처란 마음이다. 마음 이외에 다른 부처는 있을 수 없다. 이것을 간단하게 말하면 다음의 오문으로 된다. 첫째는 마음의 본체가 본래 청정하여 부처와 동일체라는 것을 아는 일이다[知心體]. 둘째는 마음의 작용이 법보를 만들어 내며 어떠한 작용도 모두 본래 적정하기 때문에 일체의 번뇌도 모두 이와 같은 것임을 아는 일이다[知心用]. 셋째는 마음은 항상 깨어 있는 상태로 지속되어 있으므로 자각의 마음은 언제나 눈앞에 있고 자각의 법은 개별적인 모습이 없는 것이다[常覺不停]. 넷째는 항상 신체가 공적하여 안팎이 한결같으므로 몸과 법계가 막힘없이 상용되는 줄을 관찰하는 것이다[常觀心空

寂]. 다섯째는 한 가지를 굳게 지켜 흔들림이 없어 움직임과 고요함 모두 안정을 얻으면 누구든지 분명히 불성을 보고 신속하게 선정의 문으로 들어갈 수 있다[守一不移].

이와 같은 선정겸수(禪淨兼修)의 전통은 원나라 시대에 계승되어 호구소륭(虎丘紹隆) 이후 파암조선(破菴祖先)의 제자 무준사범(無準師範)의 계통이 번영하였다. 그 뒤를 이어서 본격적으로 제교융합(諸敎融合)·선정쌍수(禪淨雙修)의 풍조가 만연하였다. 특히 무준사범의 제자인 설암조흠(雪巖祖欽)은 유불일치(儒佛一致)를 주장하였다. 또 무준사범의 제자 고봉원묘(高峰原妙: 1238~1295)는 계율에 철저하였다.

또 고봉원묘의 제자 천목중봉(天目中峰: 1263~1320)은 식견이 고매하고 즐겨 고인의 화두를 활용하였지만 결국 유불의 조화·선교일치(敎禪一致)·선정습합(禪淨習合)에 귀착하였다. 중봉의 제자 천여유칙(天如惟則)도 또한 정토에 마음을 기울였다. 곧 중봉에게는 『회정토시(懷淨土詩)』가 있고, 유칙에게는 『정토혹문(淨土或問)』 등의 저술이 남아 있다.

『부휴당집』에 의하면 부휴선수는 이와 같은 선법과 정토염불의 전통을 충실하게 계승하여 사바세계의 무상하고 번뇌가 많은 삶을 벗어나서 극락의 영원한 정토를 갈구하기를 바라는 심정을 시로써 드러내기도 하였다. 그것은 당시에 임진왜란이라는 내우외환의 분위기에서 하루속히 왜적을 물리치고 산문의 종풍을 본래대로 진작시키려는 심정의 토로였다. 선법의 추구가 마음의 안정을 추구하는 것이었다면 정토의 희구심은 당시 어지러웠던 상황에서 중생에게 보다 안락한 삶을 보여 주고자 했던 부휴의 자비행의 수행이었다.

따라서 이와 같은 부휴의 정신은 그의 700여 명의 제자들에게도 당시에 혼란과 분열의 불교계를 재정립하려는 의지를 북돋아주어 출가자의 본분사가 무엇인지 일깨워 주는 이정표였다. 선법과 정토염불의 바탕에 근거한 부휴의 가르침은 이후 벽암각성(碧巖覺性: 1575~1660) － 취미수초(翠微守初: 1590~1668) － 백암성총(柏庵性聰: 1631~1700) 등으로 계승되었다.

9. 백파긍선(白坡亘璇: 1767~1852)의
방편선(方便禪)

백파긍선(白坡亘璇)은 조선시대 후기에 꺼져 가던 한국의 선맥을 멀리 중국의 임제정맥으로부터 찾아 그 본래정신을 철저하게 추구한 사람이었다. 곧 임제의 삼구에 대한 해석을 새롭게 진행시켜 임제선법에 근거한 시대적인 변화에 부응한 대안을 모색하였다. 그는 임제의 조사선풍을 선양하면서도 나름대로 수행의 지침을 마련하려고 『선문수경(禪文手鏡)』이라는 수행자의 지침서를 저술하였다.

『선문수경』이라는 말은 수행자가 누구나 손에 가지고 다니는 거울처럼 필요할 때 꺼내 볼 수 있다는 의미에서 붙인 이름이다. 당시에는 선법에 관한 교의가 체계적이기보다는 인물에 따라서 그리고 근기에 따라서 케이스 바이 케이스로 시설된 방편이 주를 이루고 있었다. 이와 같은 상황에서 누구나 어디에서나 무슨 상황에서나 보편적이고 타당한 가르침을 제시할 필요성을 느낀 나머지 새로운 대안을 생각하였다. 그러나 전혀 새로운 무엇을 추구한다면 그것은 도리어 자가당착에 빠지는 결과가 되기 때문에 우선 그에 대한 전거를 전통적인 맥락에서 찾아 새로운 해석을 가하는 방법을 내세웠다.

그것이 소위 임제의 삼구에 대한 백파의 독특한 해석으로 나타났다. 단순히 모든 것을 포함하고 갈무리하는 것만으로는 원통적(圓通

的)인 것으로부터 탈피할 수가 없다. 백파는 그와 같은 맹점을 타개하기 위하여 임제의 삼구로 두루 선법의 교의를 지향하면서도 임제가 진리와 현실을 하나로 묶어서 전개한 것에 상대하여 현실과 이상을 따로 내세워 분류하였다.

그 가운데 현실계에 적용할 수 있는 가장 뛰어나고 완성된 형태의 것으로 조사선을 들고, 나아가서 조사선의 도리에서 대기(大機)와 대용(大用)에다 각각 진공(眞空)과 묘유(妙有)를 적용시켰다. 여기에서 견성(見性)은 진공(眞空)이며 대기(大機)이고, 성불(成佛)은 묘유(妙有)이고 대용(大用)이다. 또한 이상계에 적용할 수 있는 것으로는 수행자의 내적인 자세로서 생활이 곧 불법이라는 생활선을 강조하는 조사선풍을 내세워 향상의 본분진여(本分眞如)로서 그 교의를 제시하였다.

이에 대하여 백파는 선의 부류를 사람의 근기에 따라서 조사선(祖師禪)·여래선(如來禪)으로, 법에 따라서 격외선(格外禪)·의리선(義理禪)으로 나누었다. 곧 경전의 뜻과 이치를 따지는 것은 의리선이라 하고 이치와 의리의 격을 벗어난 것을 격외선이라 하였다. 다시 격외선을 여래선·조사선으로 분류하여 전체적으로 의리선·여래선·조사선의 삼종선으로 분류하였다. 바로 이 삼종선의 분류가 백파가 임제의 삼구에 가한 새로운 해석이었다. 백파는 이에 대한 근거를 『임제록(臨濟錄)』에서 인용하였다.

임제에게 한 승려가 물었다. "무엇이 참다운 불(佛)·법(法)·도(道)입니까?" 임제가 답했다. "불이란 마음이 청정한 것이고, 법이란 마음의 빛이 밝은 것이며, 도란 이르는 곳곳마다 장애가 없는 밝은 빛이다. 이 세 가지는 곧 하나이면서 모두 공하여 이름만 다를 뿐이지 실제로 존재하는 것이 아니다. 진실로 도를 배우는 자는 잠시도 마음을 소홀히 해서는 안 된다. …… 제일구에서 깨치면 불조의 스승이 되고, 제이구에서 깨치면 인천의 스승이 되며, 제삼구에서 깨치면 자신도 구제하지 못한다."

여기에서 백파가 근거한 삼구법문이란 수행자가 법을 깨치고 교화에 나서는 세 가지 행위를 말한다. 제일구는 눈곱만치의 분별도 없는 경우이다. 그러나 그 가운데는 분명히 주관과 객관의 세계가 존재하고 있으면서 평상시에 색이나 형상을 통해서 나타낼 수 없는 것이다. 제일구는 교화의 자취를 배척하는 것으로서 중생들이 본래 갖고 있는 진여를 보이는 것인데 처음 교화의 문을 나서지 않고 본분을 직시하도록 하는 것이기 때문에 본분진여를 최초의 구라고 한다.

이처럼 제일구는 중생들로 하여금 교화의 발자취에 막히지 않고 본분을 분명하게 보아 부처님의 본심을 드러내어 진실한 세존의 뜻을 헤아리라는 것이다. 마치 『금강경』에 세존께서 자리를 펴시고 법좌에 오르는 모습만 보고서 수보리가 "희유하십니다. 세존이시여." 라고 한 것이 이러한 뜻이다.

제이구는 분별적인 것을 용납하지는 않고 있지만 근기에 따른 방편을 제시하는 것이다. 가령 불법은 유현(幽玄)하고 도는 현지(玄旨) 하기 때문에 그 구체적인 세 가지 가르침으로서의 삼현이 모두 손안에 있다고도 말하는 경우이다.

곧 임제가 말한 삼구(三句)·삼현(三玄)·삼요(三要)의 관계를 일구 속에는 반드시 삼현이 갖추어져 있고 일현 속에는 반드시 삼요가 갖추어져 있어서 방편과 실도 있고 조(照)와 용(用)도 있다는 것을 백파는 철저하게 긍정하고 있다. 그래서 백파는 이와 같은 긍정의 바탕에서 만약 학인이 구(句)라는 명칭에 집착한다면 깨치지 못한다는 것을 부처를 추구하는 수행자가 부처에 집착하면 부처를 깨치지 못한다고 말한다.

이처럼 백파는 임제삼구로서 삼종선 사상의 근거로 삼고 있다. 삼종선에 대한 분류는 환성지안(喚醒志安)이 『선문오종강요(禪門五宗綱要)』에서 상·중·하근기로 분류한 것에 근거하여 각각 조사선·여래선·의리선이라는 삼종선에 대입한 개념이다. 이것은 백파가 독자적인 선관을 제시하는 것으로서 좀 더 구체적이고 체계적인 방법의 수단으로 현실적인 입장과 이상적인 입장으로 나누어 활용하고 있다.

이와 같은 이분법적인 발상은 깨침이라는 이상의 세계와 훈습으로서 현실계로 향하는 형식인데 그것이 삼종선의 완성으로 나타난다. 이상계는 본분진여에 나아가는 향상본분진여(向上本分眞如)라는 사상이고, 현상계는 훈습에 의하여 깨침에 접근하는 형식의 체계로서 거기에 향하신훈삼선(向下新熏三禪)이라는 용어를 사용하였다. 이처럼 이상계와 현실계를 전개하는 데 있어서 "임제의 삼구는 일대선교의 도리를 맛보게 하는 것으로, 포섭하지 못하는 것이 없기 때문에 온총삼구(蘊摠三句)라고도 한다."라고 하여 어디까지나 삼종선이라는 형식을 빌렸을 뿐이지 임제의 사상적인 토대를 무시한 것은 아니었다.

백파가 임제의 삼구에 근거하여 제시한 삼종선법의 구체적인 내용 가운데 격외선(格外禪)의 개념으로 조사선(祖師禪)과 여래선(如來禪)을 내세우면서 그 가운데 조사선에 대하여 임제의 제일구를 적용하였다. 말하자면 조사선은 상근기의 중생이 삼요문(三要門)에서 향상의 진공과 묘유를 깨치는 것으로서 이것은 바로 조사문중에서 이루어지는 수행이고 위의이며 교화이기 때문에 조사선이라 말하면서 삼처전심(三處傳心) 가운데 염화미소(拈花微笑)가 곧 묘유(妙有)의 소식이라는 것이다.

말하자면 격외선이란 근원이 없는 곳을 깨치고 의리로 통할 수 없는 규격 밖의 것이므로 격외선이라 말하고, 교 밖에 따로 전하는 것이므로 교외별전(敎外別傳)이며 일미선(一味禪)이다. 이에 대하여 백파는 『선문수경』에서 중생으로 하여금 분별심을 버리게 하여 곧바로 최상승의 도리를 직시하도록 하는 가르침으로 제시하였다. 또한 격외선의 한 갈래인 여래선을 즉심시불(卽心是佛)에 비유하고, 조사선을 산시산수시수(山是山水是水)에 비유하기도 하였다.

> 부처님께서 마음을 전하신 삼처전심(三處傳心)은 선지가 되고 한평생 말씀하신 것은 교문이 되었다. 세존께서 다자탑 앞에서 자리를 나누어 앉은 것은 제일처로 전심한 살인검(殺人劍)이요 영산회상에서 꽃을 들어 보이신 것이 제이처로 활인도(活人刀)이며 사라쌍수 아래서 두 발을 내 보이신 것이 제삼처로 전심한 살활동시(殺活同時)이다. 육조 혜능 이후 남악회양은 활인검을 숭상하여 잡화포(雜貨鋪) 곧 각각의 근기에 따른 수행법의 제시를 열었고 청원행사는 살인도를 숭상해서 진금포(眞金鋪) 곧 오직 한 가지 수행법만 제시를 열었다.

이와 같은 삼처전심에서의 곽시쌍부(槨示雙趺)는 살활의 소식이며, 격외선에 속하는 조사선과 여래선은 똑같이 불조의 적자가 되기는 하지만 미세한 차이가 있다는 것에 대하여 그것을 백파는 다음과 같이 말한다.

> 격외선의 두 종류는 향하삼요(向下三要)로써 신훈을 삼고 향상진여(向上眞如)로써 본분을 삼았다. 그래서 여래선의 본분과 향상은 다만 불변·진여이고 오직 진공이기 때문에 암일착(暗一着)이고, 조사선의 향상본분 진여는 불변·수연의 두 가지 뜻을 구족

하고 있기 때문에 진공묘유를 원만히 갖추고 있어 쌍암쌍명(雙暗雙明)이 된다. 이 두 종류의 선은 깊고 얕음이 비록 다르나 모두 본분진여를 깨치는 인연이기 때문에 불조의 적자(嫡子)가 되지만 의리선은 본분을 깨치는 인연이 되지 못하기 때문에 서자(庶子)가 된다.

백파에게 있어 제일구는 석존이 제시한 말후구(末後句)로 나타나 있다. 곧 석존은 본분진여를 개시하고 직시하도록 하기 위해서 말후구를 세웠다는 것이다. 백파는 현실계를 향상신훈삼선(向下新薰三禪)으로 전개하면서 이것은 바로 삼라만상의 일체 모든 것을 다 포섭하지 못하는 것이 없다는 뜻의 온총삼구(蘊摠三句)라는 표현을 쓰고 있다. 이러한 현실계로 향하는 것에 신훈으로서 다가가는 매개체가 다름 아닌 임제의 삼구였다.

백파의 견해에 따르면 임제삼구는 사람의 근기에 따라서 깨치는 입장이 다르다는 것이다. 그래서 곧 제일구에서 깨치면 불조의 스승이 된다는 것을 조사선으로 간주하고, 제이구에서 깨치면 인천의 스승이 된다는 것을 여래선으로 간주하며, 제삼구에서 깨치면 자신조차도 구제하지 못한다는 것을 의리선으로 간주하였다.

이처럼 똑같은 임제의 삼구에 대하여 백파가 나름대로 해석을 가한 것은 선관에 대한 이론 전개는 언구를 빌리지 않으면 전달할 수 없다는 것을 자각하여 언구로써 선문(禪文)을 지어 손거울처럼 지니고 시시때때로 꺼내서 보고 점검할 것을 권유한 것에서 찾아볼 수 있다.

이것은 바로 마음공부를 위해서는 문자를 세우지 말라는 역대 조사나 선사들의 교훈에 또 다른 문(門)을 만들어 출입의 통로를 만들었다는 것에 백파의 신선한 방편문이 엿보인다. 이것이 격외선 가운데 두 번째인 여래선의 개념으로 나타났다. 백파는 여래선 도리를 깨치는 데 임제삼구 가운데 제이구의 소식을 인용하여 "본분일구(本分一句)는 실재(實在)이고, 신훈삼현(新熏三玄)은 방편(方便)이며 합하면 중구(中句)이다. 구화(漚和)는 방편이라는 것이고, 여래선에서 권구(權句)・실구(實句)・중구(中句)의 삼구는 묘유(妙有)가 되고, 종문(宗門)의 향상(向上)은 진공(眞空)이 된다. 이것은 중근기의 사람이 여래선을 깨치는 것이다."라고 말한다.

말하자면 제일구의 삼요 부분에서는 진실한 뜻마저 없어져 버린 경지라고 한다면, 제이구는 흔적이 남아 있는 것으로서 방편상 현(玄)이라는 것으로 대신하고 있다. 흔히 흔적을 가지고 여러 가지 현상을 연상하고 현상에서 형상을 이루는 물체의 여러 가지를 유추하게 되는데 흔적 없는 것을 알아내기란 어렵기 때문에 흔적의 여운을 가지고 이야기를 해야 한다는 것이다.

그래서 백파는 예로부터 말하기를 법에 따라 의리선・격외선이라 말하고, 사람에 따라 여래선・조사선이라 말하는데, 이것은 바로 의리선은 여래선이고 격외선은 조사선이라고 말한다. 그러나 방편은 방편을 자유자재로 구사할 줄 아는 사람이 활용하는 것이 아니면 악방편이 되어 버린다. 그래서 백파는 다시 경전의 뜻과 이치를 운운하면서 의리선을 주장하였다. 비록 의리선을 격내선(格內禪)으로 구분하여 언구의 해설이 필요하다는 것을 힘주어 말하면서 궁극에는 여래선과 조사선의 도리를 관통하는 것이지 않으면 안 된다고 말하는 것에서 백파의 노파 친절한 자비심이 엿보인다.

그리고 백파는 의리선의 도리를 깨치는 데 임제삼구 가운데 제삼구의 소식을 인용한다. 거기에서 의리선은 인연에 끌린 논리를 단적으로 표현하는 것으로 여기에는 진실이라고 단정할 만한 것은 없지만 삼구 중에서도 근기에 따른 깨침의 경지가 각기 다르기 때문에 여래선과 조사선과는 격을 달리하여 분류한 것이다.

말하자면 제삼구는 신훈으로 오수(悟修)하는 것으로서 의로(義路)와 이로(理路)의 표준 규격을 갖추지 않으면 안 된다. 이것은 범부가 오수성불(悟修成佛)하는 데는 필수적인 것으로 당연히 의리가 필요하므로 의리선이라고 말한다. 하근기의 중생이 상에 집착하여 사견에 빠져 억세고 거칠어 교화하기 어렵다. 때문에 불조는 노파친절한 마음에서 방편이 없는 가운데 방편을 시설하여 교화의 문을 나와 팔상성도(八相成道)와 널리 오수성불(悟修成佛)의 법을 개시한다. 이에 깨치고 닦을 것도 없는 본래불성은 아무에게나 드러나는 것이 아닌데도 중생은 오수(悟修)라는 꼭두각시만 보고 본래 있는 참성품은 보지 못하는 격이다.

이리하여 의리선에는 다만 오수성불만 밝히기 때문에 신훈만 있고 본분은 없다. 이로써 임제의 삼요·삼현·삼구에 대하여 새롭게 가한 백파의 견해가 곧 일구라는 것은 삼구 중의 일구라는 점에서 독특하다. 그 뜻은 의리선을 말하는 것으로서 삼구 각각의 구에 각각 삼현을 갖추었다는 것이다.

제이구가 여래선으로서 삼현 각각의 현에 각각 삼요를 갖추었기 때문에 그 삼구는 이미 현요를 갖추고 삼현 가운데 구와 요를 갖추고 삼요 가운데 구와 현을 갖추고 있다. 그러므로 삼구가 의리선이라 하지만 이미 현과 요를 갖추었고, 삼현이 비록 여래선이라 하지만 또한 삼요를 갖추었고, 삼요가 비록 조사선이라 말하지만 구(句)와 현(玄) 가운데 있다.

이처럼 임제삼구에 대한 백파의 견해는 삼구·삼현·삼요를 알면 필경에는 일기(一機)를 확실하게 다스릴 줄 알게 된다는 것이다. 이것은 당시에 초의의순(草衣意恂) 선사가 전통적인 선법의 견해를 고스란히 간직하려고 했던 것에 상대하여 백파긍선(白坡亘璇) 선사는 새로운 시대정신을 가미하여 수행자들로 하여금 각각의 근기에 따른 적절한 수행법으로 탈바꿈시킨 것이다.

10. 초의의순(草衣意恂: 1786~1866)의
본래선(本來禪)

초의의순(艸衣意恂: 1786~1866)은 전남 무안군 사람이다. 속성은 장(張)씨이고 자는 중부(中孚)이며 법명은 의순(意恂)이고 호는 초의(艸衣)이다. 15세에 나주군 다도면 운흥사(雲興寺)에서 벽봉민성(碧峰敏性)을 은사로 출가하였다.

19세에 영암의 월출산에서 깨침을 경험한 이후 해남의 대흥사에서 완호윤우(玩虎倫佑)에게 구족계를 받고 초의라는 법호를 받았다. 법계상으로 청허휴정(淸虛休靜)의 제10세손이다. 초의선사는 그림에 능숙하여 탱화와 단청에 뛰어났고, 글씨에도 일가견이 있었으며, 시(詩)에도 정통하였다. 이후 정약용과 김정희 등과도 깊은 교우를 맺었다. 또한 일지암을 중건하여 우리나라 차문화의 초석을 다졌다.

일지암에서는 『초의선과(艸衣禪課)』와 『선문사변만어(禪門四辨漫語)』와 『동다송(東茶頌)』과 『다신전(茶神傳)』 등을 저술하였다. 또 다른 저술로는 자신의 시를 모아서 낸 『초의시고(艸衣詩稿)』라는 시집과 『일지암시고(一枝庵詩稿)』·『일지암문집(一枝庵文集)』·『진묵조사유적고(震黙祖師遺蹟攷)』·『문자반야집(文字般若集)』 등이 있다. 그리고 시(詩)와 서(書)와 화(畵)에 두루 뛰어났으며, 다도(茶道)와 선리(禪理)에도 큰 족적을 남겼다.

이와 같은 초의의순 선의 특징은 일상의 모든 행위를 선으로 회통했다는 점에 있다. 특히 선과 다도생활을 밀접하게 접목하여 다인으로서 그리고 선사로서의 인격과 품위를 보여 준 것은 가히 초의선사를 한국의 다성(茶聖)이라 불러도 부족함이 없다.

초의선사는 좌선법의 실천자이기도 하면서 선법에 해박하여 다양한 분야에서 선법의 오류를 바로잡고 지적하며 제시해 주기도 하였다. 그 일례는 당시에 전승되고 있던 전통적인 선법에 대한 교의적인 이해였다. 특히 시·공(時·空)과 인·법(人·法)을 넘어서 태고연한 본래자리의 가풍을 때로는 시로, 때로는 그림으로, 때로는 차로, 때로는 좌선으로 그려내었다.

조선 후기 백파긍선(白坡亘璇: 1767~1852)은 임제의현의 삼구법문에 대하여 나름대로 독특한 해석을 가하였다. 『임제록』에서 말한 임제의 제일구는 진공의 향상도리로서 선문에서 제시하는 최고의 기능을 시설한 것이다. 가령 그 대기(大機)로는 일체의 자체에 대하여 원만하게 상응하고 그 대용(大用)으로는 일체의 작용에 대하여 곧바로 통하여 대기와 대용이 차별없이 동시(同時)에 그리고 동공간(同空間)에서 누구에게나 평등하게 제시되는 것을 말한다.

이리하여 제일구에서 그 도리를 깨치고 수용한다면 삼세제불과 일대조사의 스승이 될 만한 대장부가 된다고 하였다. 제이구는 제일구를 드러내고 파악하게 하며 실천케 하는 방편과 본분의 기능을 함께 활용하는 것이다. 때문에 여기에서는 방편과 진실이 두루 드러나고 실행되어 여러 가지 교의가 등장한다.

이처럼 제이구에서 그 도리를 깨치고 활용한다면 인간세상과 천상세계의 스승이 될 만하다는 것이다. 그도 그럴 것이 방편을 구사하면서 적절하게 진실을 제시하여 인간과 우주의 진실한 도리를 설명하고 진리의 길로 중생을 안내하기 때문이다.

그래서 제이구를 터득하는 자는 자신의 몸에서 직접 제일구를 확인하고 그 길로 중생을 안내하게 된다. 제삼구는 언설에 의하여 깨침을 추구하고 진실을 논하면서도 그 방편에서 자유롭지 못하여 스스로가 그 속에 매몰되어 헤어나지 못한다. 스스로 만들어 놓은 거미줄에 더욱더 깊이 빠져들어 새로운 업을 만들고 그 속에 다시 자신을 가두어 버린다. 진실을 보지 못하고 허깨비에 놀아나면서도 스스로는 모든 것을 초월한 헌헌대장부인 양 허세를 부린다.

때문에 제삼구에서 헤어나지 못하면 자신을 구제할 수가 없다. 아울러 맹인이 맹인을 안내하는 꼬락서니가 되어 더욱더 심연의 구렁텅이에서 헤매고 만다. 그래서 제삼구에서는 제일구에서 제시된 본분의 도리를 제대로 파악하지 못하고 방편으로만 덕지덕지 연지 찍고 곤지 찍어 제이구에도 다가가지 못한다.

이와 같은 임제의 삼구에 대항 백파긍선은 제일구의 성격을 조사선에 비유하고, 제이구는 여래선에 비유하며, 제삼구는 의리선에 비유하였다. 조사선이란 각자의 본분(本分)에 철저하며 스스로 청정한 깨침의 세계에서 노닐면서 일상의 현실에서 그대로를 실현하는 선종의 가풍을 말한다. 때문에 스승이 제자를 접화하는 데 있어서도 아무런 조작이 없이 있는 그대로를 드러내어 제자 스스로 터득하게끔 이끌어 주는 수행의 지도방식이기도 하다. 그래서 직접적이고 현실적이며 대긍정의 세계이다. 버들은 푸르고 꽃은 붉다는 도리와 같다.

여래선은 석가여래의 가르침처럼 일체의 중생을 향한 부처의 대자비가 발현되어 노파친절하게 도리를 제시해 주고 안내하며 스스로 그 모범을 보이면서 중생을 이끌어 가는 선의 성격을 비유한 것이다. 45년 내지 49년 동안 설법을 통해서 제시한 석가여래의 자취와 교의를 통한 선수행의 지도방식이다. 의리선은 방편으로 제시된 언설과 문자와 비유 등으로 선의 가르침을 드러내고 선을 체험하게끔 하려는 일체의 행위를 가리킨다.

따라서 의리선은 점차 연습을 통해서 향기에 물들어 가듯이 형성되는 수행방식으로서 신훈(新熏)이라고도 한다. 중생이 부처의 방편을 따라 새롭게 훈습하면서 수행하고 깨쳐 성불한다는 것을 말한다. 그래서 백파는 본분과 신훈을 두루 보편적으로 제시하여 신훈만 있고 본분이 없는 경우를 의리선으로 보았고, 본분만을 여실하게 드러내면 조사선으로 보았으며, 본분에 신훈을 아울러 제시하는 것을 여래선으로 보았다. 그래서 본분진여를 개시하고 직시하도록 하기 위해서 갖가지 방편을 세웠다는 것이다.

말하자면 백파는 현실계를 향하(向下)이면서 신훈(新薰)으로 전개하여 이것은 바로 삼라만상의 일체 모든 것을 다 포섭하지 못하는 것이 없다는 뜻에서 온총삼구(蘊摠三句)라는 표현을 쓰기도 하였다. 이처럼 현실계에 신훈으로 다가가는 매개체가 다름 아닌 임제의 삼구법문이라고 본 것이다.

이와 같은 백파의 삼구법문의 해석에 대하여 초의의순은 『선문사변만어(禪門四辨漫語)』라는 책을 통하여 비판의 입장을 드러냈다. 초의는 백파처럼 선법 자체에 교의를 내세워 선의 우열을 논하는 것이 잘못되었다고 말한다. 곧 선은 부처의 마음이고 교는 부처의 말씀처럼 그 도리를 깨치면 삼장과 십이분교의 일체가 마음에 녹아 있는데 어찌 분별할 수가 있겠는가 하는 것이다. 깨침의 눈으로 보면 새소리·물소리·팔만대장경의 문자·시장에서 들리는 시끄러운 소리 등이 다 진리의 속삭임이고 부처의 모습인데 어디 일찌감치 그렇게 분류해 놓은 적이 있었던가 하는 것이다.

그것은 오히려 또 다른 교적(敎迹)의 찌꺼기에 매달려 더욱 역겨운 냄새만 풍길 뿐이라는 것이다. 이런 입장에 대하여 초의는 구체적으로 삼처전심(三處傳心)을 예로 내세운다. 삼처전심이란 석가모니가 마하가섭에게 깨침을 인가하는 형식으로 제시된 것으로 선문에서는 고래로 이심전심의 전형적인 방식이었다. 백파는 다자탑전분반좌(多子塔前分半座)는 살(殺)만 있고 활(活)이 없으므로 여래선에 배대하였고, 영산회상염화미소(靈山會上拈花微笑)는 살(殺)과 활(活)을 구비한 것으로 조사선에 배대하였다.

이처럼 삼처전심의 도리를 살과 활로 분별하는 것 자체가 무모한 것으로 보았다. 본래 기(機)와 용(用), 체(體)와 용(用), 살(殺)과 활(活) 등의 관계는 불가불리(不可不離)한 것인데 억지로 분별한 것이므로 본래 도리가 아니라는 것이다.

또한 백파의 삼구해석에 대하여 직접적으로 제일구와 제이구에 대하여 차별이 아닌 차이의 구분은 인정을 한다. 그러면서도 제삼구에 대하여 백파는 제일구와 제이구의 하위개념으로 분류한 것에 반하여 초의는 제일구와 제이구가 모두 제삼구에도 들어 있지만 단지 그것을 터득하지 못하고 실천으로 옮기지 못한 것으로 보아 삼구의 각각에 대하여 병립적인 입장으로 해석하였다. 이것이 바로 본래 선법의 정신에 부합된다는 것이다.

그러나 임제가 본래 삼구법문을 제시한 것부터가 방편법문이라는 것을 감안한다면 백파는 임제의 의도를 그대로 수용하여 재해석한 것으로서 선법의 일상화 내지 보편화를 제시한 것이었다. 이에 반하여 초의는 임제의 방편설을 넘어서 애초부터 임제의 본래적인 의도를 읽어내야 한다는 점에 중점을 두고 직접적으로 선법의 본래성을 추구한 것이다.

따라서 임제의 삼구법문에 대하여 각각 백파의 현실성을 감안한 해석과 초의의 본래성에 근거한 해석은 선법에 대한 양면적인 주장을 드러낸 것으로 서로 배치되는 것이 아니다. 그 진정한 의도를 간과하고 단지 언설을 통해서 드러난 백파의 『선문수경』과 초의의 『선문사변만어』에 대해서만 논하려 한다면 후대에 드러났듯이 평행선적인 선의 논쟁은 지속될 수밖에 없다.

이런 점에서 초의가 제시한 선법에 대한 본래적인 입장은 언제든지 잊어서는 안 되는 본분진여(本分眞如)이고, 백파가 제시한 근기와 현실과 언설에 근거한 분류방식은 늘 끊임없이 제고해 보아야 할 신훈오수(新熏悟修)이다. 초의는 일체를 자연의 본래입장에서 그대로 긍정한 선객이었다. 그가 우려내는 차 맛이 바로 그런 본래 맛은 아니었을까. 연못의 작은 물고기에 대하여 노래한 다음의 시가 바로 그렇다.

> 안개 가고 햇살 받은 연못은 맑기도 한데
> 조그마한 새끼 물고기 수면으로 헤엄치네
> 그들 또다시 신통하게도 즐거이 노니는데
> 근본적인 바탕은 본래 발랄한 생명이라네
> 물결 일어나도 푸른 산그림자 부동하건만
> 낚시 드리우면 물 속 바위 밑에 숨어드네
> 머리 맞대고 친밀하게 놀면서 지내다가도
> 꼬리 돌리고나면 손님처럼 또 서먹하다네
> 어찌 알랴

훗날에 등용문을 대번에 뛰어오를 줄이야
봄날이 다 가도록 세 계단만 통과했을 뿐
이미 꼬리가 닳아지고 비늘도 닳아버렸네
옛날 연못에서 놀던 생각이 없어지고나면
저토록 맑디맑은 강물에 다시 풀어주리라

11. 경허성우(鏡虛惺牛: 1846~1912)의 이수선(泥水禪)

경허성우(鏡虛惺牛: 1846~1912)는 한국의 근대선승으로서 한국불교에서 오래도록 지워지지 않을 족적을 남기신 분으로 어디에도 손색이 없다. 그만큼 경허가 차지하는 위치는 우리의 역사 속에 깊이 자리하고 있다. 경허가 살다간 시대가 말해 주듯이 나라의 안팎으로 어지러웠고 불교계의 입장에 있어서도 조선시대 불교배척의 역사를 고스란히 감당하는 암울한 시기였다.

경허는 한국의 달마라는 평이 말해 주듯이 이미 인연이 깊어 역사의 구비에 아로새겨진 찬란한 불연국토에 아직은 불교중흥이 멀게만 느껴지던 차에 결연히 함께 정·혜(定·慧)를 닦아 도솔천에 태어나 성불하려는 결사를 통하여 다시 한 번 불음(佛音)의 용트림을 준비하여 한국근대불교의 터를 닦았다.

경허는 1846년 8월 24일 전주 자동리라는 마을에서 세상인연을 맞이하였다. 경허는 어려서 아버지를 여의고 9세의 나이에 어머니를 따라 상경하여 청계사에서 계허 스님을 은사로 출가하였다. 경허는 14세에 계허 스님과의 인연을 접고 동학사의 만화화상을 참문하였다. 거기에서 10년 동안에 걸쳐 경·론·소(經·論·疏)를 공부하고 대기의 기상을 키워 갔다.

23세 때 동학사에서 개강하고, 34세 때는 옛날의 계허 은사를 찾아가는 길에 전염병이 도는 것을 만나 뜻을 중도에서 포기하고 여사미거 마사도래(驢事未去 馬事到來)[121]의 화두를 참구하면서 동학사로 되돌아왔다. 오매불망 화두에 전념하던 차 34세 때 겨울의 어느날 "소가 되어도 콧구멍 뚫을 곳이 없다."라는 기연에 깨달음을 얻었다. 이로써 다시 태어난 경허는 천장암을 오후보림(悟後保任)의 장소로 택하여 일 년이 넘도록 고심참담한 노력을 계속하였다. 이듬해 35세 때 오도송을 읊었다.

사방을 둘러봐도 사람 없으니	四顧無人
의발을 누구에게 전해 받으랴	衣鉢誰傳
의발을 누구한테 전해 주리요	衣鉢誰傳
사방을 둘러봐도 사람이 없네	四顧無人
봄 산에 꽃이 피고 새가 울며	春山花笑鳥歌
가을 밤 달 밝고 바람은 맑네	秋夜月白風淸
곧바로 이와 같은 시절일진댄	正恁麼時
무생가를 몇 차례나 읊었던가	幾唱無生一曲歌

이후 전국을 20여 년을 유행하다가 54세 때는 해인사 조실이 되어 결사운동을 전개하였다. 57세 때는 『선문촬요(禪門撮要)』를 간행하고 이후 몇몇 저술을 통하여 선의 방향을 제시하기도 하였다. 59세 때 만공에게 전법게를 주고 북쪽지방으로 유행하면서 스스로 난주(蘭洲)라 하고 60세에 평안도 강계지방에 이르러 그곳에서 서당을 열어 어린이들을 가르치기도 하였다. 67세 1912년 4월 25일 그 마

---

121) 나귀가 도래하여 아직 그 자리를 비워 주지도 않았는데 말이 나귀의 자리에 들어선다는 것이다. 곧 間斷 없이 불도수행이 끊임없이 지속적으로 이어지는 것을 말한다. 이것은 화두를 참구함에 마음이 일념으로 지속되는 경지를 가리킨다.

을에서 열반송(涅槃頌)을 남기고 입적하였다.

경허성우 선사의 사상적 특징은 아무래도 조선 말기에 선법이 실낱과 같이 위기를 맞고 있었던 만큼 당시에 있어서 경허가 진작시킨 선풍을 빼놓고는 논할 수 없을 것이다. 그만큼 경허의 선사상은 개인적으로나 한국선사상사에 있어서 차지하는 위치가 크다고 할 수 있다.

우선 경허의 선사상은 첫째는 조선불교 속에서 선풍의 중흥과 발전으로서 그것이 선교(禪敎)의 일치로 승화되었고, 둘째는 경허선풍이 지니고 있는 조사선의 일상화 내지 대중화로서 그것이 결사의 조직과 전개로 나타났으며, 셋째는 전통적인 수행법이었던 간화선풍의 진작으로서 특히 시삼마(是甚麼) 화두122)를 강조한 점에서 찾아볼 수 있다.

이와 같이 그의 선풍을 각각의 성격으로 규정지을 수 있겠지만 경허 선사상은 화두일념 내지 관법을 통한 내면적인 안심과 그것의 외적인 표출로서 보살행의 실천이라는 측면으로 결부시켜 볼 수가 있다. 경허의 내면적인 안심은 곧 그의 수행과 깨침으로서 그 결택(決擇)은 동학사(東鶴寺)에 있을 때 깨달음의 기연이 된 "소가 되어도 콧구멍 뚫을 데가 없다."라는 것에 있다. 곧 그의 오도송(悟道頌)의 표출은 그간의 심정을 잘 보여 주고 있다.

경허가 그의 오도송에서 말한 내용은 당시의 암울한 시절과 불교의 폐허를 노래한 것이 아니다. 의발을 전할 사람이 없고 전해 받을 사람이 없는 절망이 아니다. 이것은 희망의 메시지였고 확신에 가득

---

122) 是甚麼는 본래적인 화두로 볼 수 없다. 화두참구의 방식으로 언급된 말일 뿐이다. 그러나 여기에서는 다만 경허성우의 경우 이것을 화두로 간주하여 수행했음을 언급하는 것으로 그친다.

찬 큰 깨어남이었다. 달마와 혜가의 문답에서 혜가가 "불안한 마음을 찾아보았으나 찾을 수가 없습니다."라고 말한 것이 불안한 마음을 찾을 수 없는 절망이 아니다. 그것은 오히려 불안한 마음은 애당초 존재하지도 않은 것임을 분명히 깨달아 버렸다는 것을 말한 것이다. 그러자 달마는 그것을 인가해 주었을 뿐이다. 사자 간에 의기투합하는 정법안장의 수수(授受)였다.

어느 누구의 오도송을 보아도 침울하고 절망적인 내용은 없다. 자각의 확신이 넘치는 기쁨의 토로였다. 석가모니의 깨달음이 그랬고, 혜능의 깨달음이 그랬으며, 원효의 깨달음이 그랬다. 그야말로 경허의 오도송은 사람과 의발이 따로 있지 않았다. 전해 주는 의발과 전해 주는 사람이 따로 없었다. 전해 주고 받는 형식마저 번거로울 뿐이다. 석가모니로부터 전해 온 심인은 사실 전하는 것이 아니다. 그대로 서로 뜻과 마음과 법이 통했을 뿐이다. 경허는 바로 이것을 말한 것이다.

또한 경허 깨침의 외적인 표출이라 할 수 있는 것은 그의 일상생활 그것이었다. 이 가운데서 특히 부각되어 있는 것은 경허의 무애행(無碍行)을 통한 중생과의 동고동락(同苦同樂)이다. 경허는 그의 『참선곡(參禪曲)』에서 말하고 있듯이 무상(無常)을 터득할 것과 간절하게 화두를 의심할 것을 강조하고 있는데 그것은 남에게만이 아니라 자신을 겨냥하고 있기도 하다.

그 자신이 암울한 시기에 태어나 구하려 했던 구도의 행위는 어리석은 중생으로서 중생을 벗어나기 위한 몸부림이었음과 동시에 자신의 내면에서 끊임없이 일어나는 삼독심에 대한 질책이기도 하였다. 위의 두 가지 측면은 경허가 참선공부를 어떻게 이해하고 실천하려 했는가 하는 것을 말해 주는 것이다.

이에 대해 경허는 참선하는 마음의 자세에 대하여 가장 중요한 것은 일체사(一切事)에 무심(無心)하고 일체심(一切心)에 무사(無事)하면 곧 심지(心智)가 자연히 맑고 깨끗해진다고 말한다. 일체사(一切事)에 무심(無心)하라는 것은 자신의 내면에 대한 집착의 철저한 탈락(脫落)으로서 그의 수많은 시(詩)와 가(歌)에서는 그것이 겁외(劫外)의 종풍으로 나타나 있다.

곧 '위음나반이전(威音那畔已前)의 소식(消息)'이라든가 '거북이가 조짐을 나타내기 이전'이라든가 '돌부처' 등등 일체의 사려분별을 초월한 언어를 통하여 사탈락(事脫落)과 이탈락(理脫落)과 신탈락(身脫落)과 심탈락(心脫落)을 드러내고 있다. 이것은 굳이 일체사(一切事)에 무심(無心)할 필요도 없고 일체심(一體心)에 사(事)를 지을 필요도 없이 천진불(天眞佛)을 인정하고 수긍할 줄 아는 곳에서 비로소 그 가치가 현성되기 때문이다.

그 현성된 진리에서 경허는 일생을 유희할 수 있었고 타인을 자기 자신처럼 거두어들여 섭화(攝化)할 수가 있었으며, 동시에 자신이 사바세계에 내몰린 한 나약한 인간으로서 갖추어 나아갈 수 있는 최선의 노력이기도 하였다. 이것은 그의 만행을 통한 숱한 일화와 몇 백 수가 넘는 시 등에서 얼마든지 찾아볼 수 있다.

또한 경허는 자신의 경험을 통한 수행의 요체를 설명하는데 있어 현묘한 법문을 참구하는 이는 항상 반조에 힘써 그것을 참구하며 마음이 생생하고 세밀하여 쉼 없이 그것을 참구해야 한다고 하였다. 이처럼 지극히 간절하게 하여 마음으로 참구할 수 없는 곳에 이르게 되면 갑자기 참구한다는 마음이 없어져 근본 생명에 이르게 되고 본지풍광이 저절로 갖추어져 모자람도 남음도 없게 된다고 말한다.

그리고 화두를 참구하는 방식에 대하여는 무엇보다 일심불란(一心不亂)의 상태를 유지하라고 말한다. 이러한 상태 속에서 항상 성성적적(惺惺寂寂)하고 균등하게 유지하는 마음으로 조상의 공안을 참구한다면 견성을 하지 못할 사람이 없다고 한다. 그리하여 화두를 참구함에 있어 생생하게 깨어 있으면서 고요한 마음을 균등하게 유지하면 반드시 견성을 이루게 된다고 말하고, 염불을 하는 데 있어서도 일심을 흐트러뜨리지 않으면 반드시 왕생을 한다고 말한다. 이것은 일심(一心)의 불란(不亂)과 성(惺)과 적(寂)의 등지(等持)를 강조한 것이다.

특히 참구에는 간절한 마음이 필요함을 여러 선지식들의 예를 들어 강조하고 있다. 이것은 경허 자신이 '여사미거 마사도래'라는 화두를 참구함에 있어서 스스로가 콜레라의 전염이라는 상황을 경험하면서 '여사미거 마사도래'의 참구를 올곧게 결택하지 못하였던 것을 인정하고 있었던 것으로 보이기 때문이다. 이것은 염불수행에 있어서도 마찬가지로 강조되는 점이기도 하다.

한편 경허는 자신의 스승에 대한 중요성과 그 가르침의 수용에 있어서 무엇보다도 인연의 소중함을 깊이 느끼고 있었다. 경허에 있어서는 청계사에서 계허노사에게 출가한 인연, 계허노사의 주선으로 동학사의 만화화상으로부터의 가르침, 스스로 삼 개월 동안 순일무잡하게 참구하다가 소가 되어도 콧구멍 뚫을 곳이 없다는 말에 깨친 인연 등이 모두 진정한 선지식들이었다.

이리하여 제자들을 지도하는 데 있어서도 무상을 경계 삼아 그것으로 대사를 밝히고자 하는 자는 급히 선지식을 찾는 것이 곧 정로

(正路)를 깨치는 길이라 하였다. 이것은 일찍이 경허 자신이 스승의 존재에 대한 깊은 신뢰를 통한 자신의 수행에 대한 확신에서 비롯되었음을 볼 수 있다.

경허에게 있어서 선지식이란 일체중생이 선지식임을 바로 알아차리기만 하면 일체의 유정과 무정이 설법을 하는 선지식이었다. 무심한 일체의 장벽와력(牆壁瓦礫)이 모두 불향상(佛向上)의 안목으로 보면 다 고불심(古佛心)으로서 만물에 법신이 나타나지 않는 것이 없기 때문이다. 그리하여 경허가 화광동진(和光同塵)하면서 마주치는 일체의 사물과 중생은 끊임없이 경허에게 무정설법(無情說法)과 현신설법(現身說法)을 하는 선지식의 현성이었다.

한편 경허는 화두의 참구에 대하여 대부분 이전 여러 선사들의 말을 인용하면서 가장 보편적인 내용을 말하고 있다. 그러나 경허가 내세우는 주장의 특색은 일체의 가르침은 다 방편이니 모두 정혜(定慧)를 갖추어 견성법을 닦으라는 것이었다. 곧 이것은 경허 자신을 비롯하여 결사에 참여하는 사람들에게 권장하는 내용이기도 하려니와 정혜 뿐만이 아니라 왕생극락을 기원하는 사람 모두에게도 마찬가지라고 하여 궁극적으로는 통한다고 말하고 있다.

그 구체적인 참구의 방식으로는 다만 화두를 드는 데 가장 좋은 묘술은 정신을 집중함에 너무 급하지도 느슨하지도 말고, 항상 성성적적하고 면밀하게 하며, 호흡을 편안히 하고, 배고프게도 배부르게도 하지 말며, 눈에다 정기를 채우고 척량골(脊梁骨)을 곧추 세우는 것이라고 구체적으로 언급하고 있다.

이에 그 마음 자세로는 출가자가 수행함에 있어서는 혹 참선을 하든지 염불을 하든지 주력을 하든지 간에 마음을 놓지 말아야 할 것이라 하여 결코 여러 가지 도리를 나누지 말고 마땅히 회광반조(廻光返照)하는 데에 힘써 마음의 근본을 철견해야 한다는 것이다. 그러나 잊지 말아야 할 가장 중요한 것은 정정(淨靜)이라는 두 글자라고 하면서 정(淨)이란 보리이고 정(靜)이란 열반이라 하여 보리와 열반이라는 견성의 가르침을 설하고 있다.

또한 참선에 대하여 무슨 특별한 것이 있는 것이 아니다. 다만 우리네 일상생활을 잘 반조하여 자신의 주인공을 확연하게 파악하는 것이라 하여 그렇게 되면 외물의 잡된 것에 얽매이지 않고 생사에 끌려 다니지 않으며 홀로 훤칠하게 뛰어나 분명하고 평안하게 되어 얽매일 것도 없고 해탈할 것도 없으며 번뇌도 없고 열반도 없다고 말한다.

이리하여 참선의 세계라는 것은 곧 아무것도 걸림이 없는 임운무작(任運無作)의 대자유인으로서 가히 깨칠 것이 달리 없어 본래 갖추고 있는 본유(本有)의 사(事)를 누리는 것이라 말한다. 그 임운무작의 경계가 경허에게 있어서는 걸림 없는 무애행으로 나타났는가 하면 일체중생을 상대하는 보살행으로 승화되었다.

그와 같은 화광동진(和光同塵)이요 이류중행(異類中行)이며 타니대수(拖泥帶水)이고 화니합수(和泥合水)하는 보살행이 경허에게서 뚜렷하게 나타난다. 이런 점에서 경허 선풍의 특징을 타니대수(拖泥帶水)의 선을 의미하는 이수선(泥水禪)으로 간주한다. 경허의 그와 같은 보살행은 어두운 시대에 눈 밝은 살림살이로서 민족과 불교와 중생의 눈이 되어 길잡이가 되었으며, 허무로 가득 찬 민초(民草)의 아린 가슴을 녹여 주는 선견왕(善見王)의 약(藥)이었다.

12. 석전한영(石顚漢永: 1870~1948)의
왕시선(枉矢禪)

1) 석전의 시대인식

석전 박한영(1870~1948)은 호는 영호(映湖) 및 석전(石顚)이고, 본명은 정호(鼎鎬)이며, 속명은 한영(漢永)이다. 전주 출신으로 19세 때 태조암(太祖庵)에서 출가하였다. 석전은 최근세의 한국불교사에서 개혁가로서 크게 주목되는 인물이다. 그 가운데 불교의 유신운동의 측면에서는 여러 가지 분야에 걸쳐 기존의 불교에 나타난 불합리한 신앙형태의 척결로도 나타났다. 곧 불교가 노후한 원인을 일반적으로 외인(外因)에 두어 정치의 압박과 유교의 침해 때문으로 간주하기도 하지만 보다 근본적인 원인으로는 불교 자체 내의 부패로 간주하였다. 고려시대부터 불교가 노후하게 된 병폐가 그대로 유전되고 만연하여 불교 자체의 참다운 교육이 불완전했기 때문에 교리적 사상과 복전(福田)을 민족과 사회에 환원시키려는 의식이 약해지고, 단지 외적으로 궁실의 환대 및 왕신의 애총을 받는 데 눈을 돌리다 보니 불교가 쇠퇴하게 되었다. 이러한 입장에서 교단 뿐만 아니라 신앙의 형태와 사상적인 이해에 대한 오류도 예외는 아니었다.
이와 같은 당시의 현실에 대한 석전의 절박한 자각은 역사적인 사실의 성찰과 주체적인 불교 교단의 확립에 대한 올바른 인식과 시대적인 교화를 위한 각종 교육방식과 그 전개로 나타났다. 그 가운데 선사로서 선사상에 대한 올바른 이해와 당시의 선사상에 대한 폐해를 바로잡으려는 행동은 몇 가지 측면으로 나타났다.

먼저 석전선사 선사상의 기본적인 입각점은 소위 조사선 사상을 바탕으로 한 것이었다. 이것은 지금까지도 전승되어 오는 임제종의 종지에 근거한 것이었음은 예외가 아니었다. 이 점은 그의 『석전수필(石林髓筆)』 곳곳에서 보여 주고 있다. 또한 석전선사는 기존 선법의 개념에 대한 오해에서 나타나는 병폐에 대한 질타와 그 바른 해법을 제시하고 있다. 곧 선법의 개념에 대한 올바른 안목을 구비해야 할 필요성을 강조하였다. 나아가서 『선학요령(禪學要領)』에서 임제의 사요간(四料揀)과 관련하여 그에 대한 올바른 자세를 확립할 것을 강조하고 있다. 특히 『주공부십문(做工夫十門)』과 『참선삼요(參禪三要)』에 대하여 석전선사가 제시했던 수행의 과정에 대한 점검이 잘 드러나 있다. 이와 같은 석전선사의 당시 선법에 대한 진단은 그 바탕에는 긍정적인 안목을 바탕으로 하여 구도자의 정신에 대하여 준엄한 비판으로 나타났다. 가령 무애행이면 모두 대승행이라는 소위 평실선(平實禪)의 착각에 빠진 자들에 대한 경책 등에 잘 나타나 있다. 깨침의 경지를 중시하여 그 밖의 행위는 어떻든지 상관이 없다는 막행막식에 대한 비판을 가하여 진정한 깨침은 오후수행이 뒤따라야 한다는 것이 그 일례이다. 소위 잘못된 개념과 행위를 올곧게 바로잡는다는 왕시(枉矢)의 정신으로 평실선에 대한 오해를 질정하였다.

2) 평실선(平實禪)에 대한 오해와 진실

(1) 조사선(祖師禪)과 여래선(如來禪)

평실선이란 선법의 본래적인 올바른 의미를 제대로 이해하지 못하고 오히려 그것을 악성적이고 부정적으로만 해석하여 자기의 행위에 대한 편리한 변명으로 일관하는 선풍을 가리킨다. 때문에 석전은 당시에 팽배해 있던 조사선(祖師禪)과 여래선(如來禪)의 개념에 대한 오해 및 갖가지 선에 대한 용어를 바로잡으려는 노력을 기울였다. 『석림수필』 가운데 제9의 "진귀조사의 답난(答難)을 준(準)할 수 있을까."에 대하여 선사는 확정된 견해를 유보하고 있다. 석전선사는 청허휴정의 『선교석(禪敎釋)』에 등장하는 내용을 소개하여 그것을 우리나라 총림의 선술(禪述) 가운데서 여래선과 조사선에 대한 유일한 근거로 제시한다. 내용인즉 다음과 같다. "세존께서 설산에 육년 수행을 하셨다. 마침내 별을 기연으로 오도하였다. 그러나 그 법이 진극(臻極)이 아닌 줄 알고 수십 개월 동안 유행하였다. 마침내 임오세에 특별히 진귀조사를 참방하여 비로소 현극(玄極)의 종지를 전수할 수 있었다. 이것이야말로 교외별전의 근원이었다." 이에 이어서 달마의 게송으로 소개한 내용은 다음과 같다.

> 진귀조사가 설산에 계시면서
> 총목방에서 석가를 기다렸네
> 임오년에 조사심인을 전하니
> 동시에 조사종지를 얻었다네

앞의 내용은 먼저 『선문보장록』 제24칙과 제4칙에 나오는 내용이다. 이것은 전법의 상승과 조사선의 원류에 대한 두 가지 의미를 담고 있다. 첫째 인용문은 명주 굴산사의 범일국사는 진성대왕이 하문하신 선과 교의 뜻에 대하여 다음과 같이 말씀하셨다.

> 우리의 본사이신 석가모니께서는 태어나신 이후에 설법으로 일관하셨습니다. 먼저 태어나자마자 동서남북으로 일곱 걸음씩 걷고 나서 천상천하유아독존(天上天下唯我獨尊)이라 말했습니다. 나이를 먹은 후에는 성을 벗어나 설산으로 들어갔습니다. 거기에서 별빛을 보고 깨침을 얻었습니다. 그러나 깨친 법이 궁극의 경지가 아님을 알았습니다. 그래서 다시 수십 개월 동안 조사이신 진귀대사를 찾아 유행하였습니다. 이로써 비로소 궁극의 뜻을 전승받았는데 그것이 곧 교외별전의 선입니다.

여기에서 제시된 내용은 선과 교의 관계로서 예로부터 늘 제기되어 온 문제였다. 소위 선교일치 내지는 선교차별이 그것이다. 그러나 여기에서는 선교차별을 의도적으로 부각시키려는 입장으로 나타나 있다. 그도 그럴 것이 본 내용은 통일신라 말기에 중국으로부터 직수입된 소위 조사선의 가풍과 당시 신라사회에 뿌리내리고 있던 교학불교의 풍토 사이에 전개된 상황이기 때문이다. 나아가서 이즈음에는 선과 교학의 차이 뿐만 아니라 선 가운데서도 조사선과 여래선의 차이가 강조되던 시기였다.

그런데 석가모니가 진귀조사에게 심인을 받았다는 내용을 이해하는 것이 본 내용의 요점이다. 부처님으로서의 석가모니가 큰스님으로서의 진귀조사에게 한 수 지도받았다는 것이다. 여기에서는 언설에 속아서는 안 된다. 부처님과 조사 가운데 누가 더 훌륭한지 그리고 누가 스승이고 누가 제자인지는 중요치 않다. 다만 석가여래와 진귀조사라는 여래와 조사라는 용어에 주목해야 한다.

이 일화가 수록된 『해동칠대록(海東七代錄)』이 현재 전승되는 책은 아니다. 다만 이 책이 유행하던 시기는 당나라시대로서 조사선이 형성되면서 조사선의 가풍이 가장 고양되었던 무렵이다. 그리고 그 칠대조사(七代祖師)가 누구인지도 구체적으로 파악할 수가 없다. 단지 이 무렵에 중국에서 조사선법을 수입한 일곱 조사들이라는 추정은 가능하다. 여기에서 그들이 전승한 조사선의 권위야말로 어떤 선풍보다도 우선이었고 보편적이었으며 부처님을 대신할 정도였다. 그런데 조사선에서 말하는 조사는 본래 달마조사를 가리키는 말이었다. 그와 같은 조사의 개념을 진귀조사라는 인물에 투영한 것이다.

한편 석가는 여래의 개념을 상징한다. 여래는 사십 구 년 동안 고구정녕하게 설법을 하였다. 반면 조사는 직설적이고 현실적이며 단적인 교화수단을 활용하였다. 때문에 조사선의 가풍이 팽배해 있던 시기야말로 선을 언설을 통해서 자상하게 이해시켜 주는 여래선의 방식보다 직지인심으로 제자의 의표를 찔러 가르쳐 주는 조사선의 접화방식이 큰 매력을 발휘하였다. 곧 석가라는 여래(如來)와 진귀라는 조사(祖師)를 등장시켜 그 접화수단의 차이를 비유한 것이다.

역사적으로 보면 신라 말기에 직접 중국에 들어가 해동에 선법을 전래했던 많은 선승들은 당시 신라사회에 깊이 뿌리내리고 있던 교학의 풍토와는 사뭇 다른 새로운 선법을 홍포하기 위하여 조사선의 방식을 의용하였다. 그 가운데 소위 구산선문 가운데 사굴산문의 개조인 범일국사가 내세운 것이 바로 여기에 등장하는 『진귀조사설』이었다.

따라서 여기에 등장하는 여래와 조사는 선사상의 깊고 옅음을 의미하는 것이 아니다. 다만 부처님으로서의 여래와 큰스님으로서의 조사의 개념을 여래선과 조사선의 개념을 통하여 조사선이 상대적으로 우위에 있다는 것을 상징적으로 비유한 것이다. 따라서 당시에는 의도적으로 선교의 차별을 강조하였다. 그것이 교학의 입장을 사십 구 년 동안 설법을 했던 여래의 개념으로 내세우고, 언설을 초월하여 오로지 좌선수행으로 일관했던 선종의 입장을 조사라는 개념으로 강조한 것에 불과하다.

한편 위의 게송은 『달마밀록(達磨密錄)』에 전해 오는 내용인데 이 책의 존재는 알 수가 없다. 중국 선종의 제이조 태조혜가가 달마대사에게 여쭈었다. "지금 부촉하신 정법안장의 내용에 대해서는 여쭙지 않겠습니다. 대신 조사들이 정법안장을 도대체 누구에게 전하고, 어디에서 전하였는가에 대하여 자비심으로 자세하게 설명해 주십시오. 왜냐하면 그것이야말로 후세의 규범이 될 것이기 때문입니다." 이에 달마대사가 말했다. "우리 고국이었던 오천축에는 모든 조사들의 열전에 대하여 서술한 책이 있었다. 이제 내가 그대에게 그것을 설해 주겠다." 이에 달마가 혜가에게 말씀한 내용이다.

혜가는 중국 선종의 제이대 조사로 달마의 심인을 얻어 중국이라는 땅에 선의 종지를 고스란히 전지해 준 선자이다. 달마는 혜가의 질문에 대하여 친절하고 자상하게 답변해 주고 있다. 누구에게 그리고 어디에서 정법안장을 전승하였는지에 대하여 설명을 한다.

정법안장의 전승은 선종의 생명이다. 선의 궁극적인 목표는 깨침에 있다. 그 깨침이야말로 불교가 발생한 근본이었고 후대까지 전승되어 온 존재 이유였다. 그러나 그 깨침은 깨침으로만 온전한 것은 아니다. 깨침은 반드시 전승되지 않으면 안 된다. 전승이야말로 불교의 홍포와 중생의 교화 작용이기 때문이다. 그런데 그 전승은 반드시 사람을 말미암아야만 가능하다. 그것이 곧 사람을 필요로 하는 이유이다. 그 사람은 또한 깨침을 터득한 제자이다. 때문에 스승과 제자 사이에 이루어지는 전법의 수수는 전법의 내용인 정법안장과 더불어 전법의 수용자인 제자가 필요하다.

이런 점에서 보면 보리달마가 중국에 온 이유는 분명하다. 곧 제자를 찾으러 온 것이었다. 또한 사람과 더불어 그것을 어디에서 전승하는가 하는 점이 본 내용이다. 때문에 부처님과 마하가섭 사이에 소위 삼처전심(三處傳心)의 일화가 생겨났고, 달마와 혜가에게도 삼처전심의 일화가 나타났다. 정법안장이 전승되는 장소가 중시되는 것은 대승불교에서 잘 나타난다. 대승불교에서는 이전의 시대에 비하여 경전이 중시되었다. 따라서 경전 자체는 물론이고 경전을 수지하는 사람이 중시되었으며 나아가서 경전의 전승이 이루어지는 장소가 숭배되었다. 이것은 정법의 유포가 중시되는 대승의 이념이 바탕에 자리잡고 있다.

그래서 혜가는 정법안장을 누가 계승하였으며 어디에서 전승되었는가를 묻고 있다. 달마는 침묵의 선자답게 간명 직절하게 하나의 게송으로 이에 답하고 있다. 여기에서 달마가 제시하고 있는 게송은 소위 이후에 등장하는 『진귀조사설(眞歸祖師說)』이라는 내용과 부합되는 것이기도 하다. 여기에서는 석가모니의 깨침조차 진귀조사로부터 전승받았다는 것이다. 석가모니는 6년의 고행으로도 부족하여 다시 수십 개월 동안 유행하면서 진정한 스승을 찾아다녔다. 마침내 설산에서 진귀대사라는 인물을 만날 수 있었다. 이것이 곧 정법안장이 전승된 장소로서 설산의 총목방(叢木房)이라는 곳이었다. 설산과 총목방은 모두 수행의 당처를 가리키는 용어이기도 하다. 진귀조사로부터 석가가 깨침을 인가받았다는 것이야말로 이전부터 즉금에 이르기까지 정통으로 간주되고 있는 조사선의 가풍이 정법안장의 올바른 계승임을 강조하는 단적인 증거이다.

이와 같은 내용에 대하여 석전선사는 여래선에 대해서는 규봉이 『도서(都序)』에서 분류한 5종선의 내용을 언급하여 조사선과 여래청정선이 결국 다른 것이 아님을 보여 주고 있다. 이에 대해서는 우선 조사선과 여래선의 두 가지 의미에 대하여 구별해 줄 필요가 있다.

조사선의 연원에 대해서는 위에서 언급한 바처럼 보리달마로부터 유래된 선법이다. 곧 첫째의 의미는 본래성불에 근거하여 그것을 일상의 생활에서 실천하는 선법이다. 둘째의 의미는 조사선풍이 보편화되면서 조사선은 선지식이 제자를 접화하는 수단으로 활용된 개념으로서 격외선(格外禪)이기도 하다. 소위 방행(方行)의 접화수단으로서 청허휴정은 『선가귀감』에서 그것을 활줄에 비유하였다.

여래선의 경우도 마찬가지로 두 가지 의미로 활용되었다. 첫째는 여래청정선의 뜻으로 석전선사가 지적한 바처럼 보리달마가 중국에 소개한 최상승선법 내지 대승의 선법을 의미하는 것이다. 둘째는 선지식이 제자를 교화하는 파주(把住)의 접화수단으로 의리선(義理禪)이기도 하다. 청허휴정은 『선가귀감』에서 그것을 활에 비유하였다. 석전선사에게 있어서 이것은 각각 조사선과 여래선에 대한 명확한 의미를 분별해야 할 것을 요구한 것이었다.

(2) 개증(皆證)과 개구(皆具)의 개념

석전선사는 『대혜어록(大慧語錄)』을 인용하여 일체중생의 개증(皆證)과 개구(皆具)에 대하여 견해를 피력한다. 결론적으로 말하면 일체중생은 개구의 입장이므로 개증토록 노력을 하지 않으면 안 된다는 것이다. 때문에 이런 점으로 보자면 일체중생실유불성(一切衆生悉有佛性)을 바탕으로 하여 그것을 실현하는 수행이 없을 수 없게 되는 셈이다. 이것은 당나라시대에 크게 발전한 조사선의 가풍을 계승하여 그 올바른 실천을 향한 석전선사의 답변이었다.

보리달마 이후로 조사선이 형성되고 전개되어 가면서 혜능을 거쳐 마조 무렵에는 그 절정에 달하였다. 때문에 일상의 행·주·좌·와(行·住·坐·臥)에 불성의 작용 아님이 없었고 불성의 실천 아님이 없었다. 그 전통은 일찍이 보리달마로부터 유래되는 것이었다. 이들의 공통적인 기반은 모든 중생들이 이미 깨침을 구비하고 있다는 본래성불의 사상에 기초한 내용이었다.

부처님은 『화엄경』에서 선용기심(善用其心)을 설하였고, 보리달마는 중생이 부처님과 동일한 성품을 구비하고 있음을 심신(深信)할 것을 강조하였으며, 혜능은 본래부터 지니고 있는 그 깨침의 성품을 그대로 작용할 것을 강조하는 단용차심(但用此心)을 말하였고, 남악회양은 수행과 깨침은 본래부터 없었던 적이 없으므로 개개인은 단지 번뇌에 물들지 않아야 할 것을 강조한 단막염오(但莫染汚)를 말하였으며, 마조도일은 천연적인 깨침의 작용이 몸소 자신에게 이미 드러나 있다는 것을 강조하는 도불용수(道不用修)를 말하였고, 백장회해는 깨침의 진리가 우리네 일상의 행위와 작용에 그대로 미치고 있다는 체로진상(體露眞常)을 말하였다.

이와 같은 조사선 가풍의 사상적인 계보는 후대 송대에 이르러서는 사뭇 상황이 달라졌다. 당대(唐代)의 순수한 조사선의 전통을 상실하고 미혹한 안목으로 악성적인 불립문자 내지는 방과 할을 휘둘러대는 폐풍이 만연하였다. 이와 같은 폐풍을 일소하고 순수한 조사선의 가풍으로 되돌아가려는 움직임이 새로운 수행법의 창출로 등장하였다. 그것이 곧 북송 남송 말에서 남송 초기에 걸쳐 본격적으로 형성된 간화선과 묵조선이었다.

송대에 새로운 수행풍토에 대한 이와 같은 자각을 초래한 역사적인 원인으로 당대(唐代)에 일반적으로 수용되고 있던 남종선의 수행과 깨침에 대한 하나의 부정적인 견해였다. 그것은 흔히 평상무사(平常無事)한 의미의 무사선(無事禪)에 대한 오해에서 비롯된 것으로 보인다. 이 무사선에 대한 기본적인 입장은 수행과 깨침에 대한 두 가지 유형을 언급할 수가 있다. 첫째는 좌선과 깨침[修證]에 관해서 선종의 역사상에 나타난 세 가지 수증관(修証觀) 가운데 본각문적(本覺門的)인 성격이고, 둘째는 시각문적(始覺門的)인 성격을 지니고 있다.

이 가운데 간화선의 수증관은 바로 시각문적인 성격으로서 청정본성이 사람마다 모두 본래 구족되어 있다지만 현실적으로는 그것에 미혹해 있다는 입장이다. 이 점에 있어서 임제종의 종조인 임제의현과 간화선의 대성자인 대혜종고는 전혀 다르다. 전통적인 당대선(唐代禪)의 본각문적인 입장을 버리고 대혜가 시각문적인 입장에 선 것은 어쩔 수 없는 이유가 있었다. 그 이유는 임제선의 아류가 무사선을 오해하여 무사선에 떨어졌기 때문이다.

반면 묵조선은 수증관은 전시각(全是覺)의 입장으로서 수행 곧 좌선하는 곳에 깨침이 있다고 주장하는 것이다. 곧 간화선의 좌선관이 깨치기 위한 수단으로서 어디까지나 깨침을 목적으로 하고 있음에 비하여, 묵조선의 좌선은 수단이 아니라 좌선이 깨침이라는 목적 그 자체로서 깨친 자의 좌선이었다. 이처럼 본각문적인 묵조선의 성격과 시각문적인 간화선의 성격은 중국 선종사의 흐름 속에서 선의 본질에 대비시켜 보면 곧 묵조선이야말로 당대선의 무사선에 철저한 입장이었고 간화선은 본각문적인 무사선의 오해를 극복하려는 입장이었다.

곧 그리하여 간화선의 입장이 수행의 필요성을 강조함에 비하여 묵조선의 입장은 일반적인 의미의 수행마저 필요치 않다는 입장이다. 즉심시불(卽心是佛)이란 본래 첫째의 사고방식으로서 남종선으로 출발했을 때는 철저하게 첫째의 특색을 지니고 있었다. 그러나 시대가 내려감에 따라 송대에 와서는 즉심시불(卽心是佛)에서 시불(是佛)이라는 그 결과에만 집착하여 본래의 즉심(卽心)이라는 본질에 대해서는 까마득하게 무시해 버리는 무사선에 떨어지고 말았다. 때문에 첫째의 그와 같은 악성적인 무사선에 떨어진 것을 초극하려는 방향을 종교의 즉사회적(卽社會的)인 중생교화에서 추구한 것이 대혜의 간화선이었다면, 순수하게 진리에 입각하여 초시대적(超時代的)인 것으로 보려는 순수선이라는 입장에서 추구한 것이 묵조선의 입장이었다.

이 가운데 전자가 간화선의 출현을 이끌어 낸 방식이었다면 후자는 묵조선의 출현을 이끌어 낸 방식이라 할 수가 있다. 그만큼 묵조선의 출현방식에서 그 사상적인 배경은 철저한 무사선, 나아가서 무사선을 순수선으로 거듭나게 하는 철저한 자각을 바탕으로 하고 있다.

그 자각의 철저한 방식은 바로 무사선의 현실화를 도모하는 것이다. 무사선의 진면목을 일상의 모든 행위에서 알아차리고 실천하며 적용하는 것이다. 그 구체적인 행위란 현재 그 자리에서 자신의 몸과 자신의 호흡과 자신의 마음에서 구현되는 것이 되지 않으면 안된다. 이러한 입장에서는 지금의 그 자리에서 이루어지고 있는 낱낱의 일거수일투족 행위가 무사선의 구현으로 간주되어야 한다. 이것을 체험하기 위한 방법으로 우선 제자리에 앉아서 이전의 불조들이 행했던 방식을 그대로 인정하는 것이 필요했다.

어느 사상이나 마찬가지겠지만 불교의 경우도 그 목적을 구현해 나가는 데 있어서 양면적인 모습이 있다. 하나는 번뇌를 없애는 데 중점을 두어 번뇌의 퇴치가 곧 본래의 성품을 드러내는 것이다. 다른 하나는 본래부터 없애야 할 번뇌가 없다는 입장에서 처음부터 지니고 있는 본래의 성품을 제대로 드러내는 행위에 중점을 두고 그것에 대한 자각에 힘쓰는 것이다. 전자가 방편행(方便修行)의 성격이라면 후자는 정수행(正修行)의 성격이라 할 수 있을 것이다.

(3) 기타 몇 가지 관점

석전선사가 당시의 불교잡지 『조선불교월보』를 통하여 제시한 『선학요령(禪學要領)』 가운데 『주공부십문(做工夫十門)』은 선수행에 대한 마음공부의 방법을 열 가지 조목으로 설한 것이다. 이것은 열 가지 모두를 반드시 이행해야 할 것이 아니라 그 가운데 한 가지만 철저하게 이룬다면 망심(妄心)이 사라지고 진심(眞心)이 현현할 것이라고 말한다. 그 열 가지 내용은 다음과 같다.

첫째는 각찰(覺察)이다. 선공부를 할 경우 필연적으로 발생하는 망념에 대하여 그것을 대치하는 방법에 대한 것이다. 이것은 『좌선의(坐禪儀)』에서 말한 "망념이 발생하면 그것이 망념인 줄 알아차려라. 그것이 망념인 줄 알아차리고 나면 그 망념은 저절로 사라진다."는 것을 응용한 것으로 보인다. 망념 및 잡념이 발생할 경우 그것을 따라가지 말고 그대로 두고 관찰할 것[覺察]을 말한 것이다.

둘째는 휴헐(休歇)이다. 선과 악을 모두 생각하지 말라는 것으로 분별심을 갖지 말라는 것이다. 선과 악은 이것이다 저것이다 하는 일체의 분별을 의미한다. 위에서 언급한 『좌선의』에서도 "일체의 선과 악을 사량하지 말라."고 말한다. 선과 악은 굳이 선과 악의 개념에만 한정시킬 필요는 없다. 일체의 분별심일 뿐만 아니라 보다 구체적으로는 혜능의 의발을 빼앗으러 쫓아온 것이 악이라면 혜능에게 법을 청하는 행위가 선이기도 하다. 마음공부에 있어 이렇게 해야 좋은가 저렇게 해야 좋은가 하고 따지는 일체의 분별을 경계하는 가르침이다.

셋째는 민심존경(泯心存境)이고, 넷째는 민경존심(泯境存心)이며, 다섯째는 민심민경(泯心泯境)이고, 여섯째는 존심존경(存心存境)이다. 이것은 임제의 사요간(四料揀)의 가르침을 낱낱으로 나열하여 응용한 것으로 간주된다. 임제의현의 사요간은 다음과 같다.

임제의현이 만참시중을 하였다. "어떤 경우에는 주관을 부정하고 객관을 긍정한다. 어떤 경우에는 객관을 부정하고 주관을 긍정한다. 어떤 경우에는 주관과 객관을 모두 부정한다. 어떤 경우에는 주관과 객관을 모두 긍정한다."

사요간은 하·중·상을 대비하여 네 종류의 사람을 출격(出格)시킨 것으로 탈인불탈경(奪人不奪境)·탈경불탈인(奪境不奪人)·인경구탈(人境兩俱脫)·인경구불탈(人境俱不奪)이다. 여기에서 탈(奪)은 '초월하다·없어지다·잃다'는 뜻으로 탈(脫)의 뜻에 통한다.

극부도자(克符道者)가 물었다. "탈인불탈경이란 어떤 것입니까?" 임제가 말했다. "따사로운 햇살이 지천으로 금을 발생시키고, 영아의 긴 수염이 실처럼 하얗다." 대혜가 말했다. "일구는 따사로운 햇살이 지천으로 금을 발생시키는 존경(存境)이고, 일구는 영아의 긴 수염이 실처럼 하얀 탈인(奪人)이다." "탈경불탈인이란 어떤 것입니까?" 임제가 말했다. "왕의 법령이 천하에 두루 시행되니 새외의 장군에게 연진(煙塵)이 끊겼다." 대혜가 말했다. "상구(上句)는 왕의 법령이 천하에 두루 시행되는 탈경이고, 하구(下句)는 새외의 장군에게 연진(煙塵)이 끊긴 탈인이다." "인경양구탈이란 어떤 것입니까?" 임제가 말했다. "병주(幷州)와 분주(汾州)에 믿음이 끊기니 홀로 한곳에 머문다네." 대혜가 말했다. "인(人)과 경(境)이 모두 그 면목을 빼앗겨 버렸다. 병분(幷汾)은 병주(幷州)와 분주(汾州)를 일컫는 말이다." "인경구불탈이란 어떤 것입니까?" 임제가 말했다. "왕이 보전(寶殿)에 오르니 야로가 노래한다. 뒤의 세 가지 요간 곧 탈경불탈인·인경양구탈·인경구불탈의 경우에도 역시 극부상좌의 질문이 생략된 것이다." 대혜가 말했다. "이것은 인경구불탈이다." 남원혜옹이 풍혈연소에게 물었다. "사요간은 어떤 법을 요간한 것인가." 풍혈이 말했다. "모든 언설에 막힘이 없으나 모든 식정이 성해(聖解)에 떨어지는 것이 학자의 큰 병통입니다. 그래서 선성(先聖)이 그것을 불쌍히 여겨 방편을 시설하였는데 마치 쐐기로 쐐기를 뽑아주는 택입니다."

이에 대하여 청허휴정은 다음과 같은 해설을 곁들이고 있다.

첫째, 주관을 부정하고 객관을 긍정하는 것은 하근기를 제접하는 것이다.

둘째, 객관을 부정하고 주관을 긍정하는 것은 중근기를 제접하는 것이다.

셋째, 주관 및 객관을 모두 다 부정하는 것은 상근기를 제접하는 것이다.

넷째, 주관 및 객관을 모두 다 긍정하는 것은 출격인을 제접하는 것이다.

석전선사가 제시한 셋째부터 여섯째까지는 각각 결국 마음을 공적하게 하고 경계에 대하여 무심하라는 것이기도 하다.

일곱째는 내외 전체(內外全體)이다. 산하대지(山河大地)와 일월성신(日月星辰)이 모두 진심체(眞心體)이고 담연허명(湛然虛明)하건만 이것에 대해서도 집착하지 말라는 것을 제시한 것이다. 현사사비(玄沙師備)와 한 승의 다음과 같은 문답이 있다.

> 한 승이 물었다. "평소에 듣건대 화상께서는 온 시방시계가 하나의 밝은 구슬이라 말씀하신다는데 저는 어찌하면 그것을 터득할 수 있겠습니까?" 현사가 말했다. "온 시방시계가 하나의 밝은 구슬인데 그것을 알아서 무엇에 쓴단 말인가."

여기에서 석전선사는 일체의 그대로가 깨침이고 진리일지라도 그것을 체득하는 것과 그것을 활용하는 것과 그것에 집착하지 않는 것은 필연적으로 수행을 통하여 제어해야 함을 말해 주고 있다.

여덟째는 내외전명(內外全明)이고, 아홉째는 즉체즉용(卽體卽用)이며, 열째는 투출체용(透出體用)이다. 이 세 가지 경우는 앞의 일곱째 경우와 더불어 네 가지 경우가 모두 체(體)와 용(用)과 전체(全體)와 전용(全用)의 경우를 들어 설명한 것이다. 이에 대하여 일찍이 규봉종밀(圭峯宗密)은 『중화전심지선문사자승습도(中華傳心地禪門師資承襲圖)』에서 재미있는 마니보주(摩尼寶珠)의 비유를 들어 각 선종의 종지를 비유한 것이 있다.

종밀은 『중화전심지선문사자승습도』 말미에서 선과 교의 삼파(三派)를 구별하는 데 하나의 마니보주가 다양한 색을 비추어 내는 작용에 비유하고 있다. 대체로 마니보주의 본질은 완전하게 무색투명하여 그 스스로 차별적인 색채를 지니지 않고 있다. 오히려 스스로 투명하기 때문에 다른 갖가지 대상을 따라 모든 색채를 드러낼 수가 있다. 이를테면 보배가 나타내는 색채에는 무한한 차별이 있음에도 불구하고 구슬 자체는 본질적으로 일찍이 변화하는 일이 없다. 이제 그와 같은 갖가지 색채 가운데 가령 새까만 모습을 드러내는 경우에 대하여 말한다.

투명한 구슬 그 자체와 새까만 색깔은 완전히 상위(相違)함에도 불구하고 그 자체는 하나이다. 흑색을 드러낸 구슬은 흑색 이외에 벌써 투명한 구슬은 어디에도 보이지 않는다. 따라서 어리석은 사람들은 그것을 보면 곧 구슬이 검은 돌에 불과하다고 간주하여 다른 사람이 그것을 보배구슬이라 가르쳐 주어도 그것을 믿지 못하고 거꾸로 거짓말을 한다고 하여 화를 내고 귀를 기울이려 하지 않는다. 한 걸음 나아가서 그 어리석은 사람들이 그 구슬을 마니보배라 인정한다 해도 현재는 흑색의 돌에 불과하기 때문에 흑색 속에 보배주가 들어 있다고 생각하여 그 표면의 흑색을 벗겨내 내부의 보배주를 들추어내려고 한다.

그런데 어떤 사람들은 이와는 정반대로 흑색 그 자체가 곧 보배여서 투명한 구슬은 결코 볼 수가 없다고 생각하거나 혹은 구슬이 다른 청색·황색·적색·백색 등의 색채를 나타내고 있는 경우에 대해서도 그와 같은 갖가지 색채 그 자체가 곧 보주라고 간주한다. 그러므로 그들은 어쩌다 불쑥 검은 염주보배가 특별한 색을 드러내지 않기 때문에 무색투명한 모습을 하고 있음을 보고서 도리어 보배라고 생각하지 않게 된다. 또한 나아가서 어떤 종류의 사람들은 그와 같은 갖가지 색은 모두 우연으로서 어떤 것으로도 결정할 수가 없기 때문에 보배는 필경 공한 것이라 생각하여 모든 차별적인 색채에 관련하지 않는 것이 상책이라 하기도 한다. 가령 어떤 한 가지 색조차 인정해서는 안 된다고 설하여 모든 색채가 다 공한 그것이 곧 무색 투명한 보배의 본질임을 알지 못한다.

종밀이 여기에서 하나의 마니주에 대하여 사람들의 생각을 갖가 지로 설정하고 있는 것은 말할 나위도 없이 북종(北宗)·홍주종(洪州宗)·우두종(牛頭宗) 등 삼종의 사고방식을 순차적으로 설명하려는 것이고, 최후로 그 어떤 것과도 다른 하택종(荷澤宗)의 입장을 설명하는 데 있었다. 종밀의 설명에 의하면 다음과 같다.

북종에서 흑색의 근저에 투명한 명주가 있어서 흑색을 제거하고 명주를 드러내려는 것은 미혹을 떠나서 깨침을 구하려는 것이다. 홍주종에서 현재의 흑색이 그대로 명주라는 것은 미혹과 깨침의 구별을 무시하는 것이다. 우두종에서 무색투명하기 때문에 공하다는 것은 보주의 존재를 부정하는 것이기 때문에 일종의 허무주의에 불과한 것이다.

이에 비하여 하택종은 무색투명한 보주가 투명하기 때문에 일체의 색채를 드러낸다는 체(體)와 용(用)의 두 가지 측면을 올바르게 파악한 것이다. 그리하여 일체의 차별상을 초월한 절대존재의 보주로서 비로소 일체의 색채를 드러낸다. 잘 그 색채를 드러내는 것은 보주가 항상 투명한 본지(本知)를 갖추고 있기 때문이다. 그것은 체(體)에 함유된 용(用)으로서의 본지(本知)이다. 본지(本知)는 특정한 대상을 예상함이 없이 그 스스로 일체의 대상을 지(知)하는 것이다. 종밀에 의하면 이 점이야말로 다른 삼종(三宗)에 비하여 하택만이 지니고 있는 뛰어난 본질일 뿐만 아니라 앞서 인용했듯이 '다만 무(無)를 지켜볼 뿐'이라는 신회의 생각을 꽤나 바르게 계승한 것이었다.

이에 종밀은 홍주종(洪州宗)의 경우는 자성의 본용(本用)을 결여하고 있다고 말한다. 사실 종밀은 마니보주의 비유에 이어서 하택과 홍주의 구별을 다음과 같이 말하고 있다.

진실한 심(心)의 주체에 두 가지 작용이 있다. 첫째는 자성(自性)의 본용(本用)이다. 이것은 우리네 심(心) 그 자체의 본래적인 작용이다. 둘째는 수연(隨緣)의 응용(應用)이다. 이것은 대상을 예상하는 것이다. 이제 거울을 예로 들어보면 거울이라는 물건은 우리네 주체로서의 심(心) 그 자체로서 거울이 본질적으로 사물을 비추어 내는 투명한 성질은 자성의 본용(本用)이고, 개개의 영상이 비추어 드러나는 것은 수연의 응용(應用)이다. 이를테면 거울에 비치는 개개의 상(像)은 개개의 대상을 기다려서 비로소 비추는 것이고, 비추어진 사물이 비록 천차만별이라 해도 그것을 명료하게 비추어 내는 작용은 거울 그 자체의 본질적인 작용으로서 개개의 사물과 관련 없이 항상 투명성을 지니고 있다. 이와 같은 거울의 투명한 본질은 절대이고 평등하다. 이것은 우리네 심(心)이 항상 고요하게 원상태로 있는 것이 자기의 주체이다. 이와 같이 고요한 원상태의 심(心)이 항상 사물을 지(知)하는 본질을 지니고 있는 것이 바로 주체적인 작용이다. 따라서 드러난 사물을 말하고 분별하며 동작하는 것은 모두 수연의 응용(應用)이지 자성의 본용이 아니다. 이와 같이 홍주종에서 드러난 사물을 말하고 분별하며 동작하는 것을 가지고 그것을 곧 불성의 작용으로 간주하는 것은 모두 수연의 응용(應用)으로서 자성의 본용(本用)을 결여한 것이다.

종밀은 여기에서 하택의 자성의 용(用)으로서의 본지(本知)에 상대하여 홍주가 말한 언어동작은 그 주체성을 결여하고 있다고 지적한다. 이를테면 홍주는 현실의 언어동작을 통하여 그 주체를 요청하는 데 불과하기 때문에 그 주체가 어디까지나 추론일 뿐이지 현재의 실증이 아니라는 것이다. 이에 비하여 하택은 자성의 본용(本用)을 실증하여 그것을 본지(本知)로 간주하는 것이야말로 홍주보다 훨씬 뛰어난 장점을 지니고 있다는 것이다.

이와 같이 마니보주를 통하여 제시한 여러 가지 비유도 결국은 조사선풍의 특징을 앞세워 그 차별화를 내세운 것에서 기인한다. 석전선사는 이와 같은 내외 전체(內外全體)·내외전용(內外全用)·즉체즉용(卽體卽用)·투출체용(透出體用)의 네 가지 경우를 통하여 수행자 자신이 각각의 공무를 진행할 것을 제시하였다. 그러나 궁극적으로는 그 가운데 자신에게 걸맞은 한 가지만 택하더라도 무공(無功)의 공부를 성취하는 데에는 아무런 어려움이 없다고 말한다.

한편 이어서 제시한 『참선삼요』는 대신근(大信根)·대분지(大憤志)·대의정(大疑情)으로서 그 가운데 어느 것 하나라도 빠뜨려서는 안 된다는 점을 강조하고 있다. 이들 각각에 대하여 대신근의 경우는 마치 콜럼버스의 신대륙발견에 대한 신념처럼 굳건해야 하고, 대분지에 대해서는 부모를 죽인 불구대천의 원수에게 복수를 하려는 원한처럼 깊게 지녀야 할 것을 말하며, 대의정에 대해서는 병에 걸린 자식을 염려하는 부모의 마음처럼 간절하게 할 것을 제시하고 있다.

이것은 특히 화두를 참구하는 자세에 대한 것으로 일찍이 고봉원묘(高峰原妙)가 『선요(禪要)』에서 제시한 것으로 유명하다. 본래 고봉은 경절문(徑截門)의 공부가 구경처까지 이르기 위해서는 반드시

이 세 가지 요소를 구비해야 하는데 이것은 개별적인 것이 아님을 강조하였다. 마찬가지로 석전선사는 f이들에 대하여 위의 『주공부십문』에서 선별적으로 하나를 선택하는 경우와는 달리 반드시 필수적으로 구비해야 함을 말하고 있다.

13. 금오태전(金烏太田: 1896~1968)의 직지선(直指禪)

1) 금오태전의 발심

금오선사의 속성은 정씨이고 속명은 태선이고 법명은 태전이다. 1896년 7월 23일 전남 강진군 병영면 박동리에서 태어났다. 16세에 출가에 뜻을 두어 금강산 마하연 선원에 들어가 도암긍현 선사에게 득도하였다. 28세 때 충남 예산 보덕사 보월회상에서 깨침을 얻고서 다음의 오도송(悟道頌)을 읊었다.

시방의 세계를 벗어나서 보니
무도 없고 없는 것 또한 없다
낱낱이 모두 이러한 모습이니
근본 찾아보아도 없음도 없다

이후에 보월 스님이 입적하자 대신 만공선사가 사법제자로 인가하였다. 이로써 금오선사의 법계는 경허 - 만공 - 보월 - 금오로 이어진다. 72세에 속리산 법주사에 들어가서 그 이듬해 73세(1968) 8월 17일에 열반하였다. 세수는 73이고 법랍은 57이다.

금오선사는 납자를 제접하는 방식에서 가장 일상적이면서 소홀히 여겨서는 안 되는 평상심의 실천을 내세웠다. 거기에는 금오선사 스스로 주도면밀하게 수행을 하고 널리 보편적인 가르침을 펼친 점이 바탕하고 있었다. 그 가운데 하나가 언제나 여일하게 가장 가까운 자신을 근본부터 살피는 것이었다.

따라서 불법을 묻는 사람들에게 가장 기본적인 마음자세부터 갖출 것을 강조하였다. 그것은 누구나 자신의 마음을 근본으로 삼아 마음을 부리는 데 있어 가장 단순하고 명료한 행위에 대한 자각이 필요하다는 입장이었다. 이에 누구나 쉽게 받아들이고 실천할 수 있는 방편교화를 시설하는 것이었다. 그래서 우선 여래의 가르침을 의지하여 선행과 자비심을 배워야 함을 말하였다. 우선 선지식의 가르침을 중시하여 스승을 찾아야 할 것을 누누이 강조하였다. 멀리 바라보려면 높은 곳에 올라가야 하듯이 지혜로운 사람은 법을 구함에 있어서도 언제나 도덕이 훌륭한 스승에게로 나아가 자신의 부족한 점을 닦아간다는 것이다. 그리고 도심(道心)을 지니지 않으면 안 된다는 것에 대하여 밭을 갈려고 하면 소가 없어서는 안 된다는 비유로 말하였다. 항상 그 도심은 자신의 마음을 긍정하는 데에 있었다.

이러한 제접의 방식은 우선 이 세상이 사바세계라는 것을 의식하는 것으로부터 비롯된다는 것이다. 이것은 불교의 시작이 인간의 고뇌의식으로부터 시작되었다는 것과도 통하는 것이다. 그러기 위해서는 무상의 체험을 강조하여 뜻을 세우는 것이 필요함을 말하였다. 이것이 곧 발심이다. 발심은 자신을 구제하려는 큰마음이고 중생을 이끌어 가려는 보살심이며 더불어 진리가 목전에 놓여 있음을 자각하는 행위이기도 하다. 그러나 이와 같은 발심은 그냥 이루어지는 것이 아니다. 발심을 통하여 스승을 찾기도 하지만 스승을 만나서 발심을 하기도 한다.

선지식을 찾아 배움에는 자신을 긍정한 바탕에서 선지식의 뜻을 백퍼센트 받아들이고 수긍하는 믿음이 없어서는 안 되는 것이었다. 바로 그와 같은 믿음의 시작은 마음에 대한 철저한 믿음이다. 마음에 대한 믿음을 통하여 비로소 세상의 도리를 알고 부처를 알며 자신을 알고 수행과 깨침을 알 수 있다는 것이다. 그와 같은 마음에는 한없는 공덕과 복락을 안겨다 주는 보시가 바탕이 된다고 하여 보시에 대하여 여덟 가지로 말한다.

　첫째는 때를 따라서 보시하는 것이고, 둘째는 깨끗한 보시이며, 셋째는 스스로 우러난 보시이고, 넷째는 마음에 큰 소원을 세우고 보시하는 것이며, 다섯째는 해탈하는 보시이고, 여섯째는 세상을 떠나 천상에 태어남을 구하지 않고 보시이며, 일곱째는 착한 종자를 기름진 땅에 심는 심정으로 하는 보시이고, 여덟째는 바라는 마음을 두지 않고 순전히 남을 위하여 하는 보시이다.

　참으로 금오선사의 가풍이 여기에 그대로 발현되어 있다. 곧 조사선을 바탕으로 한 제자들에 대한 제접으로 나타나 있는데 누구나 가능한 것이 되지 않으면 안 된다는 것이었다. 그리하여 가장 일상적인 현실로부터 출발하여 깨침을 향한 안목을 열어 주려는 향상으로 나아가는 길을 제시해 주었다. 이로써 무상대각을 성취하는 가르침을 참선에서 찾아야 함을 말하였다. 그것은 참선공부야말로 대도를 깨치는 지름길이요 업력을 벗어나는 길이며 고통을 탈피하는 길로 나타났다.

2) 깨침의 사회화

금오선사는 개인적으로 진리를 추구하는 일에 참선정진으로 매진하였다. 참선을 추구하는 자세로는 화두를 들면 살아 있는 사람이지만 화두를 놓치면 죽은 사람이라는 가르침으로 정진하였다. 그러나 개인은 홀로 개인으로만 살아갈 수 있는 것은 아니다. 더구나 보살도를 실천하는 선사의 입장에서는 더욱 그러했다. 따라서 사회의 정의실현을 위한 활동도 게을리하지 않았다. 그것은 우선 납자들에게는 납자들의 본분인 깨침을 열어주는 것이기도 하였다. 이와 같은 일련의 행위는 40세(1935) 되던 해 김천 직지사의 조실을 맡고, 안변 석왕사, 도봉산 망월사, 지리산 쌍계사와 칠불선원, 그리고 서울 선학원 등 선원에서 회주로 있으면서 상당설법과 격외법어로 후인의 안목을 깨우쳐 주고 엄격한 규율로 공부를 채찍질했던 것으로부터 살펴볼 수 있다.

나아가서 이와 같은 경력을 통하여 승단의 기풍을 바로 세우고 법통을 세워 삼보정재를 수호해 전 사찰을 명실상부하게 수도장으로 만들어야 한다는 종단풍토의 정화에 대한 투철한 안목과 신념을 지녔다. 한편 한국불교가 이전 시대의 불운을 떨쳐버리고 새로운 불교로 거듭나기 위해서 가장 급선무로 제기되던 종단의 정화운동 문제가 선사에게도 예외는 아니었다.

이로써 승풍의 진작을 위해서 출가의 본래정신을 되살리며 현대 세계에 걸맞은 중생제도의 길에 나설 것을 내세웠다. 이것은 당시의 무사안일한 수행풍토에 대한 통렬한 비판이기도 하였으며, 속세에 물든 한국불교가 승풍의 진작을 통하여 새롭게 변모해야 하는 역사적이고 시대적인 요청이기도 하였다. 그 정신은 선의 정신을 제대로 살리지 않고서는 안 된다는 자각에 근거하였다.

그것은 선사가 앞장서서 이끌었던 정화운동이 시작된 이래로 지지부진하기만 하던 정화에 대한 자기반성이기도 하였다. 선사는 나아가서 1956년 정화불사 성취의 첫 사업으로 서울 뚝섬 봉은사, 속리산 법주사, 지리산 화엄사 등의 살림살이를 몸소 이끌어 가면서 가람수호를 하고 도제를 양성하는 데 전력하여 이후 정화운동의 씨앗을 뿌렸다. 더욱이 선사는 1958년 총무원장직에도 몸을 담아 지속적인 불사에 매진하였다. 또한 범지구촌의 시대에 즈음하여 역동적으로 변화하는 가운데서 적극적이고 국제적인 안목을 갖추고 국제간의 불교교류의 필요성을 통감하고서 1961년 캄보디아에서 열린 제6차 세계불교도대회에 한국 수석대표로 참석하였다. 여기에서 세계불교계의 현안과 미래에 대한 문제들을 함께 논의했는가 하면 홍콩·대만·일본 등 여러 나라에 들러 불교계현황을 두루 살피면서 정화불사의 당위성에 대한 확신을 가지고 공생하는 방법을 함께 모색하였다.

3) 금오태전의 선사상

선사는 특히 마음의 주인공을 강조하였는데 근현대 한국불교에서 청담선사와 더불어 마음에 대하여 그토록 간절하게 강조한 선승으로 유명하다. 선사는 마음을 착하게 운용하는 것에 대하여 다각도로 제시하였다. 곧 착하게 산다는 것은 철저하게 자신의 진심을 긍정하는 삶이었다. 그것은 믿음을 바탕으로 하는 깨침으로 향하는 향상문이었고 또한 선근공덕의 실천이었으며 도덕적인 삶의 다른 표현이었다. 그래서 착하게 사는 것은 출가본분사의 길이라는 것을 강조하였다.

그 착한 길에 들어가는 것은 수도함에 있어 반드시 지켜야 할 덕목으로도 제시되었다. 곧 이것을 도반과 함께하는 탁마의 중요성으로 언급하면서 도반에게 친절하게 대하는 세 가지 방법에 대하여 "첫째는 도반의 허물이 눈에 띄거든 이해하는 마음을 갖고 간할 것이요, 둘째는 좋은 일이 닥치거든 기쁜 마음을 갖고 좋아할 것이요, 셋째는 괴로운 일이 생기거든 돕고 협조할지니라. 싸울 때 용기를 알고, 논의할 때 밝음을 알고, 곡식이 떨어졌을 때 귀한 것을 아는 것처럼, 도반의 소중함은 수도할 때야 참으로 느낄 수 있다."고 말한다. 이것은 인간 사이에서 일어나는 착함이고 출가도반들 사이에서 지켜야 할 착함이다. 이처럼 착한 행위는 수행전진의 가르침이 널리 사회적으로 승화되어 나타나는 종교적인 행위를 가리켜 한 말이다. 그래서 선사는 착함의 궁극을 마음의 궁극적인 실현 곧 깨침의 터득으로 간주하고 있다. 착한 행위는 사회에서 윤리와 도덕적인 개념을 포함하는 언어로 제시되지만 수행자 자신에게 있어서는 출가의 궁극목표인 깨침과 중생제도라는 것의 사회적인 실현이었다. 그것은 속세에서의 실생활과 출가인의 본분사에 마찬가지로 강조되었다. 그리하여 착한 행위가 그대로 마음의 본래작용임을 말하였다. 본래작용은 스스로 긍정하여 마음으로 깊이 믿는 것에 근거한 경우에만 의의가 있었다.

금오태전에게 있어서 착한 행위는 불성의 중도적인 실천이었다.

중도란 불성의 실천이요 나아가서 진심의 발현이었으며 본래작용의 현현이고 한마음의 터득이었다. 이것을 게송으로 다음과 같이 표현하였다.

소소하게 내리는 비에 꿈을 깨니
문득 창밖에 들리는 닭우는 소리
인간의 만사가 모두 사라진 지금
오직 신령스런 한 마음만 밝구나

육도와 사생의 평등한 법문 아래
피리 부는 목동 안산을 지나가네
어디로 가는지 아는 이가 없으나
복숭아 꽃 여전해 춘풍이라 할까

그 마음이란 만법의 왕이고 만법의 근원으로서 오직 마음으로 말미암아 드러나는 것이 만법의 근본 도리임을 설명하고자 했던 것을 여래선과도 같이 노파친절하게 설법하고 있다. 곧 모두가 다 그대로 드러나 있으니 그대로의 본체는 원래 평등하다는 것이다. 선사의 눈으로 보건대 사대가 본래 공하여 부처님조차 의지하여 머물 수 없는 도리와 대도가 참으로 묘하기도 하다는 것을 천백억 가지로 몸을 나누어 수시로 사람들 앞에 나타나건만 단지 사람이 알아보지 못한다는 것을 달에 비유하여 말한다. 그 달이 다름 아닌 자신의 자성임에도 불구하고 하늘에 떠 있는 달로 착각하는 것은 자성에 미혹한 탓이요 마음을 깨치지 못한 데서 비롯한다고 말한다. 그 마음을 잡은 사람은 삼계의 주인이요 시방의 주인이지만 아직도 마음에 미혹하여 마음의 그림자만 뒤쫓고 있는 사람은 떡에 새겨진 글을 모르고 한 덩어리의 떡만 먹으려고 덤벼드는 개와 같음을 비유한다.

선사의 마음법문은 속세에서 마주치는 늘 흔들리는 마음이 아니라 본래부터 누구나 지니고 있는 청정무구한 평상심이었다. 평상심(平常心)은 애초부터 분별이 없고 조작이 없으며 시비가 없는 탕탕무애한 마음이다. 이것을 선사는 다음과 같이 노래하였다.

> 지극한 도는 어려운 게 아니라네
> 분별심만 버리고나면 그만이라네
> 무엇이 도를 분별치 않는 것인가
> 답하노라
> 지극한 도는 어려운 게 아니라네
> 분별심만 버리고나면 그만이라네

또한 선사는 좌선수행을 특히 중시하였다. 선사에게 있어 좌선은 선의 수행방법일 뿐만 아니라 일체의 도덕적인 실천행위이기도 하였다. 그래서 좌선은 진리를 각성하는 수단이면서 그것을 통하여 중생을 제도하는 행위로 승화되었다. 선사의 좌선수행은 깨침의 방법이면서 더불어 깨침의 표현이었고 나아가서 중생을 제도하는 원력의 바탕이 되었다. 그래서 선사는 좌선에 대하여 "좌선은 생의 근본이고 수행은 깨침의 근본이다."라고 말한다. 그만큼 좌선수행을 선수행과 동일시하였다.

그 좌선수행에서 반드시 필요한 것은 화두였다. 화두수행은 마음을 찾는 방법이었다. 그 마음을 찾아야 한다는 것은 자신에게나 납자에게나 중생에게나 두루 강조되는 바였다. 나아가서 화두를 드는 방식에 대하여 참으로 간절하게 들어야 한다고 설하여 "걸을 때는 걷는 것이, 보고 앉아 있을 때는 앉아 있는 것이, 보며 말할 때는 말하는 것이, 보고 침묵할 때는 침묵하는 것이 본다."는 것처럼 늘 화두와 자신이 하나가 되어 화두일념(話頭一念)을 놓쳐서는 안 된다고 말하였다. 출가인으로서 반드시 출가정신을 구현하는 것은 좌선수행 이외에 다른 행위가 없음을 말하였다. 그처럼 좌선은 모든 수행의 첫걸음이었다.

그래서 좌선을 배우는 자는 먼저 서원을 일으키고 마음을 관찰하여 견성해야 한다고 말했다. 그와 같은 자세야말로 보살이 보살심을 내어 보살도를 행하는 근본적인 것임을 설파한 것이다. 그 서원이란 다름 아닌 사홍서원이었다. 사홍서원을 성취하기 위해서는 불퇴전의 용맹정진을 강조하고 나아가서 정법에 대한 대긍정을 잃지 말아야 함을 말하였다.

선사는 수행에 있어서 가장 근본적인 본분사에 철저할 것을 말하였다. 그 근본사란 다름 아니라 생사사대(生死事大)였다. 생사사대라는 것은 인간의 본질적인 물음으로서 나는 누구인가, 왜 태어났는가, 왜 죽어야 하는가 등등 생과 사의 문제에 대한 화두였다. 말 그대로 해석하자면 생의 문제가 중요하고 사의 문제가 중요하며 그것을 해결하는 문제가 중요하다는 것이다. 선사는 이 생과 사와 그 문제의 해결에 대하여 누구보다도 심각하게 참구하고 이것의 해결을 위해서 발심하였듯이 언제나 어떻게나 생사사대의 문제에 봉착해 있었다. 그것의 해결이 곧 깨침이고 마음의 주인공을 찾는 것이었으며 사회정의를 실현하는 것이었다.

선사는 본래자성인 마음의 작용에 대하여 시간과 공간을 구분하지 않고 어묵동정(語默動靜)·견문각지(見聞覺知)·행주좌와(行住坐臥)의 모든 경우에 지속적으로 유지되어야 함을 강조하였다. 그것은 좌선을 통한 화두의 참구이기도 하였다. 이와 같은 선사의 정진수행은 생사사대의 해결이 단순히 개인의 깨침을 의미하는 것이 아니라 인연법으로 얽혀 있는 사회의 정의를 실현하고 중생의 교화를 완성하는 것이기도 하였다. 그만큼 선사는 자신의 본분사인 깨침과 그 회향으로서 사회정화에 대한 대승의 선법으로 일관하였다. 이것은 선사에게 있어 항상 조심하여 악한 인연은 버리고 선한 인연을 지어가는 것이었고, 일상의 현실 속에서 이루어지고 있는 성냄과 원망을 없애고, 항상 부끄러운 마음을 내어 간탐을 버리며, 지혜 있는 사람에게는 겸손하게 묻고 공경할 줄 아는 가르침을 말하였다.

이와 같은 큰 보살의 마음은 비단 사람만이 아니라 모든 생명을 지닌 존재에게까지 두루 미치는 행위로서 간주되었다. 나아가서 생사사대의 법문은 장벽와력(牆壁瓦礫) 내지 산하대지(山河大地)에 이르기까지 두루두루 무정설법(無情說法)으로까지 전개되었다. 그래서 선사는 불도는 결코 먼 데 있는 것이 아니고 마음을 돌이킴에 있는 것으로 말하였다. 저 만화방초가 피어 향기로운 봄철에 울긋불긋하여 난만한 꽃을 그냥 보아 넘기지만 말고 안근을 좇아 근원에 돌아가게 하면 한 걸음도 옮겨 딛지 않고 모든 불보살을 친견할 것이라 하였다. 마치 강남 갔던 제비가 돌아오는 삼월 복숭아꽃이 탐스럽게 핀 때에도 흥에 겨운 사람들의 노랫소리에만 귀를 기울이지 말고 이근(耳根)을 좇아 근원에 돌아가면 온갖 새가 소곤거리는 뭇지저귐이 모두 설법 소리 아님이 없다는 것도 마찬가지의 맥락에서 주장되었다.

김호귀 ──

　　동국대학교 선학과 졸업
　　동 대학원 석사 · 박사 졸업
　　동국대학교 불교문화연구원 연구교수
　　선학과 강사

주요 저서 및 역서

　　『묵조선 연구』, 『묵조선의 이론과 실제』, 『묵조선 입문』, 『선문답의 세계』
　　『선문답 강화』, 『선과 수행』, 『조동선요』, 『화두와 좌선』
　　『게송으로 풀이한 금강경』, 『금강반야경소』, 『금강경찬술』, 『금강경주해』
　　『금강경약소』, 『열반경종요』, 『현대와 선』, 『선가귀감』
　　『선과 교의 통로』(도서), 『선수행의 길』(고봉원묘선사선요)
　　기타 다수의 논문

　　kimhogui@hanmail.net

인물
한국
선종사

초판인쇄 | 2010년 7월 30일
초판발행 | 2010년 7월 30일

지 은 이 | 김호귀
펴 낸 이 | 채종준
펴 낸 곳 | 한국학술정보㈜
주   소 | 경기도 파주시 교하읍 문발리 파주출판문화정보산업단지 513-5
전   화 | 031) 908-3181(대표)
팩   스 | 031) 908-3189
홈페이지 | http://ebook.kstudy.com
E-mail | 출판사업부 publish@kstudy.com
등   록 | 제일산-115호(2000. 6. 19)

ISBN   978-89-268-1253-2 93220 (Paper Book)
        978-89-268-1254-9 98220 (e-Book)

내일을여는지식 ■은 시대와 시대의 지식을 이어 갑니다.